高等学校应用技术型经济管理系列教材（会计系列）

高等学校应用型经济管理规划教材

总主编／李　雪　　主审／徐国君

政府会计
Government Accounting

孙美杰◎主　编
韩真真◎副主编

立信会计出版社
LIXIN ACCOUNTING PUBLISHING HOUSE

图书在版编目(CIP)数据

政府会计 / 孙美杰主编. —上海:立信会计出版社,2019.8(2023.9 重印)
高等学校应用技术型经济管理系列教材. 会计系列
ISBN 978－7－5429－6203－4

Ⅰ.①政… Ⅱ.①孙… Ⅲ.①预算会计—高等学校—教材 Ⅳ.①F810.6

中国版本图书馆 CIP 数据核字(2019)第 144594 号

策划编辑　　方士华
责任编辑　　方士华
封面设计　　南房间

政府会计
ZHENGFU KUAIJI

出版发行	立信会计出版社
地　　址	上海市中山西路 2230 号　　邮政编码　200235
电　　话	(021)64411389　　　　　　传　　真　(021)64411325
网　　址	www.lixinaph.com　　　　　电子邮箱　lixinaph2019@126.com
网上书店	http://lixin.jd.com　　　　　http://lxkjcbs.tmall.com
经　　销	各地新华书店
印　　刷	苏州市古得堡数码印刷有限公司
开　　本	787 毫米×1092 毫米　　1/16
印　　张	26.5
字　　数	640 千字
版　　次	2019 年 8 月第 1 版
印　　次	2023 年 9 月第 4 次
书　　号	ISBN 978－7－5429－6203－4/F
定　　价	59.00 元

如有印订差错,请与本社联系调换

总　序

　　教材是高校实现人才培养目标的重要载体,教材及教材建设对高校发展具有举足轻重的作用。与培养模式相对应的教材是培养合格人才的基本保证,是实现培养目标的重要工具。由于历史的原因,在财经类教材的出版方面,相关出版社出版研究型本科或者高职高专、中等职业等层次的教材较多,也较成熟,而在应用技术型本科教材出版上比较欠缺,虽然近年来也出版了一些这方面的教材,但总体而言,还是缺乏权威性、普适性、实用性和创新性。造成这种状况的原因主要在于：出版社对财经类应用技术型大学本科教材的出版还不够重视,没有进行有效的组织；财经类应用技术型本科院校多为新建院校,教材建设相对滞后,主观上也较愿意使用研究型大学本科教材；在教材使用中存在比较严重的混用现象,教材的目标读者群不明确,如不少教材既适用于研究型本科又适用于应用技术型大学本科,或者既适用于大学本科又适用于高职高专。

　　由于目前应用技术型教材种类和数量匮乏或质量欠佳,应用技术型本科不得不沿用传统研究型教材,比如,东北财经大学会计系列教材(包括《基础会计》《中级财务会计》《管理会计》《高级财务会计》《审计》等),中国人民大学会计系列教材(如《成本会计》),教育部统编教材(如《财务管理》)等国家级规划教材。这些教材本身的质量很好、级别很高,但是并不适用于应用技术型本科的教学,教师和学生普遍反映不好用。即使从全国范围看,也还没有相对成套、成熟的适合应用技术型高校使用的教材,不适应教育教学要求。存在的主要问题包括：①教材的定位和要求较高；②教材的内容多、难度大；③教材着重于理论解释,相关案例、实训等内容较少,缺乏普适性、实用性。所以,需要编写适应学生水平、便于学生接受的应用技术型教材。

　　我们组织具有多年应用技术型人才培养经验的优秀教师和实务界专家编写了本套系列教材。本套系列教材由《会计基本技能》《基础会计》《中级财务会计》《成本会计》《管理会计》《财务管理》《会计信息系统》《审计学原理》《审计实务》《税法》《经济法》《金融学》等构成。为了保证教材的质量,我们聘请了著名高校的专家、教授对本套系列教材编写进行专门指导和审核。每本教材至少有一名本学科的知名专家或学科带头人提出审核指导意见,有一名高等院校教学一线的高级职称教师参与组织编写,有一名行业协会、实务界专家和教学研究机构人员提出编写建议。

　　本套系列教材的特色如下。

1. 应用性

　　应用技术型本科教材应坚持培养应用技术型本科人才的定位,充分吸收和借鉴传统的普通本科教材与高职高专类教材建设的优点和经验,以就业为导向,做到理论上优于高职高专类教材、动手能力的培养上优于传统的本科院校教材。

本套系列教材体现了应用技术型本科的定位,体现了素质教育和"以学生发展为本"的教育理念,遵循了高等教育教学基本规律,重视知识、能力和素质的协调发展,根据应用技术型人才培养模式对学生的创新精神、实践能力和适应能力的要求,在内容选材、教学方法、学习方法、实验和实训配套等方面突出了应用性特征。

2. 针对性

本套系列教材的编写符合会计学、财务管理和审计学专业的培养目标、培养需求、业务规格(知识结构和能力结构)和教学大纲的基本要求,与各专业的课程结构和课程设置相对应,与课程平台和课程模块相对应。本套系列教材在结构的布局、内容重点的选取、示例习题的设计等方面符合教改目标和教学大纲的要求,把教师的备课、试讲、授课、辅导答疑等教学环节有机地结合起来。

3. 先进性

本套系列教材反映了应用技术型会计人才教育教学改革的内容,能够反映学科领域的新发展。本套系列教材的整体规划、每一种教材构造等均体现了实用性和创新性。本套系列教材还强调了系列配套,包括了教材、学习指导书、教学课件等。

4. 基础性

本套系列教材打破传统教材自身知识框架的封闭性,尝试多方面知识的融会贯通,注重知识层次的递进,体现每一门科目的基本内容,同时,在具体内容上突出实际的运用知识的能力,使本套系列教材做到"教师易教,学生乐学,技能实用"。

5. 易于自学性

自学能力的培养是高等教育应该教授给学生的一项基本能力。只有具备了自主学习的能力,才能最终建立起终身学习的保障体系,这也是应用技术型本科人才培养的客观要求。应用技术型高校的生源素质与其他高校相比存在较大差距,除一部分高考发挥失误的学生外,有相当一部分学生在学习习惯、基础知识等方面存在一定的欠缺,这就要求本套系列教材要能调动这部分学生的学习积极性,在理论方面尽量通俗易懂,在实践方面尽量采用案例式教学。为了有利于学生课后自主学习,本套系列教材配套了学习指导书和教学课件。

因此,本套系列教材的定位把握准确,教材的特色明显,适用于应用技术型高等学校教学,容易得到学生和市场的认可,便于学生的自学和教师的教学。

高等学校应用技术型经济管理系列教材(会计系列)凝聚了众多领导、教授和专家多年来的经验和心血。当然,由于我们的经验和人力有限,教材中难免存在不足,我们期待着各位同行、专家和读者的批评指正。我们将随着经济发展和会计环境的变迁不断地修订教材,以便及时反映学科的最新发展和人才培养的最新变化。

李　雪

2019 年 8 月

前　言

　　本书为高等学校应用技术型经济管理系列教材（会计系列）之一，具有应用性、针对性、先进性、基础性、易于自学性的特点，在充分吸收和借鉴传统的普通本科教材与高职高专类教材建设的优点和经验的基础上，以就业为导向，做到理论上高于高职高专类教材、动手能力的培养上高于传统的本科院校教材。

　　随着我国经济体制改革的不断深化，党的十八届三中全会提出了"建立权责发生制政府综合财务报告"的重大改革举措。党的十九大报告提出"加快建立现代财政制度，建立权责清晰、财力协调、区域均衡的中央和地方财政关系。建立全面规范透明、标准科学、约束有力的预算制度，全面实施绩效管理"。为了适应权责发生制政府综合财务报告制度改革的需要，规范行政事业单位会计核算，2017年10月24日，财政部正式印发了《政府会计制度——行政事业单位会计科目和报表》（财会〔2017〕25号，以下简称《政府会计制度》），自2019年1月1日施行并全面推动新的政府会计制度。

　　政府会计制度构建了新的政府会计核算体系和模式，即构建了政府预算会计和财务会计适度分离并相互衔接的政府会计核算体系，确立了"3+5要素"的会计核算模式。预算会计实行收付实现制，通过预算会计核算形成决算报告，全面、清晰反映政府预算执行信息；财务会计实行权责发生制，通过财务会计核算形成财务报告，全面、清晰反映单位财务信息。本制度设置了预算收入、预算支出、预算结余三个预算会计要素和分类科目，设置了资产、负债、净资产、收入、费用五个财务会计要素和分类科目，基本实现了会计科目统一、核算内容和报表统一，为各级政府财政部门编制权责发生制政府综合财务报告和各部门、各单位编制财务报告及进行成本核算奠定了坚实的会计核算基础，有利于提高政府会计信息的准确性、全面性、相关性、可比性和及时性。

　　本书依据《政府会计制度》《政府会计准则——基本准则》、具体准则及固定资产准则应用指南并结合行政事业单位会计实务工作中的具体业务编写而成。

　　全书共分为9章，主要内容包括政府会计制度概述、资产、负债、收入与预算收入、费用与预算支出、净资产、预算结余、政府决算报告和财务报告。本书主要作为普通高等教育经济管理类专业教材，同时在新政府会计制度执行的大背景下，将会极大地满足广大行政事业单位财务工作者学习参考的需要。

　　本书具有以下编写特点：

　　（1）本书以最新《政府会计制度》为依据，体现最新知识。

　　（2）重点突出会计实务，本书尽量完美地将理论知识与实务相结合，并穿插实务典型案例，通俗易懂；重视知识、能力和素质的协调发展，以培养应用型人才为目的，并提高学生的

(3) 在编写过程中,对于复杂的知识,尽量用图、表等工具以及"相关思考""特别提示""延伸阅读"等方式进行讲解,图文并茂,易于理解。

(4) 针对行政单位与事业单位在科目设置或会计核算等存在差异的知识点,均做了特别的说明,便于使用者清晰明了地掌握差异之处。

(5) 每一章均配有相应的练习题,并提供参考答案,有利于使用者了解自己对本章相关知识的掌握程度。在本书最后提供了两套模拟试题并提供参考答案,便于使用者在全部知识学习完毕后自测,授课教师也可将其作为期末考试试卷使用。

(6) 配套资料丰富,本书配有多媒体课件、教案、大纲、周历等辅助资料。

本书由孙美杰任主编,韩真真任副主编,多位优秀教师和实务界专家共同编写,人员中包括教授、高级会计师、注册会计师及会计师等,人员构成的优势为本书的编写打下坚实基础。具体分工如下:

第1章政府会计制度概述(孙美杰、韩真真),第2章资产(孙美杰、韩真真、赵珍珍、杨阳),第3章负债(韩真真),第4章收入与预算收入(孙美杰、赵珍珍),第5章费用与预算支出(杨阳),第6章净资产(张玲),第7章预算结余(陈丽娜),第8章政府决策报告和财务报告(闫婷婷)。

本书在编写的过程中参考了大量相关教材和论著,在此向有关作者致以深深的谢意!

在本书的编写中,我们进行了多次讨论研究,力求内容编排合理、避免错误,但难免存在考虑不周、表达不妥当的地方,书中疏漏不足之处,敬请读者批评指正。

编　者
2019 年 8 月

目 录

第1章 政府会计制度概述 1
内容提要 1
重点难点 1
学习目标 1
知识框架 1
1.1 政府会计改革 2
1.2 政府会计标准体系 5
1.3 政府会计核算的基本理论 12
重要概念 47
本章练习 47

第2章 资产 49
内容提要 49
重点难点 49
学习目标 49
知识框架 49
2.1 资产概述 50
2.2 货币资金的核算 51
2.3 应收及预付款项的核算 63
2.4 存货的核算 75
2.5 投资的核算 86
2.6 固定资产的核算 100
2.7 在建工程的核算 116
2.8 无形资产的核算 125
2.9 经管资产的核算 139
2.10 其他资产的核算 161
重要概念 170
本章练习 170

第3章 负债 174
内容提要 174
重点难点 174
学习目标 174

知识框架 174
　3.1 负债概述 175
　3.2 流动负债的核算 176
　3.3 非流动负债的核算 208
　　重要概念 216
　　本章练习 216

第4章 收入与预算收入 218
　　内容提要 218
　　重点难点 218
　　学习目标 218
　　知识框架 218
　4.1 收入与预算收入概述 219
　4.2 财政拨款收入与财政拨款预算收入的核算 221
　4.3 业务收入与业务预算收入的核算 227
　4.4 调剂性收入的核算 243
　　重要概念 246
　　本章练习 246

第5章 费用与预算支出 249
　　内容提要 249
　　重点难点 249
　　学习目标 249
　　知识框架 249
　5.1 费用与预算支出概述 250
　5.2 业务费用与业务预算支出的核算 251
　5.3 调剂性费用与调剂性预算支出的核算 287
　　重要概念 290
　　本章练习 291

第6章 净资产 293
　　内容提要 293
　　重点难点 293
　　学习目标 293
　　知识框架 293
　6.1 净资产概述 294
　6.2 盈余及分配的核算 295
　6.3 净资产调整的核算 307
　　重要概念 312

本章练习 ………………………………………………………………………… 312

第7章　预算结余 ………………………………………………………………… 315
　　内容提要 ………………………………………………………………………… 315
　　重点难点 ………………………………………………………………………… 315
　　学习目标 ………………………………………………………………………… 315
　　知识框架 ………………………………………………………………………… 315
　　7.1　预算结余概述 …………………………………………………………… 316
　　7.2　资金结存的核算 ………………………………………………………… 316
　　7.3　财政拨款结转结余的核算 ……………………………………………… 325
　　7.4　非财政拨款结转结余的核算 …………………………………………… 333
　　重要概念 ………………………………………………………………………… 347
　　本章练习 ………………………………………………………………………… 347

第8章　政府决策报告和财务报告 ……………………………………………… 351
　　内容提要 ………………………………………………………………………… 351
　　重点难点 ………………………………………………………………………… 351
　　学习目标 ………………………………………………………………………… 351
　　知识框架 ………………………………………………………………………… 351
　　8.1　年终清理结算与结账 …………………………………………………… 352
　　8.2　政府决算报告 …………………………………………………………… 354
　　8.3　财政财务报告 …………………………………………………………… 363
　　8.4　附注 ……………………………………………………………………… 381
　　重要概念 ………………………………………………………………………… 392
　　本章练习 ………………………………………………………………………… 392

模拟试题 …………………………………………………………………………… 395
　　政府会计模拟试题（一） ……………………………………………………… 395
　　政府会计模拟试题（二） ……………………………………………………… 399

参考答案 …………………………………………………………………………… 403
参考文献 …………………………………………………………………………… 411

第1章 政府会计制度概述

- 内容提要
- 重点难点
- 学习目标
- 知识框架
- 1.1 政府会计改革
- 1.2 政府会计标准体系
- 1.3 政府会计核算的基本理论
- 重要概念
- 本章练习

内容提要

本章主要讲解了政府会计改革的必要性;政府会计改革的内容;政府会计标准体系、政府会计具体准则和政府会计制度重大变化与创新;政府会计核算的基本前提、核算基础、质量要求;政府会计要素、会计科目与记账及政府决算报告与财务报告。

重点难点

本章重点为政府会计标准体系、政府会计具体准则和政府会计制度重大变化与创新、政府会计核算前提、政府会计要素、会计科目与记账及会计报表;难点为政府会计具体准则和政府会计制度重大变化、政府会计要素、政府决算报告与财务报告。

学习目标

通过本章学习,学生应掌握政府会计标准体系、政府会计具体准则和政府会计制度重大变化与创新、政府会计核算前提、政府会计要素、会计科目与记账及会计报表;了解政府会计改革的必要性和政府会计核算基础及质量要求。

知识框架

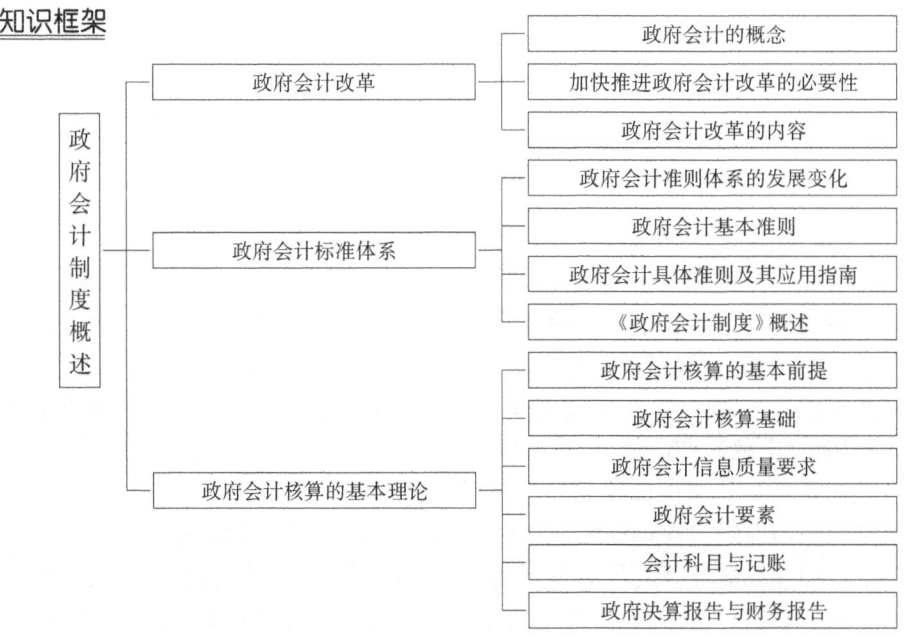

引入案例　政府会计制度改革的背景

政府会计制度改革经历了十余年的艰难摸索，终于在2017年10月取得了阶段性成果。2017年10月24日，财政部会计司发布财会〔2017〕25号文，宣布废止之前行政事业单位使用的13个相关会计制度，统一使用《政府会计制度——行政事业单位会计科目和报表》，自2019年1月1日起全面施行。

1950年在计划经济的大背景下，我国以预算制度为指导开始建立政府会计体系，其初衷是反映政府相关部门对中央财政预算的完成情况。政府会计曾被称为预算会计，其仅限于反映与预算相关的资金收支情况，至于财务状况和风险管理等其他方面的信息没有或者很少涉及。

真正的政府会计核算标准体系基本上形成于1998年前后，主要涵盖财政总预算会计、行政单位会计与事业单位会计。此次改革前，我国政府机关使用的制度包括《财政总预算会计制度》《行政单位会计制度》《事业单位会计制度》《医院会计制度》《基层医疗卫生机构会计制度》《高等学校会计制度》《中小学校会计制度》《科学事业单位会计制度》《彩票机构会计制度》《地质勘查单位会计制度》《测绘事业单位会计制度》《国有林场与苗圃会计制度(暂行)》《国有建设单位会计制度》共13个，可以说是各个行业都有自己的"家规"。也在相当一段时间内，基本满足了现行部门预算管理的需要。

然而，随着经济社会发展，预算会计标准体系难以适应新形势新情况的需要。主要表现为：一是不能如实反映政府"家底"，不利于政府加强资产负债管理；二是不能客观反映政府运行成本，不利于科学评价政府的运营绩效；三是缺乏统一、规范的政府会计标准体系，不能提供信息完整的政府财务报告。

近年来，全国人大、审计署、实务和学术界专家等纷纷呼吁，要求加快推进政府会计改革，建立能够真实反映政府资产负债等"家底"、成本费用等绩效及预算执行情况的政府会计体系。2006年，我国《国民经济和社会发展"十一五"规划纲要》提出，要"推进政府会计改革"；2011年，"十二五"规划纲要再次提出，要"进一步推进政府会计改革，逐步建立政府财务报告制度"；2013年，中共中央、国务院印发的《党政机关厉行节约反对浪费条例》第九条也明确要求，"推进政府会计改革，进一步健全会计制度，准确核算机关运行经费，全面反映行政成本"；党的十八届三中全会更是从全面深化改革的战略高度，在全会《决定》中明确提出要"建立权责发生制的政府综合财务报告制度"的重要战略部署。

2014年新修订的《预算法》对各级政府提出按年度编制以权责发生制为基础的政府综合财务报告的新要求。现行政府会计标准体系一般采用收付实现制，主要以提供反映预算收支执行情况的决算报告为目的，难以满足编制权责发生制政府综合财务报告的信息需求，无法提供公允反映事实的政府综合财务报告，政府公信力受到影响，特别是地方政府债务风险的加剧，使改革迫在眉睫。

1.1　政府会计改革

1.1.1　政府会计的概念

政府会计是指政府会计主体运用专门的会计方法对政府及其组成主体(包括政府所属的行政事业单位等)的资产负债、运行情况、现金流量、预算执行等情况进行全面核算、监督和报告的会计信息系统。长期以来，我国政府领域实施的主要是以收付实现制为基础的预算会计，并不是真正意义上的政府会计。

我国现行的政府预算会计制度体系是适应财政预算管理的要求建立和逐步发展起来的，基本形成于1998年，其在宏观经济决策和财政资金的运行管理过程中发挥了重要的基础性作用。现行的政府预算会计制度体系主要涵盖了财政总预算会计、行政单位会计与事业单位会计，包括《财政总预算会计制度》《行政单位会计制度》《事业单位会计制度》等，以及医院、基层医疗卫生机构、高等学校、中小学校、科学事业单位、彩票机构等行业事业单位会计制度和国有建设单位会计制度等有关制度。

2010年以来,财政部为了适应公共财政管理的需要,先后对上述部分会计标准进行了修订,基本满足了现行部门预算管理的需要。

政府会计具有以下主要特点:一是在会计目标方面,偏重于满足财政预算管理的需要,在一定程度上兼顾了单位财务管理的需要;二是在会计核算内容方面,核算范围较窄,侧重于预算收入、支出和结余情况的反映,资产负债状况无法得到全面、客观反映;三是在核算基础方面,主要以收付实现制为基础,各项收入、支出的确认不是以应收应付而是以实际收到或付出为标准;四是在财务报告方面,主要提供的是反映财务总预算资金、单个行政事业单位、单项基金的预算收支执行结果等信息。

1.1.2 加快推进政府会计改革的必要性

随着我国政府职能转变和公共财政体制的建立和完善,采用收付实现制为主、提供反映预算收支执行情况的决算报告的现行政府预算会计制度越来越难以适应新形势的需要,其缺陷逐渐显现,主要表现为以下几个方面。

1. 不能如实反映政府"家底",不利于政府加强资产负债管理

现行政府预算会计制度体系主要以收付实现制为基础,其主要核算资金的收支节余情况,政府总预算和单位预算的收入支出差额只反映资金使用的余缺,其所核算的经济业务内容较窄,不能将政府各项业务活动所形成的财政资源和财政责任都纳入会计核算、监督和报告范围之内,如实反映政府资产负债"家底"。比如,传统的总预算会计制度中,将所有对外权益性投资作为预算支出处理,没有进行投资资产的核算;对于政府投资的公共基础设施、保障性住房等项目,并未纳入行政事业单位会计账簿核算,最终未能在政府资产负债表中反映;对于许多已经发生的、需要在以后期间支付的现时义务并没有被确认为政府负债。

2. 不能客观反映政府运行成本,不利于科学评价政府的运营绩效

在现行预算会计制度体系下,以收付实现制为基础来反映有关预算收入、支出及资金余缺情况,一般不核算成本,不计算盈亏,不能客观反映政府进行公共管理的运行成本以及资产负债情况,政府会计主体的运营绩效和受托责任的履行情况也难以进行科学的评价。在各个会计期间,以收付实现制为基础的决算报告所反映的收入与当期实际实现的收入往往有一定差距;同时各期所列示的支出与当前实际运营的成本也相距甚远。例如,本期发生的购建机器设备等资本性支出,多个会计期间得以受益,在收付实现制下只能将其全部列为当期支出,而不能像权责发生制原则那样合理地分配到各个期间。因此,在现行预算会计制度体系下,收入与支出的比较既不能客观反映行政事业单位的成本情况和资产负债情况,也不能全面反映其实际的运营绩效和效率。

3. 缺乏统一、规范的政府会计标准体系,不能提供信息准确完整的政府财务报告

现行的政府预算会计体系下,既有《财政总预算会计制度》《行政单位会计制度》《事业单位会计制度》等制度,同时针对医院、基层医疗卫生机构、高等学校、中小学校、科学事业单位、彩票机构、国有建设单位等行业,又制定颁布了具有行业特色的会计制度,可谓体系庞杂、制度繁多。因上述制度存在内容交叉、核算口径不一等缺陷,导致各部门、各单位所提供会计信息的可比性较差,而通过汇总、调整编制的政府财务报告所提供的信息质量较低,不能全面、客观地反映政府性资金和资源的整体运行状况,一定程度上造成了政府性资金和资源在使用中出现行为不规范、效率不高等问题,不利于对政府权力进行制约和监督。综上,在新的形势下,立足国情,借鉴国际经验,加快推进我国政府会计改革势在必行。

1.1.3 政府会计改革的内容

政府会计改革是财政改革的一个重要组成部分。目前,我国实行的是以收付实现制为基础的预算会计,尚未建立以权责发生制为基础的政府会计体系,政府会计改革包括以下八方面内容:

(1) 建立健全法律法规。政府会计改革的顺利进行,有赖于相关法律法规的进一步健全和完善。要积极推动《会计法》《预算法》的修订,使编制权责发生制的政府综合财务报告工作于法有据。

(2) 制定统一的政府会计准则。制定政府会计基本准则;根据基本准则制定政府财务会计具体准则,以规范政府会计主体的会计确认、计量和报告行为;整合现行行政单位会计制度、事业单位会计制度和国有建设单位会计制度,构建以政府综合财务报告为核心的政府财务会计体系。

(3) 编制政府综合财务报告。在总结政府综合财务报告试编经验基础上,结合政府会计准则建设进程,按照政府会计准则编制权责发生制的政府综合财务报告。

(4) 编制地方政府债务报告。合理确定地方政府债务边界,统一政府债务的信息来源和统计口径,在政府负债会计准则基础上编制地方政府债务报告,进一步规范地方政府融资行为。

(5) 修订完善政府预算会计制度。修订财政总预算会计制度,建立单位预算会计制度,构建以决算报告为核心的政府预算会计体系,实现政府预算会计制度与政府财务会计准则的有效衔接。

(6) 推进行政事业单位财务制度改革。明确政府会计改革后行政事业单位财务制度的定位,实现财务制度与政府财务会计准则和预算会计制度的有效衔接。

(7) 全面清理核实政府资产负债项目。对政府的资产项目以及政府承担偿还责任的负债项目进行清理、审核、评估、确认,真实、完整、准确地反映政府资产负债。

(8) 建立政府会计信息系统。结合政府会计准则建设进程,开发支持两套会计核算体系并行的政府会计信息系统,服务于权责发生制的政府综合财务报告和预决算报告的编制,实现与财政收支总分类账系统、国库集中收付系统等系统的有效对接。

延伸阅读 1-1

政府会计改革的时间表

2014年12月,国务院批转了财政部制定的《权责发生制政府综合财务报告制度改革方案》(国发〔2014〕63号),确立了政府会计改革的指导思想、总体目标、基本原则、主要任务、具体内容、配套措施、实施步骤和组织保障。

2015年,制定政府会计基本准则。2016年起,制定发布政府会计具体准则及应用指南。力争在2020年前,建立具有中国特色的政府会计准则体系。

1.2 政府会计标准体系

1.2.1 政府会计准则体系的发展变化

1. 改革前的会计核算标准体系

我国现行政府会计核算标准体系基本上形成于1998年前后,主要涵盖财政总预算会计、行政单位会计与事业单位会计。如图1-1所示,改革前我国会计体系包括《财政总预算会计制度》《行政单位会计制度》《事业单位会计准则》《事业单位会计制度》《医院会计制度》《基层医疗卫生机构会计制度》《高等学校会计制度》《中小学校会计制度》《科学事业单位会计制度》《彩票机构会计制度》《地质勘查单位会计制度》《测绘事业单位会计制度》《国有林场与苗圃会计制度(暂行)》《国有建设单位会计制度》等制度。

2010年以来,财政部适应公共财政管理的需要,先后对上述部分会计标准进行了修订,出台了各个行业的行政事业单位会计制度,基本满足了现行部门预算管理的需要。但因现行政府会计领域多项制度并存、体系繁杂、内容交叉、核算口径不一,造成不同部门、单位会计信息可比性不高,同样业务行政和事业单位的会计标准不同,会计政策不同,导致政府财务报告信息质量较低。

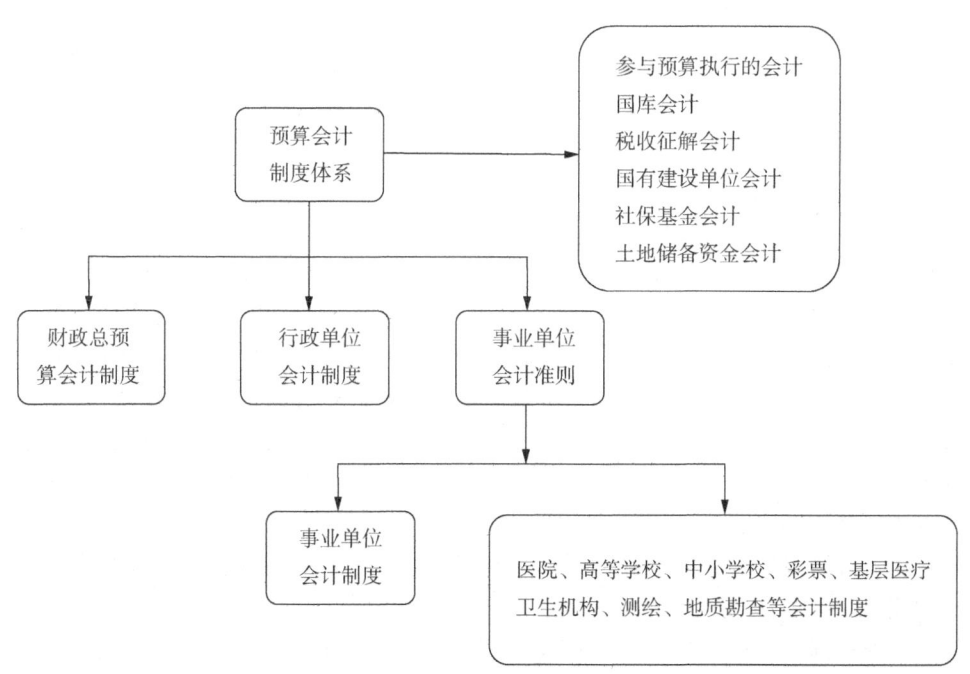

图 1-1 改革前的政府会计体系

2. 改革后的会计体系

2015年以来,财政部相继出台了《政府会计准则——基本准则》和存货、投资、固定资产、无形资产、公共基础设施、政府储备物资等6项政府会计具体准则,固定资产准则应用指南以及《政府会计制度——行政事业单位科目和会计报表》。改革后的政府会计体系如图1-2

所示。

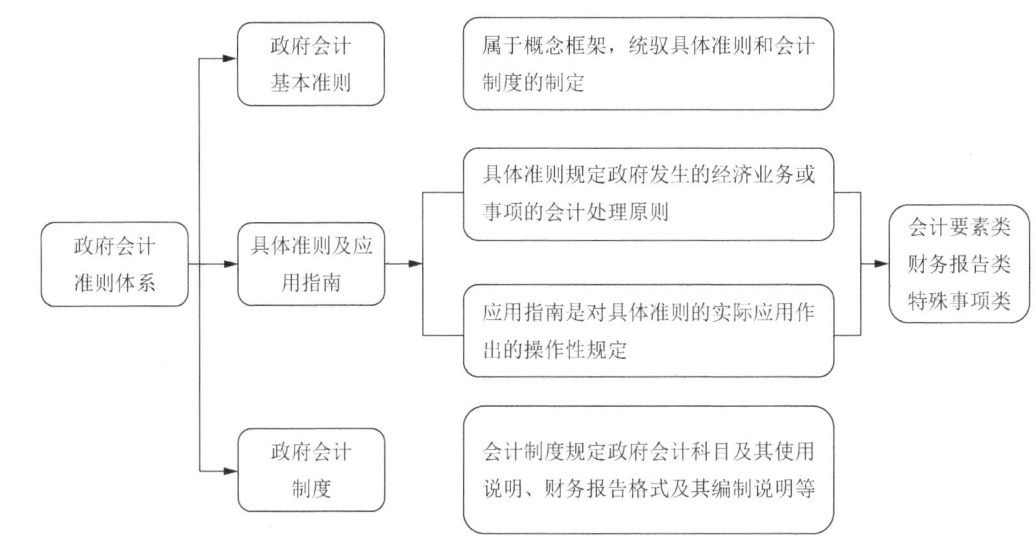

图 1-2 改革后的政府会计体系

1.2.2 政府会计基本准则

为了积极贯彻落实党的十八届三中全会精神,加快推进政府会计改革,构建统一、科学、规范的政府会计标准体系和权责发生制政府综合财务报告制度,2015 年 10 月 23 日,楼继伟部长签署财政部令第 78 号公布《政府会计准则——基本准则》(以下简称《基本准则》),自 2017 年 1 月 1 日起施行。

在政府会计核算标准体系中,基本准则主要对政府会计目标、会计主体、会计信息质量要求、会计核算基础,以及会计要素定义、确认和计量原则列报要求等作出规定。基本准则属于"概念框架",统驭政府会计具体准则和政府会计制度的制定,并为政府会计实务问题提供处理原则,为编制政府财务报告提供基础标准。从会计规则角度而言,《基本准则》为在政府会计具体准则和政府会计制度层面规范政府发生的经济业务或事项的会计处理提供了基本原则,保证了政府会计准则体系的内在一致性。从会计主体而言,《基本准则》适用于各级政府、各部门、各单位(以下称"政府会计主体"),有利于消除各级政府、部门、行业和单位执行不同会计规范所导致的信息差异,打破不同部门、行业的藩篱,各政府会计主体都以统一规范的会计语言体系处理会计事务、参与政府治理,提高了政府会计信息的可比性。

《基本准则》共六章 62 条。

第一章为总则,规定了立法目的和制定依据、适用范围、政府会计体系与核算基础、基本准则定位、报告目标和使用者、会计基本假设和记账方法等。

第二章为政府会计信息质量要求,明确了政府会计信息应当满足的 7 个方面质量要求,即可靠性、全面性、相关性、及时性、可比性、可理解性和实质重于形式。

第三章为政府预算会计要素,规定了预算收入、预算支出和预算结余 3 个预算会计要素的定义、确认和计量标准,以及列示要求。

第四章为政府财务会计要素,规定了资产、负债、净资产、收入和费用 5 个财务会计要素的定义、确认标准、计量属性和列示要求。

第五章为政府决算报告和财务报告,规定了决算报告、财务报告和财务报表的定义、主要内容和构成。

第六章为附则,规定了相关基本概念的定义,明确了施行日期。

延伸阅读 1-2

基本准则制定出台的背景

1. 我国预算会计制度改革需要进一步突破和创新。
2. 顺应政府会计改革的国际趋势。
3. 贯彻落实党的十八届三中全会精神、财政部《权责发生制政府综合财务报告制度改革方案》和全面深化财税体制改革的必然和迫切需要。

1.2.3 政府会计具体准则及其应用指南

在政府会计核算标准体系中,各项具体准则主要规定政府发生的经济业务或事项的会计处理原则,应用指南主要对具体准则的实际应用作出操作性规定。

根据《基本准则》,财政部于 2016 年 7 月制定印发了《政府会计准则第 1 号——存货》《政府会计准则第 2 号——投资》《政府会计准则第 3 号——固定资产》和《政府会计准则第 4 号——无形资产》四项政府会计具体准则;2017 年 2 月印发了《政府会计准则第 3 号——固定资产》应用指南;2017 年 4 月印发了《政府会计准则第 5 号——公共基础设施》;2017 年 7 月印发了《政府会计准则第 6 号——政府储备物资》。

1. 具体准则规范的主要内容和范围

(1) 存货准则。存货准则所规范的存货,是指政府会计主体在开展业务活动及其他活动中为耗用或出售而储存的资产,如材料、产品、包装物和低值易耗品等,以及未达到固定资产标准的用具、装具、动植物等。考虑到政府储备物资的取得、调拨、管理、处置、权属确定等与本准则规范的存货有较大不同,因此将其排除在存货准则范围以外。另外,考虑到政府收储土地规模较大且具有不同于一般存货的显著特点,也对其进行了范围排除。

(2) 投资准则。投资准则所规范的投资,是指政府会计主体按规定以货币资金、实物资产、无形资产等方式形成的股权和债权投资,分为短期投资和长期投资。政府会计主体外币投资的折算,适用其他相关政府会计准则。另外,关于政府和社会资本合作(PPP)模式中政府的投资,鉴于其涉及的核算内容较为复杂,财政部拟单独制定相关准则。

(3) 固定资产准则。固定资产准则所规范的固定资产,是指政府会计主体为满足自身开展业务活动或其他活动需要而控制的,使用年限超过 1 年(不含 1 年)、单位价值在规定标准以上,并在使用过程中基本保持原有物质形态的资产,一般包括房屋及构筑物、专用设备、通用设备等。考虑到公共基础设施、政府储备物资、保障性住房为政府会计主体经管的资产,其使用目的和管理方式不同于一般固定资产,且这类资产规模较大,财政部另行制定相关准则。另外,自然资源资产的定义和内涵尚不明确,是否需要制定相关准则,需要做进一步研究。

(4) 无形资产准则。无形资产准则所规范的无形资产,是指政府会计主体控制的没有实物形态的可辨认非货币性资产,一般包括专利权、商标权、著作权、土地使用权、非专利技术以及其他财产权利等。

(5) 公共基础设施准则。公共基础设施准则所称的公共基础设施,是指政府会计主体为满足社会公共需求而控制的,同时具有以下特征的有形资产:① 是一个有形资产系统或网络的组成部分;② 具有特定用途;③ 一般不可移动。

公共基础设施主要包括市政基础设施(如城市道路、桥梁、隧道、公交场站、路灯、广场、公园绿地、室外公共健身器材,以及环卫、排水、供水、供电、供气、供热、污水处理、垃圾处理系统等)、交通基础设施(如公路、航道、港口等)、水利基础设施(如大坝、堤防、水闸、泵站、渠道等)和其他公共基础设施。独立于公共基础设施、不构成公共基础设施使用不可缺少组成部分的管理维护用房屋建筑物、设备、车辆等,适用《政府会计准则第3号——固定资产》。属于文物文化资产的公共基础设施,适用其他相关政府会计准则。采用PPP模式形成的公共基础设施的确认和初始计量,适用其他相关政府会计准则。

(6) 政府储备物资准则。政府储备物资准则所称的政府储备物资,是指政府会计主体为满足实施国家安全与发展战略,进行抗灾救灾、应对公共突发事件等特定公共需求而控制的,同时具有下列特征的有形资产:① 在应对可能发生的特定事件或情形时动用;② 其购入、存储、保管、更新(轮换)、动用等由政府及相关部门发布专门管理制度规范。

政府储备物资主要包括战略及能源物资、抢险抗灾救灾物资、农产品、医药物资和其他重要商品物资,通常情况下由政府会计主体委托承储单位存储。企业以及纳入企业财务管理体系的事业单位接受政府委托收储并按企业会计准则核算的储备物资,不适用本准则。

2. 具体准则的主要创新与变化

政府会计的六项具体准则在合理继承现行行政事业单位会计准则制度和财政总预算会计制度有关规定的基础上,立足政府会计主体财务会计核算和权责发生制政府综合财务报告制度改革的需要,兼顾当前行政事业单位国有资产管理的相关规定,在规范存货、投资、固定资产和无形资产、公共基础设施、政府储备物资的会计核算方面较现行政府会计制度体系有很多创新与变化,主要体现在以下几个方面:

(1) 立足权责发生制会计核算基础,合理划分资本化支出和费用化支出的界限,凡符合相关资产确认条件的支出均计入相关资产的成本,不符合相关资产确认条件的支出均计入当期费用。

(2) 进一步明确资产的会计确认和披露要求。现行政府会计制度体系下,对于存货、投资、固定资产、无形资产等的会计核算均有相应的规范,但这些规范主要侧重于相关资产的会计计量和记录问题,很少涉及会计确认和披露问题。而具体准则对存货、投资、固定资产和无形资产的确认、计量和披露问题进行了系统规范,为将符合存货、投资、固定资产和无形资产定义和确认条件的相关资产纳入会计账簿和财务报表提供了统一的会计处理原则,提高了不同政府会计主体对同一经济业务和事项会计处理的可比性,丰富了政府会计信息的内容,有利于权责发生制政府财务报告的编制。

(3) 健全完善资产的计价和入账管理要求。在现行政府会计制度体系下,对于接受捐赠、无偿调入和盘盈等方式取得的资产入账价值的确定进行了规范,但在实际执行中操作性不强。具体准则遵循《基本准则》关于资产计量属性的规定,立足实务需要,兼顾资产管理的相关规定,分别对接受捐赠、无偿调入和盘盈取得的资产的初始入账问题进行了规范,相对于现行政府会计制度体系更为科学。

（4）全面确立"实提"折旧和摊销的政策要求。在现行政府会计制度体系下,对单位的固定资产和无形资产分别计提折旧和摊销时,采用"虚提"折旧和摊销的做法,即在当期计提折旧或摊销时冲减非流动资产基金(或资产基金),而不是计入相关支出或费用。而固定资产准则和无形资产准则是基于权责发生制的会计核算要求,分别对政府会计主体固定资产折旧和无形资产摊销作出"实提"折旧或摊销的规范,要求固定资产应计提的折旧金额或无形资产应计提的摊销金额,应当根据用途计入当期费用或者相关资产的成本。这种"实提"的做法有利于客观、真实地反映资产价值,有利于进行成本核算与管理,有助于权责发生制财务报告的编制。

（5）全面引入长期股权投资权益法。在现行政府会计制度体系下,长期股权投资采用成本法进行核算,长期股权投资的账面余额通常保持不变,仅在追加或收回投资时,相应调整其账面余额。而在投资准则中,长期股权投资持有期间通常采用权益法进行核算最初以投资成本对投资进行计量,以后根据政府会计主体在被投资单位所享有的所有者权益份额的变动对投资的账面余额进行调整。值得强调的是,投资准则在明确规定长期股权投资通常采用权益法的同时保留了成本法,不对被投资企业净资产的变动调整长期股权投资的账面余额和确认投资损益。

（6）着力强化自行研发无形资产入账成本的核算。在现行政府会计制度体系下,自行开发并按法律程序申请取得的无形资产,按照依法取得时发生的注册费、聘请律师费等费用确认初始成本,导致自行研发的无形资产账面成本远小于单位的实际投入。而在无形资产准则中引入了企业会计中关于自行研发无形资产的会计处理规定,但为便于实务操作,对相关内容进行了适度简化。政府会计主体自行研究开发项目研究阶段的支出,应当于发生时计入当期费用。政府会计主体自行研究开发项目开发阶段的支出,先按合理方法进行归集,如果最终形成无形资产的,应当确认为无形资产;如果最终未形成无形资产的,应当计入当期费用。

1.2.4 《政府会计制度》概述

《政府会计制度》的颁布,构建了"财务会计和预算会计适度分离并相互衔接"的会计核算模式。在科目设置、科目和报表项目说明方面,一般情况下,不再区分行政和事业单位;在核算内容方面,基本保留了现行各项制度中的通用业务和事项,同时根据改革需要增加各级各类行政事业单位的共性业务和事项;在会计政策方面,对同类业务尽可能作出同样的处理规定。

1. 体例结构及主要内容

《政府会计制度》由正文和附录组成。正文包括五部分内容。

第一部分为总说明,主要规范《政府会计制度》的制定依据、适用范围会计核算模式和会计要素、会计科目设置要求、报表编制要求、会计信息化工作要求和施行日期等内容。

第二部分为会计科目名称和编号,主要列出了财务会计和预算会计两类科目表,共计103个一级会计科目,其中,财务会计下资产、负债、净资产、收入和费用五个要素共77个一级科目,预算会计下预算收入、预算支出和预算结余三个要素共26个一级科目。

第三部分为会计科目使用说明,主要对103个一级会计科目的核算内容、明细核算要求、主要账务处理等进行详细规定。本部分内容是《政府会计制度》的核心内容。

第四部分为报表格式,主要规定财务报表和预算会计报表的格式,其中财务报表包括资产负债表、收入费用表、净资产变动表、现金流量表及报表附注,预算会计报表包括预算收入支出表、预算结转结余变动表和财政拨款预算收入支出表。

第五部分为报表编制说明,主要规定了第四部分列出的7张报表的编制说明,以及报表附注应披露的内容。

附录为主要业务和事项账务处理举例。本部分采用列表方式,以《政府会计制度》第三部分规定的会计科目使用说明为依据,按照会计科目顺序对单位通用业务或共性业务和事项的账务处理进行举例说明

2. 重大变化与创新

《政府会计制度》继承了多年来我国行政事业单位会计改革的有益经验,反映了当前政府会计改革发展的内在需要和发展方向,相对于现行制度有以下重大变化与创新。

1) 重构了政府会计核算模式

在系统总结分析传统单系统预算会计体系的利弊基础上,《政府会计制度》按照《权责发生制政府综合财务报告制度改革方案》(以下简称《改革方案》)和《基本准则》的要求,构建了"财务会计和预算会计适度分离并相互衔接"的会计核算模式。

所谓"适度分离",是指适度分离政府预算会计和财务会计功能、决算报告和财务报告功能,全面反映政府会计主体的预算执行信息和财务信息。主要体现在以下几个方面:

(1) "双功能"。在同一会计核算系统中实现财务会计和预算会计双重功能,通过资产、负债、净资产、收入、费用五个要素进行财务会计核算,通过预算收入、预算支出和预算结余三个要素进行预算会计核算。

(2) "双基础"。财务会计采用权责发生制,预算会计采用收付实现制,国务院另有规定的,依照其规定。

(3) "双报告"。通过财务会计核算形成财务报告,通过预算会计核算形成决算报告。

所谓"相互衔接",是指在同一会计核算系统中政府预算会计要素和相关财务会计要素相互协调,决算报告和财务报告相互补充,共同反映政府会计主体的预算执行信息和财务信息。主要体现在以下几个方面:

(1) 对纳入部门预算管理的现金收支进行"平行记账"。对于纳入部门预算管理的现金收支业务,在进行财务会计核算的同时也应当进行预算会计核算。对于其他业务,仅需要进行财务会计核算。

(2) 财务报表与预算会计报表之间存在勾稽关系。通过编制"本期预算结余与本期盈余差异调节表"并在附注中进行披露,反映单位财务会计和预算会计因核算基础和核算范围不同所产生的本年盈余数(即本期收入与费用之间的差额)与本年预算结余数(本年预算收入与预算支出的差额)之间的差异,从而揭示财务会计和预算会计的内在联系。

这种会计核算模式既能兼顾现行部门决算报告制度的需要,又能满足部门编制权责发生制财务报告的要求,对于规范政府会计行为,夯实政府会计主体预算和财务管理基础,强化政府绩效管理具有深远的影响。

2) 统一了现行各项单位会计制度

《政府会计制度》有机整合了《行政单位会计制度》《事业单位会计制度》和医院、基层医疗卫生机构、高等学校、中小学校、科学事业单位、彩票机构地勘单位、测绘单位、林业(苗圃)

等行业事业单位会计制度的内容。在科目设置、科目和报表项目说明中，一般情况下，不再区分行政和事业单位，也不再区分行业事业单位；在核算内容方面，基本保留了现行各项制度中的通用业务和事项，同时根据改革需要增加各级各类行政事业单位的共性业务和事项。在会计政策方面，对同类业务尽可能作出同样的处理规定。通过会计制度的统一，大大提高了政府各部门、各单位会计信息的可比性，为合并单位、部门财务报表和逐级汇总编制部门决算奠定了坚实的制度基础。

3）强化了财务会计功能

《政府会计制度》在财务会计核算中全面引入了权责发生制，在会计科目设置和账务处理说明中着力强化财务会计功能，如增加了收入和费用两个财务会计要素的核算内容，并原则上要求按照权责发生制进行核算；增加了应收款项和应付款项的核算内容，对长期股权投资采用权益法核算，确认自行开发形成的无形资产的成本，要求对固定资产、公共基础设施、保障性住房和无形资产计提折旧或摊销，引入坏账准备等减值概念，确认预计负债、待摊费用和预提费用等。在政府会计核算中强化财务会计功能，对于科学编制权责发生制政府财务报告、准确反映单位财务状况和运行成本等情况具有重要的意义。

4）扩大了政府资产负债核算范围

《政府会计制度》在现行制度基础上，扩大了资产负债的核算范围。除按照权责发生制核算原则增加有关往来账款的核算内容外，在资产方面，增加了公共基础设施、政府储备物资、文物文化资产、保障性住房和受托代理资产的核算内容，以全面核算单位控制的各类资产；增加了"研发支出"科目，以准确反映单位自行开发无形资产的成本。在负债方面，增加了预计负债、受托代理负债等核算内容，以全面反映单位所承担的现时义务。此外，为了准确反映单位资产扣除负债之后的净资产状况，《政府会计制度》立足单位会计核算需要，借鉴国际公共部门会计准则相关规定，将净资产按照主要来源分类为累计盈余和专用基金，并根据净资产其他来源设置了权益法调整、无偿调拨净资产等会计科目。资产负债核算范围的扩大，有利于全面规范政府单位各项经济业务和事项的会计处理，准确反映政府"家底"信息，为相关决策提供更加有用的信息。

5）改进了预算会计功能

根据《改革方案》要求，《政府会计制度》对预算会计科目及其核算内容进行了调整和优化，以进一步完善预算会计功能。在核算内容上，预算会计仅需核算预算收入、预算支出和预算结余。在核算基础上，预算会计除按《预算法》要求的权责发生制事项外，均采用收付实现制核算，这样有利于避免现在制度下存在的虚列预算收支的问题。在核算范围上，为了体现新《预算法》的精神和部门综合预算的要求，《政府会计制度》将依法纳入部门预算管理的现金收支均纳入预算会计核算范围，如增设了债务预算收入、债务还本支出、投资支出等。调整完善后的预算会计，能够更好贯彻落实《预算法》的相关规定，更加准确反映部门和单位预算收支情况，更加满足部门、单位预算和决算管理的需要。

6）整合了基建会计核算

按照现行制度规定，单位对于基本建设投资的会计核算除遵循相关会计制度规定外，还应当按照国家有关基本建设会计核算的规定单独建账、单独核算，但同时应将基建账相关数据按期并入单位"大账"。《政府会计制度》依据《基本建设财务规则》和相关预算管理规定，在充分吸收《国有建设单位会计制度》合理内容的基础上对单位建设项目的会计核算进行了规定。单位对基本建设投资按照本制度规定统一进行会计核算,不再单独建账,大大简化了单位基本建设业务的会计核算,有利于提高单位会计信息的完整性。

7) 完善了报表体系和结构

《政府会计制度》将报表分为预算会计报表和财务报表两大类。预算会计报表由预算收入表、预算结转结余变动表和财政拨款预算收入支出表组成,是编制部门决算报表的基础。财务报表由会计报表和附注构成,会计报表由资产负债表、收入费用表、净资产变动表和现金流量表组成,其中,单位可自行选择编制现金流量表。此外,《政府会计制度》针对新的核算内容和要求对报表结构进行了调整和优化,对报表附注应当披露的内容进行了细化,对会计报表重要项目说明提供了可参考的披露格式,要求按经济分类披露费用信息,要求披露本年预算结余和本年盈余的差异调节过程等。调整完善后的报表体系,对于全面反映单位财务信息和预算执行信息,提高部门、单位会计信息的透明度和决策有用性具有重要的意义。

8) 增强了制度的可操作性

《政府会计制度》在附录中采用列表方式,以《政府会计制度》中规定的会计科目使用说明为依据,按照会计科目顺序对单位通用业务或共性业务和事项的账务处理进行了举例说明。在举例说明时,对同一项业务或事项,在表格中列出财务会计分录的同时,平行列出相对应的预算会计分录(如果有)。通过对经济业务和事项举例说明,能够充分反映《政府会计制度》所要求的财务会计和预算会计"平行记账"的核算要求,便于会计人员学习和理解政府会计8种要素的记账规则,也有利于单位会计核算信息系统的开发或升级改造。

1.3 政府会计核算的基本理论

政府会计由预算会计和财务会计构成。

《基本准则》第五十八条规定:"预算会计,是指以收付实现制为基础对政府会计主体预算执行过程中发生的全部收入和全部支出进行会计核算,主要反映和监督预算收支执行情况的会计。"

《基本准则》第五十九条规定:"财务会计,是指以权责发生制为基础对政府会计主体发生的各项经济业务或事项进行会计核算,主要反映和监督政府会计主体财务状况、运行情况和现金流量等的会计。"

1.3.1 政府会计核算的基本前提

会计核算前提也称为会计假设,是组织会计核算工作所必须具备的前提条件。政府会计核算的基本前提包括会计主体、持续运行、会计分期和货币计量。

1. 会计主体

会计主体是指会计为之服务的特定单位或组织,其决定了会计核算和监督的空间范围。会计主体的前提条件回答了会计为谁核算的问题,明确会计主体是开展会计确认、计量和报告工作的重要前提。

《基本准则》第六条规定:"政府会计主体应当对其自身发生的经济业务或者事项进行会计核算。"

2. 持续运行

持续运行是指会计主体的经济业务活动将无限期地持续下去,是针对由于某些因素可能导致会计主体终止经济业务活动的非正常情况而言的。持续经营的前提条件,可以使会计核算的程序、方法以及为经济决策提供的会计信息保持一定的稳定性和可靠性。

《基本准则》第七条规定:"政府会计核算应当以政府会计主体持续运行为前提。"

3. 会计分期

会计分期是指对会计主体持续进行的运行过程,人为地划分为相等的时间阶段,以便分期结算账目和编制会计报表,确定各期间的财务状况、运行情况。会计分期基本前提是持续运行前提的必要补充。有了会计分期这一前提,才产生了本期与非本期的区别,才有期初、期末的概念。只有划清会计分期,才能按会计期间提供收入、费用、成本、财务状况和运行情况等会计信息资料,才有可能对不同会计期间的会计信息进行比较。

《基本准则》第八条规定:"政府会计核算应当划分会计期间,分期结算账目,按规定编制决算报告和财务报告。会计期间至少分为年度和月度。会计年度、月度等会计期间的起讫日期采用公历日期。"《预算法》第十八条规定:"预算年度自公历1月1日起,至12月31日止。"

4. 货币计量

货币计量是指会计主体的会计核算应采用统一的货币单位作为计量标准以便综合、全面、系统、完整地反映会计主体的经济活动。货币计量前提是建立在货币本身的价值稳定不变的基础之上的,除非发生恶性通货膨胀时才对这一前提作某些修正。根据这一前提,政府会计的核算对象只限于那些能够用货币来计量的经济活动。

《基本准则》第九条规定:"政府会计核算应当以人民币作为记账本位币。发生外币业务时,应当将有关外币金额折算为人民币金额计量,同时登记外币金额。"

1.3.2 政府会计核算基础

政府会计核算基础有两种,一种是权责发生制,另一种是收付实现制。

1. 权责发生制会计核算基础

《基本准则》第六十一条规定:"权责发生制是指以取得收取款项的权利或支付款项的义务为标志来确定本期收入和费用的会计核算基础。凡是当期已经实现的收入和已经发生的或应当负担的费用,不论款项是否收付,都应当作为当期的收入和费用;凡是不属于当期的收入和费用,即使款项已在当期收付,也不应当作为当期的收入和费用。"

权责发生制主要是从时间上规定会计确认的基础,其核心是根据权、责关系实际发生的时间来确认收入和费用,能够更加真实、公允地反映相关政府会计主体在特定会计期的财务状况和运行情况。在政府会计主体日常业务活动中,交易或事项的发生时间与相关货币资金的收付时间并不一致。例如,某事业单位对外提供一项专业服务,货款尚未收到。按照权责发生制的要求,虽然款项在本期尚未收到,但相关的专业服务是在本期发生的,取得的收入应该在本期进行确认。

《基本准则》第三条规定:"财务会计实行权责发生制。"

2. 收付实现制会计核算基础

《基本准则》第六十条规定:"收付实现制是指以现金的实际收付为标志来确定本期收入

和支出的会计核算基础。凡在当期实际收到的现金收入和支出,均应作为当期的收入和支出;凡是不属于当期的现金收入和支出,均不应当作为当期的收入和支出。"

根据收付实现制,货币资金的收支行为在其发生的期间全部记作收入和费用,而不考虑与现金收支行为相关联的经济业务活动是否发生。例如,某事业单位在2019年3月对外提供一项专业服务,货款于2019年4月收到,如果采用收付实现制,这笔款项应当作为2019年4月的收入,因为款项是在2019年4月收到的。

《基本准则》第三条规定:"预算会计实行收付实现制,国务院另有规定的,依照其规定。"

1.3.3 政府会计信息质量要求

政府会计信息质量要求是对政府会计所提供会计信息的基本要求,是处理具体会计业务的基本依据,是衡量会计信息质量的重要标准。政府会计信息质量要求主要有以下几个方面。

1. 客观性要求

客观性要求依照《基本准则》第十一条规定:"政府会计主体应当以实际发生的经济业务或者事项为依据进行会计核算,如实反映各项会计要素的情况和结果,保证会计信息真实可靠。"

2. 全面性要求

全面性要求依照《基本准则》第十二条规定:"政府会计主体应当将发生的各项经济业务或者事项统一纳入会计核算,确保会计信息能够全面反映政府会计主体预算执行情况和财务状况、运行情况、现金流量等。"

3. 相关性要求

相关性要求依照《基本准则》第十三条规定:"政府会计主体提供的会计信息,应当与反映政府会计主体公共受托责任履行情况以及报告使用者决策或者监督、管理的需要相关,有助于报告使用者对政府会计主体过去、现在或者未来的情况作出评价或者预测。"

4. 及时性要求

及时性要求依照《基本准则》第十四条规定:"政府会计主体对已经发生的经济业务或者事项,应当及时进行会计核算,不得提前或者延后。"

5. 可比性要求

可比性要求依照《基本准则》第十五条规定:"政府会计主体提供的会计信息应当具有可比性。同一政府会计主体不同时期发生的相同或者相似的经济业务或者事项应当采用一致的会计政策,不得随意变更。确需变更的,应当将变更的内容理由及其影响在附注中予以说明。不同政府会计主体发生的相同或者相似的经济业务或者事项,应当采用一致的会计政策,确保政府会计信息口径一致相互可比。"

6. 明晰性要求

明晰性要求是指会计记录和会计报告应当清晰明了,便于理解和利用,数据记录和文字说明要能一目了然地反映经济活动的来龙去脉,对有些不易理解的问题,应在财务情况说明书中作出说明。

《基本准则》第十六条规定:"政府会计主体提供的会计信息应当清晰明了,便于报告使用者理解和使用。"

7. 实质重于形式要求

实质重于形式要求是指政府会计主体应当按照业务活动或事项的经济实质进行会计核算,而不应当仅仅按照它们的法律形式作为会计核算的依据。在实际工作中,交易或事项的外在形式或人为形式并不能完全真实地反映其实质内容,因此会计信息拟反映的交易或事项,必须根据交易或事项的实质和经济现实,而非根据它们的法律形式进行核算。

《基本准则》第十七条规定:"政府会计主体应当按照经济业务或者事项的经济实质进行会计核算,不限于以经济业务或者事项的法律形式为依据。"

1.3.4 政府会计要素

《基本准则》规定:"政府会计由预算会计和财务会计构成。政府预算会计要素包括预算收入、预算支出与预算结余;政府财务会计要素包括资产、负债、净资产、收入和费用。"

政府预算会计和财务会计的基本要素及其具体内容分别如表1-1、表1-2所示。

表1-1 政府预算会计的基本要素

基本要素	概念	特点
预算收入	是指政府会计主体在预算年度内依法取得的并纳入预算管理的现金流入	预算收入一般在实际收到时予以确认,以实际收到的金额计量
预算支出	是指政府会计主体在预算年度内依法发生并纳入预算管理的现金流出	预算支出一般在实际支付时予以确认,以实际支付的金额计量
预算结余	是指政府会计主体预算年度内预算收入扣除预算支出后的资金余额,以及历年滚存的资金余额	1. 预算结余包括结余资金和结转资金
		2. 结余资金是指年度预算执行终了,预算收入实际完成数扣除预算支出和结转资金后剩余的资金
		3. 结转资金是指预算安排项目的支出年终尚未执行完毕或者因故未执行,且下年需要按原用途继续使用的资金

表1-2 政府财务会计的基本要素

基本要素	概念	特点
资产	是指政府会计主体过去的经济业务或者事项形成的,由政府会计主体控制的,预期能够产生服务潜力或者带来经济利益流入的经济资源	1. 资产是由政府会计主体过去的经济业务或事项形成的,这是指资产必须是现时的资产,它是来自于政府会计主体过去发生的经济业务或事项,而不是预期、计划的资产。也就是说,资产的存在必须以实际发生的经济交易事项为依据,因为预期的资产并没有反映会计主体真实的财务状况
		2. 资产是政府会计主体控制的。资产只有被会计主体控制,会计主体才能够获得和支配资产
		3. 资产能够为政府会计主体带来经济利益或服务潜力。经济利益流入表现为现金及现金等价物的流入,或者现金及现金等价物流出的减少。服务潜力是指政府会计主体利用资产提供公共产品和服务以履行政府职能的潜在能力

(续表)

基本要素	概念	特点
负债	是指政府会计主体过去的经济业务或者事项形成的,预期会导致经济资源流出政府会计主体的现时义务	1. 负债是由政府会计主体过去的经济业务或事项形成的。同资产的第一个特点一样,负债必须是现时的负债,它是来自于政府会计主体过去发生的交易或事项,而不是预期、计划的负债。也就是说,负债的存在必须以实际发生的经济交易事项为依据,因为预期的负债并没有反映会计主体真实的财务状况
		2. 负债是政府会计主体承担的现时义务。现时义务是指政府会计主体在现行条件下已承担的义务。未来发生的经济业务或者事项形成的义务不属于现时义务,不应当确认为负债
		3. 负债的清偿将导致含有服务潜力或者经济利益的经济资源流出政府会计主体
净资产	是指政府会计主体资产扣除负债后的净额	政府会计主体净资产增加时,其表现形式为资产增加或负债减少;政府会计主体净资产减少时,其表现形式为资产减少或负债增加
收入	是指报告期内导致政府会计主体净资产增加的、含有服务潜力或者经济利益的经济资源的流入	1. 政府会计主体收入的增加将导致净资产增加,进而导致资产增加或负债减少(或两者兼而有之),并且最终导致政府会计主体经济利益的增加或服务潜力增强
		2. 政府会计主体收入确认是建立在收付实现制原则和权责发生制原则基础之上的。在收付实现制原则下,政府会计主体要收到资金,就必须确认收入,而不管该笔资金所依托的经济事项是否发生于当期;在权责发生制下,政府会计主体只要经济事项发生于当期,并符合一定条件,就必须确认该事项所发生的收入,而不管收入所带来的资金当期是否收到
费用	是指报告期内导致政府会计主体净资产减少的、含有服务潜力或者经济利益的经济资源的流出	1. 政府会计主体支出的增加将导致净资产减少,进而导致资产减少或负债增加(或两者兼而有之),并且最终导致政府会计主体经济利益的减少或服务潜力减弱
		2. 政府会计主体支出确认是建立在收付实现制原则和权责发生制原则基础之上的。在收付实现制原则下,政府会计主体要支付了资金,就必须确认费用,而不管该笔资金所依托的经济事项是否发生于当期;在权责发生制下,政府会计主体只要经济事项发生于当期,并符合一定条件,就必须确认该事项所发生的费用,而不管费用所带来的资金当期是否支付

延伸阅读1-3

资产和负债的计量属性

资产的计量属性主要包括历史成本、重置成本、现值、公允价值和名义金额。在历史成本计量属性下,资产按照取得时支付的现金金额或者支付对价的公允价值计量。在重置成本计量属性下,资产按照现在购买相同或者相似资产所需支付的现金金额计量。在现值计量属性下,资产按照预计从其持续使用和最终处置中所产生的未来净现金流入量的折现金额计量。在公允价值计量属性下,资产按照市场参与者在计量日发生的有序交易中,出售资产所能收到的价格计量。无法采用上述计量属性的,采用名义金额(即人民币1元)计量。

负债的计量属性主要包括历史成本、现值和公允价值。在历史成本计量属性下,负债按照因承担现时义务而实际收到的款项或者资产的金额,或者承担现时义务的合同金额,或者按照为偿还负债预期需要支付的现金计量。在现值计量属性下,负债按照预计期限内需要偿还的未来净现金流出量的折现金额计量。在公允价值计量属性下,负债按照市场参与者在计量日发生的有序交易中,转移负债所需支付的价格计量。

1.3.5 会计科目与记账

1. 会计科目设置和使用规定

(1) 政府单位应当按照《政府会计制度》的规定设置和使用会计科目。在不影响会计处理和编制报表的前提下,单位可以根据实际情况自行增设或减少某些会计科目。

(2) 政府单位应当执行《政府会计制度》统一规定的会计科目编号,以便于填制会计凭证、登记账簿、查阅账目,实行会计信息化管理。

(3) 政府单位在填制会计凭证、登记会计账簿时,应当填列会计科目的名称,或同时填列会计科目的名称和编号,不得只填列会计科目编号,不填会计科目名称。

(4) 政府单位设置明细科目或进行明细核算,除遵循《政府会计制度》规定外,还应当满足权责发生制政府部门财务报告和政府综合财务报告编制的其他需要。

2. 《政府会计制度》规定的一级会计科目

(1) 政府单位适用的一级会计科目(见表 1-3)。

表 1-3　　　　　　　　政府单位适用的一级会计科目

序号	科目编号	科目名称	事业单位	行政单位
一、财务会计科目				
(一)资产类				
1	1001	库存现金	√	√
2	1002	银行存款	√	√
3	1011	零余额账户用款额度	√	√
4	1021	其他货币资金	√	√
5	1101	短期投资	√	
6	1201	财政应返还额度	√	√
7	1211	应收票据	√	
8	1212	应收账款	√	√
9	1214	预付账款	√	√
10	1215	应收股利	√	
11	1216	应收利息	√	
12	1218	其他应收款	√	√
13	1219	坏账准备	√	
14	1301	在途物品	√	√
15	1302	库存物品	√	√
16	1303	加工物品	√	
17	1401	待摊费用	√	√
18	1501	长期股权投资	√	
19	1502	长期债券投资	√	

(续表)

序号	科目编号	科目名称	事业单位	行政单位
20	1601	固定资产	√	√
21	1602	固定资产累计折旧	√	√
22	1611	工程物资	√	√
23	1613	在建工程	√	√
24	1701	无形资产	√	√
25	1702	无形资产累计摊销	√	√
26	1703	研发支出	√	√
27	1801	公共基础设施	√	√
28	1802	公共基础设施累计折旧(摊销)	√	√
29	1811	政府储备物资	√	√
30	1821	文物文化资产	√	√
31	1831	保障性住房	√	√
32	1832	保障性住房累计折旧	√	√
33	1891	受托代理资产	√	√
34	1901	长期待摊费用	√	√
35	1902	待处理财产损溢	√	√
(二)负债类				
36	2001	短期借款	√	
37	2101	应交增值税	√	√
38	2102	其他应交税费	√	√
39	2103	应缴财政款	√	√
40	2201	应付职工薪酬	√	√
41	2301	应付票据	√	
42	2302	应付账款	√	√
43	2303	应付政府补贴款		√
44	2304	应付利息	√	
45	2305	预收账款	√	
46	2307	其他应付款	√	√
47	2401	预提费用	√	√
48	2501	长期借款	√	
49	2502	长期应付款	√	√
50	2601	预计负债	√	√
51	2901	受托代理负债	√	√
(三)净资产类				
52	3001	累计盈余	√	√

(续表)

序号	科目编号	科目名称	事业单位	行政单位
53	3101	专用基金	√	
54	3201	权益法调整	√	
55	3301	本期盈余	√	√
56	3302	本年盈余分配	√	√
57	3401	无偿调拨净资产	√	√
58	3501	以前年度盈余调整	√	√
(四) 收入类				
59	4001	财政拨款收入	√	√
60	4101	事业收入	√	
61	4201	上级补助收入	√	
62	4301	附属单位上缴收入	√	
63	4401	经营收入	√	
64	4601	非同级财政拨款收入	√	√
65	4602	投资收益	√	
66	4603	捐赠收入	√	√
67	4604	利息收入	√	√
68	4605	租金收入	√	√
69	4609	其他收入	√	√
(五) 费用类				
70	5001	业务活动费用	√	√
71	5101	单位管理费用	√	
72	5201	经营费用	√	
73	5301	资产处置费用	√	√
74	5401	上缴上级费用	√	
75	5501	对附属单位补助费用	√	
76	5801	所得税费用	√	
77	5901	其他费用	√	√
二、预算会计科目				
(一) 预算收入类				
1	6001	财政拨款预算收入	√	√
2	6101	事业预算收入	√	
3	6201	上级补助预算收入	√	
4	6301	附属单位上缴预算收入	√	
5	6401	经营预算收入	√	
6	6501	债务预算收入	√	

(续表)

序号	科目编号	科目名称	事业单位	行政单位
7	6601	非同级财政拨款预算收入	√	√
8	6602	投资预算收益	√	
9	6609	其他预算收入	√	√
(二) 预算支出类				
10	7101	行政支出		√
11	7201	事业支出	√	
12	7301	经营支出	√	
13	7401	上缴上级支出	√	
14	7501	对附属单位补助支出	√	
15	7601	投资支出	√	
16	7701	债务还本支出	√	
17	7901	其他支出	√	√
(三) 预算结余类				
18	8001	资金结存	√	√
19	8101	财政拨款结转	√	√
20	8102	财政拨款结余	√	√
21	8201	非财政拨款结转	√	√
22	8202	非财政拨款结余	√	√
23	8301	专用结余	√	
24	8401	经营结余	√	
25	8501	其他结余	√	√
26	8701	非财政拨款结余分配	√	√

特别提示 1-1

会计明细科目设置

结合《政府会计制度》明细科目设置的要求,根据本单位实际情况和核算需要,可在财政部一级科目的基础上,设置明细科目和辅助核算。

(2) 政府单位适用的财务会计科目表(见表 1-4)。

表 1-4　　　　　　　　　　　财务会计科目表

序号	科目编号	科目名称	科目类别	资金来源	项目核算	部门核算	往来核算	明细核算	事业单位	行政单位
1	1001	库存现金	资产类	√		√			√	√
2	100101	非零余额现金	资产类	√		√			√	√
3	100102	零余额现金	资产类	√	√	√			√	√
4	10010201	基本支出	资产类	√	√	√			√	√

(续表)

序号	科目编号	科目名称	科目类别	资金来源	项目核算	部门核算	往来核算	明细核算	事业单位	行政单位
5	10010202	项目支出	资产类	√	√	√			√	√
6	100103	受托代理现金	资产类	√		√			√	√
7	1002	银行存款	资产类	√		√			√	√
8	100201	基本账户存款	资产类	√		√			√	√
9	100202	住房基金专户存款	资产类	√		√		按照开户银行分账号	√	√
10	100203	单位卡存款	资产类	√		√			√	√
11	100205	其他账户存款	资产类	√		√			√	√
12	100206	受托代理银行存款	资产类	√		√			√	√
13	1011	零余额账户用款额度	资产类	√		√			√	√
14	101101	基本支出用款额度	资产类	√		√		按照资金来源、项目	√	√
15	101102	项目支出用款额度	资产类	√		√			√	√
16	1021	其他货币资金	资产类	√					√	√
17	102101	外埠存款	资产类	√		√			√	√
18	102102	银行本票存款	资产类	√		√			√	√
19	102103	银行汇票存款	资产类	√		√			√	√
20	102104	信用卡存款	资产类	√		√			√	√
21	1101	短期投资	资产类	√		√			√	
22	110101	短期债券投资	资产类	√		√		按照投资种类	√	
23	110199	其他投资	资产类	√		√			√	
24	1201	财政应返还额度	资产类	√	√	√			√	√
25	120101	财政直接支付	资产类	√		√			√	√
26	12010101	基本支出额度	资产类	√		√			√	√
27	12010102	项目支出额度	资产类	√	√	√			√	√
28	120102	财政授权支付	资产类	√	√	√			√	√
29	12010201	基本支出额度	资产类	√		√			√	√
30	12010202	项目支出额度	资产类	√	√	√			√	√
31	1211	应收票据	资产类			√	√	往来辅助核算/按照开出、承兑商业汇票的单位	√	√
32	1212	应收账款	资产类	√		√	√	按照债务单位(或个人)	√	√
33	1214	预付账款	资产类		√	√	√	按照供应单位(或个人)及具体项目	√	√
34	121401	预付备料款	资产类		√	√	√	针对基建项目	√	√
35	121402	预付工程款	资产类		√	√	√	针对基建项目	√	√
36	121499	其他预付款	资产类		√	√	√		√	√
37	1215	应收股利	资产类			√	√	按照被投资单位	√	

(续表)

序号	科目编号	科目名称	科目类别	资金来源	项目核算	部门核算	往来核算	明细核算	事业单位	行政单位
38	1216	应收利息	资产类			√	√	按照被投资单位	√	
39	1218	其他应收款	资产类			√	√	按照款项的类别和债务单位(个人)	√	√
40	1219	坏账准备	资产类			√	√		√	
41	121901	应收账款	资产类						√	
42	121902	其他应收款	资产类						√	
43	1301	在途物品	资产类			√			√	√
44	1302	库存物品	资产类	√	√	√			√	√
45	130201	材料	资产类	√	√	√		按照物品类别、品种、项目等	√	√
46	130202	产成品	资产类	√	√	√			√	√
47	130203	包装物	资产类	√	√	√			√	√
48	130204	低值易耗品	资产类	√	√	√			√	√
49	130299	其他	资产类	√	√	√			√	√
50	1303	加工物品	资产类	√	√	√			√	√
51	130301	自制物品	资产类	√	√	√		按照物品类别、品种、项目等	√	√
52	130302	委托加工物品	资产类	√	√	√			√	√
53	1401	待摊费用	资产类	√	√	√		按照费用种类进行明细核算	√	√
54	1501	长期股权投资	资产类			√		按照被投资单位和投资的取得方式	√	
55	1502	长期债券投资	资产类			√			√	
56	150201	成本	资产类			√		按照债券投资的种类	√	
57	150202	应计利息	资产类			√			√	
58	1601	固定资产	资产类		√	√			√	√
59	160101	房屋及构筑物	资产类		√	√			√	√
60	160102	通用设备	资产类		√	√			√	√
61	160103	专用设备	资产类		√	√			√	√
62	160104	文物和陈列品	资产类		√	√			√	√
63	160105	图书、档案	资产类		√	√			√	√
64	160106	家具、用具、装具及动植物	资产类		√	√			√	√
65	1602	固定资产累计折旧	资产类		√	√			√	√
66	160201	房屋及构筑物折旧	资产类		√	√			√	√
67	160202	通用设备折旧	资产类		√	√			√	√
68	160203	专用设备折旧	资产类		√	√			√	√
69	160204	家具、用具、装具折旧	资产类		√	√			√	√
70	1611	工程物资	资产类	√	√	√			√	√

(续表)

序号	科目编号	科目名称	科目类别	资金来源	项目核算	部门核算	往来核算	明细核算	事业单位	行政单位
71	161101	库存材料	资产类	✓	✓	✓			✓	✓
72	161102	库存设备	资产类	✓	✓	✓			✓	✓
73	1613	在建工程	资产类	✓	✓	✓			✓	✓
74	161301	建筑安装工程投资	资产类	✓	✓	✓			✓	✓
75	161302	设备投资	资产类	✓	✓	✓			✓	✓
76	161303	待摊投资	资产类	✓	✓	✓			✓	✓
77	161304	其他投资	资产类	✓	✓	✓			✓	✓
78	161305	待核销基建支出	资产类	✓	✓	✓			✓	✓
79	161306	基建转出投资	资产类	✓	✓	✓			✓	✓
80	1701	无形资产	资产类	✓		✓			✓	✓
81	170101	土地使用权	资产类	✓	✓	✓			✓	✓
82	170102	软件	资产类	✓		✓			✓	✓
83	170103	专利权	资产类	✓		✓			✓	✓
84	170104	专有技术	资产类	✓		✓			✓	✓
85	170105	商标权	资产类	✓		✓			✓	✓
86	170106	著作权	资产类	✓		✓			✓	✓
87	170199	其他无形资产	资产类	✓		✓			✓	✓
88	1702	无形资产累计摊销	资产类	✓		✓			✓	✓
89	170201	土地使用权	资产类	✓		✓			✓	✓
90	170202	软件	资产类	✓		✓			✓	✓
91	170203	专利权	资产类	✓		✓			✓	✓
92	170204	专有技术	资产类	✓		✓			✓	✓
93	170205	商标权	资产类	✓		✓			✓	✓
94	170206	著作权	资产类	✓		✓			✓	✓
95	170299	其他无形资产	资产类	✓		✓			✓	✓
96	1703	研发支出	资产类	✓	✓	✓			✓	✓
97	170301	研究支出	资产类	✓	✓	✓			✓	✓
98	170302	开发支出	资产类	✓	✓	✓			✓	✓
99	1801	公共基础设施	资产类	✓		✓		按照类别、项目	✓	✓
100	1802	公共基础设施累计折旧(摊销)	资产类	✓		✓			✓	✓
101	1811	政府储备物资	资产类	✓		✓		按照种类、品种和存放地点	✓	✓
102	181101	在库	资产类	✓		✓			✓	✓
103	181102	发出	资产类	✓		✓			✓	✓
104	1821	文物文化资产	资产类	✓		✓		按照种类、项目	✓	✓

(续表)

序号	科目编号	科目名称	科目类别	资金来源	项目核算	部门核算	往来核算	明细核算	事业单位	行政单位
105	1831	保障性住房	资产类	√		√		按照类别、项目	√	√
106	1832	保障性住房累计折旧	资产类	√		√			√	√
107	1891	受托代理资产	资产类	√		√			√	√
108	189101	受托转增资产	资产类	√		√			√	√
109	189102	受托存储保管物资	资产类	√		√			√	√
110	189103	罚没物资	资产类	√		√			√	√
111	1901	长期待摊费用	资产类			√		按照费用项目	√	√
112	1902	待处理财产损溢	资产类			√			√	√
113	190201	货币资金	资产类			√		在资产项目的明细科目下一级分别处置"待处理财产价值"和"处理净收入"	√	√
114	190202	存货	资产类			√			√	√
115	190203	固定资产	资产类			√			√	√
116	190204	无形资产	资产类			√			√	√
117	190205	公共基础设施	资产类			√			√	√
118	190206	政府储备物资	资产类			√			√	√
119	190207	文物文化资产	资产类			√			√	√
120	190208	保障性住房	资产类			√			√	√
121	2001	短期借款	负债类		√	√		按照债权人和借款种类	√	
122	2101	应交增值税	负债类			√			√	√
123	210101	应交税金	负债类			√			√	√
124	21010101	进项税额	负债类			√			√	√
125	21010102	已交税金	负债类			√			√	√
126	21010103	转出未交增值税	负债类			√			√	√
127	21010104	转出多交增值税	负债类			√			√	√
128	21010105	减免税款	负债类			√			√	√
129	21010106	销项税额	负债类			√			√	√
130	21010107	进项税额转出	负债类			√			√	√
131	210102	未交税金	负债类			√			√	√
132	210103	预交税金	负债类			√			√	√
133	210104	待抵扣进项税额	负债类			√			√	√
134	210105	待认证进项税额	负债类			√			√	√
135	210106	待转销项税额	负债类			√			√	√
136	210107	简易计税	负债类			√			√	√
137	210108	代扣代交增值税	负债类			√			√	√
138	210109	转让金融商品应交增值税	负债类			√			√	√

(续表)

序号	科目编号	科目名称	科目类别	资金来源	项目核算	部门核算	往来核算	明细核算	事业单位	行政单位
139	2102	其他应交税费	负债类			√			√	√
140	210201	应交城市维护建设税	负债类			√			√	√
141	210202	应交车船税	负债类			√			√	√
142	210203	应交房产税	负债类			√			√	√
143	210204	应交土地增值税	负债类			√			√	√
144	210205	应交城镇土地使用税	负债类			√			√	√
145	210206	应交教育费附加	负债类			√			√	√
146	210207	应交地方教育费附加	负债类			√			√	√
147	210208	应交个人所得税	负债类	√		√			√	√
148	210209	应交企业所得税	负债类			√			√	√
149	210299	其他税费	负债类			√			√	√
150	2103	应缴财政款	负债类			√			√	√
151	210301	应缴国库款	负债类			√			√	√
152	210302	应缴财政专户款	负债类			√			√	√
153	2201	应付职工薪酬	负债类	√		√			√	√
154	220101	基本工资(含离退休费)	负债类	√		√			√	√
155	220102	国家统一规定的津贴补贴	负债类	√		√			√	√
156	220103	规范津贴补贴	负债类	√		√			√	√
157	220104	改革性补贴	负债类	√		√			√	√
158	220105	奖金	负债类	√		√			√	√
159	220106	绩效工资	负债类	√		√			√	√
160	220107	机关事业单位基本养老保险缴费	负债类	√		√			√	√
161	220108	职业年金缴费	负债类	√		√			√	√
162	220109	职业基本医疗保险缴费	负债类	√		√			√	√
163	220110	其他社会保障缴费	负债类	√		√			√	√
164	220111	住房公积金	负债类	√		√			√	√
165	220112	医疗费	负债类	√		√			√	√
166	220199	其他	负债类	√		√			√	√
167	2301	应付票据	负债类		√	√	√		√	√
168	230101	银行承兑汇票	负债类		√	√	√		√	√
169	230102	商业承兑汇票	负债类		√	√	√		√	√
170	2302	应付账款	负债类	√	√	√	√		√	√

(续表)

序号	科目编号	科目名称	科目类别	资金来源	项目核算	部门核算	往来核算	明细核算	事业单位	行政单位
171	2303	应付政府补贴款	负债类		✓	✓	✓		✓	✓
172	2304	应付利息	负债类		✓	✓			✓	
173	2305	预收账款	负债类	✓	✓	✓			✓	
174	2307	其他应付款	负债类			✓	✓		✓	✓
175	230701	待清算报销额度	负债类	✓		✓			✓	✓
176	23070101	待清算公务卡报销额度	负债类	✓		✓			✓	✓
177	23070102	待清算储蓄卡报销额度	负债类	✓		✓			✓	✓
178	230702	代扣款项	负债类	✓		✓			✓	✓
179	230703	押金	负债类			✓			✓	✓
180	230799	其他	负债类			✓			✓	✓
181	2401	预提费用	负债类	✓		✓			✓	
182	240101	项目间接费和管理费	负债类	✓		✓			✓	
183	240199	其他预提费用	负债类	✓		✓			✓	
184	2501	长期借款	负债类			✓			✓	
185	2502	长期应付款	负债类			✓	✓		✓	
186	2601	预计负债	负债类			✓			✓	✓
187	2901	受托代理负债	负债类			✓			✓	
188	3001	累计盈余	净资产			✓			✓	✓
189	300101	财政拨款结转	净资产	✓	✓	✓			✓	✓
190	300102	非财政拨款结转	净资产	✓	✓	✓			✓	✓
191	300103	财政拨款结余	净资产	✓	✓	✓			✓	✓
192	300104	非财政拨款结余	净资产	✓	✓	✓			✓	✓
193	300105	经营结余	净资产			✓			✓	
194	300106	非流动资产基金	净资产			✓			✓	
195	3101	专用基金	净资产			✓			✓	
196	310101	职工福利基金	净资产			✓			✓	
197	310102	住房基金	净资产			✓			✓	
198	310103	科技成果转化基金	净资产			✓			✓	
199	310104	其他专用基金	净资产			✓			✓	
200	3201	权益法调整	净资产		✓	✓			✓	
201	3301	本期盈余	净资产			✓			✓	✓
202	3302	本年盈余分配	净资产			✓			✓	✓
203	3401	无偿调拨净资产	净资产	✓		✓			✓	✓
204	3501	以前年度盈余调整	净资产	✓	✓	✓			✓	✓

(续表)

序号	科目编号	科目名称	科目类别	资金来源	项目核算	部门核算	往来核算	明细核算	事业单位	行政单位
205	4001	财政拨款收入	收入类	√	√	√		本科目可以按照一般公共预算拨款、政府性基金预算财政拨款等拨款种类	√	√
206	400101	财政直接支付	收入类	√	√	√			√	√
207	40010101	基本支出	收入类	√	√	√			√	√
208	4001010101	人员经费	收入类	√	√	√			√	√
209	4001010102	日常公用经费	收入类	√	√	√			√	√
210	4001010103	项目支出	收入类	√	√	√			√	√
211	400102	财政授权支付	收入类	√	√	√			√	√
212	40010201	基本支出	收入类	√	√	√			√	√
213	4001020101	人员经费	收入类	√	√	√			√	√
214	4001020102	日常公用经费	收入类	√	√	√			√	√
215	40010202	项目支出	收入类	√	√	√			√	√
216	4101	事业收入	收入类	√	√	√			√	
217	410101	财政专户返还收入	收入类	√	√	√		按照收入类别、来源进行明细核算	√	
218	410102	科研收入	收入类	√	√	√			√	
219	410103	培训收入	收入类	√	√	√			√	
220	410104	后勤服务收入	收入类	√	√	√			√	
221	410105	非同级财政拨款收入	收入类	√	√	√			√	
222	410199	其他收入	收入类	√	√	√			√	
223	4201	上级补助收入	收入类	√		√		按照发放补助单位、补助项目进行明细核算	√	
224	420101	专项资金收入	收入类	√	√	√			√	
225	420102	非专项资金收入	收入类	√	√	√			√	
226	4301	附属单位上缴收入	收入类	√	√	√			√	
227	4401	经营收入	收入类	√	√	√		按照经营活动类别、项目和收入来源进行明细核算	√	
228	4601	非同级财政拨款收入	收入类	√	√	√			√	√
229	460101	横向拨款收入	收入类	√	√	√			√	√
230	460102	上级部门拨款收入	收入类	√	√	√			√	√
231	460103	下级部门拨款收入	收入类	√	√	√			√	√
232	4602	投资收益	收入类	√	√	√		按照投资种类明细核算	√	
233	4603	捐赠收入	收入类	√	√	√		捐赠资产的用途和捐赠单位	√	√
234	4604	利息收入	收入类	√	√	√			√	√
235	4605	租金收入	收入类	√	√	√		按照出租国有资产类别和收入来源	√	√
236	4609	其他收入	收入类	√	√	√			√	√

(续表)

序号	科目编号	科目名称	科目类别	资金来源	项目核算	部门核算	往来核算	明细核算	事业单位	行政单位
237	460901	现金盘盈收入	收入类	√	√	√			√	√
238	460902	科技成果转化收入	收入类	√	√	√			√	
239	460903	无法偿付的应付款	收入类	√	√	√			√	√
240	460904	置换资产评估增值	收入类	√	√	√			√	√
241	460905	收回已核销的其他应收款	收入类	√	√	√			√	√
242	460999	其他	收入类	√	√	√			√	√
243	5001	业务活动费用	费用类	√	√	√			√	
244	500101	工资福利费用	费用类	√	√	√			√	
245	500102	商品和服务费用	费用类	√	√	√			√	
246	500103	对个人和家庭的补助费用	费用类	√	√	√			√	
247	500104	债务利息及费用支出	费用类	√	√	√			√	
248	500105	固定资产折旧费	费用类	√	√	√			√	
249	500106	无形资产摊销费	费用类	√	√	√			√	
250	500107	公共基础设施折旧（摊销）费	费用类	√	√	√			√	
251	500108	保障性住房折旧费	费用类	√	√	√			√	√
252	500109	对企业补助费用	费用类	√	√	√			√	√
253	500110	计提专用基金	费用类	√	√	√			√	
254	500111	税金及附加费用	费用类	√	√	√			√	√
255	500199	其他费用	费用类	√	√	√			√	√
256	5101	单位管理费用	费用类	√	√	√			√	
257	510101	工资福利费用	费用类	√	√	√			√	
258	510102	商品和服务费用	费用类	√	√	√			√	
259	510103	对个人和家庭的补助费用	费用类	√	√	√			√	
260	510104	债务利息及费用支出	费用类	√	√	√			√	
261	510105	固定资产折旧费	费用类	√	√	√			√	
262	510106	无形资产摊销费	费用类	√	√	√			√	
263	510107	公共基础设施折旧（摊销）费	费用类	√	√	√			√	
264	510108	保障性住房折旧费	费用类	√	√	√			√	
265	510109	对企业补助费用	费用类	√	√	√			√	
266	510110	计提专用基金	费用类	√	√	√			√	
267	510111	税金及附加费用	费用类	√	√	√			√	
268	510199	其他费用	费用类	√	√	√			√	

(续表)

序号	科目编号	科目名称	科目类别	资金来源	项目核算	部门核算	往来核算	明细核算	事业单位	行政单位
269	5201	经营费用	费用类	✓	✓	✓			✓	
270	520101	工资福利费用	费用类	✓	✓	✓			✓	
271	520102	商品和服务费用	费用类	✓	✓	✓			✓	
272	520103	对个人和家庭的补助费用	费用类	✓	✓	✓			✓	
273	520104	债务利息及费用支出	费用类	✓	✓	✓			✓	
274	520105	固定资产折旧费	费用类	✓	✓	✓			✓	
275	520106	无形资产摊销费	费用类	✓	✓	✓			✓	
276	520107	公共基础设施折旧（摊销）费	费用类	✓	✓	✓			✓	
277	520108	保障性住房折旧费	费用类	✓	✓	✓			✓	
278	520109	对企业补助费用	费用类	✓	✓	✓			✓	
279	520110	计提专用基金	费用类	✓	✓	✓			✓	
280	520111	税金及附加费用	费用类	✓	✓	✓			✓	
281	520199	其他费用	费用类	✓	✓	✓			✓	
282	5301	资产处置费用	费用类	✓		✓		按处置资产类别和形式进行明细核算	✓	✓
283	5401	上缴上级费用	费用类	✓	✓	✓		按收缴款单位、收缴项目进行明细核算	✓	
284	5501	对附属单位补助费用	费用类	✓	✓	✓			✓	
285	5801	所得税费用	费用类	✓	✓	✓			✓	
286	5901	其他费用	费用类	✓	✓	✓			✓	✓
287	590101	利息费用	费用类	✓	✓	✓			✓	✓
288	590102	坏账损失	费用类	✓	✓	✓			✓	
289	590103	罚没支出	费用类	✓	✓	✓			✓	✓
290	590104	现金资产捐赠支出	费用类	✓	✓	✓			✓	
291	590105	相关税费	费用类	✓	✓	✓			✓	
292	590106	运杂费	费用类	✓	✓	✓			✓	
293	590199	其他	费用类	✓	✓	✓			✓	✓

(3) 政府单位适用的预算会计科目表(见表 1-5)。

表 1-5　　预算会计科目表

序号	科目编号	科目名称	科目类别	功能分类	资金来源	项目核算	部门核算	往来核算	预算年份	款项用途	明细核算	事业单位	行政单位
1	6001	财政拨款预算收入	预算收入类	✓	✓	✓	✓		✓			✓	✓
2	600101	财政直接支付	预算收入类	✓	✓	✓	✓		✓			✓	✓
3	60010101	基本支出	预算收入类	✓	✓	✓	✓		✓			✓	✓

(续表)

序号	科目编号	科目名称	科目类别	功能分类	资金来源	项目核算	部门核算	往来核算	预算年份	款项用途	明细核算	事业单位	行政单位
4	60010102	项目支出	预算收入类	√	√	√	√		√			√	√
5	600102	财政授权支付	预算收入类	√	√	√	√		√			√	√
6	60010201	基本支出	预算收入类	√	√	√	√		√			√	√
7	60010202	项目支出	预算收入类	√	√	√	√		√			√	√
8	6101	事业预算收入	预算收入类	√	√	√	√		√			√	
9	610101	财政专户返还收入	预算收入类	√	√	√	√		√			√	
10	610102	科研收入	预算收入类	√	√	√	√		√			√	
11	610103	培训收入	预算收入类	√	√	√	√		√			√	
12	610104	后勤服务收入	预算收入类	√	√	√	√		√			√	
13	610105	非同级财政拨款	预算收入类	√	√	√	√		√			√	
14	610199	其他收入	预算收入类	√	√	√	√		√			√	
15	6201	上级补助预算收入	预算收入类	√	√	√	√		√			√	
16	620101	专项资金收入	预算收入类	√	√	√	√		√			√	
17	620102	非专项资金收入	预算收入类	√	√	√	√		√			√	
18	6301	附属单位上缴预算收入	预算收入类	√	√	√	√		√			√	
19	630101	专项资金收入	预算收入类	√	√	√	√		√			√	
20	630102	非专项资金收入	预算收入类	√	√	√	√		√			√	
21	6401	经营预算收入	预算收入类	√	√	√	√		√			√	
22	6501	债务预算收入	预算收入类	√	√	√	√		√			√	
23	650101	专项资金收入	预算收入类	√	√	√	√		√			√	
24	650199	非专项资金收入	预算收入类	√	√	√	√		√			√	
25	6601	非同级财政拨款预算收入	预算收入类	√	√	√	√		√			√	√
26	660101	基本支出收入	预算收入类	√	√	√	√		√			√	√
27	660102	项目支出收入	预算收入类	√	√	√	√		√			√	√
28	6602	投资预算收益	预算收入类	√	√	√						√	
29	6609	其他预算收入	预算收入类	√	√	√						√	
30	660901	捐赠预算收入	预算收入类	√	√	√	√					√	√
31	660902	利息预算收入	预算收入类	√	√	√	√					√	√
32	660903	租金预算收入	预算收入类	√	√	√	√		√			√	√
33	660904	现金盘盈收入	预算收入类	√	√	√	√		√			√	√
34	660999	其他	预算收入类	√	√	√	√		√			√	√
35	7101	行政支出	预算支出类	√	√	√	√		√		分别按照资金来源、功能分类项级、项目核算		√

(续表)

序号	科目编号	科目名称	科目类别	功能分类	资金来源	项目核算	部门核算	往来核算	预算年份	款项用途	明细核算	事业单位	行政单位
36	710101	基本支出	预算支出类	√	√	√	√		√	√			√
37	71010101	工资福利支出	预算支出类	√	√	√	√		√	√			√
38	7101010101	基本工资	预算支出类	√	√	√	√		√	√			√
39	7101010102	津贴补贴	预算支出类	√	√	√	√		√	√			√
40	7101010103	规范性津补贴	预算支出类	√	√	√	√		√	√			√
41	7101010104	改革性补贴	预算支出类	√	√	√	√		√	√			√
42	7101010105	奖金	预算支出类	√	√	√	√		√	√			√
43	7101010106	伙食补助费	预算支出类	√	√	√	√		√	√			√
44	7101010107	绩效工资	预算支出类	√	√	√	√		√	√			√
45	7101010108	机关事业单位基本养老保险缴费	预算支出类	√	√	√	√		√	√			√
46	7101010109	职业年金缴费	预算支出类	√	√	√	√		√	√			√
47	7101010110	职业基本医疗保险缴费	预算支出类	√	√	√	√		√	√			√
48	7101010111	其他社会保障缴费	预算支出类	√	√	√	√		√	√			√
49	7101010112	住房公积金	预算支出类	√	√	√	√		√	√			√
50	7101010199	其他工资福利支出	预算支出类	√	√	√	√		√	√			√
51	71010102	商品和服务支出	预算支出类	√	√	√	√		√	√			√
52	7101010201	办公费	预算支出类	√	√	√	√		√	√			√
53	7101010202	印刷费	预算支出类	√	√	√	√		√	√			√
54	7101010203	咨询费	预算支出类	√	√	√	√		√	√			√
55	7101010204	手续费	预算支出类	√	√	√	√		√	√			√
56	7101010205	水费	预算支出类	√	√	√	√		√	√			√
57	7101010206	电费	预算支出类	√	√	√	√		√	√			√
58	7101010207	邮电费	预算支出类	√	√	√	√		√	√			√
59	7101010208	取暖费	预算支出类	√	√	√	√		√	√			√
60	7101010209	物业管理费	预算支出类	√	√	√	√		√	√			√
61	7101010210	差旅费	预算支出类	√	√	√	√		√	√			√
62	7101010211	因公出国(境)费用	预算支出类	√	√	√	√		√	√			√
63	7101010212	维修(护)费	预算支出类	√	√	√	√		√	√			√
64	7101010213	租赁费	预算支出类	√	√	√	√		√	√			√
65	7101010214	会议费	预算支出类	√	√	√	√		√	√			√
66	7101010215	培训费	预算支出类	√	√	√	√		√	√			√
67	7101010216	公务接待费	预算支出类	√	√	√	√		√	√			√
68	7101010217	专用材料费	预算支出类	√	√	√	√		√	√			√
69	7101010218	专用燃料费	预算支出类	√	√	√	√		√	√			√

(续表)

序号	科目编号	科目名称	科目类别	功能分类	资金来源	项目核算	部门核算	往来核算	预算年份	款项用途	明细核算	事业单位	行政单位
70	7101010219	劳务费	预算支出类	√	√	√	√		√	√			√
71	7101010220	委托业务费	预算支出类	√	√	√	√		√	√			√
72	7101010221	工会经费	预算支出类	√	√	√	√		√	√			√
73	7101010222	福利费	预算支出类	√	√	√	√		√	√			√
74	7101010223	公务用车运行维护费	预算支出类	√	√	√	√		√	√			√
75	7101010224	其他交通费用	预算支出类	√	√	√	√		√	√			√
76	7101010225	税金及附加费用	预算支出类	√	√	√	√		√	√			√
77	7101010299	其他商品和服务支出	预算支出类	√	√	√	√		√	√			√
78	71010103	对个人和家庭的补助支出	预算支出类	√	√	√			√	√			√
79	7101010301	离休费	预算支出类	√	√	√			√	√			√
80	7101010302	退休费	预算支出类	√	√	√			√	√			√
81	7101010303	退职(役)费	预算支出类	√	√	√			√	√			√
82	7101010304	抚恤金	预算支出类	√	√	√			√	√			√
83	7101010305	生活补助	预算支出类	√	√	√			√	√			√
84	7101010306	救济费	预算支出类	√	√	√			√	√			√
85	7101010307	医疗费补助	预算支出类	√	√	√			√	√			√
86	7101010308	助学金	预算支出类	√	√	√			√	√			√
87	7101010309	奖励金	预算支出类	√	√	√			√	√			√
88	7101010399	其他对个人和家庭的补助支出	预算支出类	√	√	√			√	√			√
89	71010104	资本性支出	预算支出类	√	√	√			√	√			√
90	7101010401	房屋建筑物构建	预算支出类	√	√				√	√			√
91	7101010402	办公设备购置	预算支出类	√	√				√	√			√
92	7101010403	专业设备购置	预算支出类	√	√				√	√			√
93	7101010404	基础设施建设	预算支出类	√	√				√	√			√
94	7101010405	大型修缮	预算支出类	√	√				√	√			√
95	7101010406	信息网络及软件购置更新	预算支出类	√	√				√	√			√
96	7101010407	公务用车购置	预算支出类	√	√	√			√	√			√
97	7101010408	其他交通工具购置	预算支出类	√	√	√			√	√			√
98	7101010409	文物和陈列品购置	预算支出类	√	√	√			√	√			√
99	7101010410	无形资产购置	预算支出类	√	√	√			√	√			√
100	7101010499	其他资本性支出	预算支出类	√	√	√			√	√			√

(续表)

序号	科目编号	科目名称	科目类别	功能分类	资金来源	项目核算	部门核算	往来核算	预算年份	款项用途	明细核算	事业单位	行政单位
101	710102	项目支出	预算支出类	√	√	√			√		分功能分类、分项目核算		√
102	71010201	工资福利支出	预算支出类	√	√	√			√				√
103	7101020101	基本工资	预算支出类	√	√	√			√				√
104	7101020102	津贴补贴	预算支出类	√	√	√			√				√
105	7101020103	规范性津补贴	预算支出类	√	√	√			√				√
106	7101020104	改革性补贴	预算支出类	√	√	√			√				√
107	7101020105	奖金	预算支出类	√	√	√			√				√
108	7101020199	其他工资福利支出	预算支出类	√	√	√			√				√
109	71010202	商品和服务支出	预算支出类	√	√	√			√				√
110	7101020201	办公费	预算支出类	√	√	√			√				√
111	7101020202	印刷费	预算支出类	√	√	√			√				√
112	7101020203	咨询费	预算支出类	√	√	√			√				√
113	7101020204	手续费	预算支出类	√	√	√			√				√
114	7101020205	水费	预算支出类	√	√	√			√				√
115	7101020206	电费	预算支出类	√	√	√	√		√				√
116	7101020207	邮电费	预算支出类	√	√	√	√		√				√
117	7101020208	取暖费	预算支出类	√	√	√			√				√
118	7101020209	物业管理费	预算支出类	√	√	√			√				√
119	7101020210	差旅费	预算支出类	√	√	√			√				√
120	7101020211	因公出国(境)费用	预算支出类	√	√	√			√				√
121	7101020212	维修(护)费	预算支出类	√	√	√			√				√
122	7101020213	租赁费	预算支出类	√	√	√			√				√
123	7101020214	会议费	预算支出类	√	√	√	√		√				√
124	7101020215	培训费	预算支出类	√	√	√	√		√				√
125	7101020216	公务接待费	预算支出类	√	√	√	√		√				√
126	7101020217	专用材料费	预算支出类	√	√	√	√		√				√
127	7101020218	专用燃料费	预算支出类	√	√	√	√		√				√
128	7101020219	劳务费	预算支出类	√	√	√			√				√
129	7101020220	委托业务费	预算支出类	√	√	√			√				√
130	7101020221	工会经费	预算支出类	√	√	√			√				√
131	7101020222	福利费	预算支出类	√	√	√			√				√
132	7101020223	公务用车运行维护费	预算支出类	√	√	√			√				√
133	7101020224	其他交通费用	预算支出类	√	√	√	√		√				√

(续表)

序号	科目编号	科目名称	科目类别	功能分类	资金来源	项目核算	部门核算	往来核算	预算年份	款项用途	明细核算	事业单位	行政单位
134	7101020225	税金及附加费用	预算支出类	√	√	√	√		√				√
135	7101020299	其他商品和服务费用	预算支出类	√	√	√	√		√				√
136	71010203	对个人和家庭的补助支出	预算支出类	√	√	√	√		√				√
137	7101020301	离休费	预算支出类	√	√	√	√		√				√
138	7101020302	退休费	预算支出类	√	√	√	√		√				√
139	7101020303	退职(役)费	预算支出类	√	√	√	√		√				√
140	7101020304	抚恤金	预算支出类	√	√	√	√		√				√
141	7101020305	生活补助	预算支出类	√	√	√	√		√				√
142	7101020306	救济费	预算支出类	√	√	√	√		√				√
143	7101020307	医疗费补助	预算支出类	√	√	√	√		√				√
144	7101020308	助学金	预算支出类	√	√	√	√		√				√
145	7101020309	奖励金	预算支出类	√	√	√	√		√				√
146	7101020399	其他对个人和家庭的补助支出	预算支出类	√	√	√	√		√				√
147	71010204	资本性支出	预算支出类	√	√	√	√		√				√
148	7101020401	房屋建筑物购建	预算支出类	√	√	√	√		√				√
149	7101020402	办公设备购置	预算支出类	√	√	√	√		√				√
150	7101020403	专业设备购置	预算支出类	√	√	√	√		√				√
151	7101020404	基础设施建设	预算支出类	√	√	√	√		√				√
152	7101020405	大型修缮	预算支出类	√	√	√	√		√				√
153	7101020406	信息网络及软件购置更新	预算支出类	√	√	√	√		√				√
154	7101020407	公务用车购置	预算支出类	√	√	√	√		√				√
155	7101020408	其他交通工具购置	预算支出类	√	√	√	√		√				√
156	7101020409	文物和陈列品购置	预算支出类	√	√	√	√		√				√
157	7101020410	无形资产购置	预算支出类	√	√	√	√		√				√
158	7101020499	其他基本建设支出	预算支出类	√	√	√	√		√				√
159	71010205	对企业补助	预算支出类	√	√	√	√		√				√
160	71010209	其他支出	预算支出类	√	√	√	√		√				√
161	7101020901	赠与	预算支出类	√	√	√	√		√				√
162	7101020902	国家赔偿费用支出	预算支出类	√	√	√	√		√				√
163	7101020903	对民间非营利组织和群众性自治组织的补贴	预算支出类	√	√	√	√		√				√
164	7101020999	其他支出	预算支出类	√	√	√	√		√				√

(续表)

序号	科目编号	科目名称	科目类别	功能分类	资金来源	项目核算	部门核算	往来核算	预算年份	款项用途	明细核算	事业单位	行政单位
165	7201	事业支出	预算收入类	✓	✓	✓	✓		✓		分别按照资金来源、功能分类项级、项目核算	✓	
166	720101	基本支出	预算支出类	✓	✓	✓	✓		✓	✓		✓	
167	72010101	工资福利支出	预算支出类	✓	✓	✓	✓		✓			✓	
168	7201010101	基本工资	预算支出类	✓	✓	✓	✓		✓			✓	
169	7201010102	津贴补贴	预算支出类	✓	✓	✓	✓		✓			✓	
170	7201010103	规范性津补贴	预算支出类	✓	✓	✓	✓		✓			✓	
171	7201010104	改革性补贴	预算支出类	✓	✓	✓	✓		✓			✓	
172	7201010105	奖金	预算支出类	✓	✓	✓	✓		✓			✓	
173	7201010106	伙食补助费	预算支出类	✓	✓	✓	✓		✓			✓	
174	7201010107	绩效工资	预算支出类	✓	✓	✓	✓		✓			✓	
175	7201010108	机关事业单位基本养老保险缴费	预算支出类	✓	✓	✓	✓		✓			✓	
176	7201010109	职业年金缴费	预算支出类	✓	✓	✓	✓		✓			✓	
177	7201010110	职业基本医疗保险缴费	预算支出类	✓	✓	✓	✓		✓			✓	
178	7201010111	其他社会保障缴费	预算支出类	✓	✓	✓	✓		✓			✓	
179	7201010112	住房公积金	预算支出类	✓	✓	✓	✓		✓			✓	
180	7201010199	其他工资福利支出	预算支出类	✓	✓	✓	✓		✓			✓	
181	72010102	商品和服务支出	预算支出类	✓	✓	✓	✓		✓			✓	
182	7201010201	办公费	预算支出类	✓	✓	✓	✓		✓			✓	
183	7201010202	印刷费	预算支出类	✓	✓	✓	✓		✓			✓	
184	7201010203	咨询费	预算支出类	✓	✓	✓	✓		✓			✓	
185	7201010204	手续费	预算支出类	✓	✓	✓	✓		✓			✓	
186	7201010205	水费	预算支出类	✓	✓	✓	✓		✓			✓	
187	7201010206	电费	预算支出类	✓	✓	✓	✓		✓			✓	
188	7201010207	邮电费	预算支出类	✓	✓	✓	✓		✓			✓	
189	7201010208	取暖费	预算支出类	✓	✓	✓	✓		✓			✓	
190	7201010209	物业管理费	预算支出类	✓	✓	✓	✓		✓			✓	
191	7201010210	差旅费	预算支出类	✓	✓	✓	✓		✓			✓	
192	7201010211	因公出国(境)费用	预算支出类	✓	✓	✓	✓		✓			✓	
193	7201010212	维修(护)费	预算支出类	✓	✓	✓	✓		✓			✓	
194	7201010213	租赁费	预算支出类	✓	✓	✓	✓		✓			✓	

(续表)

序号	科目编号	科目名称	科目类别	功能分类	资金来源	项目核算	部门核算	往来核算	预算年份	款项用途	明细核算	事业单位	行政单位
195	7201010214	会议费	预算支出类	√	√	√	√		√	√		√	
196	7201010215	培训费	预算支出类	√	√	√	√		√	√		√	
197	7201010216	公务接待费	预算支出类	√	√	√	√		√	√		√	
198	7201010217	专用材料费	预算支出类	√	√	√	√		√	√		√	
199	7201010218	专用燃料费	预算支出类	√	√	√	√		√	√		√	
200	7201010219	劳务费	预算支出类	√	√	√	√		√	√		√	
201	7201010220	委托业务费	预算支出类	√	√	√	√		√	√		√	
202	7201010221	工会经费	预算支出类	√	√	√	√		√	√		√	
203	7201010222	福利费	预算支出类	√	√	√	√		√	√		√	
204	7201010223	公务用车运行维护费	预算支出类	√	√	√	√		√	√		√	
205	7201010224	其他交通费用	预算支出类	√	√	√	√		√	√		√	
206	7201010225	税金及附加费用	预算支出类	√	√	√	√		√	√		√	
207	7201010299	其他商品和服务支出	预算支出类	√	√	√	√		√	√		√	
208	72010103	对个人和家庭的补助支出	预算支出类	√	√	√	√		√	√		√	
209	7201010301	离休费	预算支出类	√	√	√	√		√	√		√	
210	7201010302	退休费	预算支出类	√	√	√	√		√	√		√	
211	7201010303	退职(役)费	预算支出类	√	√	√	√		√	√		√	
212	7201010304	抚恤金	预算支出类	√	√	√	√		√	√		√	
213	7201010305	生活补助	预算支出类	√	√	√	√		√	√		√	
214	7201010306	救济费	预算支出类	√	√	√	√		√	√		√	
215	7201010307	医疗费补助	预算支出类	√	√	√	√		√	√		√	
216	7201010308	助学金	预算支出类	√	√	√	√		√	√		√	
217	7201010309	奖励金	预算支出类	√	√	√	√		√	√		√	
218	7201010399	其他对个人和家庭的补助支出	预算支出类	√	√	√	√		√	√		√	
219	72010104	资本性支出	预算支出类	√	√	√	√		√	√		√	
220	7201010401	房屋建筑物购建	预算支出类	√	√	√	√		√	√		√	
221	7201010402	办公设备购置	预算支出类	√	√	√	√		√	√		√	
222	7201010403	专业设备购置	预算支出类	√	√	√	√		√	√		√	
223	7201010404	基础设施建设	预算支出类	√	√	√	√		√	√		√	
224	7201010405	大型修缮	预算支出类	√	√	√	√		√	√		√	
225	7201010406	信息网络及软件购置更新	预算支出类	√	√	√			√	√		√	

(续表)

序号	科目编号	科目名称	科目类别	功能分类	资金来源	项目核算	部门核算	往来核算	预算年份	款项用途	明细核算	事业单位	行政单位
226	7201010412	公务用车购置	预算支出类	√	√	√			√	√		√	
227	7201010413	其他交通工具购置	预算支出类	√	√	√			√	√		√	
228	7201010414	文物和陈列品购置	预算支出类	√	√	√			√	√		√	
229	7201010415	无形资产购置	预算支出类	√	√	√			√	√		√	
230	7201010499	其他基本建设支出	预算支出类	√	√	√			√	√		√	
231	72010105	债务利息及费用支出	预算支出类	√	√				√	√		√	
232	720102	项目支出	预算支出类	√	√	√			√		分功能分类、分项目核算	√	
233	72010201	工资福利支出	预算支出类	√	√	√			√			√	
234	7201020101	基本工资	预算支出类	√	√	√			√			√	
235	7201020102	津贴补贴	预算支出类	√	√	√			√			√	
236	7201020103	规范性津补贴	预算支出类	√	√	√			√			√	
237	7201020104	改革性补贴	预算支出类	√	√	√			√			√	
238	7201020105	奖金	预算支出类	√	√	√			√			√	
239	7201020106	伙食补助费	预算支出类	√	√	√			√			√	
240	7201020107	绩效工资	预算支出类	√	√	√			√			√	
241	7201020108	机关事业单位基本养老保险缴费	预算支出类	√	√	√			√			√	
242	7201020109	职业年金缴费	预算支出类	√	√	√			√			√	
243	7201020110	职工基本医疗保险缴费	预算支出类	√	√	√			√			√	
244	7201020111	其他社会保障缴费	预算支出类	√	√	√			√			√	
245	7201020112	住房公积金	预算支出类	√	√	√			√			√	
246	7201020199	其他工资福利支出	预算支出类	√	√	√			√			√	
247	72010202	商品和服务支出	预算支出类	√	√	√			√			√	
248	7201020201	办公费	预算支出类	√	√	√			√			√	
249	7201020202	印刷费	预算支出类	√	√	√			√			√	
250	7201020203	咨询费	预算支出类	√	√	√			√			√	
251	7201020204	手续费	预算支出类	√	√	√			√			√	
252	7201020205	水费	预算支出类	√	√	√			√			√	
253	7201020206	电费	预算支出类	√	√	√	√		√			√	
254	7201020207	邮电费	预算支出类	√	√	√	√		√			√	
255	7201020208	取暖费	预算支出类	√	√	√			√			√	
256	7201020209	物业管理费	预算支出类	√	√	√			√			√	

(续表)

序号	科目编号	科目名称	科目类别	功能分类	资金来源	项目核算	部门核算	往来核算	预算年份	款项用途	明细核算	事业单位	行政单位
257	7201020210	差旅费	预算支出类	√	√	√	√		√			√	
258	7201020211	因公出国(境)费用	预算支出类	√	√	√	√		√			√	
259	7201020212	维修(护)费	预算支出类	√	√	√	√		√			√	
260	7201020213	租赁费	预算支出类	√	√	√	√		√			√	
261	7201020214	会议费	预算支出类	√	√	√	√		√			√	
262	7201020215	培训费	预算支出类	√	√	√	√		√			√	
263	7201020216	公务接待费	预算支出类	√	√	√	√		√			√	
264	7201020217	专用材料费	预算支出类	√	√	√	√		√			√	
265	7201020218	专用燃料费	预算支出类	√	√	√	√		√			√	
266	7201020219	劳务费	预算支出类	√	√	√	√		√			√	
267	7201020220	委托业务费	预算支出类	√	√	√	√		√			√	
268	7201020221	工会经费	预算支出类	√	√	√	√		√			√	
269	7201020222	福利费	预算支出类	√	√	√	√		√			√	
270	7201020223	公务用车运行维护费	预算支出类	√	√	√	√		√			√	
271	7201020224	其他交通费用	预算支出类	√	√	√	√		√			√	
272	7201020225	税金及附加费用	预算支出类	√	√	√	√		√			√	
273	7201020299	其他商品和服务支出	预算支出类	√	√	√	√		√			√	
274	72010203	对个人和家庭的补助支出	预算支出类	√	√	√	√		√			√	
275	7201020301	离休费	预算支出类	√	√	√	√		√			√	
276	7201020302	退休费	预算支出类	√	√	√	√		√			√	
277	7201020303	退职(役)费	预算支出类	√	√	√	√		√			√	
278	7201020304	抚恤金	预算支出类	√	√	√	√		√			√	
279	7201020305	生活补助	预算支出类	√	√	√	√		√			√	
280	7201020306	救济费	预算支出类	√	√	√	√		√			√	
281	7201020307	医疗费补助	预算支出类	√	√	√	√		√			√	
282	7201020308	助学金	预算支出类	√	√	√	√		√			√	
283	7201020309	奖励金	预算支出类	√	√	√	√		√			√	
284	7201020399	其他对个人和家庭的补助支出	预算支出类	√	√	√	√		√			√	
285	72010204	债务利息及费用支出	预算支出类	√	√	√	√		√			√	
286	72010205	资本性支出	预算支出类	√	√	√	√		√			√	
287	7201020501	房屋建筑物购建	预算支出类	√	√	√	√		√			√	

(续表)

序号	科目编号	科目名称	科目类别	功能分类	资金来源	项目核算	部门核算	往来核算	预算年份	款项用途	明细核算	事业单位	行政单位
288	7201020502	办公设备购置	预算支出类	√	√	√	√		√			√	
289	7201020503	专业设备购置	预算支出类	√	√	√	√		√			√	
290	7201020504	基础设施建设	预算支出类	√	√	√	√		√			√	
291	7201020505	大型修缮	预算支出类	√	√	√	√		√			√	
292	7201020506	信息网络及软件购置更新	预算支出类	√	√	√	√		√			√	
293	7201020507	公务用车购置	预算支出类	√	√	√	√		√			√	
294	7201020508	其他交通工具购置	预算支出类	√	√	√	√		√			√	
295	7201020509	文物和陈列品购置	预算支出类	√	√	√	√		√			√	
296	7201020510	无形资产购置	预算支出类	√	√	√	√		√			√	
297	7201020599	其他基本建设支出	预算支出类	√	√	√	√		√			√	
298	72010206	对企业补助	预算支出类	√	√	√	√		√			√	
299	72010207	其他支出	预算支出类	√	√	√	√		√			√	
300	720103	待处理支出	预算支出类	√	√	√	√		√			√	
301	7301	经营支出	预算支出类	√	√	√	√		√			√	
302	73010101	工资福利支出	预算支出类	√	√	√	√		√			√	
303	7301010101	基本工资	预算支出类	√	√	√	√		√			√	
304	7301010102	津贴补贴	预算支出类	√	√	√	√		√			√	
305	7301010103	规范性津补贴	预算支出类	√	√	√	√		√			√	
306	7301010104	改革性补贴	预算支出类	√	√	√	√		√			√	
307	7301010105	奖金	预算支出类	√	√	√	√		√			√	
308	7301010106	伙食补助费	预算支出类	√	√	√	√		√			√	
309	7301010107	绩效工资	预算支出类	√	√	√	√		√			√	
310	7301010108	机关事业单位基本养老保险缴费	预算支出类	√	√	√	√		√			√	
311	7301010109	职业年金缴费	预算支出类	√	√	√	√		√			√	
312	7301010110	职业基本医疗保险缴费	预算支出类	√	√	√	√		√			√	
313	7301010111	其他社会保障缴费	预算支出类	√	√	√	√		√			√	
314	7301010112	住房公积金	预算支出类	√	√	√	√		√			√	
315	7301010199	其他工资福利支出	预算支出类	√	√	√	√		√			√	
316	73010102	商品和服务支出	预算支出类	√	√	√	√		√			√	
317	7301010201	办公费	预算支出类	√	√	√	√		√			√	
318	7301010202	印刷费	预算支出类	√	√	√	√		√			√	

(续表)

序号	科目编号	科目名称	科目类别	功能分类	资金来源	项目核算	部门核算	往来核算	预算年份	款项用途	明细核算	事业单位	行政单位
319	7301010203	咨询费	预算支出类	√	√	√	√		√			√	
320	7301010204	手续费	预算支出类	√	√	√	√		√			√	
321	7301010205	水费	预算支出类	√	√	√	√		√			√	
322	7301010206	电费	预算支出类	√	√	√	√		√			√	
323	7301010207	邮电费	预算支出类	√	√	√	√		√			√	
324	7301010208	取暖费	预算支出类	√	√	√	√		√			√	
325	7301010209	物业管理费	预算支出类	√	√	√	√		√			√	
326	7301010210	差旅费	预算支出类	√	√	√	√		√			√	
327	7301010211	因公出国(境)费	预算支出类	√	√	√	√		√			√	
328	7301010212	维修(护)费	预算支出类	√	√	√	√		√			√	
329	7301010213	租赁费	预算支出类	√	√	√	√		√			√	
330	7301010214	会议费	预算支出类	√	√	√	√		√			√	
331	7301010215	培训费	预算支出类	√	√	√	√		√			√	
332	7301010216	公务接待费	预算支出类	√	√	√	√		√			√	
333	7301010217	专用材料费	预算支出类	√	√	√	√		√			√	
334	7301010218	专用燃料费	预算支出类	√	√	√	√		√			√	
335	7301010219	劳务费	预算支出类	√	√	√	√		√			√	
336	7301010220	委托业务费	预算支出类	√	√	√	√		√			√	
337	7301010221	工会经费	预算支出类	√	√	√	√		√			√	
338	7301010222	福利费	预算支出类	√	√	√	√		√			√	
339	7301010223	公务用车运行维护费	预算支出类	√	√	√	√		√			√	
340	7301010224	其他交通费用	预算支出类	√	√	√	√		√			√	
341	7301010225	税金及附加费用	预算支出类	√	√	√	√		√			√	
342	7301010299	其他商品和服务支出	预算支出类	√	√	√	√		√			√	
343	73010103	对个人和家庭的补助支出	预算支出类	√	√	√	√		√			√	
344	7301010301	离休费	预算支出类	√	√	√	√		√			√	
345	7301010302	退休费	预算支出类	√	√	√	√		√			√	
346	7301010303	退职(役)费	预算支出类	√	√	√	√		√			√	
347	7301010304	抚恤金	预算支出类	√	√	√	√		√			√	
348	7301010305	生活补助	预算支出类	√	√	√	√		√			√	
349	7301010306	救济费	预算支出类	√	√	√	√		√			√	

（续表）

序号	科目编号	科目名称	科目类别	功能分类	资金来源	项目核算	部门核算	往来核算	预算年份	款项用途	明细核算	事业单位	行政单位
350	7301010307	医疗费补助	预算支出类	√	√	√	√		√			√	
351	7301010308	助学金	预算支出类	√	√	√	√		√			√	
352	7301010309	奖励金	预算支出类	√	√	√	√		√			√	
353	7301010399	其他对个人和家庭的补助支出	预算支出类	√	√	√	√		√			√	
354	73010104	债务利息及费用支出	预算支出类	√		√			√			√	
355	7401	上缴上级支出	预算支出类	√			√		√			√	
356	740101	工资福利支出	预算支出类	√			√		√			√	
357	740102	商品服务支出	预算支出类	√			√		√			√	
358	740103	对个人和家庭的补助支出	预算支出类	√			√		√			√	
359	740104	债务利息及费用支出	预算支出类	√			√		√			√	
360	740105	资本性支出	预算支出类	√			√		√			√	
361	740106	对企业补助	预算支出类	√			√		√			√	
362	740109	其他支出	预算支出类	√			√		√			√	
363	7501	对附属单位补助支出	预算支出类	√			√		√			√	
364	750101	工资福利支出	预算支出类	√			√		√			√	
365	750102	商品服务支出	预算支出类	√			√		√			√	
366	750103	对个人和家庭的补助支出	预算支出类	√			√		√			√	
367	750104	债务利息及费用支出	预算支出类	√			√		√			√	
368	750105	资本性支出	预算支出类	√		√	√		√			√	
369	750106	对企业补助	预算支出类	√			√		√			√	
370	750109	其他支出	预算支出类	√			√		√			√	
371	7601	投资支出	预算支出类	√	√	√	√		√			√	
372	760101	工资福利支出	预算支出类	√			√		√			√	
373	760102	商品服务支出	预算支出类	√	√		√		√			√	
374	760103	对个人和家庭的补助支出	预算支出类	√	√		√		√			√	
375	760104	债务利息及费用支出	预算支出类	√	√	√	√		√			√	
376	760105	资本性支出	预算支出类	√	√	√	√		√			√	
377	760106	对企业补助	预算支出类	√	√	√	√		√			√	

(续表)

序号	科目编号	科目名称	科目类别	功能分类	资金来源	项目核算	部门核算	往来核算	预算年份	款项用途	明细核算	事业单位	行政单位
378	760109	其他支出	预算支出类	√	√	√	√		√			√	
379	7701	债务还本支出	预算支出类	√	√	√	√		√			√	
380	770101	工资福利支出	预算支出类	√	√	√	√		√			√	
381	770102	商品服务支出	预算支出类	√	√	√	√		√			√	
382	770103	对个人和家庭的补助支出	预算支出类	√	√	√	√		√			√	
383	770104	债务利息及费用支出	预算支出类	√	√	√	√		√			√	
384	770105	资本性支出	预算支出类	√	√	√	√		√			√	
385	770106	对企业补助	预算支出类	√	√	√	√		√			√	
386	770109	其他支出	预算支出类	√	√	√	√		√			√	
387	7901	其他支出	预算支出类	√	√	√	√		√			√	√
388	790101	利息支出	预算支出类	√	√	√	√		√			√	√
389	790102	对外捐赠现金支出	预算支出类	√	√	√	√		√			√	√
390	790103	现金盘亏损失	预算支出类	√	√	√	√		√			√	√
391	790104	相关税费支出	预算支出类	√	√	√	√		√			√	√
392	790105	罚没支出	预算支出类	√	√	√	√		√			√	√
393	790106	运杂费	预算支出类	√	√	√	√		√			√	√
394	790109	其他支出	预算支出类	√	√	√	√		√		分功能分类核算,专项资金支出项目核算	√	√
395	8001	资金结存	预算结余类	√	√		√		√			√	√
396	800101	零余额账户用款额度	预算结余类	√	√		√		√			√	√
397	80010101	基本支出用款额度	预算结余类	√	√		√		√			√	√
398	80010102	项目支出用款额度	预算结余类	√	√	√	√		√			√	√
399	800102	货币资金	预算结余类	√	√		√		√			√	√
400	80010201	库存现金	预算结余类	√	√		√		√			√	√
401	80010202	银行存款	预算结余类	√	√		√		√			√	√
402	80010203	其他货币资金	预算结余类	√	√		√		√			√	√
403	800103	财政应返还额度	预算结余类	√	√		√		√			√	√
404	80010301	财政直接支付	预算结余类	√	√		√		√			√	√
405	8001030101	基本支出额度	预算结余类	√	√		√		√			√	√
406	8001030102	项目支出额度	预算结余类	√	√	√	√		√			√	√

(续表)

序号	科目编号	科目名称	科目类别	功能分类	资金来源	项目核算	部门核算	往来核算	预算年份	款项用途	明细核算	事业单位	行政单位
407	80010302	财政授权支付	预算结余类	√	√		√		√			√	√
408	8001030201	基本支出额度	预算结余类	√	√	√	√		√			√	√
409	8001030202	项目支出额度	预算结余类	√	√	√	√		√			√	√
410	800104	待处理支出	预算结余类	√	√		√		√			√	√
411	8101	财政拨款结转	预算结余类	√	√		√		√			√	√
412	810101	年初余额调整	预算结余类	√	√		√		√			√	√
413	810102	归集调入	预算结余类	√	√		√		√			√	√
414	810103	归集调出	预算结余类	√	√		√		√			√	√
415	810104	归集上缴	预算结余类	√	√		√		√			√	√
416	810105	单位内部调剂	预算结余类	√	√		√		√			√	√
417	810106	本年收支结转	预算结余类	√	√		√		√			√	√
418	810107	累计结转	预算结余类	√	√		√		√			√	√
419	81010701	基本支出结转	预算结余类	√	√		√		√			√	√
420	8101070101	人员经费	预算结余类	√	√		√		√		建议与预算收入、预算支出科目匹配	√	√
421	8101070102	日常公用经费	预算结余类	√	√		√		√		建议与预算收入、预算支出科目匹配	√	√
422	81010702	项目支出结转	预算结余类	√	√	√	√		√			√	√
423	8102	财政拨款结余	预算结余类	√	√	√	√		√			√	√
424	810201	年初余额调整	预算结余类	√	√	√	√		√			√	√
425	810202	归集上缴	预算结余类	√	√	√	√		√			√	√
426	810203	单位内部调剂	预算结余类	√	√	√	√		√			√	√
427	810204	结转转入	预算结余类	√	√	√	√		√			√	√
428	810205	累计结余	预算结余类	√	√	√	√		√			√	√
429	8201	非财政拨款结转	预算结余类	√	√		√		√			√	√
430	820101	年初余额调整	预算结余类	√	√		√		√			√	√
431	820102	缴回资金	预算结余类	√	√		√		√			√	√
432	820103	项目间接费用或管理费	预算结余类	√	√		√		√			√	√
433	820104	本年收支结转	预算结余类	√	√		√		√			√	√
434	820105	累计结转	预算结余类	√	√		√		√	√		√	√
435	8202	非财政拨款结余	预算结余类	√	√	√	√		√	√		√	√

(续表)

序号	科目编号	科目名称	科目类别	功能分类	资金来源	项目核算	部门核算	往来核算	预算年份	款项用途	明细核算	事业单位	行政单位
436	820201	年初余额调整	预算结余类	√		√	√		√	√		√	√
437	820202	项目间接费用或管理费	预算结余类	√	√	√	√					√	
438	820203	结转转入	预算结余类	√		√	√					√	√
439	820204	累计结余	预算结余类	√	√	√	√					√	
440	8301	专用结余	预算结余类	√		√	√					√	
441	830101	职工福利基金	预算结余类										
442	830102	住房基金	预算结余类										
443	830103	科技成果转化基金	预算结余类										
444	830199	其他专用基金	预算结余类										
445	8401	经营结余	预算结余类	√		√	√					√	
446	8501	其他结余	预算结余类	√		√	√					√	√
447	8701	非财政拨款结余分配	预算结余类	√		√	√					√	

相关思考2-1

行政单位与事业单位会计科目有何不同？

行政单位为执行国家机关工作任务所需的资金，由各级政府财政部门从政府预算资金中分配和拨付，行政单位业务活动的目的是为了满足社会公共需要，具有明显的非市场性。与行政单位相比，事业单位的资金来源多渠道，支出使用多用途。事业单位的资金除了来源于政府财政拨款外，还有来源于上级、单位业务活动的资金等；事业单位资金的支出使用，有用于开展专业业务活动的，有用于开展经营活动的，有用于对附属单位补助的，有用于上缴上级的等。由于社会职能及资金来源、用途的不同，行政单位与事业单位在会计科目的设置与运用等方面具有各自的特点。

3. 记账方法

《基本准则》第十条规定，政府会计核算应当采用借贷记账法记账。

借贷记账法是以"借""贷"为记账符号，在经济业务引起资金变化的双方账户中，将其以方向相反、金额相等的方式进行登记的复式记账法。在会计实务中，"借""贷"是用于会计分录当中，在"借"和"贷"两个字后面接着就是相关的会计科目名称。值得指出的是，"借"和"贷"是会计中的专用术语，代表的只是记账的一种符号，并没有原来文字所表示的意思。会计核算中通常把账户分为左右两方，分别反映经济业务的增加和减少，其中，左方为借方，右方为贷方。

特别提示1-2

借贷记账法

借贷记账法下，所有账户的结构都是左方为借方，右方为贷方，但借方、贷方反映会计要素数量变化的增减性质则不是固定的。不同性质的账户，借贷方所登记的内容不同。

1.3.6 政府决算报告与财务报告

《基本准则》第五条规定:"政府会计主体应当编制决算报告和财务报告。"政府决算报告,以预算会计核算生成的数据为准;政府财务报告的编制主要以权责发生制为基础,以财务会计核算生成的数据为准。政府预算会计要素和财务会计要素是相互协调的关系,与此相适应,决算报告和财务报告相互补充,共同反映政府会计主体的预算执行信息和财务信息。

1. 政府决算报告

1) 决算报告概述

政府决算报告是综合反映政府会计主体年度预算执行结果的文件。政府决算报告包括决算报表和其他应当在决算报告中反映的相关信息和资料,预算会计报表至少包括预算收入支出表、预算结转结余变动表和财政拨款预算收入支出表。政府决算报告的编制主要以收付实现制为基础。

决算报告的目标是向决算报告使用者提供与政府预算执行情况有关的信息,综合反映政府会计主体预算收支的年度执行结果,有助于决算报告使用者进行监督和管理,并为编制后续年度预算提供参考和依据。政府决算报告使用者包括各级人民代表大会及其常务委员会、各级政府及其有关部门、政府会计主体自身、社会公众和其他利益相关者。

2) 决算报告的编制要求

决算的编制、审查、批准、监督,以及预算的执行和调整,依照《预算法》的规定执行。

《预算法》第三条规定:"国家实行一级政府一级预算,设立中央,省自治区、直辖市,设区的市、自治州,县、自治县、不设区的市、市辖区,乡、民族乡、镇五级预算。全国预算由中央预算和地方预算组成。地方预算由各省、自治区、直辖市总预算组成。地方各级总预算由本级预算和汇总的下一级总预算组成;下一级只有本级预算的,下一级总预算即指下一级的本级预算。没有下一级预算的,总预算即指本级预算。"

国务院编制中央预算、决算草案,向全国人民代表大会作关于中央和地方预算草案的报告;县级以上地方各级政府编制本级预算、决算草案,向本级人民代表大会作关于本级总预算草案的报告;乡、民族乡、镇政府编制本级预算、决算草案,向本级人民代表大会作关于本级预算草案的报告(经省自治区、直辖市政府批准,乡、民族乡、镇本级预算草案、预算调整方案决算草案,可以由上一级政府代编)。

决算草案由各级政府、各部门、各单位,在每一预算年度终了后按照国务院规定的时间编制。编制决算草案的具体事项,由国务院财政部门部署。

2. 政府财务报告

1) 政府财务报告概述

政府财务报告是反映政府会计主体某一特定日期的财务状况和某一会计期间的运行情况和现金流量等信息的文件。政府财务报告包括政府综合财务报告和政府部门财务报告。政府综合财务报告是指由政府财政部门编制的反映各级政府整体财务状况、运行情况和财政中长期可持续性的报告。政府部门财务报告是指政府各部门、各单位按规定编制的财务报告。

政府财务报告包括财务报表和其他应当在财务报告中披露的相关信息和资料。财务报表由会计报表及其附注构成。会计报表一般包括资产负债表、收入费用表和净资产变动表。单位可根据实际情况自行选择编制现金流量表。政府会计主体应当根据相关规定编制合并财务报表。

政府财务报告的编制主要以权责发生制为基础,以财务会计核算生成的数据为准。

财务报告的目标是向财务报告使用者提供与政府的财务状况、运行情况(含运行成本,下同)和现金流量等有关信息,反映政府会计主体公共受托责任履行情况,有助于财务报告使用者作出决策或者进行监督和管理。政府财务报告使用者包括各级人民代表大会常务委员会、债权人、各级政府及其有关部门、政府会计主体自身和其他利益相关者。

2) 政府部门财务报告的编制要求

根据《改革方案》,政府部门财务报告的编制要求如下:

(1) 清查核实资产负债。各部门、各单位要按照有关统一要求,有计划、有步骤地清查核实固定资产、无形资产以及代表政府管理的储备物资、公共基础设施、企业国有资产、应收账款等资产,按规定界定产权归属、开展价值评估;分类清查核实部门负债情况。清查核实后的资产负债统一按规定进行核算和反映。

(2) 编制政府部门财务报告。各单位应在政府会计准则体系和政府财务报告制度框架体系内,按时编制以资产负债表、收入费用表等财务报表为主要内容的财务报告。各部门应合并本部门所属单位的财务报表,编制部门财务报告。

(3) 开展政府部门财务报告审计。部门财务报告应保证报告信息的真实性、完整性及合规性,接受审计。

(4) 报送并公开政府部门财务报告。部门财务报告及其审计报告应报送本级政府财政部门,并按规定向社会公开。

(5) 加强部门财务分析。各部门应充分利用财务报告反映的信息,加强对资产状况、债务风险、成本费用、预算执行情况的分析,促进预算管理资产负债管理和绩效管理有机衔接。

3) 政府综合财务报告的编制要求

根据《改革方案》,政府综合财务报告的编制要求如下:

(1) 清查核实财政直接管理的资产负债。财政部门要清查核实代表政府持有的相关国际组织和企业的出资人权益;代表政府发行的国债、地方政府债券,举借的国际金融组织和外国政府贷款,其他政府债务以及或有债务。清查核实后的资产负债统一按规定进行核算和反映。

(2) 编制政府综合财务报告。各级政府财政部门应合并各部门和其他纳入合并范围主体的财务报表,编制以资产负债表、收入费用表等财务报表为主要内容的本级政府综合财务报告。县级以上政府财政部门要合并汇总本级政府综合财务报告和下级政府综合财务报告,编制本行政区政府综合财务报告。

(3) 开展政府综合财务报告审计。政府综合财务报告应保证报告信息的真实性、完整性及合规性,接受审计。

(4) 报送并公开政府综合财务报告。政府综合财务报告及其审计报告应报送本级政府人民代表大会常务委员会备案,并按规定向社会公开。

(5) 应用政府综合财务报告信息。政府综合财务报告中的相关信息可作为考核地方政府绩效、分析政府财务状况、开展地方政府信用评级、编制全国和地方资产负债表以及制定财政中长期规划和其他相关规划的重要依据。

延伸阅读 1-4

财务报表和预算会计报表的新旧衔接

1. 编制 2019 年 1 月 1 日资产负债表

单位应当根据 2019 年 1 月 1 日新账的财务会计科目余额,按照新制度编制 2019 年 1 月 1 日资产负债表(仅要求填列各项目"年初余额")。

2. 2019 年度财务报表和预算会计报表的编制

单位应当按照新制度规定编制 2019 年财务报表和预算会计报表。在编制 2019 年度收入费用表、净资产变动表、现金流量表和预算收入支出表、预算结转结余变动表时,不要求填列上年比较数。

单位应当根据 2019 年 1 月 1 日新账财务会计科目余额,填列 2019 年净资产变动表各项目的"上年年末余额";根据 2019 年 1 月 1 日新账预算会计科目余额,填列 2019 年预算结转结余变动表的"年初预算结转结余"项目和财政拨款预算收入支出表的"年初财政拨款结转结余"项目。

重 要 概 念

政府会计　基本准则　具体准则　会计主体　持续经营　会计分期　货币计量　资产　负债　净资产　收入　费用　预算收入　预算支出　预算结余

本 章 练 习

单选题

1. 《政府会计准则——基本准则》已经财政部部务会议审议通过,现予公布,开始施行日是(　　)。
   A. 2015 年 1 月 1 日　　　　　　　　B. 2016 年 1 月 1 日
   C. 2017 年 1 月 1 日　　　　　　　　D. 2018 年 1 月 1 日

2. 以下不属于政府预算会计要素的是(　　)。
   A. 预算支出　　　　　　　　　　　B. 预算结余
   C. 净资产　　　　　　　　　　　　D. 预算收入

3. 以下关于政府决算报告和政府财务报告的表述不正确的是(　　)。
   A. 政府财务报告编制主体是政府各部门、财政部门
   B. 政府决算报告的编制主体是政府各部门、财政部门
   C. 政府决算报告的编制基础是收付实现制
   D. 政府财务报告的编制基础是收付实现制

4. 政府会计主体应当以实际发生的经济业务或者事项为依据进行会计核算,如实反映各项会计要素的情况和结果,保证会计信息真实可靠。这个表述体现了政府会计准则的(　　)。
   A. 可靠性　　　　　　　　　　　　B. 可理解性
   C. 实质重于形式　　　　　　　　　D. 及时性

5. 下列关于收入的表述不正确的是(　　)。
   A. 与收入相关的含有服务潜力或者经济利益的经济资源很可能流入政府会计主体
   B. 流入金额能够可靠地计量

C. 收入能导致政府会计主体净资产增加
D. 收入需区分日常活动和非日常活动

多选题

1. 以下对我国现行预算会计制度特点及缺陷的表述,正确的有(　　)。
A. 不能如实反映政府"家底",不利于政府加强资产负债管理
B. 不能客观反映政府运行成本,不利于科学评价政府的运营绩效
C. 缺乏统一、规范的政府会计标准体系,不能提供信息准确完整的政府财务报告
D. 会计制度各自独立核算、相互分割,不能形成一个有机的整体

2. 政府财务会计要素包含(　　)。
A. 资产　　　　　　　　　　　　B. 负债
C. 所有者权益　　　　　　　　　D. 净资产

3. 《政府会计准则——基本准则》适用范围有(　　)。
A. 各级政府　　　　　　　　　　B. 各部门
C. 各单位　　　　　　　　　　　D. 各企业

4. 政府会计信息质量要求包含(　　)。
A. 可靠性　　　　　　　　　　　B. 相关性
C. 全面性　　　　　　　　　　　D. 及时性

5. 政府会计主体应当编制(　　)。
A. 决算报告　　　　　　　　　　B. 利润报告
C. 资产报告　　　　　　　　　　D. 财务报告

判断题

1. 基本准则统驭具体准则和会计制度制定。基本准则主要对政府会计目标、会计主体、会计信息质量要求、会计核算基础,以及会计要素定义、确认和计量原则、列报要求等作出规定。(　　)
2. 政府财务会计实行收付实现制。(　　)
3. 收付实现制下凡是不属于当期的现金收入和支出,均不应当作为当期的收入和支出。(　　)
4. 我国《政府会计准则——基本准则》的创新点在于构建了政府预算会计和财务会计适度分离并相互衔接的政府会计核算体系。(　　)
5. 政府财务报告的编制基础是收付实现制。(　　)

简答题

1. 简述"财务会计和预算会计适度分离并相互衔接"的会计核算模式。
2. 简述政府会计要素。

第 2 章 资产

- 内容提要
- 重点难点
- 学习目标
- 知识框架
- 2.1 资产概述
- 2.2 货币资金的核算
- 2.3 应收及预付款项的核算
- 2.4 存货的核算
- 2.5 投资的核算
- 2.6 固定资产的核算
- 2.7 在建工程的核算
- 2.8 无形资产的核算
- 2.9 经管资产的核算
- 2.10 其他资产的核算
- 重要概念
- 本章练习

内容提要

本章主要讲解政府单位资产的核算,具体包括资产概述、货币资金的核算、应收及预付款项的核算、存货的核算、投资的核算、固定资产的核算、在建工程的核算、无形资产的核算、经管资产的核算以及其他资产的核算。

重点难点

本章重点为货币资金的核算、应收及预付款项的核算、存货的核算、投资的核算、固定资产的核算、在建工程的核算、无形资产的核算、经管资产的核算;难点为事业单位与行政单位对各项资产核算的差异。

学习目标

通过本章学习,学生应掌握政府单位货币资金的核算、应收及预付款项的核算、存货的核算、投资的核算、固定资产的核算、在建工程的核算、无形资产的核算、经管资产的核算以及事业单位与行政单位在各资产核算过程中的差异;了解资产的分类及计量基础。

知识框架

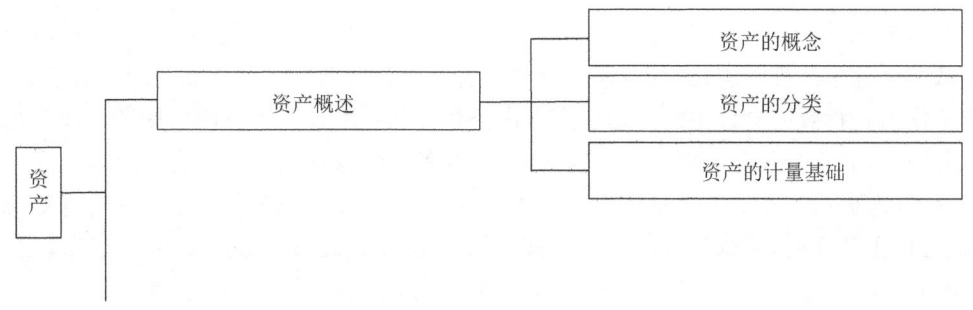

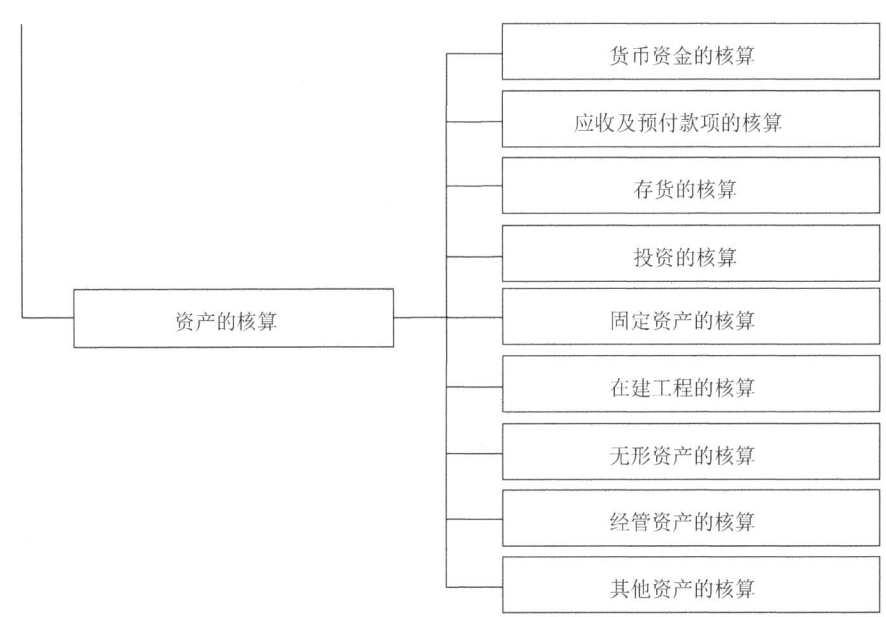

引入案例　行政事业单位资产月报系统在陕西省正式上线运行

2019年1月29日,由财政部统一部署的全国行政事业单位资产月报系统在陕西省正式上线运行。该系统上线后,所有行政事业单位资产管理情况将实现按月上报、动态管理,行政事业单位可以在"陕西省财政厅官网——网上服务频道"直接登录,进行填报和查询。

全国行政事业单位资产月报系统是为适应各级政府向人大常委会报告国有资产管理情况制度要求,进一步夯实行政事业单位资产管理主体责任,及时发现并有针对性地解决问题,提高资产报告数据质量的重要举措,对于实现资产全口径、全覆盖的动态监管,进一步加强和改进资产管理工作将发挥积极促进作用。

资产月报涉及陕西省执行政府会计制度的各级各类行政事业单位和社会团体,共计3.21万户,主要反映资产、负债、净资产总量情况以及需要重点关注的货币资金、长期投资、固定资产、在建工程、公共基础设施、保障性住房等情况。

思考:对于行政事业单位所拥有的资产该如何进行账务处理呢?

2.1 资产概述

2.1.1 资产的概念

《基本准则》第二十七条规定:"资产是指政府会计主体过去的经济业务或者事项形成的,由政府会计主体控制的,预期能够产生服务潜力或者带来经济利益流入的经济资源。其中,服务潜力是指政府会计主体利用资产提供公共产品和服务以履行政府职能的潜在能力。经济利益流入表现为现金及现金等价物的流入,或者现金及现金等价物流出的减少。"

《基本准则》第二十七条规定:"符合本准则第二十七条规定的资产定义的经济资源,在同时满足以下条件时,确认为资产:一是与该经济资源相关的服务潜力很可能实现或者经济利益很可能流入政府会计主体;二是该经济资源的成本或者价值能够可靠地计量。"

2.1.2 资产的分类

政府会计主体的资产按照流动性,分为流动资产和非流动资产。

流动资产是指预计在 1 年内(含 1 年)耗用或者可以变现的资产,包括货币资金、短期投资、应收及预付款项、存货等。

非流动资产是指流动资产以外的资产,包括固定资产、在建工程、无形资产、长期投资、公共基础设施、政府储备资产、文物文化资产、保障性住房和自然资源资产等。

2.1.3 资产的计量基础

《基本准则》第三十条规定:"资产的计量属性主要包括历史成本、重置成本、现值、公允价值和名义金额。"

资产的计量属性如表 2-1 所示。

表 2-1　　　　　　　　　　　　资产的计量属性

序号	计量基础	具体内容
1	历史成本	资产按照取得时支付的现金金额或者支付对价的公允价值计量
2	重置成本	资产按照现在购买相同或者相似资产所需支付的现金金额计量
3	现值	资产按照预计从其持续使用和最终处置中所产生的未来净现金流入量的折现金额计量
4	公允价值	资产按照市场参与者在计量日发生的有序交易中,出售资产所能收到的价格计量
5	名义金额	无法采用上述计量属性的,采用名义金额(即人民币 1 元)计量

政府会计主体在对资产进行计量时,一般应当采用历史成本。采用重置成本、现值、公允价值计量的,应当保证所确定的资产金额能够持续、可靠计量。符合资产定义和资产确认条件的项目,应当列入资产负债表。

2.2 货币资金的核算

2.2.1 库存现金

1. 核算内容

"库存现金"科目核算单位的库存现金。单位应当严格按照国家有关现金管理的规定收支现金,并按照本制度规定核算现金的各项收支业务。

2. 明细科目设置

本科目应当设置"受托代理资产"明细科目,核算单位受托代理、代管的现金。其他明细科目,可以根据单位现金管理的需要,分资金来源或者项目设置。单位有外币现金的,应当分别按照人民币、外币种类设置"库存现金日记账"进行明细核算,科目设置为"库存现金——人民币户""库存现金——美元户"。

3. 库存现金的主要账务处理

(1)从银行等金融机构提取现金,按照实际提取的金额,借记本科目,贷记"银行存款"科目;将现金存入银行等金融机构,按照实际存入金额,借记"银行存款"科目,贷记本科目。

根据规定从单位零余额账户提取现金,按照实际提取的金额,借记本科目,贷记"零余额账户用款额度"科目。

将现金退回单位零余额账户,按照实际退回的金额,借记"零余额账户用款额度"科目,贷记本科目。

(2)因内部职工出差等原因借出的现金,按照实际借出的现金金额,借记"其他应收款"科目,贷记本科目。

出差人员报销差旅费时,按照实际报销的金额,借记"业务活动费用""单位管理费用"等科目,按照实际借出的现金金额,贷记"其他应收款"科目,按照其差额,借记或贷记本科目。

【注意:事业单位会涉及"单位管理费用"科目,行政单位不涉及此科目。】

(3)因提供服务、物品或者其他事项收到现金,按照实际收到的金额,借记本科目,贷记"事业收入""应收账款"等相关科目。涉及增值税业务的,相关账务处理参见"应交增值税"科目。

因购买服务、物品或者其他事项支付现金,按照实际支付的金额,借记"业务活动费用""单位管理费用""库存物品"等相关科目,贷记本科目。涉及增值税业务的,相关账务处理参见"应交增值税"科目。

以库存现金对外捐赠,按照实际捐出的金额,借记"其他费用"科目,贷记本科目。

【注意:事业单位会涉及"单位管理费用""事业收入"科目,行政单位不涉及此科目。】

库存现金的主要账务处理如表2-2所示。

表2-2 **库存现金的主要账务处理**

序号	业务内容		账务处理	
			财务会计	预算会计
1	提取现金		借:库存现金 　贷:银行存款等	—
2	存现		借:银行存款等 　贷:库存现金	—
3	内部职工出差	借出现金	借:其他应收款 　贷:库存现金	—
		报销差旅费	借:业务活动费用/单位管理费用等 　　库存现金　【少花】 　贷:其他应收款 或:借:业务活动费用/单位管理费用等 　贷:其他应收款 　　库存现金　【多花】 【注意:行政单位无"单位管理费用"】	【事业单位】 借:事业支出等 　贷:资金结存——货币资金 【行政单位】 借:行政支出等 　贷:资金结存——货币资金
4	因开展业务等其他事项收到现金		【事业单位】 借:库存现金 　贷:事业收入/应收账款等 【行政单位】 借:库存现金 　贷:应收账款等	【事业单位】 借:资金结存——货币资金 　贷:事业预算收入等 【行政单位】无

(续表)

序号	业务内容		账务处理	
			财务会计	预算会计
5	因购买服务、物品或者其他事项支付现金		借：业务活动费用/单位管理费用/ 　　其他费用/应付账款/库存物品等 　贷：库存现金 【注意：行政单位无"单位管理费用"】	【事业单位】 借：事业支出/其他支出等 　贷：资金结存——货币资金 【行政单位】 借：行政支出/其他支出等 　贷：资金结存——货币资金
6	对外捐赠		借：其他费用 　贷：库存现金	借：其他支出 　贷：资金结存——货币资金
7	收到受托代理、代管现金		借：库存现金——受托代理资产 　贷：受托代理负债	—
8	支付受托代理、代管现金		借：受托代理负债 　贷：库存现金——受托代理资产	—
9	现金溢余	发现溢余	借：库存现金 　贷：待处理财产损溢	借：资金结存——货币资金 　贷：其他预算收入
		应付有关人员或单位	借：待处理财产损溢 　贷：其他应付款 借：其他应付款 　贷：库存现金	借：其他预算收入 　贷：资金结存——货币资金
		无法查明原因	借：待处理财产损溢 　贷：其他收入	—
10	现金短缺	发现短缺	借：待处理财产损溢 　贷：库存现金	借：其他支出 　贷：资金结存——货币资金
		应收有关责任人	借：其他应收款 　贷：待处理财产损溢 借：库存现金 　贷：其他应收款	借：资金结存——货币资金 　贷：其他支出
		无法查明原因	借：资产处置费用 　贷：待处理财产损溢	—

【例2-1】 2×19年2月18日,某事业单位业务部门员工王英出差借款2 000元。2月20日实际报销差旅费2 300元(本单位按实际结算时做预算会计支出)。

(1) 2月18日,借款时,财务会计分录如下：

借：其他应收款——王英　　　　　　　　　　　　　　　　　　　　　2 000
　贷：库存现金——非零余额现金　　　　　　　　　　　　　　　　　　　　2 000

(2) 2月20日报销时,财务会计分录如下：

借：业务活动费用——商品和服务费用【实际报销金额】　　　　　　　2 300
　贷：其他应收款——王英　　【借款金额】　　　　　　　　　　　　　　2 000
　　　库存现金——非零余额现金　【多花,补差】　　　　　　　　　　　　300

同时,编制预算会计分录：

借：事业支出——基本支出——商品和服务费用——差旅费　　　　　2 300
　贷：资金结存——货币资金——库存现金　　　　　　　　　　　　　　　2 300

> **相关思考2-1**
>
> **本例如为行政单位,则报销时预算会计分录有何不同?**
>
> 本例如为行政单位,则2月20日报销时的预算会计分录,应借记"行政支出"科目,即:
>
> 借:行政支出——基本支出——商品和服务费用——差旅费　　　　2 300
> 　　贷:资金结存——货币资金——库存现金　　　　　　　　　　　　　2 300

【例2-2】 2×19年2月22日,某事业单位收到事业活动业务费3 000元。

财务会计分录如下:

借:库存现金——非零余额现金　　　　　　　　　　　　　　　　3 000
　　贷:事业收入——事业活动业务费收入　　　　　　　　　　　　　　　3 000

同时,编制预算会计分录:

借:资金结存——货币资金——库存现金　　　　　　　　　　　　3 000
　　贷:事业预算收入——事业活动业务费收入　　　　　　　　　　　　　3 000

4. 库存现金的期末余额

单位应当设置"库存现金日记账",由出纳人员根据收付款凭证,按照业务发生顺序逐笔登记。每日终了,应当计算当日的现金收入合计数、现金支出合计数和结余数,并将结余数与实际库存数相核对,做到账款相符。

现金收入业务繁多、单独设有收款部门的单位,收款部门的收款员应当将每天所收现金连同收款凭据一并交财务部门核收记账,或者将每天所收现金直接送存开户银行后,将收款凭据及向银行送存现金的凭证等一并交财务部门核收记账。

本科目期末借方余额,反映单位实际持有的库存现金。

2.2.2　银行存款

1. 核算内容

本科目核算单位存入银行或者其他金融机构的各种存款。单位应当严格按照国家有关支付结算办法的规定办理银行存款收支业务,并按照本制度规定核算银行存款的各项收支业务。

2. 明细科目设置

本科目应当设置"受托代理资产"明细科目,核算单位受托代理、代管的银行存款。单位应当按照开户银行或其他金融机构、存款种类及币种等,分别设置"银行存款日记账"。

3. 银行存款的主要账务处理

(1) 将款项存入银行或者其他金融机构,按照实际存入的金额,借记本科目,贷记"库存现金""应收账款""事业收入""经营收入""其他收入"等相关科目。涉及增值税业务的,相关账务处理参见"应交增值税"科目。

【注意:事业单位会涉及"事业收入""经营收入"科目,行政单位不涉及此科目。】

(2) 收到银行存款利息,按照实际收到的金额,借记本科目,贷记"利息收入"科目。

(3) 从银行等金融机构提取现金,按照实际提取的金额,借记"库存现金"科目,贷记本科目。

(4) 以银行存款支付相关费用,按照实际支付的金额,借记"业务活动费用""单位管理费用""其他费用"等相关科目,贷记本科目。涉及增值税业务的,相关账务处理参见"应交增值税"科目。以银行存款对外捐赠,按照实际捐出的金额,借记"其他费用"科目,贷记本科目。

【注意:事业单位会涉及"单位管理费用"科目,行政单位不涉及此科目。】

(5) 收到受托代理、代管的银行存款,按照实际收到的金额,借记本科目(受托代理资产),贷记"受托代理负债"科目;支付受托代理、代管的银行存款,按照实际支付的金额,借记"受托代理负债"科目,贷记本科目(受托代理资产)。

(6) 单位发生外币业务的,应当按照业务发生当日的即期汇率,将外币金额折算为人民币金额记账,并登记外币金额和汇率。

期末,各种外币账户的期末余额,应当按照期末的即期汇率折算为人民币,作为外币账户期末人民币余额。调整后的各种外币账户人民币余额与原账面余额的差额,作为汇兑损益计入当期费用。

以外币购买物资、设备等,按照购入当日的即期汇率将支付的外币或应支付的外币折算为人民币金额,借记"库存物品"等科目,贷记本科目、"应付账款"等科目的外币账户。涉及增值税业务的,相关账务处理参见"应交增值税"科目。

销售物品、提供服务以外币收取相关款项等,按照收入确认当日的即期汇率将收取的外币或应收取的外币折算为人民币金额,借记本科目、"应收账款"等科目的外币账户,贷记"事业收入"等收入类相关科目。

【注意:事业单位涉及"事业收入"科目,行政单位不涉及此科目。】

期末,根据各外币银行存款账户按照期末汇率调整后的人民币余额与原账面人民币余额的差额,作为汇兑损益,借记或贷记本科目,贷记或借记"业务活动费用""单位管理费用"等科目。"应收账款""应付账款"等科目有关外币账户期末汇率调整业务的账务处理参照本科目。

【注意:事业单位涉及"单位管理费用"科目,行政单位不涉及此科目。】

银行存款的主要账务处理如表 2-3 所示。

表 2-3　　　　　　　　　　　银行存款的主要账务处理

序号	业务内容	账务处理	
		财务会计	预算会计
1	提取现金	借:库存现金 　贷:银行存款等	—
2	将款项存入银行或其他金融机构	借:银行存款等 　贷:库存现金/事业收入/其他收入 【注意:行政单位不涉及"事业收入"】	【事业单位】 借:资金结存——货币资金 　贷:事业预算收入等 【行政单位】 借:资金结存——货币资金 　贷:其他预算收入等
3	支付款项	借:业务活动费用/其他费用/单位管理费用等 　贷:银行存款 【注意:行政单位无"单位管理费用"】	【事业单位】 借:事业支出/其他支出等 　贷:资金结存——货币资金 【行政单位】 借:行政支出/其他支出等 　贷:资金结存——货币资金

(续表)

序号	业务内容		账务处理	
			财务会计	预算会计
4	收到银行存款利息		借：银行存款 　贷：利息收入	借：资金结存——货币资金 　贷：其他预算收入
5	支付银行手续费		借：业务活动费用/其他费用/单位管理费用等 　贷：银行存款 【注意：行政单位无"单位管理费用"】	【事业单位】 借：事业支出等 　贷：资金结存——货币资金 【行政单位】 借：行政支出等 　贷：资金结存——货币资金
6	对外捐赠		借：其他费用 　贷：银行存款	借：其他支出 　贷：资金结存——货币资金
7	收到受托代理、代管银行存款		借：银行存款——受托代理资产 　贷：受托代理负债	—
8	支付受托代理、代管现金		借：受托代理负债 　贷：银行存款——受托代理资产	—
9	外币业务	购买物资、劳务等	借：在途物品/库存物品等 　贷：银行存款/应付账款[外币账户]	【事业单位】 借：事业支出等 　贷：资金结存——货币资金 【行政单位】 借：行政支出等 　贷：资金结存——货币资金
		收取相关款项等	【事业单位】 借：银行存款/应付账款[外币账户] 　贷：事业收入等 【行政单位】 借：银行存款/应付账款[外币账户] 　贷：其他收入等	【事业单位】 借：资金结存——货币资金 　贷：事业预算收入 【行政单位】 借：资金结存——货币资金 　贷：其他收入
		期末汇兑损益	【汇兑收益】 借：银行存款/应收账款/应付账款等[外币账户] 　贷：业务活动费用/单位管理费用等 【汇兑损失】 借：业务活动费用/单位管理费用等 　贷：银行存款/应收账款/应付账款等[外币账户] 【注意：行政单位无"单位管理费用"】	【事业单位】 借：资金结存——货币资金 　贷：事业支出等　【汇兑收益】 借：事业支出等　【汇兑损失】 　贷：资金结存——货币资金 【行政单位】 借：资金结存——货币资金 　贷：行政支出等　【汇兑收益】 借：行政支出等　【汇兑损失】 　贷：资金结存——货币资金

【例2-3】 2×19年4月16日，某行政单位收到银行存款利息12 000元。

① 4月16日，收到利息，财务会计分录：

借：银行存款——基本账户存款　　　　　　　　　　　　　　　　　　12 000
　贷：利息收入　　　　　　　　　　　　　　　　　　　　　　　　　　　12 000

② 同时，编制预算会计分录：

借：资金结存——货币资金——银行存款　　　　　　　　　　　　　　12 000
　贷：其他预算收入——利息收入　　　　　　　　　　　　　　　　　　12 000

【例 2-4】 2×19 年 4 月 20 日,某事业单位支付银行手续费 800 元。

① 4 月 20 日,支付银行手续费,财务会计分录:

　　借:单位管理费用——商品和服务费用　　　　　　　　　　　　　　800
　　　　贷:银行存款——基本账户存款　　　　　　　　　　　　　　　　800

② 同时,编制预算会计分录:

　　借:事业支出——基本支出——商品和服务费用——手续费　　　　800
　　　　贷:资金结存——货币资金　　　　　　　　　　　　　　　　　　800

4. 银行存款的期末余额

由出纳人员根据收付款凭证,按照业务的发生顺序逐笔登记"银行存款日记账",每日终了应结出余额。"银行存款日记账"应定期与"银行对账单"核对,至少每月核对一次。月度终了,单位银行存款日记账账面余额与银行对账单余额之间如有差额,应当逐笔查明原因并进行处理,按月编制"银行存款余额调节表",调节相符。本科目期末借方余额,反映单位实际存放在银行或其他金融机构的款项。

2.2.3 其他货币资金

1. 核算内容

本科目核算单位的外埠存款、银行本票存款、银行汇票存款、信用卡存款等各种其他货币资金。

2. 明细科目设置

本科目应当设置"外埠存款""银行本票存款""银行汇票存款""信用卡存款"等明细科目,进行明细核算。

3. 其他货币资金的主要账务处理

(1) 单位按照有关规定需要在异地开立银行账户,将款项委托本地银行汇往异地开立账户时,借记本科目,贷记"银行存款"科目。收到采购员交来供应单位发票账单等报销凭证时,借记"库存物品"等科目,贷记本科目。将多余的外埠存款转回本地银行时,根据银行的收账通知,借记"银行存款"科目,贷记本科目。

(2) 将款项交存银行取得银行本票、银行汇票,按照取得的银行本票、银行汇票金额,借记本科目,贷记"银行存款"科目。使用银行本票、银行汇票购买库存物品等资产时,按照实际支付金额,借记"库存物品"等科目,贷记本科目。如有余款或因本票、汇票超过付款期等原因而退回款项,按照退款金额,借记"银行存款"科目,贷记本科目。

(3) 将款项交存银行取得信用卡,按照交存金额,借记本科目,贷记"银行存款"科目。用信用卡购物或支付有关费用,按照实际支付金额,借记"单位管理费用""库存物品"等科目,贷记本科目。单位信用卡在使用过程中,需向其账户续存资金的,按照续存金额,借记本科目,贷记"银行存款"科目。

【注意:事业单位会涉及"单位管理费用"科目,行政单位不涉及此科目。】

(4) 单位应当加强对其他货币资金的管理,及时办理结算,对于逾期尚未办理结算的银行汇票、银行本票等,应当按照规定及时转回,并按照上述规定进行相应账务处理。

其他货币资金的主要账务处理如表 2-4 所示。

表2-4　　　　　　　　　　其他货币资金的主要账务处理

序号	业务内容	账务处理	
		财务会计	预算会计
1	取得银行本票、银行汇票、信用卡时	借：其他货币资金——银行本票存款 　　　　　　　　——银行汇票存款 　　　　　　　　——信用卡存款 　贷：银行存款	—
2	用银行本票、银行汇票、信用卡支付款项	借：在途物品/库存物品等 　贷：其他货币资金——银行本票存款 　　　　　　　　——银行汇票存款 　　　　　　　　——信用卡存款	【事业单位】 借：事业支出等 　贷：资金结存——货币资金 【行政单位】 借：行政支出等 　贷：资金结存——货币资金
3	银行本票、银行汇票、信用卡余款退回	借：银行存款 　贷：其他货币资金——银行本票存款 　　　　　　　　——银行汇票存款 　　　　　　　　——信用卡存款	—

【例2-5】 2×19年5月6日,某事业单位交存银行70 000元,取得银行汇票一张。5月7日以银行汇票购入A材料,价款60 000元,增值税7 800元。5月9日,余款2 200元退回。

①5月6日,取得银行汇票,财务会计分录：

借：其他货币资金——银行汇票存款　　　　　　　　　　　　　　　70 000
　　贷：银行存款——基本账户存款　　　　　　　　　　　　　　　　70 000

②5月7日,购入A原材料,财务会计分录：

借：库存物品——A材料　　　　　　　　　　　　　　　　　　　　60 000
　　应交增值税——应交税金(进项税额)　　　　　　　　　　　　　 7 800
　　贷：其他货币资金——银行汇票存款　　　　　　　　　　　　　 67 800

同时,编制预算会计分录：

借：事业支出——基本支出——商品和服务支出　　　　　　　　　　67 800
　　贷：资金结存——货币资金——其他货币资金　　　　　　　　　67 800

③5月9日,余款退回,财务会计分录：

借：银行存款——基本账户存款　　　　　　　　　　　　　　　　　2 200
　　贷：其他货币资金——银行汇票存款　　　　　　　　　　　　　2 200

4. 其他货币资金的期末余额

本科目期末借方余额,反映单位实际持有的其他货币资金。

2.2.4　零余额账户用款额度

1. 核算内容

本科目核算实行国库集中支付的单位根据财政部门批复的用款计划收到和支用的零余额账户用款额度。实行国库集中收付制度,财政性资金按发出支付令的主体不同分为两种支付方式:一是由财政部门发出支付令,称为财政直接支付方式;二是由预算单位经财政部门授权自行发出支付令,称为财政授权支付方式。

2. 明细科目设置

本科目可以分为基本支出和项目支出,其中项目支出可以分项目进行明细核算。

3. 主要账务处理

(1) 收到额度。单位收到"财政授权支付到账通知书"时,根据通知书所列金额,借记本科目,贷记"财政拨款收入"科目。

(2) 支用额度。支付日常活动费用时,按照支付的金额,借记"业务活动费用""单位管理费用"等科目,贷记本科目。

【注意:事业单位会涉及"单位管理费用"科目,行政单位不涉及此科目。】

购买库存物品或购建固定资产,按照实际发生的成本,借记"库存物品""固定资产""在建工程"等科目,按照实际支付或应付的金额,贷记本科目、"应付账款"等科目。涉及增值税业务的,相关账务处理参见"应交增值税"科目。

从零余额账户提取现金时,按照实际提取的金额,借记"库存现金"科目,贷记本科目。

(3) 因购货退回等发生财政授权支付额度退回的,按照退回的金额,借记本科目,贷记"库存物品"等科目。

(4) 年末,根据代理银行提供的对账单作注销额度的相关账务处理,借记"财政应返还额度——财政授权支付"科目,贷记本科目。年末,单位本年度财政授权支付预算指标数大于零余额账户用款额度下达数的,根据未下达的用款额度,借记"财政应返还额度——财政授权支付"科目,贷记"财政拨款收入"科目。

(5) 下年年初,单位根据代理银行提供的上年度注销额度恢复到账通知书作恢复额度的相关账务处理,借记本科目,贷记"财政应返还额度——财政授权支付"科目。单位收到财政部门批复的上年未下达零余额账户用款额度,借记本科目,贷记"财政应返还额度——财政授权支付"科目。

零余额账户用款额度的主要账务处理如表2-5所示。

表2-5　　　　　　　　零余额账户用款额度的主要账务处理

序号	业务内容	账务处理	
		财务会计	预算会计
1	收到"财政授权支付到账通知书"	借:零余额账户用款额度 贷:财政拨款收入	借:资金结存——零余额账户用款额度 贷:财政拨款预算收入
2	支付日常活动费用	借:业务活动费用/单位管理费用等 贷:零余额账户用款额度 【注意:行政单位无"单位管理费用"】	【事业单位】 借:事业支出等 　贷:资金结存——零余额账户用款额度 【行政单位】 借:行政支出等 　贷:资金结存——零余额账户用款额度
	购买库存物品或购建固定资产等	借:库存物品/固定资产/在建工程等 贷:零余额账户用款额度	借:资金结存——零余额账户用款额度 贷:资金结存——货币资金
	从零余额账户提取现金	借:库存现金 贷:零余额账户用款额度	借:资金结存——货币资金 贷:资金结存——零余额账户用款额度
	将现金退回零余额账户	借:零余额账户用款额度 贷:库存现金	借:资金结存——零余额账户用款额度 贷:资金结存——货币资金

(续表)

序号	业务内容	账务处理	
		财务会计	预算会计
3	因购货退回等发生国库授权支付额度退回（本年度授权支付的款项）	借：零余额账户用款额度 　　贷：库存物品等	【事业单位】 借：资金结存——零余额账户用款额度 　　贷：事业支出等 【行政单位】 借：资金结存——零余额账户用款额度 　　贷：行政支出等
	因购货退回等发生国库授权支付额度退回（以前年度授权支付的款项）	借：零余额账户用款额度 　　贷：库存物品/以前年度盈余调整等	借：资金结存——零余额账户用款额度 　　贷：财政拨款结转——年初余额调整/财政拨款结余——年初余额调整
4	年末，根据代理银行提供的对账单注销财政授权支付额度	借：财政应返还额度——财政授权支付 　　贷：零余额账户用款额度	借：资金结存——财政应返还额度 　　贷：资金结存——零余额账户用款额度
	本年度财政制授权支付预算指标数大于零余额账户额度下达数的，根据未下达的用款额度	借：财政应返还额度——财政授权支付 　　贷：财政拨款收入	借：资金结存——财政应返还额度 　　贷：财政拨款预算收入
5	下年年初，根据代理银行提供的上年度注销额度恢复到账通知书	借：零余额账户用款额度 　　贷：财政应返还额度——财政授权支付	借：资金结存——零余额账户用款额度 　　贷：资金结存——财政应返还额度
	下年年初，收到财政部门批复的上年未下达零余额账户用款额度	借：零余额账户用款额度 　　贷：财政应返还额度——财政授权支付	借：资金结存——零余额账户用款额度 　　贷：资金结存——财政应返还额度

【例 2-6】 某行政单位已经纳入财政国库集中支付制度改革，2×19 年 1 月 8 日，收到《财政授权支付用款额度到账通知书》，确定本月公用经费授权支付额度为 180 000 元，与财政部门批准的分月用款计划核对一致。

① 1 月 8 日，收到《财政授权支付用款额度到账通知书》，财务会计分录：

借：零余额账户用款额度——基本支出用款额度——公用经费　　　　　180 000
　　贷：财政拨款收入——财政授权支付——基本支付——日常公费经费　　180 000

② 同时，编制预算会计分录：

借：资金结存——零余额账户用款额度　　　　　　　　　　　　　　　180 000
　　贷：财政拨款预算收入——财政授权支付——基本支付　　　　　　　180 000

【例 2-7】 承[例 2-6] 2×19 年 1 月 10 日，填写《财政资金授权支付凭证》，购买开展业务所需的材料，授权支付金额 15 000 元。

① 1 月 10 日，购买所需材料，财务会计分录：

借：库存物品　　　　　　　　　　　　　　　　　　　　　　　　　　15 000
　　贷：零余额账户用款额度——基本支出用款额度——公用经费　　　　15 000

② 同时,编制预算会计分录:

借:行政支出——基本支出——商品和服务支出——专用材料　　　　15 000
　　贷:资金结存——零余额账户用款额度　　　　　　　　　　　　　　　　15 000

【例 2-8】 承[例 2-7]2×19 年 1 月 12 日,发现 10 日购买的部分材料有质量问题,退回 9 000 元。

① 1 月 12 日,部分材料退回,财务会计分录:

借:零余额账户用款额度——基本支出用款额度——公用经费　　　　9 000
　　贷:库存物品　　　　　　　　　　　　　　　　　　　　　　　　　　　　9 000

② 同时,编制预算会计分录:

借:资金结存——零余额账户用款额度　　　　　　　　　　　　　　9 000
　　贷:行政支出——基本支出——商品和服务支出——专用材料　　　　　9 000

4. 零余额账户用款额度的期末余额

本科目期末借方余额,反映单位尚未支用的零余额账户用款额度。年末注销单位零余额账户用款额度后,本科目应无余额。

2.2.5　财政应返还额度

1. 核算内容

本科目核算实行国库集中支付的单位应收财政返还的资金额度,包括可以使用的以前年度财政直接支付资金额度和财政应返还的财政授权支付资金额度。

2. 明细科目设置

本科目应当设置"财政直接支付""财政授权支付"两个明细科目进行明细核算。

3. 主要账务处理

(1) 财政直接支付。年末,单位根据本年度财政直接支付预算指标数大于当年财政直接支付实际发生数的差额,借记本科目(财政直接支付),贷记"财政拨款收入"科目。

单位使用以前年度财政直接支付额度支付款项时,借记"业务活动费用""单位管理费用"等科目,贷记本科目(财政直接支付)。

(2) 财政授权支付。年末,根据代理银行提供的对账单作注销额度的相关账务处理,借记本科目(财政授权支付),贷记"零余额账户用款额度"科目。

年末,单位本年度财政授权支付预算指标数大于零余额账户用款额度下达数的,根据未下达的用款额度,借记本科目(财政授权支付),贷记"财政拨款收入"科目。

下年年初,单位根据代理银行提供的上年度注销额度恢复到账通知书作恢复额度的相关账务处理,借记"零余额账户用款额度"科目,贷记本科目(财政授权支付)。单位收到财政部门批复的上年未下达零余额账户用款额度,借记"零余额账户用款额度"科目,贷记本科目(财政授权支付)。

财政应返还额度的主要账务处理如表 2-6 所示。

表2-6　　　　　　　　　　　财政应返还额度的主要账务处理

序号	业务内容		账务处理	
			财务会计	预算会计
1	财政直接支付方式下,确认财政应返还额度	年末,单位根据本年度财政直接支付预算指标数大于当年财政直接支付实际发生数的差额	借:财政应返还额度——财政直接支付 贷:财政拨款收入	借:资金结存——财政应返还额度 贷:财政拨款预算收入
		下年度,单位使用以前年度财政直接支付额度支付款项	借:业务活动费用/单位管理费用等 贷:财政应返还额度——财政直接支付 【注意:行政单位无"单位管理费用"】	【事业单位】 借:事业支出等 贷:资金结存——财政应返还额度 【行政单位】 借:行政支出等 贷:资金结存——财政应返还额度
2	财政授权支付方式下,确认财政应返还额度	年末本年度预算指标数大于额度下达数的,根据未下达的用款额度	借:财政应返还额度——财政授权支付 贷:财政拨款收入	借:资金结存——财政应返还额度 贷:财政拨款预算收入
		年末根据代理银行提供的账单作注销额度处理	借:财政应返还额度——财政授权支付 贷:零余额账户用款额度	借:资金结存——财政应返还额度 贷:资金结存——零余额账户用款额度
		下年年初额度恢复和下年初收到财政部门批复的上年末未下达零余额账户用款额	借:零余额账户用款额度 贷:财政应返还额度——财政授权支付	借:资金结存——零余额账户用款额度 贷:资金结存——财政应返还额度

【例2-9】　某行政单位已经纳入财政国库集中支付制度改革,2×19年底,本年度A项目财政直接支付预算指标数680 000元,财政直接支付实际支出为660 000元。

① 2×19年底,财务会计分录:

借:财政应返还额度——财政直接支付——项目支出额度——A项目　　　　　20 000
　　贷:财政拨款收入——财政直接支付——项目支出额度——A项目　　　　　　20 000

② 同时,编制预算会计分录:

借:资金结存——财政应返还额度　　　　　　　　　　　　　　　　　　　　20 000
　　贷:财政拨款预算收入——财政直接支付——项目支出额度——A项目　　　　20 000

【例2-10】　承[例2-9]2×20年1月1日,该单位使用恢复的财政直接支付额度支付A项目会议费13 000元。

① 1月1日,支付A项目会议费,财务会计分录:

借:业务活动费用——商品和服务费用　　　　　　　　　　　　　　　　　　13 000
　　贷:财政应返还额度——财政直接支付——项目支出额度——A项目　　　　 13 000

② 同时,编制预算会计分录:

| 借：行政支出——项目支出——商品和服务支出——会议费 | 13 000 | |
| 贷：资金结存——财政应返还额度 | | 13 000 |

4. 财政应返还额度的期末余额

本科目期末借方余额，反映单位应收财政返还的资金额度。

2.3 应收及预付款项的核算

2.3.1 应收账款

1. 核算内容

本科目核算事业单位提供服务、销售产品等应收取的款项，以及单位因出租资产、出售物资等应收取的款项。本科目在行政单位一般很少涉及。

2. 明细科目设置

本科目应当按照债务单位（或个人）进行明细核算。

3. 主要账务处理

行政单位应收账款收回后需上缴财政，事业单位应收账款收回后既包括需上缴财政的业务又包括不需上缴财政的业务。行政单位及事业单位应收账款收回后需上缴财政的账务处理是相同的。以下分别针对不同的情况进行讲解。

（1）应收账款收回后需上缴财政。① 单位出租资产发生应收未收租金款项时，按照应收未收金额，借记本科目，贷记"应缴财政款"科目。收回应收账款时，按照实际收到的金额，借记"银行存款"等科目，贷记本科目。② 单位出售物资发生应收未收款项时，按照应收未收金额，借记本科目，贷记"应缴财政款"科目。收回应收账款时，按照实际收到的金额，借记"银行存款"等科目，贷记本科目。涉及增值税业务的，相关账务处理参见"应交增值税"科目。

（2）单位应当于每年年末，对收回后应当上缴财政的应收账款进行全面检查。① 对于账龄超过规定年限、确认无法收回的应收账款，按照规定报经批准后予以核销。按照核销金额，借记"应缴财政款"科目，贷记本科目。核销的应收账款应当在备查簿中保留登记。② 已核销的应收账款在以后期间又收回的，按照实际收回金额，借记"银行存款"等科目，贷记"应缴财政款"科目。

（3）应收账款收回后不需上缴财政。事业单位发生应收账款时，按照应收未收金额，借记本科目，贷记"事业收入""经营收入""租金收入""其他收入"等科目。涉及增值税业务的，相关账务处理参见"应交增值税"科目。

（4）事业单位应当于每年年末，对收回后不需上缴财政的应收账款进行全面检查，如发生不能收回的迹象，应当计提坏账准备。① 对于账龄超过规定年限、确认无法收回的应收账款，按照规定报经批准后予以核销。按照核销金额，借记"坏账准备"科目，贷记本科目。核销的应收账款应在备查簿中保留登记。② 已核销的应收账款在以后期间又收回的，按照实际收回金额，借记本科目，贷记"坏账准备"科目；同时，借记"银行存款"等科目，贷记本科目。

应收账款的主要账务处理如表2-7所示。

表 2-7　　　　　　　　　　　　　　应收账款的主要账务处理

序号	业务内容			账务处理	
				财务会计	预算会计
1	【事业单位】（收回后不需上缴财政）	发生及收回	发生应收账款	借：应收账款 　贷：事业收入/经营收入/其他收入等	—
			收回应收账款	借：银行存款 　贷：应收账款	借：资金结存——货币资金等 　贷：事业预算收入/经营预算收入/其他预算收入等
		逾期无法收回的	对于账龄超过规定年限，确认无法收回的应收账款	借：坏账准备 　贷：应收账款	—
			已核销的应收账款，在以后期间又收回	借：应收账款 　贷：坏账准备 借：银行存款 　贷：应收账款	借：资金结存——货币资金 　贷：非财政拨款结余等
2	【行政事业单位】收回后需上缴财政	发生及收回	发生应收账款	借：应收账款 　贷：应缴财政款	—
			收回应收账款	借：银行存款 　贷：应收账款	—
		逾期无法收回的	对于账龄超过规定年限，确认无法收回的应收账款	借：应缴财政款 　贷：应收账款	—
			已核销的应收账款，在以后期间又收回	借：银行存款等 　贷：应缴财政款	—

【例 2-11】 2×19 年 3 月 26 日，某事业单位开展事业活动产生事业收入 30 000 元，款项未收。3 月 28 日，收到国盛公司款项。

① 3 月 26 日，产生事业收入，财务会计分录如下：

借：应收账款——国盛公司　　　　　　　　　　　　　　　　　　　　　　　30 000
　　贷：事业收入　　　　　　　　　　　　　　　　　　　　　　　　　　　　　30 000

② 3 月 28 日，收到款项，财务会计分录如下：

借：银行存款　　　　　　　　　　　　　　　　　　　　　　　　　　　　　　30 000
　　贷：应收账款——国盛公司　　　　　　　　　　　　　　　　　　　　　　　30 000

同时，编制预算会计分录：

借：资金结存——货币资金——银行存款　　　　　　　　　　　　　　　　　30 000
　　贷：事业预算收入　　　　　　　　　　　　　　　　　　　　　　　　　　　30 000

【例 2-12】 2×19 年 12 月 31 日，某行政单位对需要上缴财政的应收账款进行全面检查，发现应收东旭公司的账款 22 000 元，已超过规定的年限仍然无法收回，报经有关部门批准后予以核销。2×20 年 2 月 26 日，东旭公司支付了该账款。

① 2×19 年 12 月 31 日，无法收回，财务会计分录如下：

借：应缴财政款——应缴国库款　　　　　　　　　　　　　　　　　22 000
　　贷：应收账款——东旭公司　　　　　　　　　　　　　　　　　　　22 000

② 2×20 年 2 月 26 日，收到东旭款项，财务会计分录如下：

借：银行存款——基本账户存款　　　　　　　　　　　　　　　　　22 000
　　贷：应缴财政款——应缴国库款　　　　　　　　　　　　　　　　　22 000

4. 应收账款的期末余额

本科目期末借方余额，反映单位尚未收回的应收账款。

2.3.2　应收票据

1. 核算内容

本科目核算事业单位因开展经营活动销售产品、提供有偿服务等而收到的商业汇票，包括银行承兑汇票和商业承兑汇票。

【注意：本科目只有事业单位涉及，行政单位不涉及此科目。】

2. 明细科目设置

本科目应当按照开出、承兑商业汇票的单位等进行明细核算。

3. 主要账务处理

（1）因销售产品、提供服务等收到商业汇票，按照商业汇票的票面金额，借记本科目，按照确认的收入金额，贷记"经营收入"等科目。涉及增值税业务的，相关账务处理参见"应交增值税"科目。

（2）持未到期的商业汇票向银行贴现，按照实际收到的金额（即扣除贴现息后的净额），借记"银行存款"科目，按照贴现息金额，借记"经营费用"等科目，按照商业汇票的票面金额，贷记本科目（无追索权）或"短期借款"科目（有追索权）。附追索权的商业汇票到期未发生追索事项的，按照商业汇票的票面金额，借记"短期借款"科目，贷记本科目。

（3）将持有的商业汇票背书转让以取得所需物资时，按照取得物资的成本，借记"库存物品"等科目，按照商业汇票的票面金额，贷记本科目，如有差额，借记或贷记"银行存款"等科目。涉及增值税业务的，相关账务处理参见"应交增值税"科目。

（4）商业汇票到期时，应当分别以下情况处理：① 收回票款时，按照实际收到的商业汇票票面金额，借记"银行存款"科目，贷记本科目。② 因付款人无力支付票款，收到银行退回的商业承兑汇票、委托收款凭证、未付票款通知书或拒付款证明等，按照商业汇票的票面金额，借记"应收账款"科目，贷记本科目。

应收票据的主要账务处理如表 2-8 所示。

表 2-8　　　　　　　　　**应收票据的主要账务处理【事业单位】**

序号	业务内容		账务处理	
			财务会计	预算会计
1	收到商业汇票	销售产品、提供服务等收到商业汇票	借：应收票据 　　贷：经营收入等	—

(续表)

序号	业务内容		账务处理	
			财务会计	预算会计
2	贴现	持未到期的商业汇票向银行贴现	借:银行存款　　[贴现净额] 　　经营费用等　[贴现利息] 　贷:应收票据　　[不附追索权] 　　短期借款　　[附追索权]	借:资金结存——货币资金 　贷:经营预算收入等[贴现净额]
		附追索权的商业汇票到期未发生追索事项	借:短期借款 　贷:应收票据	—
3	背书转让	背书转让以取得所需物资	借:库存物资等 　贷:应收票据 　　银行存款　[补差]	借:经营支出等 　贷:资金结存——货币资金
4	到期	收回款项	借:银行存款 　贷:应收票据	借:资金结存——货币资金 　贷:经营预算收入等
		付款人无力支付票据款	借:应收账款 　贷:应收票据	—

【例 2-13】 2×19 年 4 月 2 日,某事业单位销售产品给东方公司,收到 3 个月期不带息银行承兑汇票 113 000 元,7 月 2 日,收到款项。

① 4 月 2 日,收到银行承兑汇票,财务会计分录如下:

借:应收票据——东方公司　　　　　　　　　　　　　　　　　　　　113 000
　贷:经营收入——销售商品　　　　　　　　　　　　　　　　　　　　113 000

② 7 月 2 日,收到款项,财务会计分录如下:

借:银行存款——基本存款账户　　　　　　　　　　　　　　　　　　113 000
　贷:应收票据——东方公司　　　　　　　　　　　　　　　　　　　　113 000

同时,编制预算会计分录:

借:资金结存——货币资金——银行存款　　　　　　　　　　　　　　113 000
　贷:经营预算收入——销售商品　　　　　　　　　　　　　　　　　　113 000

【例 2-14】 承[例 2-13],假设 7 月 2 日,东方公司无力支付款项。

7 月 2 日,东方公司无力支付款项,财务会计分录如下:

借:应收账款——东方公司　　　　　　　　　　　　　　　　　　　　113 000
　贷:应收票据——东方公司　　　　　　　　　　　　　　　　　　　　113 000

4. 设置"应收票据备查簿"

事业单位应当设置"应收票据备查簿",逐笔登记每一应收票据的种类、号数、出票日期、到期日、票面金额、交易合同号和付款人、承兑人、背书人姓名或单位名称、背书转让日、贴现日期、贴现率和贴现净额、收款日期、收回金额和退票情况等。应收票据到期结清票款或退票后,应当在备查簿内逐笔注销。

5. 应收票据的期末余额

本科目期末借方余额,反映事业单位持有的商业汇票票面金额。

2.3.3 预付账款

1. 核算内容

本科目核算单位按照购货、服务合同或协议规定预付给供应单位(或个人)的款项,以及按照合同规定向承包工程的施工企业预付的备料款和工程款。

2. 明细科目设置

本科目应当按照供应单位(或个人)及具体项目进行明细核算;对于基本建设项目发生的预付账款,还应当在本科目所属基建项目明细科目下设置"预付备料款""预付工程款""其他预付款"等明细科目,进行明细核算。

3. 主要账务处理

(1) 根据购货、服务合同或协议规定预付款项时,按照预付金额,借记本科目,贷记"财政拨款收入""零余额账户用款额度""银行存款"等科目。

(2) 收到所购资产或服务时,按照购入资产或服务的成本,借记"库存物品""固定资产""无形资产""业务活动费用"等相关科目,按照相关预付账款的账面余额,贷记本科目,按照实际补付的金额,贷记"财政拨款收入""零余额账户用款额度""银行存款"等科目。涉及增值税业务的,相关账务处理参见"应交增值税"科目。

(3) 根据工程进度结算工程价款及备料款时,按照结算金额,借记"在建工程"科目,按照相关预付账款的账面余额,贷记本科目,按照实际补付的金额,贷记"财政拨款收入""零余额账户用款额度""银行存款"等科目。

(4) 发生预付账款退回的,按照实际退回金额,借记"财政拨款收入"[本年直接支付]、"财政应返还额度"[以前年度直接支付]、"零余额账户用款额度""银行存款"等科目,贷记本科目。

预付账款的主要账务处理如表2-9所示。

表2-9 预付账款的主要账务处理

序号	业务内容	账务处理	
		财务会计	预算会计
1	发生预付账款	借:预付账款 　贷:财政拨款收入/零余额账户用款额度/银行存款等	【事业单位】 借:事业支出等 　贷:财政拨款预算收入/资金结存 【行政单位】 借:行政支出等 　贷:财政拨款预算收入/资金结存
2	收到所购物品或劳务	借:业务活动费用/库存物品/固定资产/无形资产 　贷:预付账款/零余额账户用款额度/财政拨款收入/银行存款等[补付款项]	【事业单位】 借:事业支出等[补付款项] 　贷:财政拨款预算收入/资金结存 【行政单位】 借:行政支出等[补付款项] 　贷:财政拨款预算收入/资金结存
3	根据工程进度结算工程价款及备料款等	借:在建工程 　贷:预付账款/零余额账户用款额度/财政拨款收入/银行存款等[补付款项]	【事业单位】 借:事业支出等[补付款项] 　贷:财政拨款预算收入/资金结存 【行政单位】 借:行政支出等[补付款项] 　贷:财政拨款预算收入/资金结存

(续表)

序号	业务内容	账务处理	
		财务会计	预算会计
4	预付账款退回	当年预付账款退回	借：财政拨款收入/零余额账户用款额度/银行存款等 贷：预付账款	【事业单位】 借：财政拨款预算收入/资金结存 　　贷：事业支出等 【行政单位】 借：财政拨款预算收入/资金结存 　　贷：行政支出等
		以前年度预付账款退回	借：财政应返还额度/零余额账户用款额度/银行存款等 贷：预付账款	借：资金结存 　　贷：财政拨款结余——年初余额调整/财政拨款结转——年初余额调整等
5	逾期无法收回的预付账款转为其他应收款		借：其他应收款 贷：预付账款	—

【例 2-15】 某行政单位向东海公司购买材料一批，2×19 年 4 月 10 日，预付货款 80 000 元。4 月 15 日收到材料，共计 79 100 元，东海公司退回货款 900 元，均使用财政授权支付。

① 4 月 10 日，预付货款，财务会计分录如下：

借：预付账款——预付备料款——东海公司　　　　　　　　　　　　　　80 000
　　贷：零余额账户用款额度——基本支出额度　　　　　　　　　　　　　　80 000

同时，编制预算会计分录：

借：行政支出——基本支出——商品和服务支出　　　　　　　　　　　　80 000
　　贷：资金结存——零余额账户用款额度——基本支出额度　　　　　　　　80 000

② 4 月 15 日，收到材料和东海公司退回的货款，财务会计分录如下：

借：库存物品　　　　　　　　　　　　　　　　　　　　　　　　　　　79 100
　　零余额账户用款额度——基本支出额度　　　　　　　　　　　　　　　　900
　　贷：预付账款——预付备料款——东海公司　　　　　　　　　　　　　80 000

同时，编制预算会计分录：

借：零余额账户用款额度——基本支出额度　　　　　　　　　　　　　　　900
　　贷：行政支出——基本支出——商品和服务支出　　　　　　　　　　　　900

【例 2-16】 2×19 年 12 月 31 日，某行政单位在年底检查时发现预付账款明细账中，有一笔预付给旭华公司的账款 12 000 元，旭华公司已破产，可能无法收回合同约定的相关货物。

12 月 31 日，财务会计分录如下：

借：其他应收款——旭华公司　　　　　　　　　　　　　　　　　　　　12 000
　　贷：预付账款——旭华公司　　　　　　　　　　　　　　　　　　　　12 000

4. 单位应当于每年年末，对预付账款进行全面检查。如果有确凿证据表明预付账款不再符合预付款项性质，或者因供应单位破产、撤销等原因可能无法收到所购货物、服务的，应当先将其转入其他应收款，再按照规定进行处理。将预付账款账面余额转入其他应收款时，借记"其他应收款"科目,贷记本科目。

5. 预付账款的期末余额

本科目期末借方余额,反映单位实际预付但尚未结算的款项。

2.3.4 应收股利

1. 核算内容

本科目核算事业单位持有长期股权投资应当收取的现金股利或应当分得的利润。

【注意:本科目只事业单位涉及,行政单位不涉及此科目】

2. 明细科目设置

本科目应当按照被投资单位等进行明细核算。

3. 主要账务处理

(1) 取得长期股权投资,按照支付的价款中所包含的已宣告但尚未发放的现金股利,借记本科目,按照确定的长期股权投资成本,借记"长期股权投资"科目,按照实际支付的金额,贷记"银行存款"等科目。

收到取得投资时实际支付价款中所包含的已宣告但尚未发放的现金股利时,按照收到的金额,借记"银行存款"科目,贷记本科目。

(2) 长期股权投资持有期间,被投资单位宣告发放现金股利或利润的,按照应享有的份额,借记本科目,贷记"投资收益"(成本法下)或"长期股权投资"(权益法下)科目。

(3) 实际收到现金股利或利润时,按照收到的金额,借记"银行存款"等科目,贷记本科目。

应收股利的主要账务处理如表2-10所示。

表2-10　　　　　　　应收股利的主要账务处理【事业单位】

序号	业务内容		账务处理	
			财务会计	预算会计
1	初始取得长期股权投资	取得长期股权投资	借:长期股权投资 　　应收股利[价款中包含已宣告但尚未发放的现金股利或利润] 贷:银行存款等	借:投资支出[支付的全部价款] 贷:资金结存——货币资金
		收到取得投资所支付价款中包含已宣告但尚未发放的股利或利润等	借:银行存款 贷:应收股利	借:资金结存——货币资金 贷:投资支出等
2	持有期间被投资单位宣告发放现金股利或利润		借:应收股利 贷:投资收益/长期股权投资	—
3	收到现金股利或利润时		借:银行存款 贷:应收股利	借:资金结存——货币资金 贷:投资预算收益

【例2-17】 某事业单位2×19年5月7日以500万元投资取得对南星公司的股权,其中含已宣告但尚未支付的现金股利或利润共计50万元。5月9日,收到现金股利50万元。12月31日,南星公司宣告发放100万元现金股利。2×20年4月1日收到现金股利。

①5月7日,财务会计分录如下:

借：长期股权投资——南星公司　　　　　　　　　　　　　　　　　　4 500 000
　　应收股利——南星公司　　　　　　　　　　　　　　　　　　　　500 000
　　贷：银行存款——基本账户存款　　　　　　　　　　　　　　　　　　5 000 000

同时，编制预算会计分录：

借：投资支出——南星公司　　　　　　　　　　　　　　　　　　　　5 000 000
　　贷：资金结存——货币资金——银行存款　　　　　　　　　　　　　5 000 000

② 5月9日，收到现金股利，财务会计分录如下：

借：银行存款——基本账户存款　　　　　　　　　　　　　　　　　　500 000
　　贷：应收股利——南星公司　　　　　　　　　　　　　　　　　　　500 000

同时，编制预算会计分录：

借：资金结存——货币资金——银行存款　　　　　　　　　　　　　　500 000
　　贷：投资支出——南星公司　　　　　　　　　　　　　　　　　　　500 000

③ 2×19年12月31日，财务会计分录如下：

借：应收股利——东海公司　　　　　　　　　　　　　　　　　　　　1 000 000
　　贷：投资收益——东海公司　　　　　　　　　　　　　　　　　　　1 000 000

④ 2×20年4月1日收到现金股利，财务会计分录如下：

借：银行存款——基本账户存款　　　　　　　　　　　　　　　　　　1 000 000
　　贷：应收股利——南星公司　　　　　　　　　　　　　　　　　　　1 000 000

同时，编制预算会计分录：

借：资金结存——货币资金——银行存款　　　　　　　　　　　　　　1 000 000
　　贷：投资预算收益——南星公司　　　　　　　　　　　　　　　　　1 000 000

4. 应收股利的期末余额

本科目期末借方余额，反映事业单位应当收取但尚未收到的现金股利或利润。

2.3.5　应收利息

1. 核算内容

本科目核算事业单位长期债券投资应当收取的利息。

事业单位购入的到期一次还本付息的长期债券投资持有期间的利息，应当通过"长期债券投资——应计利息"科目核算，不通过本科目核算。

【注意：本科目只事业单位涉及，行政单位不涉及此科目。】

2. 明细科目设置

本科目应当按照被投资单位等进行明细核算。

3. 主要账务处理

（1）取得长期债券投资，按照确定的投资成本，借记"长期债券投资"科目，按照支付的价款中包含的已到付息期但尚未领取的利息，借记本科目，按照实际支付的金额，贷记"银行存款"等科目。收到取得投资时实际支付价款中所包含的已到付息期但尚未领取的利息时，按照收到的金额,借记"银行存款"等科目,贷记本科目。

(2) 按期计算确认长期债券投资利息收入时,对于分期付息、一次还本的长期债券投资,按照以票面金额和票面利率计算确定的应收未收利息金额,借记本科目,贷记"投资收益"科目。

(3) 实际收到应收利息时,按照收到的金额,借记"银行存款"等科目,贷记本科目。

应收利息的主要账务处理如表 2-11 所示。

表 2-11 应收利息的主要账务处理【事业单位】

序号	业务内容		账务处理	
			财务会计	预算会计
1	取得债券投资	取得长期债券投资	借:长期债券投资 　　应收利息[价款中包含已到付息期但尚未领取的利息] 贷:银行存款等	借:投资支出[取得的全部价款] 贷:资金结存——货币资金
		收到取得投资所支付价款中包含的已到付息期但尚未领取的利息	借:银行存款 贷:应收利息	借:资金结存——货币资金 贷:投资支出等
2	按期计提利息		借:应收利息[分期付息] 贷:投资收益	—
3	收到利息		借:银行存款 贷:应收利息	借:资金结存——货币资金 贷:投资预算收益

【例 2-18】 某事业单位 2×19 年 5 月 8 日以 5 600 000 元的价格从证券市场上购入诚信公司发行的债券,为分期付息,到期一次还本债券,价款中包含已到利息期但尚未领取的利息 280 000 元。

5 月 8 日,财务会计分录如下:

借:长期债券投资——诚信公司　　　　　　　　　　　　　　　5 320 000
　　应收利息——诚信公司　　　　　　　　　　　　　　　　　　280 000
　　贷:银行存款——基本账户存款　　　　　　　　　　　　　　　5 600 000

同时,编制预算会计分录:

借:投资支出——诚信公司　　　　　　　　　　　　　　　　　5 600 000
　　贷:资金结存——货币资金——银行存款　　　　　　　　　　　5 600 000

4. 本科目期末借方余额,反映事业单位应收未收的长期债券投资利息。

2.3.6 其他应收款

1. 核算内容

本科目核算单位除财政应返还额度、应收票据、应收账款、预付账款、应收股利、应收利息以外的其他各项应收及暂付款项,如职工预借的差旅费、已经偿还银行尚未报销的本单位公务卡欠款、拨付给内部有关部门的备用金、应向职工收取的各种垫付款项、支付的可以收回的订金或押金、应收的上级补助和附属单位上缴款项等。

【注意：行政单位不涉及"应收股利""应收利息"科目。】

2. 明细科目设置

本科目应当按照其他应收款的类别以及债务单位（或个人）进行明细核算。

3. 主要账务处理

（1）发生其他各种应收及暂付款项时，按照实际发生金额，借记本科目，贷记"零余额账户用款额度""银行存款""库存现金""上级补助收入""附属单位上缴收入"等科目。涉及增值税业务的，相关账务处理参见"应交增值税"科目。

（2）收回其他各种应收及暂付款项时，按照收回的金额，借记"库存现金""银行存款"等科目，贷记本科目。

（3）单位内部实行备用金制度的，有关部门使用备用金后应当及时到财务部门报销并补足备用金。

财务部门核定并发放备用金时，按照实际发放金额，借记本科目，贷记"库存现金"等科目。

根据报销金额用现金补足备用金定额时，借记"业务活动费用""单位管理费用"等科目，贷记"库存现金"等科目，报销数和拨补数都不再通过本科目核算。

（4）偿还尚未报销的本单位公务卡欠款时，按照偿还的款项，借记本科目，贷记"零余额账户用款额度""银行存款"等科目；持卡人报销时，按照报销金额，借记"业务活动费用""单位管理费用"等科目，贷记本科目。

（5）将预付账款账面余额转入其他应收款时，借记本科目，贷记"预付账款"科目。具体说明参见"预付账款"科目。

（6）单位应当于每年年末，对其他应收款进行全面检查，如发生不能收回的迹象，应当计提坏账准备。

【事业单位】对于账龄超过规定年限、确认无法收回的其他应收款，按照规定报经批准后予以核销。按照核销金额，借记"坏账准备"科目，贷记本科目。核销的其他应收款应当在备查簿中保留登记。

【事业单位】已核销的其他应收款在以后期间又收回的，按照实际收回金额，借记本科目，贷记"坏账准备"科目；同时，借记"银行存款"等科目，贷记本科目。

【行政单位】对于账龄超过规定年限、确认无法收回的其他应收款，按照规定报经批准后予以核销。按照核销金额，借记"坏账准备"科目，贷记本科目。核销的其他应收款应当在备查簿中保留登记。

【行政单位】已核销的其他应收款在以后期间又收回的，按照实际收回金额，借记本科目，贷记"坏账准备"科目；同时，借记"银行存款"等科目，贷记本科目。

（7）行政单位应当于每年年末，对其他应收款进行全面检查。对于超过规定年限、确认无法收回的其他应收款，应当按照有关规定报经批准后予以核销。核销的其他应收款应在备查簿中保留登记。

① 经批准核销其他应收款时，按照核销金额，借记"资产处置费用"科目，贷记本科目。

② 已核销的其他应收款在以后期间又收回的，按照收回金额，借记"银行存款"等科目，贷记"其他收入"科目。

其他应收款的主要账务处理如表2-12所示。

表 2-12　　其他应收款的主要账务处理

序号	业务内容		账务处理	
			财务会计	预算会计
1	发生其他各种应收及暂付款项		借：其他应收款 　　贷：银行存款/库存现金/零余额户用款额度等/其他收入/上级补助收入/附属单位上缴收入 【事业单位会涉及：上级补助收入/附属单位上缴收入】	—
2	收回其他各种应收及暂付款项		借：库存现金/银行存款 　　贷：其他应收款	—
3	预付给内部有关部门的备用金	财务部门核定并发放备用金时	借：其他应收款 　　贷：库存现金	—
		根据报销数用现金补足备用金定额时	借：业务活动费用/单位管理费用等 　　贷：库存现金 【事业单位会涉及：单位管理费用等】	【事业单位】 借：事业支出等 　　贷：资金结存/货币资金 【行政单位】 借：行政支出等 　　贷：资金结存——货币资金
4		偿还尚未报销的本单位公务卡欠款	借：其他应收款 　　贷：银行存款/零余额账户用款额度	—
		持卡人报销时	借：业务活动经费等/单位管理费用 　　贷：其他应收款 【事业单位会涉及：单位管理费用等】	【事业单位】 借：事业支出等 　　贷：资金结存/货币资金 【行政单位】 借：行政支出等 　　贷：资金结存——货币资金
5	将预付账款账面余额转入其他应收款		借：其他应收款 　　贷：预付账款	—
6	对于账龄超过规定年限、确认无法收回的其他应收款		【事业单位】 借：坏账准备 　　贷：其他应收款 【行政单位】 借：资产处置费用 　　贷：其他应收款	—
	已核销的其他应收款在以后期间又收回		【事业单位】 借：其他应收款 　　贷：坏账准备 借：银行存款等 　　贷：其他应付款 【行政单位】 借：银行存款等 　　贷：其他收入	【事业单位】 借：资金结存——货币资金 　　贷：非财政拨款结余 【行政单位】 借：资金结存——货币资金 　　贷：其他预算收入

【例2-19】 某事业单位2×19年5月17日财政授权支付偿还公务卡欠款5 000元。5月20日该公务卡持卡人报销购买部分办公耗材5 000元。

① 5月17日,财务会计分录如下：

借：其他应收款——公务卡欠款　　　　　　　　　　　　　　　　　　　　5 000
　　贷：零余额账户用款额度——基本支出用款额度　　　　　　　　　　　　　5 000

② 5月20日，财务会计分录如下：

借：业务活动费用——商品和服务费用　　　　　　　　　　　　　　　　5 000
　　贷：其他应收款——公务卡欠款　　　　　　　　　　　　　　　　　　　5 000

同时，编制预算会计分录：

借：事业支出——基本支出——商品和服务支出——办公费　　　　　　5 000
　　贷：资金结存——零余额账户用款额度　　　　　　　　　　　　　　　　5 000

4. 其他应收款期末余额

本科目期末借方余额，反映单位尚未收回的其他应收款。

2.3.7 坏账准备

（1）核算内容。本科目核算事业单位对收回后不需上缴财政的应收账款和其他应收款提取的坏账准备。

【注意：行政单位不涉及"坏账准备"科目。】

（2）明细科目设置。本科目应当分别应收账款和其他应收款进行明细核算。

（3）主要账务处理。① 提取坏账准备时，借记"其他费用"科目，贷记本科目；冲减坏账准备时，借记本科目，贷记"其他费用"科目。② 对于账龄超过规定年限并确认无法收回的应收账款、其他应收款，应当按照有关规定批准后，按照无法收回的金额，借记本科目，贷记"应收账款""其他应收款"科目。

已核销的应收账款、其他应收款在以后期间又收回的，按照实际收回金额，借记"应收账款""其他应收款"科目，贷记本科目；同时，借记"银行存款"等科目，贷记"应收账款""其他应收款"科目。

坏账准备的主要账务处理如表2-13所示。

表2-13　　　　　　　　　**坏账准备的主要账务处理【事业单位】**

序号	业务内容		账务处理	
			财务会计	预算会计
1	年末全面分析不需上缴财政的应收账款和其他应收款	计提坏账准备，确认坏账损失	借：其他费用 　　贷：坏账准备	—
		冲减坏账准备	借：坏账准备 　　贷：其他费用	—
2	逾期无法收回的应收账款和其他应收款	批准后予以核销	借：坏账准备 　　贷：应收账款/其他应收款	—
		已核算不需上缴财政的应收款项在以后期间收回	借：应收账款/其他应收款 　　贷：坏账准备 借：银行存款等 　　贷：应收账款/其他应付款	借：资金结存——货币资金 　　贷：非财政拨款结余

【例2-20】　2×19年12月31日，某事业单位全面分析不需上缴财政的应收账款和其他应收款，计提坏账准备5 300元。

12月31日，财务会计分录如下：
借：其他费用　　　　　　　　　　　　　　　　　　　　　　　　　　　　5 300
　　贷：坏账准备　　　　　　　　　　　　　　　　　　　　　　　　　　　5 300

（4）事业单位应当于每年年末，对收回后不需上缴财政的应收账款和其他应收款进行全面检查，分析其可收回性，对预计可能产生的坏账损失计提坏账准备、确认坏账损失。

（5）事业单位可以采用应收款项余额百分比法、账龄分析法、个别认定法等方法计提坏账准备。坏账准备计提方法一经确定，不得随意变更。如需变更，应当按照规定报经批准，并在财务报表附注中予以说明。

（6）坏账准备期末余额。本科目期末借方余额，反映单位尚未收回的其他应收款。

2.4　存货的核算

2.4.1　存货概述

1. 存货的定义及分类

存货是指政府会计主体在开展业务活动及其他活动中为耗用或出售而储存的资产，如材料、产品、包装物和低值易耗品等，以及未达到固定资产标准的用具、装具、动植物等。

延伸阅读2-1

存货与政府储备物资的区别

从物质形态看，政府会计主体占有、使用的存货与其控制的政府储备物资具有一定相似性，但政府储备物资是政府会计主体为满足实施国家安全与发展战略、进行抗灾救灾、应对公共突发事件等特定公共需求而控制的物资，其规模和种类反映政府应对各类突发事件、维护社会经济稳定、维护国家安全和部署发展战略等的能力，其功能作用与政府会计主体在开展日常性活动中为耗用或出售而储存的存货具有本质区别。此外，政府收储土地也不属于存货。

2. 存货的确认

同时满足下列条件的，才能予以确认：

（1）与该存货相关的服务潜力很可能实现或者经济利益很可能流入政府会计主体。

（2）该存货的成本或者价值能够可靠地计量。

3. 存货的初始计量

存货通常在取得时应当按照成本进行初始计量。

1）购入存货

存货的采购成本包括购买价款、相关税费、运输费、装卸费、保险费以及使存货达到目前场所和状态所发生的归属于存货成本的其他支出。

2）自行加工的存货

其成本包括耗用的直接材料费用、发生的直接人工费用和按照一定方法分配的与存货加工有关的间接费用。

3）委托加工存货

其成本包括委托加工前存货成本、委托加工的成本（如委托加工费以及按规定应计入委托加工存货成本的相关税费等)以及使存货达到目前场所和状态所发生的归属于存货成本的其他支出。

4) 下列各项应当在发生时确认为当期费用、不计入存货成本
(1) 非正常消耗的直接材料、直接人工和间接费用。
(2) 仓储费用(不包括在加工过程中为达到下一个加工阶段所必需的费用)。
(3) 不能归属于使存货达到目前场所和状态所发和的其他支出。

5) 置换获得的存货
其成本按照换出资产的评估价值,加上支付的补价或减去收到的补价,加上为换入存货发生的其他相关支出确定。

6) 接受捐赠获得的存货
其成本有四种确认方式:
(1) 按照有关凭据注明的金额加上相关税费,运输费等确定。
(2) 没有相关凭据可供取得,但按规定经过资产评估的,其成本按照评估价值加上相关税费、运输费等确定。
(3) 没有相关凭据可供取得、也未经资产评估的,其成本比照同类或类似资产的市场价格加上相关税费、运输费等确定。
(4) 没有相关凭据且未经资产评估、同类或类似资产的市场价格也无法可靠取得的,按照名义金额入账,相关税费、运输费等计入当期费用。

7) 无偿调入的存货
其成本按照调出方账面价值加上相关税费、运输费等确定。

8) 盘盈的存货
其成本有四种确认方式:
(1) 按照有关凭据注明的金额确定。
(2) 按规定经过资产评估的,其成本按照评估价值确定。
(3) 未经资产评估的,其成本按照重置成本确定。
(4) 上述方法均无法采用时,可以按照名义金额确定。

4. 存货的后续计量

1) 发出存货的计量方法
政府会计主体应当根据实际情况采用先进先出法、加权平均法或者个别计价法确定发出存货的实际成本。计价方法一经确定,不得随意变更。
(1) 先进先出法是以先购入的存货应先发出(销售或耗用)这样一种存货实物流转假设为前提,对发出存货进行计价。采用这种方法,先购入的存货成本在后购入存货成本之前转出,据此确定发出存货和期末存货的成本。
(2) 加权平均法分为移动加权平均法和月末一次加权平均法。移动加权平均法,是指以每次进货的成本加上原有库存存货的成本,除以每次进货数量与原有库存存货的数量之和,据以计算加权平均单位成本,作为在下次进货前计算各次发出存货成本的依据。月末一次加权平均法是指以当月全部进货数量加上月初存货数量作为权数,去除当月全部进货成本加上月月初存货成本,计算出存货的加权平均单位成本,以此为基础计算当月发出存货成本和期末存货成本的一种方法。

(3) 个别计价法亦称个别认定法、具体辨认法、分批实际法,其特征是注重所发出存货具体项目的实物流转与成本流转之间的联系,逐一辨认各批发出存货和期末存货所属的购进批别或生产批别,分别按其购入或生产时所确定的单位成本计算各批发出存货和期末存货的成本,即把每一种存货的实际成本作为计算发出存货成本和期末存货成本的基础。对于不能替代使用的存货、为特定项目专门购入或制造的存货以及提供的劳务,通常采用个别计价法确定发出存货的成本。在实际工作中,越来越多的单位采用计算机信息系统进行会计处理,个别计价法可以广泛应用于发出存货的计价,并且个别计价法确定的存货成本最为准确。

对于性质和用途相似的存货,应当采用相同的成本计价方法确定发出存货的成本。对于不能替代使用的存货、为特定项目专门购入或加工的存货,通常采用个别计价法确定发出存货的成本。

> **特别提示 2-1**
>
> **政府会计主体对低值易耗品、包装物的成本计价方法**
>
> 政府会计主体应当采用一次转销法或者五五摊销法对低值易耗品、包装物进行摊销,将其成本计入当期费用或者相关资产成本。
>
> 一次转销法是指在领用低值易耗品、周转材料、出租出借包装物等时,将其实际成本一次计入有关费用科目的一种方法。
>
> 五五摊销法是指在低值易耗品领用时摊销其价值的一半,在报废时再摊销其价值的另一半并注销其总成本的一种摊销方法。

2) 存货的领用、发出

对于已发出的存货,应当将其成本结转为当期费用或者计入相关资产成本。

3) 对外捐赠、无偿调出的存货

按规定报经批准对外捐赠、无偿调出的存货,应当将其账面余额予以转销,对外捐赠、无偿调出中发生的归属于捐出方、调出方的相关费用应当计入当期费用。

4) 毁损的存货

毁损的存货,应当将存货账面余额转销计入当期费用,并将毁损存货处置收入扣除相关处置税费后的差额按规定作应缴款项处理(差额为净收益时)或计入当期费用(差额为净损失时)。

5) 盘亏的存货

按规定报经批准后应当计入当期费用。

> **相关思考 2-2**
>
> **政府会计主体应当在附注中披露与存货有关的哪些信息?**
>
> 政府会计主体应当在附注中披露与存货有关的下列信息:
> (1) 各类存货的期初和期末账面余额。
> (2) 确定发出存货成本所采用的方法。
> (3) 以名义金额计量的存货名称、数量,以及以名义金额计量的理由。
> (4) 其他有关存货变动的重要信息。

2.4.2 在途物品

1. 核算内容

本科目核算政府单位采购材料等物资时,货款已付或已开出商业汇票但尚未验收入库的在途物品的采购成本。

2. 明细科目设置

本科目可按照供应单位和物品种类进行明细核算。

3. 主要账务处理

(1) 单位购入材料等物品,按照确定的物品采购成本的金额,借记本科目,按照实际支付的金额,贷记"财政拨款收入""零余额账户用款额度""银行存款"等科目。涉及增值税业务的,相关账务处理参见"应交增值税"科目。

(2) 所购材料等物品到达验收入库,按照确定的库存物品成本金额,借记"库存物品"科目,按照物品采购成本金额,贷记本科目,按照使得入库物品达到目前场所和状态所发生的其他支出,贷记"银行存款"等科目。

在途物品的主要账务处理如表 2-14 所示。

表 2-14　　　　　　　　　在途物品的主要账务处理

序号	业务内容	账务处理	
		财务会计	预算会计
1	购入材料等物资,结算凭证收到货未到,款已付或已开出商业汇票等	借:在途物品 　贷:财政拨款收入/零余额户用款额度/银行存款/应付票据等 【注意:行政单位不涉及"应付票据"】	【事业单位】 借:事业支出/经营支出等 　贷:财政拨款预算收入/资金结存 【行政单位】 借:行政支出等 　贷:财政拨款预算收入/资金结存
2	所购材料等物资到达验收入库	借:库存物品 　贷:在途物品	—

【例 2-21】 某事业单位已经纳入财政国库集中支付制度改革,2×19 年 5 月 20 日购入 A 材料,价款 60 000 元,使用丙科研项目经费,材料尚未送达。5 月 22 日,材料到达并验收入库。

① 5 月 20 日,财务会计分录如下:

借:在途物品——A 材料　　　　　　　　　　　　　　　　　　　　　　　　　60 000
　贷:零余额账户用款额度——项目支出用款额度——丙项目　　　　　　　　　　60 000

同时,编制预算会计分录:

借:事业支出——项目支出——商品和服务支出——专用材料费　　　　　　　　60 000
　贷:资金结存——零余额账户用款额度　　　　　　　　　　　　　　　　　　60 000

② 5 月 22 日,财务会计分录如下:

借:库存物品——A 材料　　　　　　　　　　　　　　　　　　　　　　　　　60 000
　贷:在途物品——A 材料　　　　　　　　　　　　　　　　　　　　　　　　60 000

4. 在途物品期末余额

本科目期末借方余额,反映单位在途物品的采购成本。

2.4.3 加工物品

1. 核算内容

本科目核算单位自制或委托外单位加工的各种物品的实际成本。未完成的测绘、地质勘察、设计成果的实际成本,也通过本科目核算。

2. 明细科目设置

本科目应当设置"自制物品""委托加工物品"两个一级明细科目,并按照物品类别、品种、项目等设置明细账,进行明细核算。

本科目"自制物品"一级明细科目下应当设置"直接材料""直接人工""其他直接费用"等二级明细科目归集自制物品发生的直接材料、直接人工(专门从事物品制造人员的人工费)等直接费用;对于自制物品发生的间接费用,应当在本科目"自制物品"一级明细科目下单独设置"间接费用"二级明细科目予以归集,期末,再按照一定的分配标准和方法,分配计入有关物品的成本。

3. 主要账务处理

1)自制物品

(1)为自制物品领用材料等,按照材料成本,借记本科目(自制物品——直接材料),贷记"库存物品"科目。

(2)专门从事物品制造的人员发生的直接人工费用,按照实际发生的金额,借记本科目(自制物品——直接人工),贷记"应付职工薪酬"科目。

(3)为自制物品发生的其他直接费用,按照实际发生的金额,借记本科目(自制物品——其他直接费用),贷记"零余额账户用款额度""银行存款"等科目。

(4)为自制物品发生的间接费用,按照实际发生的金额,借记本科目(自制物品——间接费用),贷记"零余额账户用款额度""银行存款""应付职工薪酬""固定资产累计折旧""无形资产累计摊销"等科目。

间接费用一般按照生产人员工资、生产人员工时、机器工时、耗用材料的数量或成本、直接费用(直接材料和直接人工)或产品产量等进行分配。单位可根据具体情况自行选择间接费用的分配方法。分配方法一经确定,不得随意变更。

(5)已经制造完成并验收入库的物品,按照所发生的实际成本(包括耗用的直接材料费用、直接人工费用、其他直接费用和分配的间接费用),借记"库存物品"科目,贷记本科目(自制物品)。

自制物品的主要账务处理如表 2-15 所示。

表 2-15　　　　　　　　　**自制物品的主要账务处理**

序号	业务内容	账务处理	
		财务会计	预算会计
1	为自制物品领用材料	借:加工物品——自制物品——直接材料 　贷:库存物品　[相关明细科目]	—

(续表)

序号	业务内容	账务处理	
		财务会计	预算会计
2	专门从事物资制造的人员发生的直接人工费用	借：加工物品——自制物品——直接人工 贷：应付职工薪酬［相关明细科目］	—
3	为自制物品发生其他直接和间接费用	借：加工物品——自制物品［其他直接、间接费用］ 贷：财政拨款收入/零余额账户用款额度/银行存款等	【事业单位】 借：事业支出/经营支出等 贷：财政拨款预算收入/资金结存 【行政单位】 借：行政支出等 贷：财政拨款预算收入/资金结存
4	自制加工物品完工、验收入库	借：库存物品 ［相关明细科目］ 贷：加工物品——自制物品［相关明细科目］	—

【例2-22】 某事业单位自制B产品,5月31日,经计算统计,共领用乙材料20 000元,直接从事生产人员工资32 000元,银行存款支付其他直接费用3 000元,分摊固定资产折旧1 500元。6月1日,制作完成验收入库。

① 5月31日,财务会计分录如下：

借：加工物品——自制物品B——直接材料　　　　　　　　　　　　　20 000
　　加工物品——自制物品B——直接人工　　　　　　　　　　　　　32 000
　　加工物品——自制物品B——直接费用　　　　　　　　　　　　　3 000
　　加工物品——自制物品B——间接费用　　　　　　　　　　　　　1 500
　贷：库存物品——乙材料　　　　　　　　　　　　　　　　　　　20 000
　　　应付职工薪酬　　　　　　　　　　　　　　　　　　　　　　32 000
　　　银行存款——基本账户存款　　　　　　　　　　　　　　　　3 000
　　　固定资产累计折旧　　　　　　　　　　　　　　　　　　　　1 500

同时,编制预算会计分录:【仅银行存款支付其他直接费用3 000元需编制预算会计】

借：事业支出——基本支出——商品和服务支出　　　　　　　　　　3 000
　贷：资金结存——货币资金——银行存款　　　　　　　　　　　　3 000

② 6月1日,财务会计分录如下：

借：库存物品——产成品B　　　　　　　　　　　　　　　　　　　56 500
　贷：加工物品——自制物品B——直接材料　　　　　　　　　　　20 000
　　　加工物品——自制物品B——直接人工　　　　　　　　　　　32 000
　　　加工物品——自制物品B——直接费用　　　　　　　　　　　3 000
　　　加工物品——自制物品B——间接费用　　　　　　　　　　　1 500

2）委托加工物品

(1) 发给外单位加工的材料等,按照其实际成本,借记本科目(委托加工物品),贷记"库存物品"科目。

(2) 支付加工费、运输费等费用,按照实际支付的金额,借记本科目(委托加工物品),贷记"零余额账户用款额度""银行存款"等科目。涉及增值税业务的,相关账务处理参见"应交增值税"科目。

(3) 委托加工完成的材料等验收入库,按照加工前发出材料的成本和加工、运输成本等,借记"库存物品"等科目,贷记本科目(委托加工物品)。

加工物品的主要账务处理如表 2-16 所示。

表 2-16 委托加工物品的主要账务处理

序号	业务内容	账务处理	
		财务会计	预算会计
1	发给外单位加工材料	借:加工物品——委托加工物品 贷:库存物品 [相关明细科目]	—
2	支付加工费用	借:加工物品——委托加工物品 贷:财政拨款收入/零余额账户用 款额度/银行存款等	【事业单位】 借:事业支出/经营支出等 贷:财政拨款预算收入/资金结存 【行政单位】 借:行政支出等 贷:财政拨款预算收入/资金结存
3	委托加工完成的物品验收入库	借:库存物品 贷:加工物品——委托加工物品	—

【例 2-23】 某行政单位委托外单位加工 C 产品,3 月 11 日,发出材料丙材料 30 000 元,并通过财政授权支付加工劳务费 17 000 元。3 月 15 日,加工完成验收入库。

① 3 月 11 日,财务会计分录如下:

借:加工物品——委托加工物品——C   47 000
  贷:库存物品——丙材料   30 000
    零余额账户用款额度——基本支出用款额度   17 000

同时,编制预算会计分录:【财政授权支付加工劳务费 17 000 元需编制预算会计】

借:行政支出——基本支出——商品和服务支出——劳务费   17 000
  贷:资金结存——零余额账户用款额度   17 000

② 3 月 15 日,财务会计分录如下:

借:库存物品——产成品——C   47 000
  贷:加工物品——委托加工物品——C   47 000

4. 加工物品期末余额

本科目期末借方余额,反映单位自制或委托外单位加工但尚未完工的各种物品的实际成本。

2.4.4 库存物品

1. 核算内容

本科目核算单位在开展业务活动及其他活动中为耗用或出售而储存的各种材料、产品、包装物、低值易耗品,以及达不到固定资产标准的用具、装具、动植物等的成本。已完成的测绘、地质勘察、设计成果等的成本,也通过本科目核算。

特别提示 2-2

以下事项不通过"库存物品"科目核算

① 单位随买随用的零星办公用品,可以在购进时直接列作费用,不通过本科目核算。

② 单位控制的政府储备物资,应当通过"政府储备物资"科目核算,不通过本科目核算。

③ 单位受托存储保管的物资和受托转赠的物资,应通过"受托代理资产"科目核算,不通过本科目核算。

④ 单位为在建工程购买和使用的材料物资,应当通过"工程物资"科目核算,不通过本科目核算。

2. 明细科目设置

本科目应当按照库存物品的种类、规格、保管地点等进行明细核算。

单位储存的低值易耗品、包装物较多的,可以在本科目(低值易耗品、包装物)下按照"在库""在用"和"摊销"等进行明细核算。

3. 主要账务处理

1) 取得的库存物品,应当按照其取得时的成本入账

(1) 外购的库存物品验收入库,按照确定的成本,借记本科目,贷记"财政拨款收入""零余额账户用款额度""银行存款""应付账款""在途物品"等科目。涉及增值税业务的,相关账务处理参见"应交增值税"科目。

(2) 自制的库存物品加工完成并验收入库,按照确定的成本,借记本科目,贷记"加工物品——自制物品"科目。

(3) 委托外单位加工收回的库存物品验收入库,按照确定的成本,借记本科目,贷记"加工物品——委托加工物品"等科目。

(4) 接受捐赠的库存物品验收入库,按照确定的成本,借记本科目,按照发生的相关税费、运输费等,贷记"银行存款"等科目,按照其差额,贷记"捐赠收入"科目。

间接费用一般按照生产人员工资、生产人员工时、机器工时、耗用材料的数量或成本、直接费用(直接材料和直接人工)或产品产量等进行分配。单位可根据具体情况自行选择间接费用的分配方法。分配方法一经确定,不得随意变更。

接受捐赠的库存物品按照名义金额入账的,按照名义金额,借记本科目,贷记"捐赠收入"科目;同时,按照发生的相关税费、运输费等,借记"其他费用"科目,贷记"银行存款"等科目。

(5) 无偿调入的库存物品验收入库,按照确定的成本,借记本科目,按照发生的相关税费、运输费等,贷记"银行存款"等科目,按照其差额,贷记"无偿调拨净资产"科目。

(6) 置换换入的库存物品验收入库,按照确定的成本,借记本科目,按照换出资产的账面余额,贷记相关资产科目(换出资产为固定资产、无形资产的,还应当借记"固定资产累计折旧""无形资产累计摊销"科目),按照置换过程中发生的其他相关支出,贷记"银行存款"等科目,按照借贷方差额,借记"资产处置费用"科目或贷记"其他收入"科目。涉及补价的,分别以下情况处理:

A. 支付补价的,按照确定的成本,借记本科目,按照换出资产的账面余额,贷记相关资产科目(换出资产为固定资产、无形资产的,还应当借记"固定资产累计折旧""无形资产累计摊销"科目),按照支付的补价和置换过程中发生的其他相关支出,贷记"银行存款"等科目,按照借贷方差额,借记"资产处置费用"科目或贷记"其他收入"科目。

B. 收到补价的,按照确定的成本,借记本科目,按照收到的补价,借记"银行存款"等科目,按照换出资产的账面余额,贷记相关资产科目(换出资产为固定资产、无形资产的,还应当借记"固定资产累计折旧""无形资产累计摊销"科目),按照置换过程中发生的其他相关支

出,贷记"银行存款"等科目,按照补价扣减其他相关支出后的净收入,贷记"应缴财政款"科目,按照借贷方差额,借记"资产处置费用"科目或贷记"其他收入"科目。

2) 库存物品在发出时,分别以下情况处理

(1) 单位开展业务活动等领用、按照规定自主出售发出或加工发出库存物品,按照领用、出售等发出物品的实际成本,借记"业务活动费用""单位管理费用""经营费用""加工物品"等科目,贷记本科目。

采用一次转销法摊销低值易耗品、包装物的,在首次领用时将其账面余额一次性摊销计入有关成本费用,借记有关科目,贷记本科目。采用五五摊销法摊销低值易耗品、包装物的,首次领用时,将其账面余额的50%摊销计入有关成本费用,借记有关科目,贷记本科目;使用完时,将剩余的账面余额转销计入有关成本费用,借记有关科目,贷记本科目。

(2) 经批准对外出售的库存物品(不含可自主出售的库存物品)发出时,按照库存物品的账面余额,借记"资产处置费用"科目,贷记本科目;同时,按照收到的价款,借记"银行存款"等科目,按照处置过程中发生的相关费用,贷记"银行存款"等科目,按照其差额,贷记"应缴财政款"科目。

(3) 经批准对外捐赠的库存物品发出时,按照库存物品的账面余额和对外捐赠过程中发生的归属于捐出方的相关费用合计数,借记"资产处置费用"科目,按照库存物品账面余额,贷记本科目,按照对外捐赠过程中发生的归属于捐出方的相关费用,贷记"银行存款"等科目。

(4) 经批准无偿调出的库存物品发出时,按照库存物品的账面余额,借记"无偿调拨净资产"科目,贷记本科目;同时,按照无偿调出过程中发生的归属于调出方的相关费用,借记"资产处置费用"科目,贷记"银行存款"等科目。

(5) 经批准置换换出的库存物品,参照本科目有关置换换入库存物品的规定进行账务处理。

3) 期末库存物品的主要账务处理

单位应当定期对库存物品进行清查盘点,每年至少盘点一次。对于发生的库存物品盘盈、盘亏或者报废、毁损,应当先记入"待处理财产损溢"科目,按照规定报经批准后及时进行后续账务处理。

(1) 盘盈的库存物品,其成本按照有关凭证注明的金额确定;没有相关凭证、但按照规定经过资产评估的,其成本按照评估价值确定;没有相关凭证、也未经过评估的,其成本按照重置成本确定。如无法采用上述方法确定盘盈的库存物品成本的,按照名义金额入账。

盘盈的库存物品,按照确定的入账成本,借记本科目,贷记"待处理财产损溢"科目。

(2) 盘亏或者毁损、报废的库存物品,按照待处理库存物品的账面余额,借记"待处理财产损溢"科目,贷记本科目。

属于增值税一般纳税人的单位,若因非正常原因导致的库存物品盘亏或毁损,还应当将与该库存物品相关的增值税进项税额转出,按照其增值税进项税额,借记"待处理财产损溢"科目,贷记"应交增值税——应交税金(进项税额转出)"科目。

库存物品的主要账务处理如表2-17所示。

表 2-17　　库存物品的主要账务处理

序号	业务内容		账务处理	
			财务会计	预算会计
1	外购的库存物品验收入库		借：库存物品 　　贷：财政拨款收入/财政应返还额度/零余额账户用款额度/银行存款/应付账款等	【事业单位】 借：事业支出/经营支出等 　　贷：财政拨款预算收入/资金结存 【行政单位】 借：行政支出等 　　贷：财政拨款预算收入/资金结存
2	自制的库存物品加工完成并验收入库		借：库存物品——相关明细科目 　　贷：加工物品——自制物品	—
3	委托外单位加工收回的库存物品验收入库		借：库存物品——相关明细科目 　　贷：加工物品——委托加工物品	—
4	接受捐赠的库存物品	按照确定的成本入账	借：库存物品　　［按照确定的成本］ 　　贷：银行存款等［相关税费］ 　　　　捐赠收入	借：其他支出　［相关税费］ 　　贷：资金结存
		按照名义金额入账	借：库存物品　　　［名义金额］ 　　贷：捐赠收入	—
5	无偿调入的库存物品验收入库		借：库存物品　　［按照确定的成本］ 　　贷：银行存款　［相关税费］ 　　　　无偿调拨净资产	借：其他支出　［相关税费］ 　　贷：资金结存
6	置换换入的库存物品	按照确定的成本	借：库存物品［换出资产评估价值＋其他相关支出］ 　　固定资产累计折旧/无形资产累计摊销 　　资产处置费用　［借差］ 　　贷：库存物品/固定资产/无形资产等［账面余额］ 　　　　银行存款等［其他相关支出］ 　　　　其他收入　［贷差］	借：其他支出［其他相关支出］ 　　贷：资金结存
		支付补价的	借：库存物品［换出资产评估价值＋其他相关支出＋补价］ 　　固定资产累计折旧/无形资产累计摊销 　　资产处置费用　［借差］ 　　贷：库存物品/固定资产/无形资产等［账面余额］ 　　　　银行存款等［其他相关支出＋补价］ 　　　　其他收入　［贷差］	借：其他支出［其他相关支出＋补价］ 　　贷：资金结存
		收到补价的	借：库存物品［换出资产评估价值＋其他相关支出－补价］ 　　银行存款等　　［补价］ 　　固定资产累计折旧/无形资产累计摊销 　　资产处置费用　［借差］ 　　贷：库存物品/固定资产/无形资产等［账面余额］ 　　　　银行存款等［其他相关支出］ 　　　　应缴财政款［补价－其他相关支出］ 　　　　其他收入　［贷差］	借：其他支出［其他相关支出大于收到的补价的差额］ 　　贷：资金结存

(续表)

序号	业务内容	账务处理	
		财务会计	预算会计
7	开展业务活动、按照规定自主出售或加工物品等领用、发出库存物品时	借：业务活动费用/单位管理费用/经营费用/加工物品等 贷：库存物品［领用、发出成本］ 【注：行政单位无"单位管理费用"】	—
8	经批准对外出售（自主出售除外）的库存物品发出时	借：资产处置费用 贷：库存物品 借：银行存款等［收到的价款］ 贷：银行存款［发生的相关税费］ 应缴财政款	—
9	经批准对外捐赠的库存物品发出时	借：资产处置费用 贷：库存物品［账面余额］ 银行存款［归属于捐出方的费用］	借：其他支出［实际支付的费用］ 贷：资金结存
10	经批准无偿调出的库存物品发出时	借：无偿调拨净资产 贷：库存物品［账面余额］ 借：资产处置费用 贷：银行存款等［归属调出方的相关费用］	借：其他支出［实际支付的费用］ 贷：资金结存
11	经批准置换换出库存物品	参照转换入"库存物品"的处理	
12	清查盘点 盘盈	借：库存物品 贷：待处理财产损溢	—
	清查盘点 盘亏或者毁损、报废	借：待处理财产损溢 贷：库存物品［账面余额］	—
	增值税一般纳税人购进的非自用材料发生盘亏或者毁损、报废的	借：待处理财产损溢 贷：应交增值税——应交税金（进项税额转出）	—

【例2-24】 2×19年6月6日，某事业单位购入D物品，价值30 000元（不含税价），用于丁科研项目，使用财政授权支付；另发生的运费1500元（不含税价）尚未支付给东阳公司。物品已验收入库，假设本题考虑增值税因素。

① 6月6日，财务会计分录如下：

借：库存物品——材料D   31 500
　　应交增值税——应交税金——进项税额【30 000×13％+1 500×9％】   4 035
　　贷：零余额账户用款额度——项目支出用款额度——丁项目   33 900
　　　　应付账款——东阳公司   1 635

同时，编制预算会计分录：

借：事业支出——项目支出——商品和服务支出——专用材料费   33 900
　　贷：资金结存——零余额账户用款额度   33 900

【例2-25】 2×19年6月12日，某行政单位开展业务活动领用E物品6 000元，综合部门领用办公耗材价值2 000元。

6月12日，财务会计分录如下：

借：业务活动费用——商品和服务费用　　　　　　　　　　　　　　　　8 000
　　贷：库存物品——E　　　　　　　　　　　　　　　　　　　　　　6 000
　　　　　　——低值易耗品　　　　　　　　　　　　　　　　　　　　2 000

> **相关思考 2-3**
>
> **本例如为事业单位，则会计分录有何不同？**
>
> 本例如为事业单位，则综合部门领用的办公耗材 2 000 元，报销时应记入"单位管理费用"科目，即：

借：业务活动费用——商品和服务费用　　　　　　　　　　　　　　　　6 000
　　单位管理费用——商品和服务费用　　　　　　　　　　　　　　　　2 000
　　贷：库存物品——E　　　　　　　　　　　　　　　　　　　　　　6 000
　　　　　　——低值易耗品　　　　　　　　　　　　　　　　　　　　2 000

【例 2-26】 2×19 年年底，某事业单位在盘点时发现盘盈 A 材料，评估价为 3 200 元；同时发现 D 物品盘亏，价值 1 800 元。

年底，财务会计分录如下：

借：库存物品——A　　　　　　　　　　　　　　　　　　　　　　　3 200
　　贷：待处理财产损溢——存货　　　　　　　　　　　　　　　　　3 200
借：待处理财产损溢——存货　　　　　　　　　　　　　　　　　　　1 800
　　贷：库存物品——D　　　　　　　　　　　　　　　　　　　　　1 800

4. 库存物品期末余额

本科目期末借方余额，反映单位自制或委托外单位加工但尚未完工的各种物品的实际成本。

2.5 投资的核算

2.5.1 投资的概述

1. 投资的定义及分类

投资是指政府会计主体按规定以货币资金、实物资产、无形资产等方式形成的债权或股权投资。投资分为短期投资和长期投资。短期投资是指政府会计主体取得的持有时间不超过 1 年（含 1 年）的投资。长期投资是指政府会计主体取得的除短期投资以外的债权和股权性质的投资。政府会计主体外币投资的折算，适用其他相关政府会计准则。

《事业单位财务规则》规定，事业单位在保证单位正常运转和事业发展的前提下，按照国家有关规定可以对外投资的，应当履行相关审批程序。对外投资是事业单位业务活动的辅助活动，因此必须在保证单位正常运转和事业发展的前提下，按照国家有关规定开展对外投资活动。同时规定，事业单位不得使用财政拨款及其结余进行对外投资，不得从事股票、期货、基金、企业债券等投资，国家另有规定的除外。

2. 短期投资的确认、计量与披露

1）短期投资的确认

短期投资是指政府会计主体取得的持有时间不超过 1 年（含 1 年）的投资，主要是指国债投资。

2）短期投资的计量

（1）初始计量。短期投资在取得时，应当按照实际成本（包括购买价款和相关税费，下同）作为初始投资成本。实际支付价款中包含的已到付息期但尚未领取的利息，应当于收到时冲减短期投资成本。

（2）后续计量。短期投资持有期间的利息，应当于实际收到时确认为投资收益。期末，短期投资应当按照账面余额计量。政府会计主体按规定出售或到期收回短期投资，应当将收到的价款扣除短期投资账面余额和相关税费后的差额计入投资损益。

3）短期投资的披露

短期投资的增减变动及期初、期末账面余额。

3. 长期股权投资的确认、计量与披露

1）长期股权投资的确认

长期股权投资，是指政府会计主体取得的除短期投资以外的债权和股权性质的投资。

2）长期股权投资的初始计量

长期股权投资在取得时，应当按照实际成本作为初始投资成本：

（1）以支付现金取得的长期股权投资，按照实际支付的全部价款（包括购买价款和相关税费）作为实际成本。

实际支付价款中包含的已宣告但尚未发放的现金股利，应当单独确认为应收股利，不计入长期股权投资的初始成本。

（2）以现金以外的其他资产置换取得的长期股权投资，其成本按照换出资产的评估价值加上支付的补价，加上换入长期股权投资发生的其他相关支出确定。

（3）接受捐赠的长期股权投资，其成本有三种计量方式：① 按照有关凭据注明的金额加上相关税费确定；② 没有相关凭据可供取得，但按规定经过资产评估的，其成本按照评估值加上相关税费确定；③ 没有相关凭据可供取得，也未经资产评估的，其成本比照同类或类似资产的市场价格加上相关税费确定。

（4）无偿调入的长期股权投资，其成本按照调出方账面价值加上相关税费确定。

3）长期股权投资的后续计量

在持有期间，通常应当采用权益法进行核算。政府会计主体无权决定被投资单位的财务和经营政策或无权参与被投资单位的财务和经营政策决策的，应当采用成本法进行核算。

成本法是指投资按照投资成本计量的方法。

权益法是指投资最初以投资成本计量，以后根据政府会计主体在被投资单位所享有的所有者权益份额的变动对投资的账面余额进行调整的方法。

（1）在成本法下，长期股权投资的账面余额通常保持不变，但追加或收回投资时，应当相应调整其账面余额。长期股权投资持有期间，被投资单位宣告分派的现金股利或利润，政府会计主体应当按照宣告分派的现金股利或利润中属于政府会计主体应享有的份额确认为投资收益。

（2）在权益法下，政府会计主体取得长期股权投资后，对于被投资单位所有者权益的变动，应当按照下列规定进行处理：

① 按照应享有或应分担的被投资单位实现的净损益的份额，确认为投资损益，同时调整

长期股权投资的账面余额;② 按照被投资单位宣告分派的现金股利或利润计算应享有的份额,确认为应收股利,同时减少长期股权投资的账面余额;③ 按照被投资单位除净损益和利润分配以外的所有者权益变动的份额确认为净资产,同时调整长期股权投资的账面余额;④ 政府会计主体确认被投资单位发生的净亏损,应当以长期股权投资的账面余额减记至零为限,政府会计主体负有承担额外损失义务的除外。被投资单位发生净亏损,但以后年度又实现净利润的,政府会计主体应当在其收益分享额弥补未确认的亏损分担额等后,恢复确认投资收益。

(3) 权益法改为成本法。政府会计主体因处置部分长期股权投资等原因无权再决定被投资单位的财务和经营政策或者参与被投资单位的财务和经营政策决策的,应当对处置后的剩余股权投资改按成本法核算,并以该剩余股权投资在权益法下的账面余额作为按照成本法核算的初始投资成本。其后,被投资单位宣告分派现金股利或利润时,属于已计入投资账面余额的部分,作为成本法下长期股权投资成本的收回,冲减长期股权投资的账面余额。

(4) 成本法改为权益法。政府会计主体因追加投资等原因对长期股权投资的核算从成本法改为权益法的,应当自有权决定被投资单位的财务和经营政策或者参与被投资单位的财务和经营政策决策时,按成本法下长期股权投资的账面余额加上追加投资的成本作为按照权益法核算的初始投资成本。

3) 处置长期股权投资

政府会计主体按规定报经批准处置长期股权投资,应当冲减长期股权投资的账面余额,并按规定将处置价款扣除相关税费后的余额做应缴款项处理,或者按规定将处置价款扣除相关税费后的余额与长期股权投资账面余额的差额计入当期投资损益。采用权益法核算的长期股权投资,因被投资单位除净损益和利润分配以外的所有者权益变动而将应享有的份额计入净资产的,处置该项投资时,还应当将原计入净资产的相应部分转入当期投资损益。

4) 长期股权投资的披露

(1) 各类长期股权投资的增减变动及期初、期末账面余额。

(2) 长期股权投资的投资对象及核算方法。

(3) 当期发生的投资净损益,其中重大的投资净损益项目应当单独披露。

4. 长期债券投资的确认、计量与披露

1) 长期债券投资的确认

长期债券投资是指事业单位购入的在1年内(不含1年)不能变现或不准备随时变现的国债等债权性质的投资。

2) 长期债券投资的计量

(1) 长期债券投资的初始计量。长期债券投资在取得时,应当按照实际成本作为初始投资成本。实际支付价款中包含的已到付息期但尚未领取的债券利息,应当单独确认为应收利息,不计入长期债券投资初始投资成本。

(2) 长期债券投资的后续计量。持有期间,应当按期以票面金额与票面利率计算确认利息收入。对于分期付息、一次还本的长期债券投资,应当计算确定的应收未收利息确认为应收利息,计入投资收益;对于一次还本付息的长期债券投资,应当将计算确定的应收未收利息计入投资收益,并增长期债券投资的账面余额。政府会计主体按规定出售或到期收回长期债券投资,应当将实际收到的价款扣除长期债券投资账面余额和相关税费后的差额计入投资损益。

3）长期债券投资的披露

（1）各类长期债权投资的增减变动及期初末账面余额。

（2）当期发生的投资净损益，其中重大的投资净损益项目应当单独披露。

2.5.2 短期投资

1. 核算内容

本科目核算事业单位按照规定取得的，持有时间不超过1年(含1年)的投资。

【注意：行政单位不涉及"短期投资"科目。】

2. 明细科目设置

本科目应当按照投资的种类等进行明细核算。短期投资科目期末借方余额，反映事业单位持有短期投资的成本。

3. 短期投资主要账务处理

1）短期投资的初始计量

取得短期投资时，按照确定的投资成本，借记本科目，贷记"银行存款"等科目。收到取得投资时实际支付价款中包含的已到付息期但尚未领取的利息，按照实际收到的金额，借记"银行存款"科目，贷记本科目。

2）短期投资的后续计量

（1）收到短期投资持有期间的利息，按照实际收到的金额，借记"银行存款"科目，贷记"投资收益"科目。

（2）出售短期投资或到期收回短期投资本息，按照实际收到的金额，借记"银行存款"科目，按照出售或收回短期投资的账面余额，贷记本科目，按照其差额，借记或贷记"投资收益"科目。涉及增值税业务的，相关账务处理参见"应交增值税"科目。

短期投资的主要账务处理如表 2-18 所示。

表 2-18　　　　　　　　　　　　短期投资的主要账务处理

序号	业务和事项内容		账务处理	
			财务会计	预算会计
1	取得短期投资的初始计量	取得短期投资时	借：短期投资 　　贷：银行存款等	借：投资支出 　　贷：资金结存——货币资金
2		收到购买时已到付息期但尚未领取的利息时	借：银行存款 　　贷：短期投资	借：资金结存——货币资金 　　贷：投资支出
3	后续计量	持有期间收到利息	借：银行存款 　　贷：投资收益	借：资金结存——货币资金 　　贷：投资预算收益
4		出售短期投资或到期收回短期投资(国债)本息	借：银行存款[实际收到的金额] 　　　投资收益[借差] 　　贷：短期投资[账面余额] 　　　　投资收益[贷差]	借：资金结存——货币资金[实收款] 　　　投资预算收益[实收款小于投资成本的差额] 　　贷：投资支出[出售或收回当年投资的] 　　　　非财政拨款结余[出售或收回以前年度投资的] 　　　　投资预算收益[实收款大于投资成本的差额]

【例 2-27】 某事业单位 2×19 年发生如下业务：

(1) 3 月 1 日,该单位以银行存款购买 60 000 元的有价债券,准备 9 个月之内出售。
(2) 6 月 1 日,该单位收到持有该债券利息 600 元。
(3) 12 月 1 日,该单位出售该债券,收到 60 600 元,并收到持有期间的其他利息 1 200 元。

① 2×19 年 3 月 1 日,财务会计分录如下：

借：短期投资　　　　　　　　　　　　　　　　　　　60 000
　　贷：银行存款　　　　　　　　　　　　　　　　　　　　60 000

同时,编制预算会计分录：

借：投资支出　　　　　　　　　　　　　　　　　　　60 000
　　贷：资金结存——货币资金　　　　　　　　　　　　　60 000

② 2×19 年 6 月 1 日,财务会计分录如下：

借：银行存款　　　　　　　　　　　　　　　　　　　　600
　　贷：投资收益　　　　　　　　　　　　　　　　　　　　600

同时,编制预算会计分录：

借：资金结存——货币资金　　　　　　　　　　　　　　600
　　贷：投资预算收益　　　　　　　　　　　　　　　　　　600

③ 2×19 年 12 月 1 日,财务会计分录如下：

借：银行存款　　　　　　　　　　　　　　　　　　　61 800
　　贷：短期投资　　　　　　　　　　　　　　　　　　　60 000
　　　　投资收益　　　　　　　　　　　　　　　　　　　1 800

同时,编制预算会计分录：

借：资金结存——货币资金　　　　　　　　　　　　　61 800
　　贷：投资支出　　　　　　　　　　　　　　　　　　　60 000
　　　　投资预算收益　　　　　　　　　　　　　　　　　1 800

2.5.3 长期股权投资

1. 核算内容

本科目核算事业单位按照规定取得的,持有时间超过 1 年(不含 1 年)的股权性质的投资。
【注意：行政单位不涉及"长期股权投资"科目。】

2. 明细科目设置

本科目应当按照被投资单位和长期股权投资取得方式等进行明细核算。长期股权投资采用权益法核算的,还应当按照"成本""损益调整""其他权益变动"设置明细科目,进行明细核算。本科目期末借方余额,反映事业单位持有的长期股权投资的价值。

3. 长期股权投资主要账务处理

1) 长期股权投资的初始计量

长期股权投资在取得时,应当按照其实际成本作为初始投资成本。

(1) 以现金取得的长期股权投资,按照确定的投资成本,借记本科目或本科目(成本),按照支付的价款中包含的已宣告但尚未发放的现金股利,借记"应收股利"科目,按照实际支付的全部价款,贷记"银行存款"等科目。实际收到取得投资时所支付价款中包含的已宣告但尚未发放的现金股利时,借记"银行存款"科目,贷记"应收股利"科目。按照预算会计项目,借记"投资支出"科目,贷记"资金结存——货币资金"科目。

【例 2-28】 某事业单位 2×19 年 7 月 5 日,以 20 000 000 元购入乙单位 10%的股权,其中包括已宣告但尚未发放的股利 150 000 元。2×19 年 10 月 5 日该事业单位收到未发放股利 150 000 元。

① 2×19 年 7 月 5 日,财务会计分录如下:

借:长期股权投资	19 850 000
应收股利	150 000
贷:银行存款	20 000 000

同时,编制预算会计分录:

借:投资支出	20 000 000
贷:资金结存——货币资金	20 000 000

② 2×19 年 10 月 5 日,财务会计分录如下:

借:银行存款	150 000
贷:应收股利	150 000

同时,编制预算会计分录:

借:资金结存——货币资金	150 000
贷:投资支出	150 000

(2) 以现金以外的其他资产置换取得的长期股权投资,参照"库存物品"科目中置换取得库存物品的相关规定进行账务处理。

【例 2-29】 某事业单位 2×19 年 6 月 15 日将一台使用过的机器设备用于对外投资,双方协商作价 900 000 元,购入被投资单位 70%的股权。该机器原值 1 000 000 元,已计提折旧 20 000 元。同时该机器的运费 50 000 元由该事业单位承担,用银行存款支付。

财务会计分录如下:

借:长期股权投资——成本	950 000
固定资产累计折旧	200 000
贷:固定资产	1 000 000
银行存款	50 000
其他收入	100 000

同时,编制预算会计分录:

借:其他支出	50 000
贷:资金结存——货币资金	50 000

> **相关思考2-4**
>
> **若将【例2-29】双方协商作价改为750 000元,应如何账务处理?**
>
> 财务会计分录如下:
>
> 借:长期股权投资——成本　　　　　　　　　　　　　　　　800 000
> 　　固定资产累计折旧　　　　　　　　　　　　　　　　　　200 000
> 　　资产处置费用　　　　　　　　　　　　　　　　　　　　 50 000
> 　　贷:固定资产　　　　　　　　　　　　　　　　　　　　1 000 000
> 　　　　银行存款　　　　　　　　　　　　　　　　　　　　　50 000
>
> 同时,编制预算会计分录:
>
> 借:其他支出　　　　　　　　　　　　　　　　　　　　　　 50 000
> 　　贷:资金结存——货币资金　　　　　　　　　　　　　　　50 000

(3) 以未入账的无形资产取得的长期股权投资,按照评估价值加相关税费作为投资成本,借记本科目,按照发生的相关税费,贷记"银行存款""其他应交税费"等科目,按其差额,贷记"其他收入"科目。

(4) 接受捐赠的长期股权投资,按照确定的投资成本,借记本科目或本科目(成本),按照发生的相关税费,贷记"银行存款"等科目,按照其差额,贷记"捐赠收入"科目。

(5) 无偿调入的长期股权投资,按照确定的投资成本,借记本科目或本科目(成本),按照发生的相关税费,贷记"银行存款"等科目,按照其差额,贷记"无偿调拨净资产"科目。

长期股权投资初始计量的主要账务处理如表2-19所示。

表2-19　　　　　　　　　长期股权投资初始计量的主要账务处理

序号	业务和事项内容	账务处理	
		财务会计	预算会计
1	以现金取得的长期股权投资	借:长期股权投资——成本/长期股权投资 　　应收股利[实际支付价款中包含的已宣告但尚未发放的股利或利润] 　贷:银行存款等[实际支付的价款]	借:投资支出[实收款] 　贷:资金结存——货币资金
	收到取得投资时实际支付价款中所包含的已宣告但尚未发放的股利或利润时	借:银行存款 　贷:应收股利	借:资金结存——货币资金 　贷:投资支出等
2	以现金以外的其他资产置换取得长期股权投资	参照"库存物品"科目中置换取得库存物品的账务处理	
3	以未入账的无形资产取得的长期股权投资	借:长期股权投资 　贷:银行存款/其他应交税费 　　 其他收入	借:其他支出[支付的相关税费] 　贷:资金结存
4	接受捐赠的长期股权投资	借:长期股权投资——成本/长期股权投资 　贷:银行存款等[相关税费] 　　 捐赠收入	借:其他支出[支付的相关税费] 　贷:资金结存

(续表)

序号	业务和事项内容	账务处理	
		财务会计	预算会计
5	无偿调入的长期股权投资	借：长期股权投资 　贷：无偿调拨净资产 　　　银行存款等[相关税费]	借：其他支出[支付的相关税费] 　贷：资金结存

2）长期股权投资的后续计量

长期股权投资持有期间，应当按照规定采用成本法或权益法进行核算。

特别提示2-3

政府会计主体无权决定被投资单位的财务和经营政策或无权参与被投资单位的财务和经营政策决策的，应当采用成本法进行核算。

（1）采用成本法核算。被投资单位宣告发放现金股利或利润时，按照应收的金额，借记"应收股利"科目，贷记"投资收益"科目。收到现金股利或利润时，按照实际收到的金额，借记"银行存款"等科目，贷记"应收股利"科目。

【例2-30】 某事业单位2×19年1月10日，以15 000 000元购入乙单位10%的股权，该事业单位取得该部分股权后，没有权力主导甲公司的相关活动并获得可变回报。2×19年6月30日，甲公司宣告分派现金股利，该事业单位按照其持有比例确定可分回300 000元。2×19年7月30日，该事业单位收到现金股利。

① 2×19年1月10日，财务会计分录如下：

借：长期股权投资　　　　　　　　　　　　　　　　　　15 000 000
　　贷：银行存款　　　　　　　　　　　　　　　　　　　　　　15 000 000

同时，编制预算会计分录：

借：投资支出　　　　　　　　　　　　　　　　　　　　15 000 000
　　贷：资金结存——货币资金　　　　　　　　　　　　　　　　15 000 000

② 2×19年6月30日，财务会计分录如下：

借：应收股利　　　　　　　　　　　　　　　　　　　　　　300 000
　　贷：投资收益　　　　　　　　　　　　　　　　　　　　　　　300 000

③ 2×19年7月30日，财务会计分录如下：

借：银行存款　　　　　　　　　　　　　　　　　　　　　　300 000
　　贷：应收股利　　　　　　　　　　　　　　　　　　　　　　　300 000

同时，编制预算会计分录：

借：资金结存——货币资金　　　　　　　　　　　　　　　　300 000
　　贷：投资预算收益　　　　　　　　　　　　　　　　　　　　　300 000

（2）采用权益法核算

被投资单位实现净利润的，按照应享有的份额，借记本科目（损益调整），贷记"投资收益"科目。被投资单位发生净亏损的，按照应分担的份额，借记"投资收益"科目，贷记本科目（损益调整），但以本科目的账面余额减记至零为限。发生亏损的被投资单位以后年度又实现净利润的,按照收益分享额弥补未确认的亏损分担额等后的金额,借记本科目(损益调整),贷记"投资收益"科目。

被投资单位宣告分派现金股利或利润的,按照应享有的份额,借记"应收股利"科目,贷记本科目(损益调整)。

被投资单位发生除净损益和利润分配以外的所有者权益变动的,按照应享有或应分担的份额,借记或贷记"权益法调整"科目,贷记或借记本科目(其他权益变动)。

【例2-31】 某事业单位2×19年1月1日,取得A公司30%的股权,2×19年公司实现净利润5 000 000元。2×20年3月1日宣告发放现金股利,该事业单位按其持股比例计算确定可分得100 000元,2×20年6月1日,A公司支付现金股利。

① 2×19年1月1日,财务会计分录如下:

借:长期股权投资——损益调整　　　　　　　　　　　　　　　　150 000
　　贷:投资收益　　　　　　　　　　　　　　　　　　　　　　150 000

② 2×20年3月1日,财务会计分录如下:

借:应收股利　　　　　　　　　　　　　　　　　　　　　　　　100 000
　　贷:长期股权投资——损益调整　　　　　　　　　　　　　　100 000

③ 2×20年6月1日,财务会计分录如下:

借:银行存款　　　　　　　　　　　　　　　　　　　　　　　　100 000
　　贷:应收股利　　　　　　　　　　　　　　　　　　　　　　100 000

同时,编制预算会计分录:

借:资金结存——货币资金　　　　　　　　　　　　　　　　　　100 000
　　贷:投资预算收益　　　　　　　　　　　　　　　　　　　　100 000

(3)成本法与权益法的转换

单位因处置部分长期股权投资等原因而对处置后的剩余股权投资由权益法改按成本法核算的,应当按照权益法下本科目账面余额作为成本法下本科目账面余额(成本)。其后,被投资单位宣告分派现金股利或利润时,属于单位已计入投资账面余额的部分,按照应分得的现金股利或利润份额,借记"应收股利"科目,贷记本科目。

单位因追加投资等原因对长期股权投资的核算从成本法改为权益法的,应当按照成本法下本科目账面余额与追加投资成本的合计金额,借记本科目(成本),按照成本法下本科目账面余额,贷记本科目,按照追加投资的成本,贷记"银行存款"等科目。

长期股权投资后续计量的主要账务处理如表2-20所示。

表2-20　　　　　　　　　长期股权投资后续计量的主要账务处理

序号	业务和事项内容		账务处理	
			财务会计	预算会计
1	成本法下	被投资单位宣告发放现金股利或利润时	借:应收股利 　　贷:投资收益	—
		收到被投资单位发放的现金股利时	借:银行存款 　　贷:应收股利	借:资金结存——货币资金 　　贷:投资预算收益

(续表)

序号	业务和事项内容	账务处理	
		财务会计	预算会计
2	权益法下		
	被投资单位实现净利润的,按照其份额	借:长期股权投资——损益调整 贷:投资收益	—
	被投资单位发生净亏损的,按照其份额	借:投资收益 贷:长期股权投资——损益调整	—
	被投资单位发生净亏损,但以后年度又实现净利润的,按规定恢复确认投资收益的	借:长期股权投资——损益调整 贷:投资收益	—
	被投资单位宣告发放现金股利或利润的,按照其份额	借:应收股利 贷:长期股权投资——损益调整	—
	被投资单位除净损益和利润分配以外的所有者权益变动时,按照其份额	借:长期股权投资——其他权益变动 贷:权益法调整 或: 借:权益法调整 贷:长期股权投资——其他权益变动	—
	权益法下收到被投资单位发放的现金股利	借:银行存款 贷:应收股利	借:资金结存——货币资金 贷:投资预算收益
3	追加投资成本法改为权益法	借:长期股权投资——成本 贷:长期股权投资[成本法下账面余额] 银行存款等[追加投资]	借:投资支出[实际支付的金额] 贷:资金结存——货币资金
4	权益法改为成本法	借:长期股权投资 贷:长期股权投资——成本 长期股权投资——损益调整 长期股权投资——其他权益变动	—

【例 2-32】 某事业单位 2×18 年 1 月 1 日,取得甲公司 10% 的股权,成本为 3 000 000 元,因对被投资单位不具有重大影响且无法可靠确定该项投资的公允价值,该事业单位对其采用成本法核算。该事业单位按照净利润的 10% 提取盈余公积。2×19 年 1 月 1 日,该事业单位又以 6 000 000 元取得甲公司 12% 的股权,当日该事业单位对甲公司的长期股权投资账面价值为 4 000 000 元。

2×19 年 1 月 1 日,财务会计分录如下:

借:长期股权投资——甲公司——成本　　　　　　　　　　　　　　10 000 000
　　贷:长期股权投资　　　　　　　　　　　　　　　　　　　　　　4 000 000
　　　　银行存款　　　　　　　　　　　　　　　　　　　　　　　　6 000 000

同时,编制预算会计分录:

借:投资支出　　　　　　　　　　　　　　　　　　　　　　　　　　6 000 000
　　贷:资金结存——货币资金　　　　　　　　　　　　　　　　　　6 000 000

【例 2-33】 某事业单位持有乙公司 30% 的有表决权股份,能够对乙公司的生产经营决策施加重大影响,采用权益法核算。2×19 年 10 月,该事业单位将该项投资中的 50% 对外出售。出售以后,无法再对乙公司施加重大影响,且该项投资不存在活跃市场,公允价值无法可靠确定,转为采用成本法核算。出售时,该项长期股权投资的账面价值为16 000 000元,其中投资成本13 000 000元,损益调整为2 000 000元,其他权益变动1 000 000元。对于处置后剩余部分的投资相关账务处理。

2×19年1月,财务会计分录如下:

借:长期股权投资　　　　　　　　　　　　　　　　　　　　　　8 000 000
　　贷:长期股权投资——甲公司——成本　　　　　　　　　　　6 500 000
　　　　　　　　　　　　　　　——损益调整　　　　　　　　　1 000 000
　　　　　　　　　　　　　　　——其他权益变动　　　　　　　　500 000

3) 按照规定报经批准处置长期股权投资

(1) 按照规定报经批准出售(转让)长期股权投资时,应当区分长期股权投资取得方式分别进行处理。

处置以现金取得的长期股权投资,按照实际取得的价款,借记"银行存款"等科目,按照被处置长期股权投资的账面余额,贷记本科目,按照尚未领取的现金股利或利润,贷记"应收股利"科目,按照发生的相关税费等支出,贷记"银行存款"等科目,按照借贷方差额,借记或贷记"投资收益"科目。

处置以现金以外的其他资产取得的长期股权投资,按照被处置长期股权投资的账面余额,借记"资产处置费用"科目,贷记本科目;同时,按照实际取得的价款,借记"银行存款"等科目,按照尚未领取的现金股利或利润,贷记"应收股利"科目,按照发生的相关税费等支出,贷记"银行存款"等科目,按照贷方差额,贷记"应缴财政款"科目。按照规定将处置时取得的投资收益纳入本单位预算管理的,应当按照所取得价款大于被处置长期股权投资账面余额、应收股利账面余额和相关税费支出合计的差额,贷记"投资收益"科目。

(2) 因被投资单位破产清算等原因,有确凿证据表明长期股权投资发生损失,按照规定报经批准后予以核销时,按照予以核销的长期股权投资的账面余额,借记"资产处置费用"科目,贷记本科目。

(3) 报经批准置换转出长期股权投资时,参照"库存物品"科目中置换换入库存物品的规定进行账务处理。

(4) 采用权益法核算的长期股权投资的处置,除进行上述账务处理外,还应结转原直接计入净资产的相关金额,借记或贷记"权益法调整"科目,贷记或借记"投资收益"科目。

长期股权投资处置的主要账务处理如表2-21所示。

表2-21　　　　　　　　　　　长期股权投资处置的主要账务处理

序号	业务和事项内容	账务处理	
		财务会计	预算会计
1	处置以现金取得的长期股权投资	借:银行存款[实际取得价款] 　　投资收益[借差] 贷:长期股权投资[账面余额] 　　应收股利[尚未领取的现金股利或利润] 　　银行存款等[支付的相关税费] 　　投资收益[贷差]	借:资金结存——货币资金[取得价款扣减支付的相关税费后的金额] 贷:投资支出/其他结余[投资款] 　　投资预算收益

(续表)

序号	业务和事项内容		账务处理	
			财务会计	预算会计
2	处置以现以外的其他资产取得的长期股权投资	处置净收入上缴财政的	借：资产处置费用 　　贷：长期股权投资 借：银行存款[实际取得价款] 　　贷：应收股利[尚未领取的现金股利或利润] 　　　　银行存款等[支付的相关税费] 　　　　应缴财政款	借：资金结存——货币资金 　　贷：投资预算收益[获得的现金股利或利润]
		按照规定投资收益纳入单位预算管理的	借：资产处置费用 　　贷：长期股权投资 借：银行存款[实际取得价款] 　　贷：应收股利[尚未领取的现金股利或利润] 　　　　银行存款等[支付的相关税费] 　　　　投资收益[取得价款扣减投资账面余额、应收股利和相关税费后的差额] 　　　　应缴财政款[贷差]	借：资金结存——货币资金[取得价款扣减投资账面余额和相关税费后的差额] 　　贷：投资预算收益
3	其他方式处置长期股权投资	按照规定核销时	借：资产处置费用 　　贷：长期股权投资[账面余额]	—
		置换转出时	参照"库存物品"科目中置换取得库存物品的账务处理	
4	权益法下，处置时结转原直接计入净资产的相关金额		借：权益法调整 　　贷：投资收益 或作相反分录	—

【例 2-34】 某事业单位 2×19 年 6 月 1 日对外转让长期股权投资，该长期股权投资原始投资额为 50 000 元，现在账面余额为 65 000 元，转让价格为 70 000 元，转让过程中共发生税费 8 000 元

财务会计分录如下：

借：银行存款　　　　　　　　　　　　　　　　　　　　　　　　62 000
　　投资收益　　　　　　　　　　　　　　　　　　　　　　　　 3 000
　　贷：长期股权投资　　　　　　　　　　　　　　　　　　　　65 000

同时，编制预算会计分录：

借：资金结存——货币资金　　　　　　　　　　　　　　　　　　62 000
　　贷：投资支出　　　　　　　　　　　　　　　　　　　　　　50 000
　　　　投资预算收益　　　　　　　　　　　　　　　　　　　　12 000

2.5.4　长期债券投资

1. 核算内容

本科目核算事业单位按照规定取得的，持有时间超过 1 年(不含 1 年)的债券投资。
【注意：行政单位不涉及"长期债券投资"科目。】

2. 明细科目设置

本科目应当设置"成本"和"应计利息"明细科目,并按照债券投资的种类进行明细核算。本科目期末借方余额,反映事业单位持有的长期债券投资的价值。

3. 长期债券投资主要账务处理

1) 长期债券投资的初始计量

长期债券投资在取得时,应当按照其实际成本作为投资成本。

取得的长期债券投资,按照确定的投资成本,借记本科目(成本),按照支付的价款中包含的已到付息期但尚未领取的利息,借记"应收利息"科目,按照实际支付的金额,贷记"银行存款"等科目。实际收到取得债券时所支付价款中包含的已到付息期但尚未领取的利息时,借"银行存款"科目,贷记"应收利息"科目。

2) 长期债券投资的后续计量

长期债券投资持有期间,按期以债券票面金额与票面利率计算确认利息收入时,如为到期一次还本付息的债券投资,借记本科目(应计利息),贷记"投资收益"科目;如为分期付息、到期一次还本的债券投资,借记"应收利息"科目,贷记"投资收益"科目。收到分期支付的利息时,按照实收的金额,借记"银行存款"等科目,贷记"应收利息"科目。

到期收回长期债券投资,按照实际收到的金额,借记"银行存款"科目,按照长期债券投资的账面余额,贷记本科目,按照相关应收利息金额,贷记"应收利息"科目,按照其差额,贷记"投资收益"科目。

对外出售长期债券投资,按照实际收到的金额,借记"银行存款"科目,按照长期债券投资的账面余额,贷记本科目,按照已记入"应收利息"科目但尚未收取的金额,贷记"应收利息"科目,按照其差额,贷记或借记"投资收益"科目。涉及增值税业务的,相关账务处理参见"应交增值税"科目。

长期债券投资的主要账务处理如表 2-22 所示。

表 2-22 **长期债券投资的主要账务处理**

序号	业务和事项内容		账务处理	
			财务会计	预算会计
1	取得长期债券投资的初始计量	取得长期债券投资时	借:长期债券投资——成本 　　应收利息[实际支付价款中包含的已到付息期但尚未领取的利息] 贷:银行存款等[实际支付价款]	借:投资支出[实际支付价款] 贷:资金结存——货币资金
		收到取得投资所支付价款中包含的已到付息期但尚未领取的利息时	借:银行存款 贷:应收利息	借:资金结存——货币资金 贷:投资支出
2	持有长期债券投资期间	按期以票面金额与票面利率计算确认利息收入时	借:应收利息[分期付息、到期还本]/ 　　长期债券投资——应计利息[到期一次还本付息] 贷:投资收益	
		实际收到分期支付的利息时	借:银行存款 贷:应收利息	借:资金结存——货币资金 贷:投资预算收益

(续表)

序号	业务和事项内容	账务处理	
		财务会计	预算会计
3	到期收回长期债券投资本息	借：银行存款等 　贷：长期债券投资[账面余额]/应收利息 　　投资收益	借：资金结存——货币资金 　贷：投资支出/其他结余[投资成本] 　　投资预算收益
4	对外出售长期债券投资	借：银行存款等[实际收到的款项] 　　投资收益[借差] 　贷：长期债券投资[账面余额] 　　应收利息 　　投资收益[贷差]	借：资金结存——货币资金 　贷：投资支出/其他结余[投资成本] 　　投资预算收益

【例 2-35】 某事业单位发生如下经济业务：

(1) 2×19 年，该单位取得长期债券投资，支付对价 80 000 元。

(2) 2×19 年 12 月 31 日，收到债券利息 5 000 元，款项存入银行。

(3) 2×20 年 2 月 1 日，该事业单位向外转让该长期债券投资，转让价格为 82 000 元。

① 2×19 年，财务会计分录如下：

借：长期债券投资——成本　　　　　　　　　　　　　　　　　　　　80 000
　贷：银行存款　　　　　　　　　　　　　　　　　　　　　　　　　　80 000

同时，编制预算会计分录：

借：投资支出　　　　　　　　　　　　　　　　　　　　　　　　　　80 000
　贷：资金结存——货币资金　　　　　　　　　　　　　　　　　　　　80 000

② 2×19 年 12 月 31 日，财务会计分录如下：

借：应收利息　　　　　　　　　　　　　　　　　　　　　　　　　　5 000
　贷：投资收益　　　　　　　　　　　　　　　　　　　　　　　　　　5 000

借：银行存款　　　　　　　　　　　　　　　　　　　　　　　　　　5 000
　贷：应收利息　　　　　　　　　　　　　　　　　　　　　　　　　　5 000

同时，编制预算会计分录：

借：资金结存——货币资金　　　　　　　　　　　　　　　　　　　　5 000
　贷：投资预算收益　　　　　　　　　　　　　　　　　　　　　　　　5 000

③ 2×20 年 2 月 1 日，财务会计分录如下：

借：银行存款　　　　　　　　　　　　　　　　　　　　　　　　　　82 000
　贷：长期债券投资——成本　　　　　　　　　　　　　　　　　　　　80 000
　　投资收益　　　　　　　　　　　　　　　　　　　　　　　　　　　2 000

同时，编制预算会计分录：

借：资金结存——货币资金　　　　　　　　　　　　　　　　　　　　82 000
　贷：其他结余　　　　　　　　　　　　　　　　　　　　　　　　　　80 000
　　投资预算收益　　　　　　　　　　　　　　　　　　　　　　　　　2 000

2.6 固定资产的核算

2.6.1 固定资产的概述

1. 固定资产的定义及分类

1) 定义

政府会计主体为满足自身开展业务活动或其他活动需要而控制的,使用定义年限超过1年(不含1年)、单位价值在规定标准以上,并在使用过程中基本保持原有物质形态的资产,一般包括房屋及构筑物、专用设备、通用设备等。单位价值虽未达到规定标准,但是使用年限超过1年(不含1年)的大批同类物资,如图书、家具、用具、装具等,应当确认为固定资产。

> **特别提示 2-4**
>
> 公共基础设施、政府储备物资、保障性住房、自然资源资产等,不在固定资产核算范围。

> **特别提示 2-5**
>
> **其他需要注意的内容**
>
> (1) 购入需要安装的固定资产,应先通过"在建工程"科目核算。
> (2) 以借入、经营租赁方式取得的固定资产,不通过固定资产核算。
> (3) 以融资租赁方式取得的固定资产,在"固定资产"科目下设"融资租入固定资产"核算。
> (4) 在境外购得有所有权的土地,在"固定资产"科目下"境外土地"核算。

2) 分类

固定资产一般分为六类:房屋及构筑物;专用设备;通用设备;文物和陈列品;图书、档案;家具、用具、装具及动植物。

2. 固定资产的确认

1) 确认条件

固定资产同时满足下列条件的,应当予以确认:

(1) 与该固定资产相关的服务潜力很可能实现或者经济利益很可能流入。
(2) 该固定资产的成本或者价值能够可靠地计量。

2) 确认时点

(1) 通常情况下,购入、换入、接受捐赠、无偿调入不需安装的固定资产,在固定资产验收合格时确认。
(2) 购入、换入、接受捐赠、无偿调入需要安装的固定资产,在固定资产安装完成交付使用时确认。
(3) 自行建造改建、扩建的固定资产,在建造完成交付使用时确认。

> **延伸阅读 2-2**
>
> **固定资产确认时点的特殊情况**
>
> (1) 组成部分。固定资产的各组成部分具有不同使用年限或者以不同方式为政府会计主体实现服务

潜力或提供经济利益,适用不同折旧率或折旧方法且可以分别确定各自原价的,应当分别将各组成部分确认为单项固定资产。

(2) 应用软件。应用软件构成相关硬件不可缺少的组成部分的,应当将该软件的价值包括在所属的硬件价值中并确认为固定资产;不构成相关硬件不可缺少的组成部分的,应当将该软件确认为无形资产。

(3) 土地使用权。购建房屋及构筑物时,不能分清购建成本中的房屋及构筑物部分与土地使用权部分的,应当全部确认为固定资产;能够分清购建成本中的房屋及构筑物部分与土地使用权部分的,应当将其中的房屋及构筑物部分确认为固定资产,将其中的土地使用权部分确认为无形资产。

3. 固定资产的初始计量

取得固定资产成本确定如表 2-23 所示。

表 2-23　　　　　　　　　　　固定资产成本的确定

取得方式	成本的确定
购入的固定资产	成本包括实际支付的购买价款、相关税费、使固定资产交付使用前所发生的可归属于该项资产的运输费、装卸费、安装费和专业人员服务费等。以一笔款项购入多项没有单独标价的固定资产,按照各项固定资产同类或类似固定资产市场价格的比例对总成本进行分配,分别确定各项固定资产的入账价值
自行建造的固定资产	成本包括建造该项资产至交付使用前所发生的全部必要支出。固定资产的各组成部分需要分别核算的,按照各组成部分固定资产造价确定其成本;没有各组成部分固定资产造价的,按照各组成部分固定资产同类或类似固定资产市场造价的比例对总造价进行分配,确定各组成部分固定资产的成本
自行繁殖的动植物	成本包括在达到可使用状态前所发生的全部必要支出
改扩建、修缮的固定资产	成本按照原固定资产的账面价值("固定资产"科目账面余额减去"累计折旧"科目账面余额后的净值)加上改建、扩建、修缮发生的支出,再扣除固定资产拆除部分账面价值后的金额确定
置换取得的固定资产	成本按照换出资产的评估价值加上支付的补价或减去收到的补价,加上为换入固定资产支付的其他费用(运输费等)确定
接受捐赠、无偿调入的固定资产	成本按照有关凭据注明的金额加上相关税费、运输费等确定;没有相关凭据可供取得,但依法经过资产评估的,其成本应当按照评估价值加上相关税费、运输费等确定;没有相关凭据可供取得、也未经评估的,其成本比照同类或类似固定资产的市场价格加上相关税费、运输费等确定;没有相关凭据也未经评估,其同类或类似固定资产的市场价格无法可靠取得,所取得的固定资产应当按照名义金额入账
盘盈的固定资产	按照取得同类或类似固定资产的实际成本确定入账价值;没有同类或类似固定资产的实际成本,按照同类或类似固定资产的市场价格确定入账价值;同类或类似固定资产的实际成本或市场价格无法可靠取得,按照名义金额入账

4. 固定资产的后续计量

固定资产通常使用寿命较长、单位价值较高,因此需要单位建立良好的固定资产管理制度,包括建立固定资产卡片,定期维护并建立维护日志等。除此之外,也可能选择通过资产的改良扩建代替处置更新以节省运营成本。固定资产后续的维护改建支出,在账务处理上有两种处理方法,即资本化和费用化。新政府会计制度没有对两种处理方式的选择标准作出详细具体的规定,但资本化支出通常应当符合资产的定义,即与该支出有关的经济利益很可能流入单位,并且该支出能够可靠地计量,则可以予以资本化,增加固定资产的账面价值。否则应当予以费用化,计入当期损益。资本化的支出是指为增加固定资产使用效能或延长其使用年限而发生的改建、扩建等,如可以延长不动产使用寿命的翻修、可以增加不动产使用面积的扩建、可以提高产品生产效率的机器升级改造等。费用化支出是指为保证固定资产正常使用发生的日常维修等支出。

 延伸阅读2-3

资本化支出与费用化支出

固定资产在使用过程中发生的后续支出,符合固定资产的确认条件的应当计入固定资产成本;不符合固定资产的确认条件的,应当在发生时计入当期费用或者相关资产成本。将发生的固定资产后续支出计入固定资产成本的,应当同时从固定资产账面价值中扣除被替换部分的账面价值。

5. 固定资产折旧

1) 折旧的定义

固定资产的基本特征是使用寿命较长,期限一般超过1年(不含1年)。固定资产的损耗,是为了单位的经济利益流入,因此其成本应当在使用期限内,按照合理的方法分摊至各个受益的会计期间。

折旧是指在固定资产的预计使用年限内,按照确定的方法对应计的折旧额进行系统分摊。固定资产应计提的折旧额为其成本,计提折旧不考虑预计净残值。

 特别提示2-6

不计提折旧的固定资产

(1) 文物和陈列品。
(2) 动植物。
(3) 图书档案。
(4) 单独计价入账的土地。
(5) 以名义金额计量的固定资产。

另外,已提足折旧的固定资产和提前报废的固定资产,也不再计提折旧。

2) 折旧方法

折旧方法般应当采用年限平均法或者工作量法计提固定资产折旧。

(1) 年限平均法也称为直线法,是指将固定资产的应折旧金额按均等的数额在其预计使用期内分配于每一会计期间的一种方法。因此,固定资产的折旧费可以均衡地摊配于其使用年限内的各个期间。平均年限法是会计实务中最常见的折旧计算方法。采用平均年限法固定资产年折旧额计算公式为:

$$固定资产年折旧额 = 应折旧金额(成本) \div 预计使用年限$$
$$固定资产月折旧额 = 固定资产年折旧额 \div 12$$

(2) 工作量法是按照固定资产实际完成的工作总量计算折旧的一种方法采用这种方法,每期计提的折旧随当期固定资产提供工作量的多少而变动。例如,按照车辆行驶的里程数来分别分摊车辆在使用年限内的折旧数额。

采用工作量法计提折旧,应先以固定资产在使用年限内预计总工作量(如总工作时数或总产量)去除应计折旧总额,算出每一工作量应分摊的折旧,然后乘以当期的实际工作量,求出该期应计提的折旧额。其计算公式为:

$$单位折旧额 = 固定资产原值 \div 预计总工作量$$
$$当期折旧额 = 当期工作量 \times 单位折旧额$$

3) 折旧年限

通常情况下,单位应当按照下表规定确定各类应计提折旧的固定资产的折旧年限。单位应当在遵循上述规定的情况下,根据固定资产的性质和实际使用情况,合理确定其折旧年限。各类固定资产具体折旧年限如表 2-24 所示。

表 2-24　　　　　　　　　　　　政府固定资产折旧年限表

固定资产类别	内容		折旧年限(年)
房屋及构筑物	业务及管理用房	钢结构	不低于 50
		钢筋混凝土结构	不低于 50
		砖混结构	不低于 30
		砖木结构	不低于 30
	简易房		不低于 8
	房屋附属设施		不低于 8
	构建物		不低于 8
通用设备	计算机设备		不低于 6
	办公设备		不低于 6
	车辆		不低于 8
	图书档案设备		不低于 5
	机械设备		不低于 10
	电气设备		不低于 5
	雷达、无线电和卫星导航设备		不低于 10
	通信设备		不低于 5
	广播、电视、电影设备		不低于 5
	仪器仪表		不低于 5
	电子和通信测量设备		不低于 5
	计量标准器具及量具、衡器		不低于 5
专用设备	探矿、采矿、选矿和造块设备		10～15
	石油天然气开采专用设备		10～15
	石油和化学工业专用设备		10～15
	炼焦和金属冶炼轧制设备		10～15
	电力工业专用设备		20～30
	非金属矿物制品工业专用设备		10～20
	核工业专用设备		20～30
	航空航天工业专用设备		20～30
	工程机械		10～15
	农业和林业机械		10～15
	木材采集和加工设备		10～15
	食品加工专用设备		10～15
	饮料加工设备		10～15

(续表)

固定资产类别	内容	折旧年限(年)
	烟草加工设备	10～15
	粮油作物和饲料加工设备	10～15
	纺织设备	10～15
	缝纫、服饰、制革和毛皮加工设备	10～15
	造纸和印刷机械	10～20
	化学药品和中药专用设备	5～10
	医疗设备	5～10
	电工、电子专用生产设备	5～10
	安全生产设备	10～20
	邮政专用设备	10～15
	环境污染防治设备	10～20
	公安专用设备	3～10
	水工机械	10～20
	殡葬设备及用品	5～10
	铁路运输设备	10～20
	水上交通运输设备	10～20
	航空器及其配备设备	10～20
	专用仪器仪表	5～10
	文艺设备	5～15
	体育设备	5～15
	娱乐设备	5～15
家具、用具及装具	家具	不低于15
	用具、装具	不低于5

特别提示 2-7

单位计提融资租入固定资产折旧时,应当采用与自用固定资产相一致的折旧政策。能够合理确定租赁期届满时将会取得租入固定资产所有权的,应当在租入固定资产尚可使用年限内计提折旧;无法合理确定租赁期届满时能够取得租入固定资产所有权的,应当在租赁期与租入固定资产尚可使用年限两者中较短的期间内计提折旧。

2.6.2 固定资产

1. 核算内容

本科目核算单位固定资产的原值。

2. 明细科目设置

本科目应当按照固定资产类别和项目进行明细核算。固定资产一般分为六类:房屋及构筑物;专用设备;通用设备;文物和陈列品;图书、档案;家具、用具、装具及动植物。本科目期末借方余额,反映单位固定资产的原值。

📁 特别提示 2-8

固定资产核算时,应当考虑以下情况:
(1) 购入需要安装的固定资产,应当先通过"在建工程"科目核算,安装完毕交付使用时再转入本科目核算。
(2) 以借入、经营租赁租入方式取得的固定资产,不通过本科目核算,应当设置备查簿进行登记。
(3) 采用融资租入方式取得的固定资产,通过本科目核算,并在本科目下设置"融资租入固定资产"明细科目。
(4) 经批准在境外购买具有所有权的土地,作为固定资产,通过本科目核算;单位应当在本科目下设置"境外土地"明细科目,进行相应明细核算。

3. 固定资产初始计量的主要账务处理

固定资产在取得时,应当按照成本进行初始计量。

1) 外购固定资产

(1) 购入不需安装的固定资产验收合格时,按照确定的固定资产成本,借记本科目,贷记"财政拨款收入""零余额账户用款额度""应付账款""银行存款"等科目。

【例2-36】 某事业单位用事业经费购入一项不需要安装新设备,买价为20 000元,运杂费1 000元,有关款项均已通过银行支付,该项固定资产交付即可使用,假设不考虑各项税费。

财务会计分录如下:

借:固定资产　　　　　　　　　　　　　　　　　　　　　21 000
　　贷:银行存款　　　　　　　　　　　　　　　　　　　　　　21 000

同时,编制预算会计分录:

借:事业支出　　　　　　　　　　　　　　　　　　　　　21 000
　　贷:资金结存——货币资金　　　　　　　　　　　　　　　　21 000

(2) 购入需要安装的固定资产,在安装完毕交付使用前通过"在建工程"科目核算,安装完毕交付使用时再转入本科目。按照预算会计项目,借记"行政支出""事业支出""经营支出"科目,贷记"财政拨款预算收入""资金结存"科目。

【注意:行政单位不涉及"事业支出""经营支出"科目,事业单位不涉及"行政支出"科目。】

【例2-37】 某事业单位用事业经费购入一项新设备,买价为20 000元,运杂费1 000元,安装费2 000元,有关款项均已通过银行支付,该项固定资产安装完毕交付使用,假设不考虑各项税费。

① 购入设备时,财务会计分录如下:

借:在建工程　　　　　　　　　　　　　　　　　　　　　21 000
　　贷:银行存款　　　　　　　　　　　　　　　　　　　　　　21 000

同时,编制预算会计分录:

借:事业支出　　　　　　　　　　　　　　　　　　　　　21 000
　　贷:资金结存——货币资金　　　　　　　　　　　　　　　　21 000

② 安装设备时,财务会计分录如下:

借:在建工程　　　　　　　　　　　　　　　　　　　　　　　　　2 000
　　贷:银行存款　　　　　　　　　　　　　　　　　　　　　　　　　　2 000

同时,编制预算会计分录:

借:事业支出　　　　　　　　　　　　　　　　　　　　　　　　　2 000
　　贷:资金结存——货币资金　　　　　　　　　　　　　　　　　　　2 000

③ 电梯安装完成时,财务会计分录如下:

借:固定资产　　　　　　　　　　　　　　　　　　　　　　　　　23 000
　　贷:在建工程　　　　　　　　　　　　　　　　　　　　　　　　　23 000

(3)购入固定资产扣留质量保证金的,应当在取得固定资产时,按照确定的固定资产成本,借记本科目【不需安装】或"在建工程"科目【需要安装】,按照实际支付或应付的金额,贷记"财政拨款收入""零余额账户用款额度""应付账款"【不含质量保证金】、"银行存款"等科目,按照扣留的质量保证金数额,贷记"其他应付款"【扣留期在1年以内(含1年)】或"长期应付款"【扣留期超过1年】科目。质保期满支付质量保证金时,借记"其他应付款""长期应付款"科目,贷记"财政拨款收入""零余额账户用款额度""银行存款"等科目。

外购固定资产的主要账务处理如表2-25所示。

表2-25　　　　　　　　　　　　外购固定资产的主要账务处理

序号	业务和事项内容		账务处理	
			财务会计	预算会计
1	外购的不需要安装的固定资产		借:固定资产 　贷:财政拨款收入/零余额账户用款额度/ 　　应付账款/银行存款等	【事业单位】 借:事业支出/经营支出 　贷:财政拨款预算收入/资金结存 【行政单位】 借:行政支出 　贷:财政拨款预算收入/资金结存
2	外购的需要安装的固定资产		借:在建工程 　贷:财政拨款收入/零余额账户用款额度/ 　　应付账款/银行存款等 借:固定资产 　贷:在建工程	【事业单位】 借:事业支出/经营支出 　贷:财政拨款预算收入/资金结存 【行政单位】 借:行政支出 　贷:财政拨款预算收入/资金结存
3	购入资产扣留质量保证金	购买时	借:固定资产[不需安装]/在建工程[需要安装] 　贷:财政拨款收入/零余额账户用款额度/ 　　应付账款/银行存款等 　　其他应付款[扣留期在1年以内(含1年)]/长期应付款[扣留期超过1年]	【事业单位】 借:事业支出/经营支出[实际支付金额] 　贷:财政拨款预算收入/资金结存 【行政单位】 借:行政支出[实际支付金额] 　贷:财政拨款预算收入/资金结存
		支付保证金时	借:其他应付款/长期应付款 　贷:财政拨款收入/零余额账户用款额度/ 　　银行存款等	【事业单位】 借:事业支出/经营支出 　贷:财政拨款预算收入/资金结存 【行政单位】 借:行政支出 　贷:财政拨款预算收入/资金结存

【例 2-38】 某省行政单位购入需要安装的电梯一部,电梯价格为 800 000 元,运输及保险费 100 000 元,安装费 80 000 元,扣留质量保证金 50 000 元,约定如无质量问题 6 个月后退还。全部价款使用财政直接支付方式进行支付。

① 购入电梯时,财务会计分录如下:

借:在建工程　　　　　　　　　　　　　　　　　　　　　　　900 000
　　贷:财政拨款收入　　　　　　　　　　　　　　　　　　　　850 000
　　　　其他应付款　　　　　　　　　　　　　　　　　　　　　50 000

同时,编制预算会计分录:

借:行政支出　　　　　　　　　　　　　　　　　　　　　　　850 000
　　贷:财政拨款收入　　　　　　　　　　　　　　　　　　　　850 000

② 安装时,财务会计分录如下:

借:在建工程　　　　　　　　　　　　　　　　　　　　　　　80 000
　　贷:银行存款　　　　　　　　　　　　　　　　　　　　　　80 000

同时,编制预算会计分录:

借:行政支出　　　　　　　　　　　　　　　　　　　　　　　80 000
　　贷:财政拨款收入　　　　　　　　　　　　　　　　　　　　80 000

③ 电梯安装完成时,财务会计分录如下:

借:固定资产　　　　　　　　　　　　　　　　　　　　　　　980 000
　　贷:在建工程　　　　　　　　　　　　　　　　　　　　　　980 000

④ 支付质量保证金时,财务会计分录如下:

借:其他应付款　　　　　　　　　　　　　　　　　　　　　　50 000
　　贷:财政拨款收入　　　　　　　　　　　　　　　　　　　　50 000

同时,编制预算会计分录:

借:行政支出　　　　　　　　　　　　　　　　　　　　　　　50 000
　　贷:财政拨款收入　　　　　　　　　　　　　　　　　　　　50 000

2) 自行建造的固定资产

自行建造的固定资产交付使用时,按照在建工程成本,借记本科目,贷记"在建工程"科目。已交付使用但尚未办理竣工决算手续的固定资产,按照估计价值入账,待办理竣工决算后再按照实际成本调整原来的暂估价值。

【例 2-39】 某事业单位自行建造固定资产,在前期投入工程价款 1 000 000 元,领用材料 200 000 元,建造过程中所涉及的款项均通过银行存款支付,工程交付使用。

① 支付工程价款,财务会计分录如下:

借:在建工程　　　　　　　　　　　　　　　　　　　　　　　1 000 000
　　贷:银行存款　　　　　　　　　　　　　　　　　　　　　　1 000 000

同时,编制预算会计分录:

```
借：事业支出                                           1 000 000
    贷：资金结存——货币资金                                      1 000 000
```

② 领用材料时，财务会计分录如下：

```
借：在建工程                                             200 000
    贷：库存物品                                                200 000
```

③ 工程交付使用时，财务会计分录如下：

```
借：固定资产                                           1 200 000
    贷：在建工程                                              1 200 000
```

3）融资租赁取得的固定资产

其成本按照租赁协议或者合同确定的租赁价款、相关税费以及固定资产交付使用前所发生的可归属于该项资产的运输费、途中保险费、安装调试费等确定。融资租入的固定资产，按照确定的成本，借记本科目【不需安装】或"在建工程"科目【需安装】，按照租赁协议或者合同确定的租赁付款额，贷记"长期应付款"科目，按照支付的运输费、途中保险费、安装调试费等金额，贷记"财政拨款收入""零余额账户用款额度""银行存款"等科目。定期支付租金时，按照实际支付金额，借记"长期应付款"科目，贷记"财政拨款收入""零余额账户用款额度""银行存款"等科目。

融资租赁租入固定资产的主要账务处理如表 2-26 所示。

表 2-26　　　　　　　　　融资租赁租入固定资产的主要账务处理

序号	业务和事项内容	账务处理	
		财务会计	预算会计
1	融资租赁取得的固定资产	借：固定资产[不需安装]/在建工程[需安装] 贷：长期应付款[协议或合同确定的租赁价款] 财政拨款收入/零余额账户用款额度/银行存款等[实际支付的相关税费、运输费等]	【事业单位】 借：事业支出/经营支出 贷：财政拨款预算收入/资金结存[支付的相关税费] 【行政单位】 借：行政支出 贷：财政拨款预算收入/资金结存[支付的相关税费]
2	分期支付租金	借：长期应付款 贷：财政拨款收入/零余额账户用款额度/银行存款等	【事业单位】 借：事业支出/经营支出 贷：财政拨款预算收入/资金结存 【行政单位】 借：行政支出 贷：财政拨款预算收入/资金结存

【例 2-40】　某事业单位融资租入固定资产，固定资产价值 500 000 元，支付运输费等 5 000 元。租赁协议规定该事业单位需要支付租赁价款 500 000 元。每个月支付 10 000 元，分 50 个月支付完。

① 融资租入固定资产时，财务会计分录如下：

```
借：固定资产                                             505 000
    贷：长期应付款                                              500 000
        银行存款                                                5 000
```

同时,编制预算会计分录:

借:事业支出 5 000
　　贷:资金结存——货币资金 5 000

② 每月支付租金时,财务会计分录如下:

借:长期应付款 10 000
　　贷:银行存款 10 000

同时,编制预算会计分录:

借:事业支出 10 000
　　贷:资金结存——货币资金 10 000

4)按照规定跨年度分期付款购入固定资产

其账务处理,参照融资租入固定资产。

5)接受捐赠的固定资产

按照确定的固定资产成本,借记本科目【不需安装】或"在建工程"科目【需安装】,按照发生的相关税费、运输费等,贷记"零余额账户用款额度""银行存款"等科目,按照其差额,贷记"捐赠收入"科目。接受捐赠的固定资产按照名义金额入账的,按照名义金额,借记本科目,贷记"捐赠收入"科目;按照发生的相关税费、运输费等,借记"其他费用"科目,贷记"零余额账户用款额度""银行存款"等科目。

接受捐赠固定资产的主要账务处理如表 2-27 所示。

表 2-27　　　　　　　接受捐赠固定资产的主要账务处理

序号	业务和事项内容	账务处理	
		财务会计	预算会计
1	固定资产按实际金额入账	借:固定资产[不需安装]/在建工程[需安装] 　　贷:零余额账户用款额度/银行存款等[实际支付的相关税费、运输费等] 　　　　捐赠收入[差额]	借:其他支出[支付的相关税费] 　　贷:资金结存
2	固定资产按名义金额入账	借:固定资产[不需安装]/在建工程[需安装] 　　贷:捐赠收入[名义金额] 借:其他费用[支付的相关税费] 　　贷:银行存款/零余额账户用款额度等	借:其他支出[支付的相关税费] 　　贷:资金结存

【例 2-41】　某事业单位接受社会捐赠的固定资产,资产价值 60 000 元,期间发生的运输费 1 200 元。

财务会计分录如下:

借:固定资产 61 200
　　贷:捐赠收入 60 000
　　　　银行存款 1 200

同时,编制预算会计分录:

借：其他支出　　　　　　　　　　　　　　　　　　　　　　　　　　　　　　　1 20
　　贷：资金结存——货币资金　　　　　　　　　　　　　　　　　　　　　　1 200

6) 无偿调入的固定资产

按照确定的固定资产成本，借记本科目【不需安装】或"在建工程"科目【需安装】，按照发生的相关税费、运输费等，贷记"零余额账户用款额度""银行存款"等科目，按照其差额，贷记"无偿调拨净资产"科目。

无偿调入固定资产的主要账务处理如表 2-28 所示。

表 2-28　　　　　　　　　　　无偿调入固定资产的主要账务处理

序号	业务和事项内容	账务处理	
		财务会计	预算会计
1	无偿调入固定资产	借：固定资产[不需安装]/在建工程[需安装] 贷：银行存款/零余额账户用款额度等[支付的相关税费] 无偿调拨净资产[差额]	借：其他支出[支付的相关税费] 贷：资金结存

【例 2-42】　某事业单位接受无偿调入的固定资产，资产价值 50 000 元，期间发生的运输费 800 元。

财务会计分录如下：

借：固定资产　　　　　　　　　　　　　　　　　　　　　　　　　　　　　50 800
　　贷：在建工程——待核销基建支出　　　　　　　　　　　　　　　　　　50 000
　　　　银行存款　　　　　　　　　　　　　　　　　　　　　　　　　　　　800

同时，编制预算会计分录：

借：其他支出　　　　　　　　　　　　　　　　　　　　　　　　　　　　　　800
　　贷：资金结存——货币资金　　　　　　　　　　　　　　　　　　　　　　800

7) 置换取得的固定资产

参照"库存物品"科目中置换取得库存物品的相关规定进行账务处理。固定资产取得时涉及增值税业务的，相关账务处理参见"应交增值税"科目。

3. 固定资产后续计量的主要账务处理

1) 符合固定资产确认条件的后续支出

通常情况下，将固定资产转入改建、扩建时，按照固定资产的账面价值，借记"在建工程"科目，按照固定资产已计提折旧，借记"固定资产累计折旧"科目，按照固定资产的账面余额，贷记本科目。

为增加固定资产使用效能或延长其使用年限而发生的改建、扩建等后续支出，借记"在建工程"科目，贷记"财政拨款收入""零余额账户用款额度""银行存款"等科目。

固定资产改建、扩建等完成交付使用时，按照在建工程成本，借记本科目，贷记"在建工程"科目。

2) 不符合固定资产确认条件的后续支出

为保证固定资产正常使用发生的日常维修等支出，借记"业务活动费用""单位管理费用"等科目,贷记"财政拨款收入""零余额账户用款额度""银行存款"等科目。

固定资产后续计量的主要账务处理如表2-29所示。

表2-29　　　　　　　　　　固定资产后续计量的主要账务处理

序号	业务和事项内容	账务处理	
		财务会计	预算会计
1	符合固定资产确认条件的(增加固定资产使用效能或延长其使用年限而发生的改建、扩建等后续支出)	借:在建工程[固定资产账面价值] 　　固定资产累计折旧 　贷:固定资产[账面余额] 借:在建工程 　贷:财政拨款收入/零余额账户用款额度/应付账款/银行存款等	— 【事业单位】 借:事业支出/经营支出 　贷:财政拨款预算收入/资金结存 【行政单位】 借:行政支出 　贷:财政拨款预算收入/资金结存
2	不符合固定资产确认条件的	借:业务活动费用/单位管理费用/经营费用等 　贷:财政拨款收入/零余额账户用款额度/银行存款等 【注意:行政单位不涉及单位管理费用和经营费用】	【事业单位】 借:事业支出/经营支出 　贷:财政拨款预算收入/资金结存 【行政单位】 借:行政支出 　贷:财政拨款预算收入/资金结存

【例2-43】　某事业单位决定对固定资产进行扩建,固定资产账面余额为500 000元,已计提折旧200 000元,扩建过程中支付工程款300 000元。

① 将固定资产账面价值转入在建工程,财务会计分录如下:

借:在建工程　　　　　　　　　　　　　　　　　　　　　　　　　300 000
　　固定资产累计折旧　　　　　　　　　　　　　　　　　　　　　200 000
　贷:固定资产　　　　　　　　　　　　　　　　　　　　　　　　　　　500 000

② 支付工程款时,财务会计分录如下:

借:在建工程　　　　　　　　　　　　　　　　　　　　　　　　　300 000
　贷:银行存款　　　　　　　　　　　　　　　　　　　　　　　　　　　300 000

同时,编制预算会计分录:

借:事业支出　　　　　　　　　　　　　　　　　　　　　　　　　300 000
　贷:银行存款　　　　　　　　　　　　　　　　　　　　　　　　　　　300 000

③ 工程交付使用时,财务会计分录如下:

借:固定资产　　　　　　　　　　　　　　　　　　　　　　　　　600 000
　贷:在建工程　　　　　　　　　　　　　　　　　　　　　　　　　　　600 000

4. 固定资产处置的主要账务处理

按照规定报经批准处置固定资产,应当分别以下情况处理:

(1)报经批准出售、转让固定资产,按照被出售、转让固定资产的账面价值,借记"资产处置费用"科目,按照固定资产已计提的折旧,借记"固定资产累计折旧"科目,按照固定资账面余额,贷记本科目;同时,按照收到的价款,借记"银行存款"等科目,按照处置过程中发生的相关费用,贷记"银行存款"等科目,按照其差额,贷记"应缴财政款"科目。

[例 2-44] 某事业单位出售固定资产一批,固定资产账面余额 68 000 元,已计提折旧 52 000 元,出售固定资产收到价款 20 000 元。

财务会计分录如下:

借:资产处置费用	16 000
固定资产累计折旧	52 000
贷:固定资产	68 000
借:银行存款	4 000
贷:应缴财政款	4 000

相关思考 2-5

若将[例 2-44]出售固定资产收到价款改为 10 000 元,应如何账务处理?

财务会计分录如下:

借:资产处置费用	16 000
固定资产累计折旧	52 000
贷:固定资产	68 000
借:应缴财政款	6 000
贷:银行存款	6 000

(2) 报经批准对外捐赠固定资产,按照固定资产已计提的折旧,借记"固定资产累计折旧"科目,按照被处置固定资产账面余额,贷记本科目,按照捐赠过程中发生的归属于捐出方的相关费用,贷记"银行存款"等科目,按照其差额,借记"资产处置费用"科目。

[例 2-45] 某事业单位对外捐赠固定资产,固定资产账面余额 200 000 元,已计提折旧 50 000 元,另外该事业单位支付运输费 2 000 元。

财务会计分录如下:

借:资产处置费用	152 000
固定资产累计折旧	50 000
贷:固定资产	500 000
银行存款	2 000

同时,编制预算会计分录:

借:其他支出	2 000
贷:银行存款	2 000

(3) 报经批准无偿调出固定资产,按照固定资产已计提的折旧,借记"固定资产累计折旧"科目,按照被处置固定资产账面余额,贷记本科目,按照其差额,借记"无偿调拨净资产"科目;同时,按照无偿调出过程中发生的归属于调出方的相关费用,借记"资产处置费用"科目,贷记"银行存款"等科目。

[例 2-46] 某事业单位无偿调出固定资产,固定资产账面余额 300 000 元,已计提折旧 60 000 元,另外该事业单位支付运输费 5 000 元。

财务会计分录如下:

		240 000	
借：无偿调拨净资产		240 000	
固定资产累计折旧		60 000	
贷：固定资产			300 000
借：资产处置费用		5 000	
贷：银行存款			5 000

同时，编制预算会计分录：

借：其他支出　　　　　　　　　　　　　　　　　　　　　　　　　　　　　　　5 000
　贷：银行存款　　　　　　　　　　　　　　　　　　　　　　　　　　　　　　　　　5 000

（4）报经批准置换换出固定资产，参照"库存物品"中置换换入库存物品的规定进行账务处理。固定资产处置时涉及增值税业务的，相关账务处理参见"应交增值税"科目。

固定资产处置的主要账务处理如表 2-30 所示。

表 2-30　　　　　　　　　　固定资产处置的主要账务处理

序号	业务和事项内容	账务处理	
		财务会计	预算会计
1	出售、转让固定资产	借：资产处置费用 　　固定资产累计折旧 　贷：固定资产[账面余额] 借：银行存款[处置固定资产收到的价款] 　贷：应缴财政款 　　银行存款等[发生的相关费用]	— —
2	对外捐赠固定资产	借：资产处置费用 　　固定资产累计折旧 　贷：固定资产[账面余额] 　　银行存款等[归属于捐出方的相关费用]	按照对外捐赠过程中发生的归属于捐出方的相关费用 借：其他支出 　贷：资金结存
3	无偿调出固定资产	借：无偿调拨净资产 　　固定资产累计折旧 　贷：固定资产[账面余额] 借：资产处置费用 　贷：银行存款等[归属于调出方的相关费用]	— 借：其他支出 　贷：资金结存
4	置换换出固定资产	参照"库存物品"科目中置换取得库存物品的规定进行账务处理	

5. 固定资产盘点清查的主要账务处理

单位应当定期对固定资产进行清查盘点，每年至少盘点一次。对于发生的固定资产盘盈、盘亏或毁损、报废，应当先记入"待处理财产损溢"科目，按照规定报经批准后及时进行后续账务处理。

（1）盘盈的固定资产，其成本按照有关凭据注明的金额确定；没有相关凭据、但按照规定经过资产评估的，其成本按照评估价值确定；没有相关凭据、也未经过评估的，其成本按照重置成本确定。如无法采用上述方法确定盘盈固定资产成本的，按照名义金额（人民币 1 元）入账。盘盈的固定资产，按照确定的入账成本，借记本科目，贷记"待处理财产损溢"科目。

（2）盘亏、毁损或报废的固定资产，按照待处理固定资产的账面价值，借记"待处理财产损溢"科目,按照已计提折旧,借记"固定资产累计折旧"科目,按照固定资产的账面余额,贷记本科目。

固定资产定期盘点清查的主要账务处理如表 2-31 所示。

表 2-31 固定资产定期盘点清查的主要账务处理

序号	业务和事项内容	账务处理	
		财务会计	预算会计
1	盘盈的固定资产	借:固定资产 贷:待处理财产损溢	—

2	盘亏、毁损或报废的固定资产	借:待处理财产损溢[账面价值]
		  固定资产累计折旧
		  贷:固定资产[账面余额]
			—

【例 2-47】 某事业单位于 2×19 年年底对单位的固定资产进行盘点,发生如下经济业务:

(1) 盘盈一台电脑,价值 5 000 元。

(2) 发现一固定资产损毁,该固定资产账面价值为 3 000 元,已计提折旧 2 000 元。

① 财务会计分录如下:

借:固定资产　　　　　　　　　　　　　　　　　　　　　　　5 000
　　贷:待处理财产损溢　　　　　　　　　　　　　　　　　　　　5 000

② 财务会计分录如下:

借:待处理财产损溢　　　　　　　　　　　　　　　　　　　　1 000
　　固定资产累计折旧　　　　　　　　　　　　　　　　　　　　2 000
　　贷:固定资产　　　　　　　　　　　　　　　　　　　　　　3 000

延伸阅读 2-4

固定资产的清查方法

在进行固定资产清查前,首先必须核对固定资产账目,将全部账户登记入账,结出余额,做到账款相符。对固定资产清查时,进行账实核对。清查的具体方法有如下三种:

(1) 账实核对法,即根据固定资产账目与实物进行逐一核对以查明固定资产实存数量的一种方法。

(2) 抄列实物清单法,即在进行清查时,直接根据单位的固定资产实物,实地逐项登记各种财产物资的品种、数量、价值等,以此查明单位固定资产实存数量的方法。

(3) 卡实直接核对法,即将固定资产实物与固定资产卡片进行逐项核对,以查明固定资产卡实是否相符并查明固定资产实有数量的一种方法。

通过清查,对盘盈、盘亏的固定资产应编制"固定资产盘盈、盘亏报告表",按规定的程序报经批准后,对盘盈固定资产应增设固定资产卡片,对盘亏或减少的固定资产,应注销固定资产卡片,另行归档保存。

2.6.3 固定资产累计折旧

1. 核算内容

本科目核算单位计提的固定资产累计折旧。

特别提示 2-9

公共基础设施和保障性住房计提的累计折旧,应当通过"公共基础设施累计折旧(摊销)"科目和"保障性住房累计折旧"科目核算,不通过"固定资产累计折旧"科目核算。

2. 明细科目设置

本科目应当按照所对应固定资产的明细分类进行明细核算。本科目期末贷方余额,反映单位计提的固定资产折旧累计数。

3. 固定资产累计折旧的主要账务处理

(1)固按月计提固定资产折旧时,按照应计提折旧金额,借记"业务活动费用""单位管理费用""经营费用""加工物品""在建工程"等科目,贷记本科目。

【注意:行政单位不涉及"单位管理费用""经营费用"科目。】

(2)经批准处置或处理固定资产时,按照所处置或处理固定资产的账面价值,借记"资产处置费用""无偿调拨净资产""待处理财产损溢"等科目,按照已计提折旧,借记本科目,按照固定资产的账面余额,贷记"固定资产"科目。

特别提示 2-10

暂估入账的固定资产计提折旧,实际成本确定后不需调整原已计提的折旧额。因改、扩建或修缮等原因而延长其使用年限的,应当按照重新确定的固定资产的成本以及重新确定的折旧年限计算折旧额。

固定资产累计折旧的主要账务处理如表 2-32 所示。

表 2-32 　　　　　　　　　固定资产累计折旧的主要账务处理

序号	业务和事项内容	账务处理	
		财务会计	预算会计
1	按月计提固定资产折旧时	借:业务活动费用/单位管理费用/经营费用等 　贷:固定资产累计折旧 【注意:行政单位不涉及单位管理费用和经营费用科目】	—
2	处置固定资产时	借:待处理财产损溢/无偿调拨净资产/资产处置费用等固定资产累计折旧 　贷:固定资产[账面余额]	涉及资金支付的,参照"固定资产"科目相关账务处理

特别提示 2-11

折旧年限和折旧方法,一经确定,不得随意变更。

折旧计提时点:当月增加,当月开始计提折旧;当月减少,当月不再计提。

【例 2-48】 某事业单位新购进固定资产一批,价值 72 000 元,计划使用 6 年,每月计提折旧 1 000 元,假设 5 年末对固定资产进行报废处置。

① 购进时,财务会计分录如下:

借:固定资产　　　　　　　　　　　　　　　　　　　　　　　　　　72 000
　贷:银行存款　　　　　　　　　　　　　　　　　　　　　　　　　　72 000

同时,预算会计分录如下:

借：事业支出　　　　　　　　　　　　　　　　　　　　　　　　72 000
　　贷：资金结存——货币资金　　　　　　　　　　　　　　　　　　72 000

② 计提折旧时，财务会计分录如下：

借：业务活动费用　　　　　　　　　　　　　　　　　　　　　　1 000
　　贷：固定资产累计折旧　　　　　　　　　　　　　　　　　　　　1 000

③ 报废时，财务会计分录如下：

借：待处置财产损溢　　　　　　　　　　　　　　　　　　　　 12 000
　　固定资产累计折旧　　　　　　　　　　　　　　　　　　　　 60 000
　　贷：固定资产　　　　　　　　　　　　　　　　　　　　　　　72 000

2.7 在建工程的核算

2.7.1 在建工程概述

在《政府会计制度》总说明中要求"单位对基本建设投资应当按照本制度规定统一进行会计核算，不再单独建账，但是应当按项目单独核算，并保证项目资料完整。"因此，在建工程的核算要按照《国有建设单位会计制度》和《基本建设财务规则》相关要求进行。在建工程是指已经发生必要支出，但尚未达到交付使用状态的建设工程项目。不论是基本建设项目，还是非基本建设项目，只要是涉及单位的新建、改建、扩建以及技术改造、设备更新等资本性支出，都纳入在建工程核算。

2.7.2 工程物资

1. 核算内容
本科目核算政府单位为在建工程准备的各种物资的成本，包括工程用材料、设备等。

2. 明细科目设置
本科目可按照"库存材料""库存设备"等工程物资类别进行明细核算。

3. 工程物资的主要账务处理
（1）购入为工程准备的物资，按照确定的物资成本，借记本科目，贷记"财政拨款收入""零余额账户用款额度""银行存款""应付账款"等科目。
（2）领用工程物资，按照物资成本，借记"在建工程"科目，贷记本科目。工程完工后将领出的剩余物资退库时做相反的会计分录。
（3）工程完工后将剩余的工程物资转作本单位存货等的，按照物资成本，借记"库存物品"等科目，贷记本科目。涉及增值税业务的，相关账务处理参见"应交增值税"科目。

本科目期末借方余额，反映单位为在建工程准备的各种物资的成本。

工程物资的主要账务处理如表 2-33 所示。

表 2-33　　　　　　　　　　　　　工程物资的主要账务处理

序号	业务内容		账务处理	
			财务会计	预算会计
1	取得工程物资	购入工程物资	借：工程物资 　　贷：财政拨款收入/零余额账户用款额度/银行存款/应付账款/其他应付款等	【事业单位】 借：事业支出/经营支出等［实际支付的款项］ 　　贷：财政拨款预算收入/资金结存 【行政单位】 借：行政支出等［实际支付的款项］ 　　贷：财政拨款预算收入/资金结存
2	领用工程物资	发出工程物资	借：在建工程 　　贷：工程物资	—
3	剩余工程物资	剩余工程物资转为存货	借：库存物品 　　贷：工程物资	—

【例 2-49】　2×19 年 3 月 16 日,某事业单位购入一批为工程准备的物资——甲产品,财政授权支付 10 000 元,另外用银行存款支付运杂费 600 元。4 月 1 日领用其中 50％物资用于工程建设——A 项目。6 月 1 日再次领用 45％。7 月 1 日工程完工,剩下的物资转为本单位的库存物品管理。

① 3 月 16 日,财务会计分录如下：

借：工程物资——库存材料——甲　　　　　　　　　　　　　　　　　　10 600
　　贷：零余额账户用款额度——基本支出用款额度　　　　　　　　　　10 000
　　　　银行存款　　　　　　　　　　　　　　　　　　　　　　　　　　600

同时,编制预算会计分录：

借：事业支出——基本支出——资本性支出　　　　　　　　　　　　　　10 600
　　贷：资金结存——零余额账户用款额度　　　　　　　　　　　　　　10 000
　　　　资金结存——货币资金——银行存款　　　　　　　　　　　　　　600

② 4 月 1 日,财务会计分录如下：

借：在建工程——A 项目　　　　　　　　　　　　　　　　　　　　　　5 300
　　贷：工程物资——库存材料——甲　　　　　　　　　　　　　　　　5 300

③ 6 月 1 日,财务会计分录如下：

借：在建工程——A 项目　　　　　　　　　　　　　　　　　　　　　　4 770
　　贷：工程物资——库存材料——甲　　　　　　　　　　　　　　　　4 770

④ 7 月 1 日,财务会计分录如下：

借：库存物品——甲　　　　　　　　　　　　　　　　　　　　　　　　530
　　贷：工程物资——库存材料——甲　　　　　　　　　　　　　　　　530

相关思考 2-6

本例如为行政单位,则预算会计分录有何不同？

本例如为行政单位,则 3 月 16 日的预算会计分录,应借记"行政支出"科目,即：

借：行政支出——基本支出——资本性支出 10 600
　　贷：资金结存——零余额账户用款额度 10 000
　　　　资金结存——货币资金——银行存款 600

2.7.3 在建工程

1. 核算内容

本科目核算政府单位在建的建设项目工程的实际成本。政府单位在建的信息系统项目工程、公共基础设施项目工程、保障性住房项目工程的实际成本，也通过本科目核算。

2. 明细科目设置

本科目应当设置"建筑安装工程投资""设备投资""待摊投资""其他投资""待核销基建支出""基建转出投资"等明细科目，并按照具体项目进行明细核算。

（1）"建筑安装工程投资"明细科目，核算政府单位发生的构成建设项目实际支出的建筑工程和安装工程的实际成本，不包括被安装设备本身的价值以及按照合同规定支付给施工单位的预付备料款和预付工程款。本明细科目应当设置"建筑工程"和"安装工程"两个明细科目进行明细核算。

（2）"设备投资"明细科目，核算政府单位发生的构成建设项目实际支出的各种设备的实际成本。

（3）"待摊投资"明细科目，核算政府单位发生的构成建设项目实际支出的、按照规定应当分摊计入有关工程成本和设备成本的各项间接费用和税费支出。本明细科目的具体核算内容包括以下方面：① 勘察费、设计费、研究试验费、可行性研究费及项目其他前期费用；② 土地征用及迁移补偿费、土地复垦及补偿费、森林植被恢复费及其他为取得土地使用权、租用权而发生的费用；③ 土地使用税、耕地占用税、契税、车船税、印花税及按照规定缴纳的其他税费；④ 项目建设管理费、代建管理费、临时设施费、监理费、招投标费、社会中介审计（审查）费及其他管理性质的费用。

项目建设管理费是指项目建设单位从项目筹建之日起至办理竣工财务决算之日止发生的管理性质的支出，包括不在原单位发工资的工作人员工资及相关费用、办公费、办公场地租用费、差旅交通费、劳动保护费、工具用具使用费、固定资产使用费、招募生产工人费、技术图书资料费（含软件）、业务招待费、施工现场津贴、竣工验收费等；⑤ 项目建设期间发生的各类专门借款利息支出或融资费用；⑥ 工程检测费、设备检验费、负荷联合试车费及其他检验检测类费用；⑦ 固定资产损失、器材处理亏损、设备盘亏及毁损、单项工程或单位工程报废、毁损净损失及其他损失；⑧ 系统集成等信息工程的费用支出；⑨ 其他待摊性质支出。

本明细科目应当按照上述费用项目进行明细核算，其中有些费用（如项目建设管理费等），还应当按照更为具体的费用项目进行明细核算。

（4）"其他投资"明细科目，核算政府单位发生的构成建设项目实际支出的房屋购置支出，基本畜禽、林木等购置、饲养、培育支出，办公生活用家具、器具购置支出，软件研发和不能计入设备投资的软件购置等支出。政府单位为进行可行性研究而购置的固定资产，以及取得土地使用权支付的土地出让金，也通过本明细科目核算。本明细科目应当设置"房屋购置""基本畜禽支出""林木支出""办公生活用家具、器具购置""可行性研究固定资产购置""无形资产"等明细科目。

(5)"待核销基建支出"明细科目,核算建设项目发生的江河清障、航道清淤、飞播造林、补助群众造林、水土保持、城市绿化、取消项目的可行性研究费以及项目整体报废等不能形成资产部分的基建投资支出。本明细科目应按照待核销基建支出的类别进行明细核算。

(6)"基建转出投资"明细科目,核算为建设项目配套而建成的、产权不归属本单位的专用设施的实际成本。本明细科目应按照转出投资的类别进行明细核算。

3. 在建工程的主要账务处理

1)建筑安装工程投资

(1)将固定资产等资产转入改建、扩建等时,按照固定资产等资产的账面价值,借记本科目(建筑安装工程投资),按照已计提的折旧或摊销,借记"固定资产累计折旧"等科目,按照固定资产等资产的原值,贷记"固定资产"等科目。

固定资产等资产改建、扩建过程中涉及替换(或拆除)原资产的某些组成部分的,按照被替换(或拆除)部分的账面价值,借记"待处理财产损溢"科目,贷记本科目(建筑安装工程投资)。

(2)政府单位对于发包建筑安装工程,根据建筑安装工程价款结算账单与施工企业结算工程价款时,按照应承付的工程价款,借记本科目(建筑安装工程投资),按照预付工程款余额,贷记"预付账款"科目,按照其差额,贷记"财政拨款收入""零余额账户用款额度""银行存款""应付账款"等科目。

(3)政府单位自行施工的小型建筑安装工程,按照发生的各项支出金额,借记本科目(建筑安装工程投资),贷记"工程物资""零余额账户用款额度""银行存款""应付职工薪酬"等科目。

(4)工程竣工,办妥竣工验收交接手续交付使用时,按照建筑安装工程成本(含应分摊的待摊投资),借记"固定资产"等科目,贷记本科目(建筑安装工程投资)。

2)设备投资

(1)购入设备时,按照购入成本,借记本科目(设备投资),贷记"财政拨款收入""零余额账户用款额度""银行存款"等科目;采用预付款方式购入设备的,有关预付款的账务处理参照本科目有关"建筑安装工程投资"明细科目的规定。

(2)设备安装完毕,办妥竣工验收交接手续交付使用时,按照设备投资成本(含设备安装工程成本和分摊的待摊投资),借记"固定资产"等科目,贷记本科目(设备投资、建筑安装工程投资——安装工程)。

将不需要安装的设备和达不到固定资产标准的工具、器具交付使用时,按照相关设备、工具、器具的实际成本,借记"固定资产""库存物品"科目,贷记本科目(设备投资)。

3)待摊投资

建设工程发生的构成建设项目实际支出的、按照规定应当分摊计入有关工程成本和设备成本的各项间接费用和税费支出,先在本明细科目中归集;建设工程办妥竣工验收手续交付使用时,按照合理的分配方法,摊入相关工程成本、在安装设备成本等。

(1)单位发生的构成待摊投资的各类费用,按照实际发生金额,借记本科目(待摊投资),贷记"财政拨款收入""零余额账户用款额度""银行存款""应付利息""长期借款""其他应交税费""固定资产累计折旧""无形资产累计摊销"等科目。

【注意:行政单位不涉及"应付利息""长期借款"。】

(2) 对于建设过程中试生产、设备调试等产生的收入,按照取得的收入金额,借记"银行存款"等科目,按照依据有关规定应当冲减建设工程成本的部分,贷记本科目(待摊投资),按照其差额贷记"应缴财政款"或"其他收入"科目。

(3) 由于自然灾害、管理不善等原因造成的单项工程或单位工程报废或毁损,扣除残料价值和过失人或保险公司等赔款后的净损失,报经批准后计入继续施工的工程成本的,按照工程成本扣除残料价值和过失人或保险公司等赔款后的净损失,借记本科目(待摊投资),按照残料变价收入、过失人或保险公司赔款等,借记"银行存款""其他应收款"等科目,按照报废或毁损的工程成本,贷记本科目(建筑安装工程投资)。

(4) 工程交付使用时,按照合理的分配方法分配待摊投资,借记本科目(建筑安装工程投资、设备投资),贷记本科目(待摊投资)。

待摊投资的分配方法,可按照下列公式计算:

第一,按照实际分配率分配。适用于建设工期较短、整个项目的所有单项工程一次竣工的建设项目。

$$\text{实际分配率} = \text{待摊投资明细科目余额} \div \left(\text{建筑工程明细科目余额} + \text{安装工程明细科目余额} + \text{设备投资明细科目余额} \right) \times 100\%$$

第二,按照概算分配率分配。适用于建设工期长、单项工程分期分批建成投入使用的建设项目。

$$\text{概算分配率} = \left(\text{概算中各待摊投资项目的合计数} - \text{其中可直接分配部分} \right) \div \left(\text{概算中建筑工程、安装工程和设备投资合计} \right) \times 100\%$$

第三,计算固定资产应分配的待摊投资。

$$\text{某项固定资产应分配的待摊投资} = \text{该项固定资产的建筑工程成本或该项固定资产(设备)的采购成本和安装成本合计} \times \text{分配率}$$

4) 其他投资

(1) 政府单位为建设工程发生的房屋购置支出,基本畜禽、林木等的购置、饲养、培育支出,办公生活用家具、器具购置支出,软件研发和不能计入设备投资的软件购置等支出,按照实际发生金额,借记本科目(其他投资),贷记"财政拨款收入""零余额账户用款额度""银行存款"等科目。

(2) 工程完成将形成的房屋、基本畜禽、林木等各种财产以及无形资产交付使用时,按照其实际成本,借记"固定资产""无形资产"等科目,贷记本科目(其他投资)。

5) 待核销基建支出

(1) 建设项目发生的江河清障、航道清淤、飞播造林、补助群众造林、水土保持、城市绿化等不能形成资产的各类待核销基建支出,按照实际发生金额,借记本科目(待核销基建支出),贷记"财政拨款收入""零余额账户用款额度""银行存款"等科目。

(2) 取消的建设项目发生的可行性研究费,按照实际发生金额,借记本科目(待核销基建支出),贷记本科目(待摊投资)。

(3) 由于自然灾害等原因发生的建设项目整体报废所形成的净损失,报经批准后转入待核销基建支出,按照项目整体报废所形成的净损失,借记本科目(待核销基建支出),按照报废工程回收的残料变价收入、保险公司赔款等,借记"银行存款""其他应收款"等科目,按照报废的工程成本,贷记本科目(建筑安装工程投资等)。

(4) 建设项目竣工验收交付使用时,对发生的待核销基建支出进行冲销,借记"资产处置费用"科目,贷记本科目(待核销基建支出)。

6) 基建转出投资

为建设项目配套而建成的、产权不归属本单位的专用设施,在项目竣工验收交付使用时,按照转出的专用设施的成本,借记本科目(基建转出投资),贷记本科目(建筑安装工程投资);同时,借记"无偿调拨净资产"科目,贷记本科目(基建转出投资)。

"在建工程"科目期末借方余额,反映单位尚未完工的建设项目工程发生的实际成本。

在建工程的主要账务处理如表 2-34 所示。

表 2-34 在建工程的主要账务处理

序号	业务内容		账务处理	
			财务会计	预算会计
1	建筑安装工程投资	将固定资产等转入改建、扩建时	借:在建工程——建筑安装工程投资 　　固定资产累计折旧等 　贷:固定资产等	—
		改扩建过程中替换(拆除)原资产某些组成部分的	借:待处理财产损溢 　贷:在建工程——建筑安装工程投资	—
		发包工程预付工程款时	借:预付账款——预付工程款 　贷:财政拨款收入/零余额账户用款额度/银行存款等	【事业单位】 借:事业支出等 　贷:财政拨款预算收入/资金结存 【行政单位】 借:行政支出等 　贷:财政拨款预算收入/资金结存
		按照进度结算工程款时	借:在建工程——建筑安装工程投资 　贷:预付账款——预付工程款 　　财政拨款收入/零余额账户用款额度/银行存款/应付账款等	【事业单位】 借:事业支出等[补付款项] 　贷:财政拨款预算收入/资金结存 【行政单位】 借:行政支出等[补付款项] 　贷:财政拨款预算收入/资金结存
		自行施工小型建筑安装工程发生支出时	借:在建工程——建筑安装工程投资 　贷:工程物资/零余额账户用款额度/银行存款/应付职工薪酬等	【事业单位】 借:事业支出等[实际支付的款项] 　贷:资金结存等 【行政单位】 借:行政支出等[实际支付的款项] 　贷:资金结存等
		工程竣工验收交付使用时	借:固定资产等 　贷:在建工程——建筑安装工程投资	—
2	设备投资	购入设备时	借:在建工程——设备投资 　贷:财政拨款收入/零余额账户用款额度/应付账款/银行存款等	【事业单位】 借:事业支出等[实际支付的款项] 　贷:财政拨款预算收入/资金结存 【行政单位】 借:行政支出等[实际支付的款项] 　贷:财政拨款预算收入/资金结存

(续表)

序号	业务内容		账务处理	
			财务会计	预算会计
2	设备投资	安装完毕，交付使用时	借：固定资产等 　　贷：在建工程——设备投资 　　　　　　　　——建筑安装工程投资——安装工程	—
		将不需要安装设备和达不到固定资产标准的工具器具交付使用时	借：固定资产/库存物品 　　贷：在建工程——设备投资	—
3	待摊投资	发生构成待摊投资的各类费用时	借：在建工程——待摊投资 　　贷：财政拨款收入/零余额账户用款额度/银行存款/应付利息/长期借款/其他应交税费等 【注意：行政单位无"应付利息""长期借款"】	【事业单位】 借：事业支出等[实际支付的款项] 　　贷：财政拨款预算收入/资金结存 【行政单位】 借：行政支出等[实际支付的款项] 　　贷：财政拨款预算收入/资金结存
		对于建设过程中试生产、设备调试等产生的收入	借：银行存款等 　　贷：在建工程——待摊投资[按规定冲减工程成本的部分] 　　　　应缴财政款/其他收入[差额]	借：资金结存 　　贷：其他预算收入
		经批准将单项工程或单位工程报废净损失计入继续施工的工程成本的	借：在建工程——待摊投资 　　银行存款/其他应收款等[残料变价收入、赔款等] 　　贷：在建工程——建筑安装工程投资[毁损报废工程成本]	—
		工程交付使用时，按照一定的分配方法进行待摊投资分配	借：在建工程——建筑安装工程投资 　　　　　　　——设备投资 　　贷：在建工程——待摊投资	—
4	其他投资	发生其他投资支出时	借：在建工程——其他投资 　　贷：财政拨款收入/零余额账户用款额度/银行存款等	【事业单位】 借：事业支出等[实际支付的款项] 　　贷：财政拨款预算收入/资金结存 【行政单位】 借：行政支出等[实际支付的款项] 　　贷：财政拨款预算收入/资金结存
		资产交付使用时	借：固定资产/无形资产等 　　贷：在建工程——其他投资	—
5	待核销基建支出	发生各类待核销基建支出时	借：在建工程——待核销基建支出 　　贷：财政拨款收入/零余额账户用款额度/银行存款等	【事业单位】 借：事业支出[实际支付的款项] 　　贷：财政拨款预算收入/资金结存 【行政单位】 借：行政支出[实际支付的款项] 　　贷：财政拨款预算收入/资金结存
		取消的项目发生的可行性研究费	借：在建工程——待核销基建支出 　　贷：在建工程——待摊投资	—

（续表）

序号	业务内容		账务处理	
			财务会计	预算会计
5	待核销基建支出	由于自然灾害等原因发生的项目整体报废所形成的净损失	借：在建工程——待核销基建支出 银行存款/其他应收款等[残料变价收入、保险赔款等] 贷：在建工程——建筑安装工程投资等	—
		经批准冲销待核销基建支出时	借：资产处置费用 贷：在建工程——待核销基建支出	—
6	基建转出投资	建造的产权不归属本单位的专用设施转出时	借：在建工程——基建转出投资 贷：在建工程——建筑安装工程投资	—
		冲销转出的在建工程时	借：无偿调拨净资产 贷：在建工程——基建转出投资	—

【例 2-50】 2×19 年 3 月 1 日，某事业单位一处办公用房进行改扩建，该办公用房原值 2 000 万元，累计折旧 1 500 万元，改扩建过程中，拆除了部分楼层重新翻建，拆除部分约占 30%。

① 3 月 1 日，将办公用房进行改扩建时，财务会计分录如下：

借：在建工程——建筑安装工程投资　　　　　　　　　　　　　　　5 000 000
　　固定资产累计折旧——房屋建筑物　　　　　　　　　　　　　　15 000 000
　　贷：固定资产——房屋建筑物　　　　　　　　　　　　　　　　20 000 000

② 3 月 1 日，改扩建过程中拆除部分楼层重新翻建，财务会计分录如下：

借：待处理财产损溢——在建工程　　　　　　　　　　　　　　　　1 500 000
　　贷：在建工程——建筑安装工程投资　　　　　　　　　　　　　1 500 000

【例 2-51】 2×19 年 2 月 1 日，某事业单位购入一台机器设备，支付 700 000 元，因需要安装，3 月 1 日，支付安装费 100 000 元，5 月 1 日，安装完毕后交付使用，款项均以银行存款支付。

① 2 月 1 日，购入需要安装的机器设备时，财务会计分录如下：

借：在建工程——投资设备　　　　　　　　　　　　　　　　　　　700 000
　　贷：银行存款　　　　　　　　　　　　　　　　　　　　　　　700 000

同时，编制预算会计分录：

借：事业支出　　　　　　　　　　　　　　　　　　　　　　　　　700 000
　　贷：资金结存——货币资金——银行存款　　　　　　　　　　　700 000

② 3 月 1 日，支付安装费时，财务会计分录如下：

借：在建工程——建筑安装工程投资　　　　　　　　　　　　　　　100 000
　　贷：银行存款　　　　　　　　　　　　　　　　　　　　　　　100 000

同时，编制预算会计分录：

借：事业支出 100 000
　　贷：资金结存——货币资金——银行存款 100 000

③ 5月1日,安装完毕后交付使用时,财务会计分录如下：

借：固定资产 800 000
　　贷：在建工程——投资设备 700 000
　　　　在建工程——建筑安装工程投资 100 000

相关思考 2-7

本例如为行政单位,则预算会计分录有何不同?

本例如为行政单位,则预算会计分录,应借记"行政支出"科目,即：

① 2月1日,购入需要安装的机器设备时,预算会计分录：

借：行政支出 700 000
　　贷：资金结存——货币资金——银行存款 700 000

② 3月1日,支付安装费时,预算会计分录：

借：行政支出 100 000
　　贷：资金结存——货币资金——银行存款 100 000

【**例 2-52**】 2×19年3月1日,某事业单位在建造某一设备时,以银行存款支付可行性研究费用30 000元；4月1日,该事业单位在设备调试过程中产生的收入为2 000元,分配的待摊投资为1 000元；9月1日,该设备完工交付使用。

① 3月1日,财务会计分录如下：

借：在建工程——待摊投资 30 000
　　贷：银行存款 30 000

同时,编制预算会计分录：

借：事业支出 30 000
　　贷：资金结存——货币资金——银行存款 30 000

② 4月1日,财务会计分录如下：

借：银行存款 2 000
　　贷：在建工程——待摊投资 1 000
　　　　其他收入 1 000

同时,编制预算会计分录：

借：资金结存——货币资金——银行存款 1 000
　　贷：其他预算收入 1 000

③ 9月1日,财务会计分录如下：

借：在建工程——设备投资 29 000
　　贷：在建工程——待摊投资 29 000

> **相关思考2-8**
>
> **本例如为行政单位,则预算会计分录有何不同?**
>
> 本例如为行政单位,则3月1日预算会计分录,应借记"行政支出"科目,即:
>
> 借:行政支出　　　　　　　　　　　　　　　　　　　　　　　　30 000
> 　　贷:资金结存——货币资金——银行存款　　　　　　　　　　　　30 000

【例2-53】 2×19年3月10日,某事业单位取消了一个项目发生的可行性研究费50 000元,年底该项目竣工交付使用,将该笔投资冲销。

① 3月10日,财务会计分录如下:

借:在建工程——待核销基建支出　　　　　　　　　　　　　　50 000
　　贷:在建工程——待摊投资　　　　　　　　　　　　　　　　　50 000

② 12月31日,财务会计分录如下:

借:资产处置费用　　　　　　　　　　　　　　　　　　　　　50 000
　　贷:在建工程——待核销基建支出　　　　　　　　　　　　　　50 000

【例2-54】 2×19年3月20日,某事业单位某办公楼项目竣工验收交付使用时,某配套实施2 000 000元不属于该事业单位的产权,将其转出。

财务会计分录如下:

借:在建工程——基建转出投资　　　　　　　　　　　　　　2 000 000
　　贷:在建工程——建筑安装工程投资　　　　　　　　　　　　2 000 000

同时,冲销转出的在建工程时,财务会计分录:

借:无偿调拨净资产　　　　　　　　　　　　　　　　　　　2 000 000
　　贷:在建工程——基建转出投资　　　　　　　　　　　　　　2 000 000

2.8 无形资产的核算

2.8.1 无形资产的概述

1. 无形资产的定义及分类

1) 定义

无形资产是指政府会计主体控制的没有实物形态的可辨认非货币性资产,如专利权、商标权、著作权、土地使用权,非专利技术等。"可辨认"的标准有两条,满足其一即可:

(1) 能够从政府会计主体中分离或者划分出来,并能单独或者与相关合同、资产或负债一起,用于出售、转移、授予许可、租赁或者交换。

(2) 源自合同性权利或其他法定权利,无论这些权利是否可以从政府会计主体或其他权利和义务中转移或者分离。

2) 无形资产的种类

(1) 专利权,是指政府对事业单位在某一产品的造型、配方、结构、制造工艺或程序的发明上给予制造使用和出售等方面的专门权利。专利权受法律保护。

（2）土地使用权，是指事业单位依法取得的在一定期间内开发和利用土地的权利。在我国，土地归国家所有，任何单位或个人只有使用权，没有土地所有权。

（3）非专利技术又称专有技术，技术秘密、技术诀窍，它是指发明者未申请专利或不够申请专利条件的而未经公开的先进技术，包括先进经验、技术设计资料、原料配方等。非专利技术不受法律保护，但却是一种事实上的专利权，可以进行转让和投资。

（4）著作权又称版权，是指文学、艺术和科学作品等著作人依法对其作品所拥有的权利，一般包括发表权、署名权、修改权、保护作品完整权、使用权和获得报酬权等。著作权受国家法律保护。

（5）商标权，是指专门在某类指定的商品或产品上使用特定的名称或图案的权利。商标一经注册，即受法律保护。

延伸阅读2-5

行政事业单位无形资产的特征

与其他资产相比，行政事业单位的无形资产具有的特征如下：

（1）没有实物形态。无形资产不具有实物形态，通常体现的是一种权利或一种技术。在某些高新科技领域，无形资产往往显得很重要。他没有实物形态，一般却有较高的价值。

（2）非货币性长期资产。无形资产没有实物形态，但货币性资产如应收账款、银行存款等也没有实物形态。因此，仅仅以无实物形态将无形资产与其他资产加以区分是不够的。无形资产是非货币性长期资产，主要是因为其能在超过行政事业单位的一个会计年度内为行政事业单位服务。那些虽然具有无形资产其他特征却不能在超过一个会计年度内为行政事业单位服务的资产，不能作为行政事业单位的无形资产核算。

（3）具有可辨认性。行政事业单位的无形资产具有可辨认性，主要体现在能够从行政事业单位中分离或划分出来或者源自合同性权利或其他法定权利。

2. 无形资产的确认

第一，无形资产的确认条件：

（1）与该无形资产相关的服务潜力很可能实现或者经济利益很可能流入政府会计主体。

（2）该无形资产的成本或者价值能够可靠地计量。政府会计主体在判断无形资产的服务潜力或经济利益是否很可能实现或流入时，应当对无形资产在预计使用年限内可能存在的各种社会、经济、科技因素作出合理估计，并且应当有确凿的证据支持。

第二，政府会计主体购入的不构成相关硬件不可缺少组成部分的软件，应当确认为无形资产。

第三，研发支出应当区分研究阶段支出与开发阶段支出。

（1）研究是指为获取并理解新的科学或技术知识而进行的独创性的有计划调查。研究阶段的特点：一是计划性。研究阶段是建立在有计划的调查基础上，即研发项目已经相关管理层的批准，并着手收集相关资料、进行市场调查等。二是探索性。研究阶段基本上是探索性的，为进一步的开发活动进行资料及相关方面的准备，这一阶段不会形成阶段性成果。从研究活动的特点看，其研究是否能在未来形成成果，即通过开发后是否会形成无形资产均有很大的不确定性，因此研究阶段的有关支出在发生时应当费用化，计入当期损益。

(2) 开发是指在进行生产或使用前,将研究成果或其他知识应用于某项计划或设计,以生产出新的或具有实质性改进的材料、装置、产品等。开发阶段的特点在于:一是具有针对性。开发阶段是建立在研究阶段基础上,因而,对项目的开发具有针对性。二是形成成果的可能性较大。进入开发阶段的研发项目往往形成成果的可能性较大。开发阶段的支出,先按合理方法进行归集,如果最终形成无形资产的,应当确认为无形资产;如果最终未形成无形资产的,应当计入当期费用。

(3) 自行研发项目尚未进入开发阶段,或者确实无法区分研究阶段支出和开发阶段支出的,但按法律程序已申请取得无形资产的,应当将依法取得时发生的注册费、聘请律师费等费用确认为无形资产。

第四,政府会计主体自创商誉及内部产生的品牌、报刊名等,不应确认为无形资产。

第五,与无形资产有关的后续支出,符合本准则规定的确认条件的,应当计入无形资产成本,不符合本准则规定的确认条件的,应当在发生时计入当期费用。

3. 无形资产的初始计量

无形资产在取得时应当按照成本进行初始计量。非大批量购入,单价小于1 000元的无形资产,可以于购买的当期直接计入费用。

1) 外购的无形资产

其成本包括购买价款、相关税费以及可归属于该项资产达到预定用途前所发生的其他支出。政府会计主体委托软件公司开发的软件。视同外购无形资产确定其成本。

2) 自行开发的无形资产

其成本包括自该项目进入开发阶段后至达到预定用途前所发生的支出总额。

3) 置换获得的无形资产

其成本按照换出资产的评估价值加上支付的补价或减去收到的补价,加上换入无形资产发生的其他相关支出确定。

4) 接受捐赠的无形资产

其成本有四种确认方式:① 按照有关凭据注明的金额加上相关税费确定;② 没有相关凭据可供取得,但按规定经过资产评估的,其成本按照评估价值加上相关税费确定;③ 没有相关凭据可供取得、也未经资产评估的,其成本比照同类或类似资产的市场价格加上相关税费确定;④ 没有相关凭据且未经资产评估、同类或类似资产的市场价格也无法可靠取得的,按照名义金额入账,相关税费计入当期费用。

确定接受捐赠无形资产的初始入账成本时,应当考虑该项资产尚可为政府会计主体带来服务潜力或经济利益的能力。

5) 无偿调入的无形资产

其成本按照调出方账面价值加上相关税费确定。

4. 无形资产摊销

摊销是指在无形资产使用年限内,按照确定的方法对应摊销金额进行系统分摊。

1) 无形资产的摊销范围

政府会计主体应当对使用年限有限的无形资产进行摊销。应当于取得或形成无形资产时合理确定其使用年限。无形资产的使用年限为有限的,应当估计该使用年限。无法预见无形资产为政府会计主体提供服务潜力或者带来经济利益期限的,应当视为使用年限不确定的无形资产。

2) 下列无形资产不应摊销

(1) 使用年限不确定的无形资产。

(2) 已摊销完毕仍继续使用的无形资产。

(3) 以名义金额计量的无形资产。

3) 摊销年限的确定

(1) 法律规定了有效年限的,按照法律规定的有效年限作为摊销年限。

(2) 法律没有规定有效年限的,按照相关合同或单位申请书中的受益年限作为摊销年限。

(3) 法律没有规定有效年限、相关合同或单位申请书也没有规定受益年限的,应当根据无形资产为政府会计主体提供服务潜力或经济利益的实际情况,预计其使用年限。

(4) 非大批量购入、单价小于1 000元的无形资产,可以于购买的当期将其成本一次全部转销。

4) 摊销方法

(1) 年限平均法。年限平均法又称直线法,是指将无形资产的应计摊销额均衡地分摊到无形资产预计使用寿命内的一种方法。采用这种方法计算的每期摊销额均相等。计算公式如下:

$$每年摊销额=无形资产应计摊销额÷预计摊销年限$$

$$每月摊销额=无形资产年摊销额÷12$$

(2) 工作量法。工作量法是指按照无形资产实际完成的工作总量计算摊销额的一种方法。采用这种方法,每期计提的摊销额随当期无形资产提供工作量的多少而变动,计算公式如下:

$$单位摊销额=无形资产原值÷预计总工作量$$

$$当期摊销额=当期工作量×单位摊销额$$

不考虑预计残值。因发生后续支出而增加无形资产成本的,应当按照重新确定的无形资产成本以及重新确定的摊销年限计算摊销额。

5) 摊销的会计处理

政府会计主体应当按月对使用年限有限的无形资产进行摊销,并根据用途计入当期费用或者相关资产成本。

5. 无形资产的后续计量

1) 出售无形资产

出售无形资产时,应当将无形资产账面价值转销计入当期费用,并将处置收入大于相关处置税费后的差额按规定计入当期收入或者做应缴款项处理,将处置收入小于相关处置税费后的差额计入当期费用。

2) 对外捐赠、无偿调出无形资产

对外捐赠、无偿调出无形资产,应当将无形资产的账面价值予以转销,对外捐赠、无偿调出中发生的归属于捐出方、调出方的相关费用应当计入当期费用。

3) 以无形资产对外投资

以无形资产对外投资,应当将该无形资产的账面价值予以转销,并将无形资产在对外投资时的评估价值与其账面价值的差额计入当期收入或费用。

4) 转销无形资产

无形资产预期不能为政府会计主体带来服务潜力或者经济利益的,应当在报经批准后将该无形资产的账面价值予以转销。

6. 无形资产的披露

(1) 无形资产账面余额、累计摊销额、账面价值的期初、期末数及其本期变动情况。

(2) 自行开发无形资产的名称、数量,以及账面余额和累计摊销额的变动情况。

(3) 以名义金额计量的无形资产名称、数量,以及以名义金额计量的理由。

(4) 接受捐赠、无偿调入无形资产的名称、数量等情况。

(5) 使用年限有限的无形资产,其使用年限的估计情况;使用年限不确定的无形资产,其使用年限不确定的确定依据。

(6) 无形资产出售、对外投资等重要资产处置的情况。

2.8.2 无形资产

1. 核算内容

本科目核算政府单位无形资产的原值。

2. 明细科目设置

本科目应当按照无形资产的类别、项目等进行明细核算。

3. 无形资产的主要账务处理

1) 无形资产在取得时,应当按照成本进行初始计量

(1) 外购的无形资产,按照确定的成本,借记本科目,贷记"财政拨款收入""零余额账户用款额度""应付账款""银行存款"等科目。

(2) 委托软件公司开发软件,视同外购无形资产进行处理。

合同中约定预付开发费用的,按照预付金额,借记"预付账款"科目,贷记"财政拨款收入""零余额账户用款额度""银行存款"等科目。软件开发完成交付使用并支付剩余或全部软件开发费用时,按照软件开发费用总额,借记本科目,按照相关预付账款金额,贷记"预付账款"科目,按照支付的剩余金额,贷记"财政拨款收入""零余额账户用款额度""银行存款"等科目。

(3) 自行研究开发形成的无形资产,按照研究开发项目进入开发阶段后至达到预定用途前所发生的支出总额,借记本科目,贷记"研发支出——开发支出"科目。

自行研究开发项目尚未进入开发阶段,或者确实无法区分研究阶段支出和开发阶段支出,但按照法律程序已申请取得无形资产的,按照依法取得时发生的注册费、聘请律师费等费用,借记本科目,贷记"财政拨款收入""零余额账户用款额度""银行存款"等科目;按照依法取得前所发生的研究开发支出,借记"业务活动费用"等科目,贷记"研发支出"科目。

(4) 接受捐赠的无形资产,按照确定的无形资产成本,借记本科目,按照发生的相关税费等,贷记"零余额账户用款额度""银行存款"等科目,按照其差额,贷记"捐赠收入"科目。接受捐赠的无形资产按照名义金额入账的,按照名义金额,借记本科目,贷记"捐赠收入"科

目;同时,按照发生的相关税费等,借记"其他费用"科目,贷记"零余额账户用款额度""银行存款"等科目。

(5)无偿调入的无形资产,按照确定的无形资产成本,借记本科目,按照发生的相关税费等,贷记"零余额账户用款额度""银行存款"等科目,按照其差额,贷记"无偿调拨净资产"科目。

(6)置换取得的无形资产,参照"库存物品"科目中置换取得库存物品的相关规定进行账务处理。无形资产取得时涉及增值税业务的,相关账务处理参见"应交增值税"科目。

2)与无形资产有关的后续支出

(1)符合无形资产确认条件的后续支出。为增加无形资产的使用效能对其进行升级改造或扩展其功能时,如需暂停对无形资产进行摊销的,按照无形资产的账面价值,借记"在建工程"科目,按照无形资产已摊销金额,借记"无形资产累计摊销"科目,按照无形资产的账面余额,贷记本科目。

无形资产后续支出符合无形资产确认条件的,按照支出的金额,借记本科目(无需暂停摊销的)或"在建工程"科目(需暂停摊销的),贷记"财政拨款收入""零余额账户用款额度""银行存款"等科目。

暂停摊销的无形资产升级改造或扩展功能等完成交付使用时,按照在建工程成本,借记本科目,贷记"在建工程"科目。

(2)不符合无形资产确认条件的后续支出。为保证无形资产正常使用发生的日常维护等支出,借记"业务活动费用""单位管理费用"等科目,贷记"财政拨款收入""零余额账户用款额度""银行存款"等科目。

【注意:行政单位不涉及"单位管理费用"。】

3)按照规定报经批准处置无形资产,应当分别以下情况处理

(1)报经批准出售、转让无形资产,按照被出售、转让无形资产的账面价值,借记"资产处置费用"科目,按照无形资产已计提的摊销,借记"无形资产累计摊销"科目,按照无形资产账面余额,贷记本科目;同时,按照收到的价款,借记"银行存款"等科目,按照处置过程中发生的相关费用,贷记"银行存款"等科目,按照其差额,贷记"应缴财政款"(按照规定应上缴无形资产转让净收入的)或"其他收入"(按照规定将无形资产转让收入纳入本单位预算管理的)科目。

(2)报经批准对外捐赠无形资产,按照无形资产已计提的摊销,借记"无形资产累计摊销"科目,按照被处置无形资产账面余额,贷记本科目,按照捐赠过程中发生的归属于捐出方的相关费用,贷记"银行存款"等科目,按照其差额,借记"资产处置费用"科目。

(3)报经批准无偿调出无形资产,按照无形资产已计提的摊销,借记"无形资产累计摊销"科目,按照被处置无形资产账面余额,贷记本科目,按照其差额,借记"无偿调拨净资产"科目;同时,按照无偿调出过程中发生的归属于调出方的相关费用,借记"资产处置费用"科目,贷记"银行存款"等科目。

(4)报经批准置换换出无形资产,参照"库存物品"科目中置换换入库存物品的规定进行账务处理。

(5)无形资产预期不能为单位带来服务潜力或经济利益,按照规定报经批准核销时,按照待核销无形资产的账面价值,借记"资产处置费用"科目,按照已计提摊销,借记"无形资产累计摊销"科目,按照无形资产的账面余额,贷记本科目。

无形资产处置时涉及增值税业务的,相关账务处理参见"应交增值税"科目。

4）单位应当定期对无形资产进行清查盘点，每年至少盘点一次

单位资产清查盘点过程中发现的无形资产盘盈、盘亏等，参照"固定资产"科目相关规定进行账务处理。

"无形资产"科目期末借方余额，反映政府单位无形资产的成本。

无形资产的主要账务处理如表 2-35 所示。

表 2-35　　　　　　　　　　　　无形资产的主要账务处理

序号	业务内容		账务处理	
			财务会计	预算会计
1	无形资产取得	（1）外购的无形资产入账时	借：无形资产 　贷：财政拨款收入/零余额账户用款额度/应付账款/银行存款等	【事业单位】 借：事业支出/经营支出等 　贷：财政拨款预算收入/资金结存 【行政单位】 借：行政支出等 　贷：财政拨款预算收入/资金结存
		（2）委托软件公司开发的软件，按照合同约定预付开发费时	借：预付账款 　贷：财政拨款收入/零余额账户用款额度/银行存款等	【事业单位】 借：事业支出/经营支出等［预付的款项］ 　贷：财政拨款预算收入/资金结存 【行政单位】 借：行政支出等［预付的款项］ 　贷：财政拨款预算收入/资金结存
		委托开发的软件交付使用，并支付剩余或全部软件开发费用时	借：无形资产［开发费总额］ 　贷：预付账款 　　财政拨款收入/零余额账户用款额度/银行存款等［支付的剩余款项］	按照支付的剩余款项金额 【事业单位】 借：事业支出/经营支出等 　贷：财政拨款预算收入/资金结存 【行政单位】 借：行政支出等 　贷：财政拨款预算收入/资金结存
		（3）自行开发 ① 开发完成，达到预定用途形成无形资产的	借：无形资产 　贷：研发支出——开发支出	—
		② 自行研究开发无形资产尚未进入开发阶段，或者确实无法区分研究阶段支出和开发阶段支出，但按照法律程序已申请取得无形资产的	借：无形资产［依法取得时发生的注册费、聘请律师费等费用］ 　贷：财政拨款收入/零余额账户用款额度/银行存款等	【事业单位】 借：事业支出/经营支出等 　贷：财政拨款预算收入/资金结存 【行政单位】 借：行政支出等 　贷：财政拨款预算收入/资金结存
		（4）接受捐赠的无形资产	借：无形资产 　贷：银行存款、零余额账户用款额度等［发生的相关税费等］ 　　捐赠收入［差额］	借：其他支出［支付的相关税费等］ 　贷：资金结存
		接受捐赠的无形资产按照名义金额入账的	借：无形资产［名义金额］ 　贷：捐赠收入 借：其他费用 　贷：银行存款/零余额账户用款额度等［发生的相关税费等］	借：其他支出［支付的相关税费等］ 　贷：资金结存

(续表)

序号		业务内容	账务处理	
			财务会计	预算会计
		（5）无偿调入的无形资产	借：无形资产 　　贷：银行存款/零余额账户用款额度等［发生的相关税费等］ 　　　　无偿调拨净资产［差额］	借：其他支出［支付的相关税费等］ 　　贷：资金结存
		（6）置换取得的无形资产	参照"库存物品"科目中置换取得库存物品的相关规定进行账务处理	
2	与无形资产有关的后续支出	符合无形资产确认条件的后续支出（如为增加无形资产的使用效能而发生的后续支出）	借：在建工程 　　无形资产累计摊销 　　贷：无形资产 借：在建工程/无形资产［无需暂停计提摊销的］ 　　贷：财政拨款收入/零余额账户用款额度/银行存款等 借：无形资产 　　贷：在建工程	【事业单位】 借：事业支出/经营支出等［实际支付的资金］ 　　贷：财政拨款预算收入/资金结存 【行政单位】 借：行政支出等［实际支付的资金］ 　　贷：财政拨款预算收入/资金结存
		不符合无形资产确认条件的后续支出（为维护无形资产的正常使用而发生的后续支出）	借：业务活动费用/单位管理费用/经营费用等 　　贷：财政拨款收入/零余额账户用款额度/银行存款等 【注意：行政单位无"单位管理费用""经营费用"】	【事业单位】 借：事业支出/经营支出等 　　贷：财政拨款预算收入/资金结存 【行政单位】 借：行政支出等 　　贷：财政拨款预算收入/资金结存
3	无形资产处置	出售、转让无形资产	借：资产处置费用 　　无形资产累计摊销 　　贷：无形资产 借：银行存款等［收到的价款］ 　　贷：银行存款等［发生的相关费用］ 　　　　应缴财政款/其他收入	如转让收入按照规定纳入本单位预算 借：资金结存 　　贷：其他预算收入
		对外捐赠无形资产	借：资产处置费用 　　无形资产累计摊销 　　贷：无形资产［账面余额］ 　　　　银行存款等［归属于捐出方的相关费用］	借：其他支出［归属于捐出方的相关费用］ 　　贷：资金结存
		无偿调出无形资产	借：无偿调拨净资产 　　无形资产累计摊销 　　贷：无形资产［账面余额］ 借：资产处置费用 　　贷：银行存款等［相关费用］	借：其他支出［归属于调出方的相关费用］ 　　贷：资金结存
		置换换出无形资产	参照"库存物品"科目中置换取得库存物品的规定进行账务处理	
		经批准核销无形资产时	借：资产处置费用 　　无形资产累计摊销 　　贷：无形资产［账面余额］	—
4	盘盈、盘亏		无形资产盘盈、盘亏等，参照"固定资产"科目相关规定进行账务处理	

【例 2-55】 某事业单位委托 A 软件公司开发软件,2×19 年 1 月 20 日,该事业单位按合同约定向 A 软件公司预付开发费用 50 000 元,4 月 20 日,软件开发完成并交付使用,该事业单位向 A 软件公司支付剩余合同款 80 000 元。所有款项用项目经费支出,采用财政授权方式支付。

① 1 月 20 日,预付开发费用时,财务会计分录如下:

借:预付账款——A   50 000
　　贷:零余额账户用款额度——项目支出用款额度   50 000

同时,编制预算会计分录:

借:事业支出——项目支出——资本性支出   50 000
　　贷:资金结存——零余额账户用款额度   50 000

② 4 月 20 日,软件开发完成交付使用并支付剩余款项时,财务会计分录如下:

借:无形资产——软件   130 000
　　贷:预付账款——A   50 000
　　　　零余额账户用款额度——项目支出用款额度   80 000

同时,编制预算会计分录:

借:事业支出——项目支出——资本性支出   80 000
　　贷:资金结存——零余额账户用款额度   80 000

> 相关思考 2-9

本例如为行政单位,则预算会计分录有何不同?

本例如为行政单位,则预算会计分录,应借记"行政支出"科目,即:

① 1 月 20 日,预付开发费用时,编制预算会计分录:

借:行政支出——项目支出——资本性支出   50 000
　　贷:资金结存——零余额账户用款额度   50 000

② 4 月 20 日,软件开发完成交付使用并支付剩余款项时,编制预算会计分录:

借:行政支出——项目支出——资本性支出   80 000
　　贷:资金结存——零余额账户用款额度   80 000

【例 2-56】 2×19 年 2 月 20 日,某事业单位接受甲公司捐赠的一项专利技术 A,评估值为 100 000 元,用银行存款支付相关税费 1 000 元。

财务会计分录如下:

借:无形资产——专利技术——A   101 000
　　贷:捐赠收入——甲公司   100 000
　　　　银行存款   1 000

同时,编制预算会计分录:

借:其他支出——相关税费   1 000
　　贷:资金结存——货币资金——银行存款   1 000

【例2-57】 2×19年2月25日,某事业单位接受从同一系统内甲单位无偿调入的一项专利技术B,专利技术B账面价值300 000元,以银行存款支付相关税费8 000元。

财务会计分录如下:

借:无形资产——专利技术——B　　　　　　　　　　　　　　　308 000
　　贷:无偿调拨净资产　　　　　　　　　　　　　　　　　　　300 000
　　　　银行存款　　　　　　　　　　　　　　　　　　　　　　　 8 000

同时,编制预算会计分录:

借:其他支出——相关税费　　　　　　　　　　　　　　　　　　 8 000
　　贷:资金结存——货币资金——银行存款　　　　　　　　　　 8 000

【例2-58】 某事业单位拥有一个信息系统,账面价值为70 000元,2×19年3月31日,该系统已累计摊销7 000元,为增加该系统的使用效能,对该系统进行升级改造,暂停使用,停止计提摊销,4月30日,银行存款支付升级费用20 000元,该支出符合无形资产确认条件。5月31日,交付使用。

① 3月31日,财务会计分录如下:

借:在建工程——信息系统　　　　　　　　　　　　　　　　　 63 000
　　无形资产累计摊销——软件　　　　　　　　　　　　　　　　 7 000
　　贷:无形资产——软件　　　　　　　　　　　　　　　　　　70 000

② 4月30日,财务会计分录如下:

借:在建工程——信息系统　　　　　　　　　　　　　　　　　 20 000
　　贷:银行存款　　　　　　　　　　　　　　　　　　　　　　20 000

同时,编制预算会计分录:

借:事业支出——项目支出——资本性支出　　　　　　　　　　 20 000
　　贷:资金结存——货币资金——银行存款　　　　　　　　　　20 000

③ 5月31日,财务会计分录如下:

借:无形资产——软件　　　　　　　　　　　　　　　　　　　 83 000
　　贷:在建工程——信息系统　　　　　　　　　　　　　　　　83 000

相关思考2-10

本例如为行政单位,则预算会计分录有何不同?

本例如为行政单位,则4月30日预算会计分录,应借记"行政支出"科目,即:

借:行政支出——项目支出——资本性支出　　　　　　　　　　 20 000
　　贷:资金结存——货币资金——银行存款　　　　　　　　　　20 000

【例2-59】 某事业单位拥有一个信息系统,账面价值为70 000元,该系统已累计摊销7 000元,现为维护该信息系统的正常使用发生后续支出20 000元,银行存款支付,该支出不符合无形资产确认条件。

财务会计分录如下:

借：业务活动费用 20 000
　　贷：银行存款 20 000

同时，编制预算会计分录：

借：事业支出 20 000
　　贷：资金结存——货币资金——银行存款 20 000

相关思考 2-11

本例如为行政单位，则预算会计分录有何不同？

本例如为行政单位，则预算会计分录，应借记"行政支出"科目，即：

借：行政支出 20 000
　　贷：资金结存——货币资金——银行存款 20 000

【例 2-60】 2×19 年 5 月 31 日，某事业单位转让一项专利权，其账面价值为 200 000 元，已计提摊销 120 000 元，转让时取得价款 100 000 元，以银行存款支付发生的相关税费 5 000 元。

5 月 31 日，财务会计分录如下：

借：资产处置费用 80 000
　　无形资产累计摊销——专利权 120 000
　　贷：无形资产——专利权 200 000

借：银行存款 100 000
　　贷：应缴财政款——应缴国库款【按规定上缴】 95 000
　　或：其他收入——科技成果转化收入【按规定纳入本单位预算管理】 95 000
　　　　银行存款 5 000

如果上缴财政则不做预算会计分录。

如果转让收入纳入本单位预算管理，则需同时，编制预算会计分录：

借：资金结存——货币资金——银行存款 95 000
　　贷：其他预算收入——科技成果转化收入 95 000

【例 2-61】 2×19 年 6 月 30 日，某事业单位对外捐赠一项专利技术，其账面价值为 200 000 元，已累计摊销 120 000 元，发生相关税费 5 000 元，银行存款支付。

6 月 30 日，财务会计分录如下：

借：资产处置费用 85 000
　　无形资产累计摊销——专利技术 120 000
　　贷：无形资产——专利技术 200 000
　　　　银行存款 5 000

同时，编制预算会计分录：

借：其他支出——相关税费 5 000
　　贷：资金结存——货币资金——银行存款 5 000

【例 2-62】 2×19 年 6 月 30 日,某事业单位无偿调出一项专利技术,其账面价值为 200 000 元,已累计摊销 120 000 元,发生相关税费 5 000 元,银行存款支付。

6 月 30 日,财务会计分录如下:

借:无偿调拨净资产　　　　　　　　　　　　　　　　　　　　　　80 000
　　无形资产累计摊销——专利技术　　　　　　　　　　　　　　　120 000
　　贷:无形资产——专利技术　　　　　　　　　　　　　　　　　　　　200 000

借:资产处置费用　　　　　　　　　　　　　　　　　　　　　　　　5 000
　　贷:银行存款　　　　　　　　　　　　　　　　　　　　　　　　　　5 000

同时,编制预算会计分录:

借:其他支出——相关税费　　　　　　　　　　　　　　　　　　　　5 000
　　贷:资金结存——货币资金——银行存款　　　　　　　　　　　　　　5 000

【例 2-63】 2×19 年 7 月 31 日,某事业单位将一批不再能为事业单位带来经济利益的著作权予以核销,该批著作权原价 90 000 元,已计提摊销 80 000 元。

7 月 31 日,财务会计分录如下:

借:资产处置费用　　　　　　　　　　　　　　　　　　　　　　　　10 000
　　无形资产累计摊销——著作权　　　　　　　　　　　　　　　　　80 000
　　贷:无形资产——著作权　　　　　　　　　　　　　　　　　　　　　90 000

2.8.3　无形资产累计摊销

1. 核算内容

本科目核算政府单位对使用年限有限的无形资产计提的累计摊销。

2. 明细科目设置

本科目应当按照所对应无形资产的明细分类进行明细核算。

3. 无形资产累计摊销的主要账务处理

(1) 按月对无形资产进行摊销时,按照应摊销金额,借记"业务活动费用""单位管理费用""加工物品""在建工程"等科目,贷记本科目。

【注意:行政单位不涉及"单位管理费用"。】

(2) 经批准处置无形资产时,按照所处置无形资产的账面价值,借记"资产处置费用""无偿调拨净资产""待处理财产损溢"等科目,按照已计提摊销,借记本科目,按照无形资产的账面余额,贷记"无形资产"科目。

"无形资产累计摊销"科目期末贷方余额,反映政府单位计提的无形资产摊销累计数。

无形资产累计摊销的主要账务处理如表 2-36 所示。

表 2-36　　　　　　　　　　无形资产累计摊销的主要账务处理

序号	业务内容	账务处理	
		财务会计	预算会计
1	按照月进行无形资产摊销时	借:业务活动费用/单位管理费用/加工物品等 贷:无形资产累计摊销 【注意:行政单位无"单位管理费用"】	—

(续表)

序号	业务内容	账务处理	
		财务会计	预算会计
2	处置无形资产时	借：资产处置费用/无偿调拨净资产等 　　无形资产累计摊销 贷：无形资产[账面余额]	—

【例2-64】 2×19年7月1日，某事业单位因开展业务活动需要，购入一项专利技术，支付价款600 000元，款项已支付，该专利技术的使用寿命为10年。

月摊销金额=600 000÷10÷12=5 000(元)

当月计提摊销的财务会计分录如下：

借：业务活动费用——无形资产摊销　　　　　　　　　　　　　　　5 000
　　贷：无形资产累计摊销——专利技术　　　　　　　　　　　　　　5 000

2.8.4 研发支出

1. 核算内容

本科目核算政府单位自行研究开发项目研究阶段和开发阶段发生的各项支出。

> **特别提示2-12**
>
> 建设项目中的软件研发支出，应当通过"在建工程"科目核算，不通过本科目核算。

2. 明细科目设置

本科目应当按照自行研究开发项目，分别"研究支出""开发支出"进行明细核算。

3. 研发支出的主要账务处理

(1) 自行研究开发项目研究阶段的支出，应当先在本科目归集。按照从事研究及其辅助活动人员计提的薪酬，研究活动领用的库存物品，发生的与研究活动相关的管理费、间接费和其他各项费用，借记本科目(研究支出)，贷记"应付职工薪酬""库存物品""财政拨款收入""零余额账户用款额度""固定资产累计折旧""银行存款"等科目。

期(月)末，应当将本科目归集的研究阶段的支出金额转入当期费用，借记"业务活动费用"等科目，贷记本科目(研究支出)。

(2) 自行研究开发项目开发阶段的支出，先通过本科目进行归集。按照从事开发及其辅助活动人员计提的薪酬，开发活动领用的库存物品，发生的与开发活动相关的管理费、间接费和其他各项费用，借记本科目(开发支出)，贷记"应付职工薪酬""库存物品""财政拨款收入""零余额账户用款额度""固定资产累计折旧""银行存款"等科目。自行研究开发项目完成，达到预定用途形成无形资产的，按照本科目归集的开发阶段的支出金额，借记"无形资产"科目，贷记本科目(开发支出)。

(3) 政府单位应于每年年度终了评估研究开发项目是否能达到预定用途，如预计不能达到预定用途(如无法最终完成开发项目并形成无形资产的)，应当将已发生的开发支出金额全部转入当期费用，借记"业务活动费用"等科目，贷记本科目(开发支出)。自行研究开发项目时涉及增值税业务的，相关账务处理参见"应交增值税"科目。

"研发支出"科目期末借方余额,反映单位预计能达到预定用途的研究开发项目在开发阶段发生的累计支出数。

研发支出的主要账务处理如表2-37所示。

表2-37　　　　　　　　　　　　　研发支出的主要账务处理

序号	业务内容		账务处理	
			财务会计	预算会计
1	自行研究开发项目研究阶段的支出	应当按照合理的方法先归集	借：研发支出——研究支出 　贷：应付职工薪酬/库存物品/财政拨款收入/零余额账户用款额度/银行存款等	【事业单位】 借：事业支出/经营支出等[实际支付的款项] 　贷：财政拨款预算收入/资金结存 【行政单位】 借：行政支出等[实际支付的款项] 　贷：财政拨款预算收入/资金结存
		期(月)末转入当期费用	借：业务活动费用等 　贷：研发支出——研究支出	
2	自行研究开发项目开发阶段的支出		借：研发支出——开发支出 　贷：应付职工薪酬 　　库存物品 　　财政拨款收入/零余额账户用款额度/银行存款等	【事业单位】 借：事业支出/经营支出等[实际支付的款项] 　贷：财政拨款预算收入/资金结存 【行政单位】 借：行政支出等[实际支付的款项] 　贷：财政拨款预算收入/资金结存
	自行研究开发项目完成,达到预定用途形成无形资产		借：无形资产 　贷：研发支出——开发支出	
3	年末经评估,研发项目预计不能达到预定用途		借：业务活动费用等 　贷：研发支出——开发支出	

【例2-65】 2×19年1月30日,某事业单位自行研究开发一项专利技术,在研究开发过程中发生一批甲材料费,价值300 000元;人工工资500 000元;以及用银行存款支付其他费用100 000元;总计900 000元。其中符合资本化条件的支出为800 000元,6月30日该专利技术已达到预定用途。假定不考虑相关税费。

① 1月30日,财务会计分录如下：

借：研发支出——研究支出　　　　　　　　　　　　　　　　　　　　　100 000
　　研发支出——开发支出　　　　　　　　　　　　　　　　　　　　　800 000
　贷：库存物品——甲　　　　　　　　　　　　　　　　　　　　　　　300 000
　　　应付职工薪酬——基本工资等　　　　　　　　　　　　　　　　　500 000
　　　银行存款　　　　　　　　　　　　　　　　　　　　　　　　　　100 000

同时,编制预算会计分录：

借：事业支出——基本支出——商品和服务支出　　　　　　　　　　　　100 000
　贷：资金结存——货币资金——银行存款　　　　　　　　　　　　　　100 000

① 6月30日,财务会计分录如下：

借：业务活动费用——商品和服务费用　　　　　　　　　　　　　　　　100 000
　　无形资产——专利技术　　　　　　　　　　　　　　　　　　　　　800 000
　贷：研发支出——研究支出　　　　　　　　　　　　　　　　　　　　100 000
　　　研发支出——开发支出　　　　　　　　　　　　　　　　　　　　800 000

相关思考 2-12

本例如为行政单位，则预算会计分录有何不同？

本例如为行政单位，则 1 月 30 日预算会计分录，应借记"行政支出"科目，即：

借：行政支出——基本支出——商品和服务支出　　　　　　　100 000
　　贷：资金结存——货币资金——银行存款　　　　　　　　　　100 000

2.9　经管资产的核算

2.9.1　公共基础设施及其累计折旧（摊销）

1. 公共基础设施的概述

公共基础设施与固定资产有一定的相似性，由于我国政府公共基础设施数量众多，在资金来源、建造和管理方式、产权关系、用途等方面与政府会计主体占有、使用的固定资产有较大区别，因此单独作为一个科目确认、核算、计量。

1）定义

公共基础设施是指政府会计主体为满足社会公共需求而控制的，同时具有以下特征的有形资产：是一个有形资产系统或网络的组成部分；具有特定用途；一般不可移动。

2）分类

（1）市政基础设施（如城市道路、桥梁、隧道、公交场站、路灯、广场、公园绿地、室外公共健身器材，以及环卫、排水、供水、供电、供气、供热、污水处理、垃圾处理系统等）。

（2）交通基础设施（如公路、航道、港口）。

（3）水利基础设施（大坝、堤防、水闸、泵站、渠道等）。

（4）其他公共基础设施。

3）特殊情况

独立于公共基础设施、不构成公共基础设施使用不可缺少组成部分的管理维护用房屋建筑物、设备、车辆等，适用固定资产准则；属于文物文化资产的公共基础设施，适用其他相关政府会计准则；采用政府和社会资本合作模式（即 PPP 模式）形成的公共基础设施的确认和初始计量，适用其他相关政府会计准则。

特别提示 2-13

必须招标的基础设施和公用事业项目范围规定

为明确必须招标的大型基础设施和公用事业项目范围，根据《中华人民共和国招标投标法》和《必须招标的工程项目规定》，大型基础设施、公用事业等关系社会公共利益、公众安全的项目，必须招标的具体范围包括：

（一）煤炭、石油、天然气、电力、新能源等能源基础设施项目；

（二）铁路、公路、管道、水运，以及公共航空和 A1 级通用机场等交通运输基础设施项目；

（三）电信枢纽、通信信息网络等通信基础设施项目；

（四）防洪、灌溉、排涝、引（供）水等水利基础设施项目；

（五）城市轨道交通等城建项目。

2. 公共基础设施的确认

1) 确认主体

（1）通常情况下，公共基础设施应当由按规定对其负有管理维护职责政府会计主体予以确认。

（2）多个政府会计主体共同管理维护的，由对该资产负有主要管理维护职责或者承担后续主要支出责任的政府会计主体予以确认。

（3）分为多个组成部分由不同政府会计主体分别管理维护的，由各个政府会计主体分别对其负责管理维护的公共基础设施的相应部分予以确认。

（4）通过政府购买服务方式委托企业或其他会计主体代为管理维护的，由委托方（负有管理维护公共基础设施职责的政府会计主体）予以确认。

2) 确认条件

与该公共基础设施相关的服务潜力很可能实现或者经济利益很可能流入政府会计主体；该公共基础设施的成本或者价值能够可靠地计量。

3) 确认的时点

对于自建或外购的公共基础设施，政府会计主体应当在该项公共基础设施验收合格并交付使用时确认；对于无偿调入、接受捐赠的公共基础设施，政府会计主体应当在开始承担该项公共基础设施管理维护职责时确认。

4) 分类确认

（1）政府会计主体应当根据公共基础设施提供公共产品或服务的性质或功能特征对其进行分类确认。

（2）公共基础设施的各组成部分具有不同使用年限或者以不同方式提供公共产品或服务，适用不同折旧率或折旧方法且可以分别确定各自原价的，应当分别将各组成部分确认为该类公共基础设施的一个单项公共基础设施。

（3）土地使用权问题：能够分清购建成本中的构筑物部分与土地使用权部分的，应当分别确认为公共基础设施；不能分清购建成本中的构筑物部分与土地使用权部分的，应当全部确认为公共基础设施。

5) 后续支出确认

为增加公共基础设施使用效能或延长其使用年限而发生的改建、扩建等后续支出，应当计入公共基础设施成本；为维护公共基础设施的正常使用而发生的日常维修、养护等后续支出，应当计入当期费用。

3. 公共基础设施的初始计量

公共基础设施在取得时应当按照成本进行初始计量。

第一，自行建造的公共基础设施，其成本包括完成批准的建设内容所发生的全部必要支出，包括建筑安装工程投资支出、设备投资支出、待摊投资支出和其他投资支出。

（1）在原有公共基础设施基础上进行改建、扩建等建造活动后的公共基础设施，其成本按照原公共基础设施账面价值加上改建、扩建等建造活动发生的支出，再扣除公共基础设施被替换部分的账面价值后的金额确定。

（2）为建造公共基础设施借入的专门借款的利息，属于建设期间发生的，计入该公共基础设施在建工程成本；不属于建设期间发生的，计入当期费用。

(3) 已交付使用但尚未办理竣工决算手续的公共基础设施,应当按照估计价值入账,待办理竣工决算后再按照实际成本调整原来的暂估价值。

第二,无偿调入的公共基础设施,其成本按照该项公共基础设施在调出方的账面价值加上归属于调入方的相关费用确定。

第三,接受捐赠的公共基础设施,有三种确认方式:① 其成本按照有关凭据注明的金额加上相关费用确定;② 没有相关凭据可供取得,但按规定经过资产评估的,其成本按照评估价值加上相关费用确定;③ 没有相关凭据可供取得、也未经资产评估的,其成本比照同类或类似资产的市场价格加上相关费用确定。

如受赠的系旧的公共基础设施,在确定其初始入账成本时应当考虑该项资产的新旧程度。

第四,外购的公共基础设施,其成本包括购买价款、相关税费以及公共基础设施交付使用前所发生的可归属于该项资产的运输费、装卸费、安装费和专业人员服务费等。

第五,对于包括不同组成部分的公共基础设施,其只有总成本、没有单项组成部分成本的,政府会计主体可以按照各单项组成部分同类或类似资产的成本或市场价格比例对总成本进行分配,分别确定公共基础设施中各单项组成部分的成本。

第六,盘盈的公共基础设施其成本按照三种方式确定:① 有关凭据注明的金额确定;② 没有相关凭据、但按照规定经过资产评估的,其成本按照评估价值确定;③ 没有相关凭据、也未经过评估的,其成本按照重置成本确定。④ 盘盈的公共基础设施成本无法可靠取得的,单位应当设置备查簿进行登记,待成本确定后按照规定及时入账。

4. 公共基础设施折旧或摊销

1) 计提范围

一般情形都需要计提折旧。不得计提折旧的公共基础设施包括:① 政府会计主体持续进行良好的维护使其性能得到永久维持的公共基础设施;② 确认为公共基础设施的单独计价入账的土地使用权;③ 已经提足折旧的公共基础设施;④ 提前报废的公共基础设施。

2) 折旧方法

年限平均法或工作量法,不考虑预计净残值。折旧方法一经确定,不得变更。

3) 折旧年限

确定折旧年限应考虑的因素:① 设计使用年限或设计基准期;② 预计实现服务潜力或提供经济利益的期限;③ 预计有形损耗和无形损耗;④ 法律或者类似规定对资产使用的限制。折旧年限一经确定,不得随意变更,无偿调入和接收捐赠的公共基础设施按照尚可使用年限计提折旧。

4) 暂估入账的公共基础设施

暂估入账的公共基础设施,实际成本确定后不要调整原有折旧。

5) 改建、扩建的公共基础设施

暂停计提折旧。重新确定成本后,按照新的折旧年限重新计算,不需要调整原有折旧。

6) 确认为公共基础设施的单独计价入账的土地使用权

对于确认为公共基础设施的单独计价入账的土地使用权,政府会计主体应当按照《政府会计准则第4号——无形资产》的相关规定进行摊销。

5. 公共基础设施的处置

政府会计主体按规定报经批准无偿调出、对外捐赠公共基础设施的,应当将公共基础设施的账面价值予以转销,无偿调出、对外捐赠中发生的归属于调出方、捐出方的相关费用应当计入当期费用。

公共基础设施报废或遭受重大毁损的,政府会计主体应当在报经批准后将公共基础设施账面价值予以转销,并将报废、毁损过程中取得的残值变价收入扣除相关费用后的差额按规定做应缴款项处理(差额为净收益时)或计入当期费用(差额为净损失时)。

6. 公共基础设施的披露及首次入账问题

第一,政府会计主体应当在附注中披露与公共基础设施有关的下列信息。

(1) 公共基础设施的分类和折旧方法。

(2) 各类公共基础设施的折旧年限及其确定依据。

(3) 各类公共基础设施账面余额、累计折旧额(或摊销额)、账面价值的期初、期末数及其本期变动情况。

(4) 各类公共基础设施的实物量。

(5) 公共基础设施在建工程的期初、期末金额及其增减变动情况。

(6) 确认为公共基础设施的单独计价入账的土地使用权的账面余额、累计摊销额及其变动情况。

(7) 已提足折旧继续使用的公共基础设施的名称、数量等情况。

(8) 暂估入账的公共基础设施账面价值变动情况。

(9) 无偿调入、接受捐赠的公共基础设施名称、数量等情况(包括未按照本准则第十二条和第十三条规定计量并确认入账的公共基础设施的具体情况)。

(10) 公共基础设施对外捐赠、无偿调出、报废、重大毁损等处置情况。

(11) 公共基础设施年度维护费用和其他后续支出情况。

第二,首次入账问题。

(1) 对于应当确认为公共基础设施、但已确认为固定资产的资产,政府会计主体应当在本准则首次执行日将该资产按其账面价值重分类为公共基础设施。

(2) 对于应当确认但尚未入账的存量公共基础设施,政府会计主体应当在首次执行日按照以下原则确定其初始入账成本:① 可以取得相关原始凭据的,其成本按照有关原始凭据注明的金额减去应计提的累计折旧后的金额确定;② 没有相关凭据可供取得,但按规定经过资产评估的,其成本按照评估价值确定;③ 没有相关凭据可供取得、也未经资产评估的,其成本按照重置成本价值确定;

(3) 首次执行日以后,政府会计主体应当对存量公共基础设施按其在首次执行日确定的成本和剩余折旧年限计提折旧。

7. 公共基础设施的核算

1) 核算内容

本科目核算单位控制的公共基础设施的原值。

2) 明细科目设置

本科目应当按照公共基础设施的类别、项目等进行明细核算。

事业单位应当根据行业主管部门对公共基础设施的分类规定,制定适合于本单位管理的公共基础设施目录、分类方法,作为进行公共基础设施核算的依据。

3) 公共基础设施初始计量的主要账务处理

（1）自行建造的公共基础设施完工交付使用时,按照在建工程的成本,借记本科目,贷记"在建工程"科目。已交付使用但尚未办理竣工决算手续的公共基础设施,按照估计价值入账,待办理竣工决算后再按照实际成本调整原来的暂估价值。

（2）接受其他单位无偿调入的公共基础设施,按照确定的成本,借记本科目,按照发生的归属于调入方的相关费用,贷记"财政拨款收入""零余额账户用款额度""银行存款"等科目,按照其差额,贷记"无偿调拨净资产"科目。

（3）接受捐赠的公共基础设施,按照确定的成本,借记本科目,按照发生的相关费用,贷记"财政拨款收入""零余额账户用款额度""银行存款"等科目,按照其差额,贷记"捐赠收入"科目。

（4）外购的公共基础设施,按照确定的成本,借记本科目,贷记"财拨款收入""零余额账户用款额度""银行存款"等科目。

（5）对于成本无法可靠取得的公共基础设施,单位应当设置备查簿进行登记,待成本能够可靠确定后按照规定及时入账。无偿调入和接受捐赠的公共基础设施成本无法可靠取得的,按照发生的相关税费、运输费等金额,借记"其他费用"科目,贷记"财政拨款收入""零余额账户用款额度""银行存款"等科目。

公共基础设施初始计量的主要账务处理如表 2-38 所示。

表 2-38　　　　　　　**公共基础设施初始计量的主要账务处理**

序号	业务内容	账务处理	
		财务会计	预算会计
1	自行建造公共基础设施完工交付使用时	借：公共基础设施 　　贷：在建工程	—
2	接受无偿调入的公共基础设施	借：公共基础设施 　　贷：无偿调拨净资产 　　　　财政拨款收入/零余额账户用款额度/银行存款等［发生的归属于调入方的相关费用］ 如无偿调入的公共基础设施成本无法可靠取得的 借：其他费用［发生的归属于调入方的相关费用］ 　　贷：财政拨款收入/零余额账户用款额度/银行存款等	借：其他支出［支付的归属于调入方的相关费用］ 　　贷：财政拨款预算收入/资金结存
3	接受捐赠的公共基础设施	借：公共基础设施 　　贷：捐赠收入 　　　　财政拨款收入/零余额账户用款额度/银行存款等［发生的归属于捐入方的相关费用］ 如接受捐赠的公共基础设施成本无法可靠取得的 借：其他费用［发生的归属于捐入方的相关费用］ 　　贷：财政拨款收入/零余额账户用款额度/银行存款等	借：其他支出［支付的归属于调入方的相关费用］ 　　贷：财政拨款预算收入/资金结存
4	外购的公共基础设施	借：公共基础设施 　　贷：财政拨款收入/零余额账户用款额度/应付账款/银行存款等	【事业单位】 借：事业支出 　　贷：财政拨款预算收入/资金结存 【行政单位】 借：行政支出 　　贷：财政拨款预算收入/资金结存

4)公共基础设施后续计量的主要账务处理

(1)将公共基础设施转入改建、扩建时,按照公共基础设施的账面价值,借记"在建工程"科目,按照公共基础设施已计提折旧,借记"公共基础设施累计折旧(摊销)"科目,按照公共基础设施的账面余额,贷记本科目。为增加公共基础设施使用效能或延长其使用年限而发生的改建、扩建等后续支出,借记"在建工程"科目,贷记"财政拨款收入""零余额账户用款额度""银行存款"等科目。公共基础设施改建、扩建完成,竣工验收交付使用时,按照在建工程成本,借记本科目,贷记"在建工程"科目。

(2)为保证公共基础设施正常使用发生的日常维修等支出,借记"业务活动费用""单位管理费用"等科目,贷记"财政拨款收入""零余额账户用款额度""银行存款"等科目。

(3)报经批准对外捐赠公共基础设施,按照公共基础设施已计提的折旧或摊销,借记"公共基础设施累计折旧(摊销)"科目,按照被处置公共基础设施账面余额,贷记本科目,按照捐赠过程中发生的归属于捐出方的相关费用,贷记"银行存款"等科目,按照其差额,借记"资产处置费用"科目。

(4)报经批准无偿调出公共基础设施,按照公共基础设施已计提的折旧或摊销,借记"公共基础设施累计折旧(摊销)"科目,按照被处置公共基础设施账面余额,贷记本科目,按照其差额,借记"无偿调拨净资产"科目;同时,按照无偿调出过程中发生的归属于调出方的相关费用,借记"资产处置费用"科目,贷记"银行存款"等科目。

(5)盘盈的公共基础设施,单位应当定期对公共基础设施进行清查盘点。对于发生的公共基础设施盘盈,应当先记入"待处理财产损溢"科目,按规定报经批准后,借记本科目,贷记"待处理财产损溢"科目。

(6)盘亏、毁损或报废的公共基础设施,单位应当定期对公共基础设施进行清查盘点。对于发生的公共基础设施盘亏、毁损或报废,应当先记入"待处理财产损溢"科目,按照规定报经批准后按照待处置公共基础设施的账面价值,借记"待处理财产损溢"科目,按照已计提折旧或摊销,借记"公共基础设施累计折旧(摊销)"科目,按照公共基础设施的账面余额,贷记本科目。

公共基础设施后续计量的主要账务处理如表 2-39 所示。

表 2-39 公共基础设施后续计量的主要账务处理

序号	业务内容	账务处理	
		财务会计	预算会计
1	为增加公共基础设施使用效能或延长其使用年限而发生的改建、扩建等后续支出	借:在建工程 　　公共基础设施累计折旧(摊销) 　贷:公共基础设施[账面余额] 借:在建工程[发生的相关后续支出] 　贷:财政拨款收入/零余额账户用款额度/应付账款/银行存款等	【事业单位】 借:事业支出[实际支付的款项] 　贷:财政拨款预算收入/资金结存 【行政单位】 借:行政支出[实际支付的款项] 　贷:财政拨款预算收入/资金结存
2	为维护公共基础设施的正常使用而发生的日常维修、养护等后续支出	借:业务活动费用 　贷:财政拨款收入/零余额账户用款额度/银行存款等	【事业单位】 借:事业支出[实际支付的款项] 　贷:财政拨款预算收入/资金结存 【行政单位】 借:行政支出[实际支付的款项] 　贷:财政拨款预算收入/资金结存

(续表)

序号	业务内容	账务处理	
		财务会计	预算会计
3	对外捐赠公共基础设施	借：资产处置费用 　　公共基础设施累计折旧（摊销） 　贷：公共基础设施［账面余额］ 　　　银行存款等［归属于捐出方的相关费用］	借：其他支出［支付的归属于捐出方的相关费用］ 　贷：资金结存
4	无偿调出公共基础设施	借：无偿调拨净资产 　　公共基础设施累计折旧（摊销） 　贷：公共基础设施［账面余额］ 借：资产处置费用 　贷：银行存款等［归属于调出方的相关费用］	借：其他支出［支付的归属于调出方的相关费用］ 　贷：资金结存等
5	盘盈的公共基础设施	借：公共基础设施 　贷：待处理财产损溢	—
6	盘亏、损毁或报废的公共基础设施	借：待处理财产损溢 　　公共基础设施累计折旧（摊销） 　贷：公共基础设施［账面余额］	—

【例 2-66】 某单位建设一个室外公共健身器材,于 2×19 年 5 月 1 日完工,交付使用,但尚未办理竣工决算时按照"在建工程"账面价值 360 000 元入账,2×19 年 12 月 7 日竣工决算完成,工程竣工决算价 380 000 元(不考虑折旧问题)。

（1）5 月 1 日,完工交付时,财务会计分录如下：

借：公共基础设施——公共健身器材　　　　　　　　　　　　　　360 000
　贷：在建工程——公共健身器材　　　　　　　　　　　　　　　　360 000

（2）12 月 7 日,竣工决算完成时,财务会计分录如下：

借：公共基础设施——公共健身器材　　　　　　　　　　　　　　 20 000
　贷：银行存款——基本账户存款　　　　　　　　　　　　　　　　 20 000

同时,编制预算会计分录：

【事业单位】

借：事业支出——项目支出——资本性支出　　　　　　　　　　　 20 000
　贷：资金结存——货币资金——银行存款　　　　　　　　　　　　 20 000

【行政单位】

借：行政支出——项目支出——资本性支出　　　　　　　　　　　 20 000
　贷：资金结存——货币资金——银行存款　　　　　　　　　　　　 20 000

【例 2-67】 2×19 年 6 月 18 日,某单位从同一系统内另外一家单位无偿调入一公园绿地归其维护管理,对方账面记载该绿地价值 300 000 元,同时发生相关税费 25 000 元,用财政授权支付。

6 月 18 日,调入资产时,财务会计分录如下：

借：公共基础设施——公园绿地 325 000
  贷：零余额账户用款额度——项目支出额度 25 000
    无偿调拨净资产 300 000

同时，编制预算会计分录：

借：其他支出——相关税费 25 000
  贷：资金结存——零余额账户用款额度 25 000

【例 2-68】 2×19 年 2 月 24 日，某单位一处所属市政桥梁发生日常维修费用 60 000 元，用银行存款支付。

财务会计分录如下：

借：业务活动费用——商品和服务费用——维修费 60 000
  贷：银行存款——基本账户存款 60 000

同时，编制预算会计分录：

【事业单位】

借：事业支出——基本支出——商品和服务支出——维修费 60 000
  贷：资金结存——货币资金——银行存款 60 000

【行政单位】

借：行政支出——基本支出——商品和服务支出——维修费 60 000
  贷：资金结存——货币资金——银行存款 60 000

【例 2-69】 承［例 2-68］，2×19 年 3 月 24 日，将其桥梁对外无偿捐赠给另一家单位北方公司桥梁原值 500 000 元，已计提累计折旧 60 000，发生相关税费 20 000 元，用银行存款支付。

财务会计分录如下：

借：资产处置费用 460 000
  公共基础设施累计折旧——市政桥梁 60 000
  贷：公共基础设施——市政桥梁 500 000
    银行存款——基本账户存款 20 000

同时，编制预算会计分录：

借：其他支出——相关税费 20 000
  贷：资金结存——货币资金——银行存款 20 000

5）期末余额

本科目期末借方余额，反映公共基础设施的原值。

8. 公共基础设施折旧（摊销）

1）核算内容

本科目核算单位计提的公共基础设施累计折旧和累计摊销。

2）明细科目设置

本科目应当按照所对应公共基础设施的明细分类进行明细核算。

3) 公共基础设施折旧(摊销)的主要账务处理

按月计提公共基础设施折旧时,按照应计提的折旧额,借记"业务活动费用"科目,贷记本科目。

按月对确认为公共基础设施的单独计价入账的土地使用权进行摊销时,按照应计提的摊销额,借记"业务活动费用"科目,贷记本科目。

处置公共基础设施时,按照所处置公共基础设施的账面价值,借记"资产处置费用""无偿调拨净资产""待处理财产损溢"等科目,按照已提取的折旧和摊销,借记本科目,按照公共基础设施账面余额,贷记"公共基础设施"科目。

公共基础设施折旧(摊销)的主要账务处理如表2-40所示。

表2-40　　　　　　公共基础设施折旧(摊销)的主要账务处理

序号	业务内容	账务处理	
		财务会计	预算会计
1	按月计提公共基础设施折旧或摊销时	借:业务活动费用 　贷:公共基础设施累计折旧(摊销)	—
2	按月对确认为公共基础设施的单独计价入账的土地使用权进行摊销时	借:业务活动费用 　贷:公共基础设施累计折旧(摊销)	—
3	处置公共基础设施时	借:待处理财产损溢 　　公共基础设施累计折旧(摊销) 　贷:公共基础设施[账面余额]	—

【例2-70】　2×19年2月24日,某单位购买一公园绿地,支付价款300 000元,同时发生相关税费60 000元,用银行存款支付,每月折旧3 000元,做计提折旧的会计处理。

财务会计分录如下:

借:业务活动费用——公共基础设施折旧　　　　　　　　　　　　　　　　　3 000
　贷:公共基础设施累计折旧　　　　　　　　　　　　　　　　　　　　　　　　　3 000

不编制预算会计分录。

4) 期末余额

本科目期末贷方余额,反映单位提取的公共基础设施折旧和摊销的累计数。

2.9.2　政府储备物资

1. 政府储备物资的概述

政府储备物资与存货在物质形态上具有相似性,但在功能作用、管理方式、资金来源、业务流程和环节上有所不同,因此本次政府会计改革将政府储备物资作为单独一个科目核算。

1) 定义

政府储备物资,是指政府会计主体为满足实施国家安全与发展战略、进行抗灾救灾、应对公共突发事件等特定公共需求而控制的,同时具有下列特征的有形资产:

(1) 在应对可能发生的特定事件或情形时动用;

(2) 其购入、存储保管、更新(轮换)、动用等由政府及相关部门发布的专门管理制度规范。

2) 分类

政府储备物资包括战略及能源物资、抢险抗灾救灾物资、农产品、医药物资和其他重要商品物资。

通常情况下,由政府会计主体委托承储单位存储。企业以及纳入企业财务管理体系的单位接受政府委托收储并按企业会计准则核算的储备物资,不适用《政府会计准则第6号——政府储备物资》。该类储备物资的委托方和受托方均不适用本准则对储备物资进行核算。

延伸阅读2-6

江苏省政府与国家粮食和物资储备局签署战略合作协议

维护国家储备安全、支持地方发展,是粮食和物资储备部门义不容辞的职责。我们将认真落实战略合作协议,全力支持江苏省推动粮食和物资储备事业高质量发展。一是,围绕实施国家粮食安全战略,在落实粮食安全省长责任制、加强粮食流通基础设施建设、增强粮食宏观调控能力,特别是粮食现代物流园区、低温粮库、应急设施建设和"智慧粮食"、军民融合等方面,给予重点支持。二是,发挥江苏粮食产业大省优势,在培育粮食产业新动能,包括新技术新装备研发、产业创新联盟、标准化示范基地和区域公共品牌建设,实施"优质粮食工程"、举办全国性粮油展会等方面,给予大力扶持。三是,聚焦构建应急物资储备体系,在相关规划编制和储备规模布局、应急物资储备重点项目建设等方面,给予积极推动。四是,立足江苏丰富的科教人才资源,在发展涉粮院校和科研院所、建立全国粮食行业人才培训基地、设立国家粮食产后服务技术创新中心等方面,给予全力帮助。

(资料来源:《新华日报》,2019年5月22日。)

2. 政府储备物资的确认

第一,确认主体:由按规定对政府储备物资负有行政管理职责的政府会计主体予以确认。

(1) 行政管理职责主要指提出或拟定收储计划、更新(轮换)计划、动用方案等。

(2) 相关行政管理职责由不同政府会计主体行使的政府储备物资,由负责提出收储计划的政府会计主体予以确认。

(3) 对政府储备物资不负有行政管理职责但接受委托具体负责执行其存储保管等工作的政府会计主体,应当将受托代储的政府储备物资作为受托代理资产核算。

第二,确认条件:和其他资产确认条件相同。

(1) 与该政府储备物资相关的服务潜力很可能实现或者经济利益很可能流入政府会计主体。

(2) 该政府储备物资的成本或者价值能够可靠地计量。

相关思考2-13

政府流动资产管理中库存物品和政府储备物资对比分析

政府自身也是一个经济实体,需要各种物资保障,有自用的也有公共使用的,凡是非不动产的都是流动资产,不动产核算通过固定资产、在建工程、无形资产、公共基础设施、文物文化资产、保障性住房等科目核算,对应的动产也就是流动资产常用的业务通过库存物品和政府储备物资这两个科目来核算。

库存物品核算单位在开展业务活动及其他活动中为耗用或出售而储存的各种材料、产品包装物、低值易耗品,以及达不到固定资产标准的用具、装具、动植物等成本。政府储备物资是指政府会计主体为满足实施国家安全与发展战略、进行抗灾救灾、应对公共突发事件等特定公共需求而控制的资源。两者的主要区别在于用途的不同,库存物品用于自身开展业务活动过程中的耗用,而政府储备物资的用途更加具体,政府单位的储备物资只能用于备战、备荒、备灾等公众用途。

3. 政府储备物资的初始计量

在取得政府储备物资时,应当按照成本进行初始计量。

第一,外购的政府储备物资,其成本包括购买价款和政府会计主体承担的相关税费、运输费、装卸费、保险费、检测费以及使政府储备物资达到目前场所和状态所发生的归属于政府储备物资成本的其他支出。

第二,委托加工的政府储备物资,其成本包括委托加工前物料成本、委托加工的成本(如委托加工费以及按规定应计入委托加工政府储备物资成本的相关税费等)以及政府会计主体承担的使政府储备物资达到目前场所和状态所发生的归属于政府储备物资成本的其他支出。

第三,接受捐赠的政府储备物资,其成本有三种方式:① 按照有关凭据注明的金额加上政府会计主体承担的相关税费、运输费等确定;② 没有相关凭据可供取得,但按规定经过资产评估的,其成本按照评估价值加上政府会计主体承担的相关税费、运输费等确定;③ 没有相关凭据可供取得、也未经资产评估的,其成本比照同类或类似资产的市场价格加上政府会计主体承担的相关税费、运输费等确定。不能使用名义金额。

第四,接受无偿调入的政府储备物资,其成本按照调出方账面价值加上归属于政府会计主体的相关税费、运输费等确定。

第五,盘盈的政府储备物资,其成本确认方式有三种:① 按照有关凭据注明的金额确定;② 没有相关凭据,但按规定经过资产评估的,其成本按照评估价值确定;③ 没有相关凭据、也未经资产评估的,其成本按照重置成本确定。

第六,下列各项不计入政府储备物资成本:

(1) 仓储费用。

(2) 日常维护费用。

(3) 不能归属于使政府储备物资达到目前场所和状态所发生的其他支出。

4. 政府储备物资的后续计量

(1) 发出政府储备物资的成本计价方法,与存货相同,可以采用先进先出法、加权平均法或者个别计价法确定政府储备物资发出的成本。计价方法一经确定,不得随意变更。对于性质和用途相似的政府储备物资,政府会计主体应当采用相同的成本计价方法确定发出物资的成本。对于不能替代使用的政府储备物资、为特定项目专门购入或加工的政府储备物资,政府会计主体通常应采用个别计价法确定发出物资的成本。

(2) 因动用而发出无需收回的政府储备物资的,应当在发出物资时将其账面余额予以转销,计入当期费用。

(3) 因动用而发出需要收回或者预期可能收回的政府储备物资的,应当在按规定的质量验收标准收回物资时,将未收回物资的账面余额予以转销,计入当期费用。

(4) 因行政管理主体变动等原因而将政府储备物资调拨给其他主体的,政府会计主体应当在发出物资时将其账面余额予以转销。

(5) 政府会计主体对外销售政府储备物资的,应当在发出物资时将其账面余额转销计入当期费用,并按规定确认相关销售收入或将销售取得的价款大于所承担的相关税费后的差额做应缴款项处理。

(6) 政府会计主体采取销售采购方式对政府储备物资进行更新(轮换)的,应当将物资轮出视为物资销售,按照对外销售处理;将物资轮入视为物资采购,按照外购处理。

(7) 政府储备物资报废、毁损的,政府会计主体应当按规定报经批准后将报废、毁损的政府储备物资的账面余额予以转销,确认应收款项(确定追究相关赔偿责任的)或计入当期费用(因储存年限到期报废或非人为因素致使报废、毁损的);同时,将报废、毁损过程中取得的残值变价收入扣除政府会计主体承担的相关费用后的差额按规定作应缴款项处理(差额为净收益时)或计入当期费用(差额为净损失时)。

(8) 政府储备物资盘亏的,政府会计主体应当按规定报经批准后将盘亏的政府储备物资的账面余额予以转销,确定追究相关赔偿责任的,确认应收款项;属于正常耗费或不可抗力因素造成的,计入当期费用。

5. 披露与新旧衔接问题

(1) 披露。各类政府储备物资的期初和期末账面余额。因动用而发出需要收回或者预期可能收回,但期末尚未收回的政府储备物资的账面余额。确定发出政府储备物资成本所采用的方法。其他有关政府储备物资变动的重要信息。

(2) 新旧衔接。对于应当确认为政府储备物资,但已确认为存货、固定资产等其他资产的,政府会计主体应当在首次执行日将该资产按其账面余额重分类为政府储备物资。

对于应当确认但尚未入账的存量政府储备物资,政府会计主体应当在首次执行日按照下列原则确定其初始入账成本:① 可以取得相关原始凭据的,其成本按照有关原始凭据注明的金额确定;② 没有相关凭据可供取得但按规定经过资产评估的,其成本按照评估价值确定;③ 没有相关凭据可供取得、也未经资产评估的,其成本按照重置成本确定。

6. 政府储备物资的核算

1) 核算内容

本科目核算单位控制的政府储备物资的成本。

2) 明细科目设置

本科目应当按照政府储备物资的种类、品种、存放地点等进行明细核算。单位根据需要,可在本科目下设置"在库""发出"等明细科目进行明细核算。

3) 政府储备物资初始计量的主要账务处理

(1) 购入的政府储备物资验收入库,按照确定的成本,借记本科目,贷记"财政拨款收入""零余额账户用款额度""银行存款"等科目。

(2) 涉及委托加工政府储备物资业务的,相关账务处理参照"加工物品"科目。

(3) 接受捐赠的政府储备物资验收入库,按照确定的成本,借记本科目,按照单位承担的相关税费、运输费等,贷记"零余额账户用款额度""银行存款"等科目,按照其差额,贷记"捐赠收入"科目。

(4) 接受无偿调入的政府储备物资验收入库,按照确定的成本,借记本科目,按照单位承担的相关税费、运输费等,贷记"零余额账户用款额度""银行存款"等科目,按照其差额,贷记"无偿调拨净资产"科目。

政府储备物资初始计量的主要账务处理如表 2-41 所示。

表 2-41　　　　　　　　政府储备物资初始计量的主要账务处理

序号	业务内容	账务处理	
		财务会计	预算会计
1	购入的政府储备物资	借：政府储备物资 　贷：财政拨款收入/零余额账户用款额度/银行存款等	【事业单位】 借：事业支出 　贷：财政拨款预算收入/资金结存 【行政单位】 借：行政支出 　贷：财政拨款预算收入/资金结存
2	接受捐赠的政府储备物资	借：政府储备物资 　贷：捐赠收入 　　　零余额账户用款额度/银行存款[捐入方承担的相关税费]	借：其他支出[捐入方承担的相关税费] 　贷：财政拨款预算收入/资金结存
3	无偿调入的政府储备物资	借：政府储备物资 　贷：无偿调拨净资产 　　　零余额账户用款额度/银行存款[调入方承担的相关税费]	借：其他支出[调入方承担的相关税费] 　贷：财政拨款预算收入/资金结存

4) 发出政府储备物资的主要账务处理

(1) 因动用而发出无需收回的政府储备物资的，按照发出物资的账面余额，借记"业务活动费用"科目，贷记本科目。

(2) 因动用而发出需要收回或者预期可能收回的政府储备物资的，在发出物资时，按照发出物资的账面余额，借记本科目(发出)，贷记本科目(在库)；按照规定的质量验收标准收回物资时，按照收回物资原账面余额，借记本科目(在库)，按照未收回物资的原账面余额，借记"业务活动费用"科目，按照物资发出时登记在本科目所属"发出"明细科目中的余额，贷记本科目(发出)。

(3) 因行政管理主体变动等原因而将政府储备物资调拨给其他主体的，按照无偿调出政府储备物资的账面余额，借记"无偿调拨净资产"科目，贷记本科目。

(4) 对外销售政府储备物资并将销售收入纳入单位预算统一管理的，发出物资时，按照发出物资的账面余额，借记"业务活动费用"科目，贷记本科目；实现销售收入时，按照确认的收入金额，借记"银行存款"、"应收账款"等科目，贷记"事业收入"或"其他收入"等科目。

对外销售政府储备物资并按照规定将销售净收入上缴财政的，发出物资时，按照发出物资的账面余额，借记"资产处置费用"科目，贷记本科目；取得销售价款时，按照实际收到的款项金额，借记"银行存款"等科目，按照发生的相关税费，贷记"银行存款"等科目，按照销售价款大于所承担的相关税费后的差额，贷记"应缴财政款"科目。

(5) 单位应当定期对政府储备物资进行清查盘点，每年至少盘点一次。对于发生的政府储备物资盘盈、盘亏或者报废、毁损，应当先记入"待处理财产损溢"科目，按照规定报经批准后及时进行后续账务处理。盘盈的政府储备物资，按照确定的入账成本，借记本科目，贷记"待处理财产损溢"科目。盘亏或者毁损、报废的政府储备物资，按照待处理政府储备物资的账面余额，借记"待处理财产损溢"科目，贷记本科目。

发出政府储备物资的主要账务处理如表 2-42 所示。

表 2-42　　　　　　　　　发出政府储备物资的主要账务处理

序号	业务内容	账务处理	
		财务会计	预算会计
1	动用发出无需收回的政府储备物资	借：业务活动费用 　　贷：政府储备物资[账面余额]	—
2	动用发出需要收回或预期可能收回的政府储备物资	发出物资时： 借：政府储备物资——发出 　　贷：政府储备物资——在库 按照规定的质量验收标准收回物资时： 借：政府储备物资——在库[收回物资的账面价值] 　　业务活动费用[未收回物资的账面余额] 　　贷：政府储备物资——发出	—
3	因行政管理主体变动等原因而将政府储备物资调拨给其他主体的	借：无偿调拨净资产 　　贷：政府储备物资[账面余额]	—
4	对外销售政府储备物资	按照规定物资销售收入纳入本单位预算： 借：业务活动费用 　　贷：政府储备物资 借：银行存款/应收账款等 　　贷：事业收入等 [注意：行政单位为"其他收入"] 借：业务活动费用 　　贷：银行存款等[发生的相关税费]	【事业单位】 借：资金结存[收到的销售价款] 　　贷：事业预算收入等 借：事业支出 　　贷：资金结存[支付的相关税费] 【行政单位】 借：行政支出 　　贷：资金结存[支付的相关税费]
		按照规定销售收入扣除相关税费后上缴财政： 借：资产处置费用 　　贷：政府储备物资 借：银行存款等(收到的销售价款) 　　贷：银行存款[发生的相关税费] 　　　　应缴财政款	—
5	盘盈、盘亏、报废或毁损	盘盈的政府储备物资： 借：政府储备物资 　　贷：待处理财产损溢	—
		盘亏、报废或毁损的政府储备物资： 借：待处理财产损溢 　　贷：政府储备物资	—

【例 2-71】 某单位 2×19 年 3 月 11 日购入一批救灾物资,已经验收入库,支付货款 60 000 元,并支付相关运输费、保管费 800 元。

3 月 11 日,支付货款和相关费用时,财务会计分录如下：

借：政府储备物资——救灾物资　　　　　　　　　　　　　　　60 800
　　贷：银行存款——基本账户存款　　　　　　　　　　　　　　　60 800

同时,编制预算会计分录：

【事业单位】

借：事业支出——项目支出——商品和服务支出　　　　　　　60 800
　　贷：资金结存——零余额账户用款额度　　　　　　　　　　　60 800

【行政单位】

借:行政支出——项目支出——商品和服务支出 60 800
  贷:资金结存——零余额账户用款额度 60 800

【例 2-72】 2×19 年 7 月 11 日,某单位从外单位无偿调入一批农产品储备物资,已经验收入库,市场上同类物资价格 40 000 元,并支付相关运输费、保管费 500 元。使用财政授权支付。

7 月 11 日,收到物资时,财务会计分录如下:

借:政府储备物资——农产品 40 500
  贷:零余额账户用款额度——项目支出额度 500
    无偿调拨净资产 40 000

同时,编制预算会计分录:

借:其他支出——运杂费 500
  贷:资金结存——零余额账户用款额度 500

【例 2-73】 2×19 年 9 月 10 日,某单位因紧急救灾需要,发出一批储备医药品物资,价值 100 000 元,不再收回。

9 月 10 日,发出物资时,财务会计分录如下:

借:业务活动费用——商品和服务费用 100 000
  贷:政府储备物资——医药品 100 000

不编制预算会计分录。

【例 2-74】 同上题 2×19 年 9 月 10 日,某单位因紧急救灾需要,发出一批储备医药品物资,价值 10 0000 元,预计救灾结束后能收回一部分,2×19 年 9 月 30 日收回 50%。

(1) 9 月 10 日,发出物资时,财务会计分录如下:

借:政府储备物资——救灾物资(发出) 100 000
  贷:政府储备物资——救灾物资(在库) 100 000

(2) 9 月 30 日,收回部分物资时:

借:政府储备物资——救灾物资(在库) 50 000
  业务活动费用——商品和服务费用 50 000
  贷:政府储备物资——救灾物资(发出) 100 000

不编制预算会计分录。

【例 2-75】 2×19 年 7 月 28 日,某单位销售一批储备医药品,价值 50 000 元,取得收入 60 000 元,统一上缴财政。销售时,发生其他税费 2 000 元,银行存款支付。

7 月 28 日,销售储备物资时,财务会计分录如下:

借:资产处置费用 50 000
  贷:政府储备物资——医药品 50 000

借:银行存款——基本账户存款 60 000
  贷:银行存款——基本账户存款 2 000
    应缴财政款——应缴国库款 58 000

5) 期末余额

本科目期末借方余额,反映政府储备物资的成本。

2.9.3 文物文化资产

1. 核算内容

本科目核算单位为满足社会公共需求而控制的文物文化资产的成本。单位为满足自身开展业务活动或其他活动需要而控制的文物和陈列品,应当通过"固定资产"科目核算,不通过本科目核算。因此,文物文化资产和固定资产的文物陈列品是有区别的:文物文化资产是本单位监管的,不是占有使用的,是为了满足社会公共需求;而固定资产的文物陈列品是本单位占有使用的。

2. 明细科目设置

本科目应当按照文物文化资产的类别、项目等进行明细核算。

3. 文物文化资产的主要账务处理

第一,文物文化资产在取得时,应当按照其成本入账。

(1) 外购的文物文化资产,其成本包括购买价款、相关税费以及可归属于该项资产达到预定用途前所发生的其他支出(如运输费、安装费、装卸费等)。外购的文物文化资产,按照确定的成本,借记本科目,贷记"财政拨款收入""零余额账户用款额度""银行存款"等科目。

(2) 接受其他单位无偿调入的文物文化资产,其成本按照该项资产在调出方的账面价值加上归属于调入方的相关费用确定。调入的文物文化资产,按照确定的成本,借记本科目,按照发生的归属于调入方的相关费用,贷记"零余额账户用款额度""银行存款"等科目,按照其差额,贷记"无偿调拨净资产"科目。

(3) 接受捐赠的文物文化资产,其成本确定有三种方式:① 按照有关凭据注明的金额加上相关费用确定;② 没有相关凭据可供取得,但按照规定经过资产评估的,其成本按照评估价值加上相关费用确定;③ 没有相关凭据可供取得、也未经评估的,其成本比照同类或类似资产的市场价格加上相关费用确定。

接受捐赠的文物文化资产,按照确定的成本,借记本科目,按照发生的相关税费、运输费等金额,贷记"零余额账户用款额度""银行存款"等科目,按照其差额,贷记"捐赠收入"科目。

(4) 对于无偿调入和接受捐赠的文物文化资产成本无法可靠取得的,单位应当设置备查簿进行登记,待成本能够可靠确定后按照规定及时入账。按照发生的归属于调入方、接受捐赠的相关费用,借记"其他费用"科目,贷记"零余额账户用款额度""银行存款"等科目。

第二,与文物文化资产有关的后续支出,参照"公共基础设施"科目相关规定进行处理。

第三,按照规定报经批准处置文物文化资产,应当分别以下情况处理。

(1) 报经批准对外捐赠文物文化资产,按照被处置文物文化资产账面余额和捐赠过程中发生的归属于捐出方的相关费用合计数,借记"资产处置费用"科目,按照被处置文物文化资产账面余额,贷记本科目,按照捐赠过程中发生的归属于捐出方的相关费用,贷记"银行存款"等科目。

(2) 报经批准无偿调出文物文化资产,按照被处置文物文化资产账面余额,借记"无偿调拨净资产"科目,贷记本科目;同时,按照无偿调出过程中发生的归属于调出方的相关费用,借记"资产处置费用"科目,贷记"银行存款"等科目。

（3）单位应当定期对文物文化资产进行清查盘点，每年至少盘点一次。对于发生的文物文化资产盘盈、盘亏、毁损或报废等，参照"公共基础设施"科目相关规定进行账务处理。

特别提示2-14

文物文化资产的价值计量

对文物文化资产进行价值计量的目标不能只站在文物文化资产自身的价值应该是多少、如何测算的角度去思考，而应从文物保护、管理和满足公共需求的角度去思考在这个过程中恢复、保护、维护和管理文物文化资产以及满足公共需求所付出的实际成本，需要设计一种具有科学性、合理性和可行性的文物文化资产价值计量方法，这种方法应满足以下需求：

一是要充分考虑文物文化资产价值计量的目标；

二是文物文化资产价值计量要素在计量过程中要具有可行性；

三是文物文化资产价值计量应包括恢复、保护、维护和管理文物以及满足公共需求所付出的实际成本和机会成本；

四是文物文化资产价值计量的结果应具有可靠性。

文物文化资产的主要账务处理如表2-43所示。

表2-43　　　　　　　　　　**文物文化资产的主要账务处理**

序号	业务内容	账务处理	
		财务会计	预算会计
1	取得文物文化资产	外购的文物文化资产	借：文物文化资产 　　贷：财政拨款收入/零余额账户用款额度/应付账款/银行存款等	【事业单位】 借：事业支出 　　贷：财政拨款预算收入/资金结存 【行政单位】 借：行政支出 　　贷：财政拨款预算收入/资金结存
		接受无偿调入的文物文化资产	借：文物文化资产 　　贷：无偿调拨净资产 　　　　财政拨款收入/零余额账户用款额度/银行存款等[发生的归属于调入方的相关费用]	借：其他支出[支付的归属于调入方的相关费用] 　　贷：财政拨款预算收入/资金结存
		如无偿调入的文物文化资产成本无法可靠取得的	借：其他费用[发生的归属于调入方的相关费用] 　　贷：财政拨款收入/零余额账户用款额度/银行存款等	
		接受捐赠的文物文化资产	借：文物文化资产 　　贷：捐赠收入 　　　　财政拨款收入/零余额账户用款额度/银行存款等[发生的归属于捐入方的相关费用]	借：其他支出[支付的归属于捐入方的相关费用] 　　贷：资金结存等
		接受捐赠的文物文化资产成本无法可靠取得的	借：其他费用[发生的归属于捐入方的相关费用] 　　贷：财政拨款收入/零余额账户用款额度/银行存款等	

(续表)

序号	业务内容		账务处理	
			财务会计	预算会计
2	后续处理	对外捐赠文物文化资产	借：资产处置费用 　　贷：文物文化资产[账面余额] 　　　　银行存款[归属于捐出方的相关费用]	借：其他支出[支付的归属于捐出方的相关费用] 　　贷：资金结存等
		无偿调出文物文化资产	借：无偿调拨资产 　　贷：文物文化资产[账面余额] 借：资产处置费用 　　贷：银行存款等[归属于调出方的相关费用]	借：其他支出[支付的归属于调出方的相关费用] 　　贷：资金结存等
		盘盈时	借：文物文化资产 　　贷：待处理财产损溢	—
		盘亏、毁损、报废时	借：待处理财产损溢 　　贷：文物文化资产[账面余额]	—

【例 2-76】 2×19 年 8 月 18 日，某单位购入一批文化资产，价值 80 000 元，运杂费 800 元，均以银行存款支付。

8 月 18 日，支付款项时，财务会计分录如下：

借：文物文化资产　　　　　　　　　　　　　　　　　　　　　　　　　80 800
　　贷：银行存款——基本账户存款　　　　　　　　　　　　　　　　　　　　80 800

同时，编制预算会计分录：

【事业单位】

借：事业支出——项目支出——商品和服务支出　　　　　　　　　　　　　80 800
　　贷：资金结存——货币资金——银行存款　　　　　　　　　　　　　　　　80 800

【行政单位】

借：行政支出——项目支出——商品和服务支出　　　　　　　　　　　　　80 800
　　贷：资金结存——货币资金——银行存款　　　　　　　　　　　　　　　　80 800

【例 2-77】 2×19 年 5 月 21 日，某单位接受外单位 A 公司捐赠一批文化资产，资产评估价值 70 000 元，运杂费 600 元，以银行存款支付。

5 月 21 日，接受捐赠时，财务会计分录如下：

借：文物文化资产　　　　　　　　　　　　　　　　　　　　　　　　　70 600
　　贷：银行存款——基本账户存款　　　　　　　　　　　　　　　　　　　　　600
　　　　捐赠收入——A 公司　　　　　　　　　　　　　　　　　　　　　　70 000

同时，编制预算会计分录：

借：其他支出——运杂费　　　　　　　　　　　　　　　　　　　　　　　　600
　　贷：资金结存——货币资金——银行存款　　　　　　　　　　　　　　　　　600

【例 2-78】 2×19 年 6 月 10 日，某单位从外单位调入一批文化资产，对方账面记载价值 90 000 元，运杂费 500 元，以银行存款支付。

6月10日,支付款项时,财务会计分录如下:

借:文物文化资产　　　　　　　　　　　　　　　　　　　　　90 500
　　贷:银行存款——基本账户存款　　　　　　　　　　　　　　　　500
　　　　无偿调拨净资产　　　　　　　　　　　　　　　　　　　90 000

同时,编制预算会计分录:

借:其他支出——运杂费　　　　　　　　　　　　　　　　　　　　500
　　贷:资金结存——货币资金——银行存款　　　　　　　　　　　　500

【例 2-79】 2×19 年 2 月 18 日,某单位将一批文化资产对外无偿捐赠给 B 公司,账载金额 60 000 元,发生运杂费 400 元,用银行存款支付。

2 月 18 日,捐出资产时,财务会计分录如下:

借:资产处置费用　　　　　　　　　　　　　　　　　　　　　60 400
　　贷:文物文化资产　　　　　　　　　　　　　　　　　　　　　　400
　　　　银行存款——基本账户存款　　　　　　　　　　　　　　60 000

同时,编制预算会计分录:

借:其他支出——运杂费　　　　　　　　　　　　　　　　　　　　400
　　贷:资金结存——货币资金——银行存款　　　　　　　　　　　　400

【例 2-80】 2×19 年 12 月 10 日,某单位将一批文化资产对外无偿调出给同一系统另一家单位,对方账面记载价值 90 000 元,运杂费 500 元,以银行存款支付。

12 月 10 日,调出资产时,财务会计分录如下:

借:无偿调拨净资产　　　　　　　　　　　　　　　　　　　　90 000
　　贷:文物文化资产　　　　　　　　　　　　　　　　　　　　90 000

借:资产处置费用　　　　　　　　　　　　　　　　　　　　　　　500
　　贷:银行存款——基本账户存款　　　　　　　　　　　　　　　　500

同时,编制预算会计分录:

借:其他支出——相关税费　　　　　　　　　　　　　　　　　　　500
　　贷:资金结存——货币资金——银行存款　　　　　　　　　　　　500

4. 期末余额

本科目期末借方余额,反映文物文化资产的成本。

2.9.4 保障性住房及保障性住房累计折旧

1. 核算内容
(1) 保障性住房核算单位为满足社会公共需求而控制的保障性住房的原值。
(2) 保障性住房累计折旧核算单位计提的保障性住房的累计折旧。

2. 明细科目设置
(1) 保障性住房应当按照保障性住房的类别、项目等进行明细核算。
(2) 保障性住房累计折旧应当按照所对应保障性住房的类别进行明细核算。

延伸阅读 2-7

兰州新区加快保障性住房建设

6月5日上午,兰州新区党工委副书记、管委会主任李东新率队调研新区保障性住房建设工程项目,要求相关部门要在确保工程质量的前提下,以更大的决心更有力的措施,全面加快推进新区保障性住房建设,着力提升住房保障能力。调研中,李东新保障性住房项目建设工地,现场察看建设进度,详细听取各项目工程建设情况汇报,并了解建设过程中遇到的问题和困难。

李东新表示,要着力解决保障性住房建设过程中出现的困难和问题,加大供给力度,切实增加保障性住房有效供给。要确保质量,提高工程质量和建设标准,提升居住环境品质,进一步完善公共交通、基础教育、医疗卫生、商业生活服务等配套设施。要坚持生态、智慧建设和管理理念,强化精品意识,打造一流的小区环境,充分展示现代化新城的风貌。要加强保障性住房管理,坚持规范公开透明,严格资格准入审核,逐步扩大保障覆盖面,特别要加强政策研究,对接国家新近出台的相关政策措施,立足新区实际抓好落实,齐抓共管、提高效率,为群众提供一流的公共服务。

(资料来源:《新华日报》2019年6月5日。)

3. 保障性住房的主要账务处理

第一,保障性住房在取得时,应当按其成本入账。

(1) 外购的保障性住房,其成本包括购买价款、相关税费以及可归属于该项资产达到预定用途前所发生的其他支出。外购的保障性住房,按照确定的成本,借记本科目,贷记"财政拨款收入""零余额账户用款额度""银行存款"等科目。

(2) 自行建造的保障性住房交付使用时,按照在建工程成本,借记本科目,贷记"在建工程"科目。已交付使用但尚未办理竣工决算手续的保障性住房,按照估计价值入账,待办理竣工决算后再按照实际成本调整原来的暂估价值。

(3) 接受其他单位无偿调入的保障性住房,接受捐赠、融资租赁取得的保障性住房,参照"固定资产"科目相关规定进行处理。

(4) 接受其他单位无偿调入的保障性住房,其成本按照该项资产在调出方的账面价值加上归属于调入方的相关费用确定。无偿调入的保障性住房,按照确定的成本,借记本科目,按照发生的归属于调入方的相关费用,贷记"零余额账户用款额度""银行存款"等科目,按照其差额,贷记"无偿调拨净资产"科目。

第二,与保障性住房有关的后续支出,参照"固定资产"科目相关规定进行处理。

第三,按照规定出租保障性住房并将出租收入上缴同级财政,按照收取的租金金额,借"银行存款"等科目,贷记"应缴财政款"科目。

第四,按照规定报经批准处置保障性住房,应当分别以下情况处理。

(1) 报经批准无偿调出保障性住房,按照保障性住房已计提的折旧,借记"保障性住房累计折旧"科目,按照被处置保障性住房账面余额,贷记本科目,按照其差额,借记"无偿调拨净资产"科目;同时,按照无偿调出过程中发生的归属于调出方的相关费用,借记"资产处置费用"科目,货记"银行存款"等科目。

(2) 报经批准出售保障性住房,按照被出售保障性住房的账面价值,借记"资产处置费用"科目,按照保障性住房已计提的折旧,借记"保障性住房累计折旧"科目,按照保障性住房账面余额,贷记本科目;同时,按照收到的价款,借记"银行存款"等科目,按照出售过程中发生的相关费用,货记"银行存款"等科目,按照其差额,贷记"应缴财政款"科目。

（3）单位应当定期对保障性住房进行清查盘点。对于发生的保障性住房盘盈、盘亏、毁损或报废等，参照"固定资产"科目相关规定进行账务处理。

保障性住房的主要账务处理如表 2-44 所示。

表 2-44 保障性住房的主要账务处理

序号	业务内容		账务处理	
			财务会计	预算会计
1	保障性住房取得	外购的保障性住房	借：保障性住房 　贷：财政拨款收入/零余额账户用款额度/银行存款等	【事业单位】 借：事业支出 　贷：财政拨款预算收入/资金结存 【行政单位】 借：行政支出 　贷：财政拨款预算收入/资金结存
		自行建造的保障性住房，工程完工交付使用时	借：保障性住房 　贷：在建工程	—
		无偿调入的保障性住房	借：保障性住房 　贷：银行存款/零余额账户用款额度等［发生的相关费用］ 　　无偿调拨净资产［差额］	借：其他支出［支付的相关税费］ 　贷：资金结存等
2	出租保障性住房	按照收取或应收的租金金额	借：银行存款 　贷：应缴财政款	—
3	处置保障性住房	无偿调出保障性住房	借：无偿调拨净资产 　　保障性住房累计折旧 　贷：保障性住房［账面余额］ 借：资产处置费用 　贷：银行存款等［归属于调出方的相关费用］	借：其他支出 　贷：资金结存等
		出售保障性住房	借：资产处置费用 　　保障性住房累计折旧 　贷：保障性住房［账面余额］ 借：银行存款［处置保障性住房收到的价款］ 　贷：应缴财政款 　　银行存款等［发生的相关费用］	—
4	保障性住房定期盘点清查	盘盈的保障性住房	借：保障性住房 　贷：待处理财产损溢	—
		盘亏、毁损或报废的保障性住房	借：待处理财产损溢［账面价值］ 　　保障性住房累计折旧 　贷：保障性住房［账面余额］	—

【例 2-81】 2×19 年 2 月 17 日，某单位购买 200 套保障性住房，每套价款 15 万元，用财政直接支付。

2 月 17 日，购买保障性住房时，财务会计分录如下：

借：保障性住房 30 000 000
　　　贷：财政拨款收入——财政直接支付——项目支出 30 000 000

同时，编制预算会计分录：

【事业单位】

借：事业支出——项目支出——资本性支出 30 000 000
　　　贷：财政拨款预算收入——财政直接支付 30 000 000

【行政单位】

借：行政支出——项目支出——资本性支出 30 000 000
　　　贷：财政拨款预算收入——财政直接支付 30 000 000

【例 2-82】　承[例 2-81]，2×19 年 5 月 29 日起，出租其中 20 套，每月租金 2 000 元。以银行存款方式收起。

财务会计分录如下：

借：银行存款——基本账户存款 40 000
　　　贷：应缴财政款——应缴国库款 40 000

4. 保障性住房累计折旧的主要账务处理

（1）按月计提保障性住房折旧时，按照应计提的折旧额，借记"业务活动费用"科目，贷记本科目。

（2）报经批准处置保障性住房时，按照所处置保障性住房的账面价值，借记"资产处置费用""无偿调拨净资产""待处理财产损溢"等科目，按照已计提折旧，借记本科目，按照保障性住房的账面余额，贷记"保障性住房"科目。

保障性住房累计折旧的主要账务处理如表 2-45 所示。

表 2-45　　　　　　　　　　保障性住房累计折旧的主要账务处理

序号	业务内容	账务处理	
		财务会计	预算会计
1	按月计提保障性住房折旧时	借：业务活动费用 　　贷：保障性住房累计折旧	—
2	处置保障性住房时	借：待处理财产损溢/无偿调拨净资产/资产处置费用等 　　保障性住房累计折旧 　　贷：保障性住房[账面余额]	涉及资金支付的，参照"保障性住房"科目的相关账务处理

【例 2-83】　承[例 2-81]，每月对购入的 200 套保障性住房按照 50 年计提折旧。

每月计提折旧时，财务会计分录如下：

借：业务活动费用——保障性住房折旧 50 000
　　　贷：保障性住房累计折旧 50 000

【例 2-84】　承[例 2-81][例 2-83]，2×19 年 12 月 27 日，无偿调出其中 20 套保障性住房，另支付相关税费 2 万元。

4 月 23 日，调出保障性住房时，财务会计分录如下：

借：无偿调拨净资产	2 950 000	
保障性住房累计折旧	50 000	
贷：保障性住房		3 000 000

借：资产处置费用	20 000	
贷：银行存款——基本账户存款		20 000

同时，编制预算会计分录：

借：其他支出——相关税费	20 000	
贷：资金结存——货币资金——银行存款		20 000

【例 2-85】 承[例 2-81][例 2-83]，2×19 年 12 月 27 日，出售其中 20 套保障性住房，获得收入 400 万，上缴财政，另支付相关税费 9 万元。

财务会计分录如下：

借：资产处置费用	2 950 000	
保障性住房累计折旧	50 000	
贷：保障性住房		3 000 000

借：银行存款——基本账户存款	4 000 000	
贷：银行存款——基本账户存款		3 910 000
应缴财政款——应缴国库款		90 000

5. 期末余额

保障性住房科目期末借方余额，反映保障性住房的原值。保障性住房累计折旧期末贷方余额，反映单位计提的保障性住房折旧累计数。

2.10　其他资产的核算

2.10.1　待摊费用

1. 核算内容

本科目核算单位已经支付，但应当由本期和以后各期分别负担的分摊期在 1 年以内（含 1 年）的各项费用，如预付航空保险费、预付租金、供暖费等。这些费用的特点是：虽然在某月支付或发生，但是受益期是以后的几个月甚至全年，为了正确计算各个会计期间的业务成果，必须严格划分费用的归属期，分月摊入各月成本费用。待摊费用应当在其受益期限内分期平均摊销，如预付航空保险费应在保险期的有效期内、预付租金应在租赁期内分期平均摊销，计入当期费用。

摊销期限在 1 年以上的租入固定资产改良支出和其他费用，应当通过长期待摊费用"科目核算，不通过本科目核算。

实务中，有些费用受益期限虽然超过一个月，如果费用金额较小，为了简化核算工作，也可以不作为待摊费用处理，而直接计入当期费用。

2. 明细科目设置

本科目应当按照待摊费用种类进行明细核算。

3. 待摊费用的主要账务处理

发生待摊费用时,按照实际预付的金额,借记本科目,贷记"财政拨款收入""零余额账户用款额度""银行存款"等科目。

按照受益期限分期平均摊销时,按照摊销金额,借记"业务活动费用""单位管理费用""经营费用"等科目,贷记本科目。

如果某项待摊费用已经不能使单位收益,应当将其摊余金额一次全部转入当期费用。按照摊销金额,借记"业务活动费用""单位管理费用""经营费用"等科目,贷记本科目。

待摊费用主要账务处理见表 2-46 所示。

表 2-46　　　　　　　　　　**待摊费用的主要账务处理**

序号	业务内容	账务处理	
		财务会计	预算会计
1	发生待摊费用时	借:待摊费用 　贷:财政拨款收入/零余额账户用款额度/银行存款等	【事业单位】 借:事业支出 　贷:财政拨款预算收入/资金结存 【行政单位】 借:行政支出 　贷:财政拨款预算收入/资金结存
2	按照受益期限分期平均摊销时	借:业务活动费用/单位管理费用/经营费用等 　贷:待摊费用[每期摊销金额]	—
3	将摊余金额一次全部转入当期费用时	借:业务活动费用/单位管理费用/经营费用等 　贷:待摊费用[全部未摊销金额]	—

【**例 2-86**】　2×19 年 4 月 1 日某单位预付了四个月的设备租金 90 000 元,用于业务活动,财政授权支付完毕。租期从 2×19 年 4 月 1 日至 2×19 年 8 月 1 日。2×19 年 6 月 1 日发现该设备已经不能发挥作用,将其剩余租金一次摊销完毕。

(1) 4 月 1 日,预付租金时,财务会计分录如下:

借:待摊费用——预付租金　　　　　　　　　　　　　　　　　　　90 000
　　贷:零余额账户用款额度——基本支出用款额度　　　　　　　　　　　90 000

同时,编制预算会计分录:

【事业单位】

借:事业支出——基本支出——商品和服务支出　　　　　　　　　　　90 000
　　贷:资金结存——零余额账户用款额度　　　　　　　　　　　　　　　90 000

【行政单位】

借:行政支出——基本支出——商品和服务支出　　　　　　　　　　　90 000
　　贷:资金结存——零余额账户用款额度　　　　　　　　　　　　　　　90 000

(2) 4 月 30 日、5 月 31 日,摊销租金时,分别财务会计分录如下:

借:业务活动费用——商品和服务费用　　　　　　　　　　　　　　22 500
　　贷:待摊费用——预付租金　　　　　　　　　　　　　　　　　　　22 500

(3) 6月1日一次摊销剩余租金,分别财务会计分录如下:

借:业务活动费用——商品和服务费用　　　　　　　　　　　　　　　　45 000
　　贷:待摊费用——预付租金　　　　　　　　　　　　　　　　　　　　　45 000

4. 期末余额

本科目期末借方余额,反映单位各种已支付但尚未摊销的分摊期在1年以内(含1年)的费用。

2.10.2 长期待摊费用

1. 核算内容

本科目核算单位已经支出,但应由本期和以后各期负担的分摊期限在1年以上(不含1年)的各项费用,如以经营租赁方式租入的固定资产发生的改良支出等。

2. 明细科目设置

本科目应当按照费用项目进行明细核算。

3. 长期待摊费用的主要账务处理

发生长期待摊费用时,按照支出金额,借记本科目,贷记"财政拨款收入""零余额账户用款额度""银行存款"等科目。

按照受益期间摊销长期待摊费用时,按照摊销金额,借记"业务活动费用""单位管理费用""经营费用"等科目,贷记本科目。

如果某项长期待摊费用已经不能使单位受益,应当将其摊余金额一次全部转入当期费用。按照摊销金额,借记"业务活动费用""单位管理费用""经营费用"等科目,贷记本科目。

【注意:行政单位不涉及"单位管理费用""经营费用"。】

长期待摊费用的主要账务处理见表2-47。

表2-47　　　　　　　　　　　**长期待摊费用的主要账务处理**

序号	业务内容	账务处理	
		财务会计	预算会计
1	发生长期待摊费用	借:长期待摊费用 　贷:财政拨款收入/零余额账户用款额度/银行存款等	【事业单位】 借:事业支出 　贷:财政拨款预算收入/资金结存 【行政单位】 借:行政支出 　贷:财政拨款预算收入/资金结存
2	按期摊销或一次转销长期待摊费用剩余账面余额	借:业务活动费用/单位管理费用/经营费用等 　贷:长期待摊费用	—

【例2-87】　2×18年1月1日某单位对租住的某办公楼进行维修改造,工程款48万元,使用办公楼改造项目经费支付,已经财政直接支付完毕。未来还有两年租赁期,于2×19年12月31日租期届满。2×19年7月1日因为客观原因,不再租赁该办公楼,将剩余改造款一次摊销完毕。

(1) 2×18年1月1日,支付维修改造工程款时,财务会计分录如下:

```
借：长期待摊费用——装修费                          480 000
    贷：财政拨款收入——财政直接支付                         480 000
```

同时，编制预算会计分录：

【事业单位】
```
借：事业支出——项目支出——资本性支出              480 000
    贷：财政拨款预算收入——财政直接支付                     480 000
```

【行政单位】
```
借：行政支出——项目支出——资本性支出              480 000
    贷：财政拨款预算收入——财政直接支付                     480 000
```

(2) 2×18年1月至2×19年6月，每月摊销改造款时，分别财务会计分录如下：

【事业单位】
```
借：单位管理费用——商品和服务费用                   20 000
    贷：长期待摊费用——装修费                              20 000
```

【行政单位】
```
借：业务活动费用——商品和服务费用                   20 000
    贷：长期待摊费用——装修费                              20 000
```

(3) 6月1日一次摊销剩余租金，分别财务会计分录如下：

【事业单位】
```
借：单位管理费用——商品和服务费用                   20 000
    贷：长期待摊费用——装修费                              20 000
```

【行政单位】
```
借：业务活动费用——商品和服务费用                  120 000
    贷：长期待摊费用——装修费                             120 000
```

4. 期末余额

本科目期末借方余额，反映单位尚未摊销完毕的长期待摊费用。

2.10.3 受托代理资产

1. 核算内容

本科目核算单位接受委托方委托管理的各项资产，包括受托指定转赠的物资、受托存储保管的物资等的成本。单位管理的罚没物资也应当通过本科目核算。单位收到的受托代理资产为现金和银行存款的，不通过本科目核算，应当通过"库存现金""银行存款"科目进行核算。

2. 明细科目设置

本科目应当按照资产的种类和委托人进行明细核算："受托转赠物资""受托存储保管物资""罚没物资"；属于转赠资产的，还应当按照受赠人进行明细核算。

3. 受托代理资产的主要账务处理

1）受托转赠物资

(1) 接受委托人委托需要转赠给受赠人的物资，其成本按照有关凭据注明的金额确定。

接受委托转赠的物资验收入库,按照确定的成本,借记本科目,贷记"受托代理负债"科目。

受托协议约定由受托方承担相关税费、运输费等的,还应当按照实际支付的相关税费、运输费等金额,借记"其他费用"科目,贷记"银行存款"等科目。

(2) 将受托转赠物资交付受赠人时,按照转赠物资的成本,借记"受托代理负债"科目,贷记本科目。

(3) 转赠物资的委托人取消了对捐赠物资的转赠要求,且不再收回捐赠物资的,应当将转赠物资转为单位的存货、固定资产等。按照转赠物资的成本,借记"受托代理负债"科目,贷记本科目;同时,借记"库存物品""固定资产"等科目,贷记"其他收入"科目。

2) 受托存储保管物资

(1) 接受委托人委托存储保管的物资,其成本按照有关凭据注明的金额确定。接受委托储存的物资验收入库,按照确定的成本,借记本科目,贷记"受托代理负债"科目。

(2) 发生由受托单位承担的与受托存储保管的物资相关的运输费、保管费等费用时,按照实际发生的费用金额,借记"其他费用"等科目,贷记"银行存款"等科目。

(3) 根据委托人要求交付或发出受托存储保管的物资时,按照发出物资的成本,借记"受托代理负债"科目,贷记本科目。

3) 罚没物资

(1) 取得罚没物资时,其成本按照有关凭据注明的金额确定。罚没物资验收(入库),按照确定的成本,借记本科目,贷记"受托代理负债"科目。罚没物资成本无法可靠确定的,单位应当设置备查簿进行登记。

(2) 按照规定处置或移交罚没物资时,按照罚没物资的成本,借记"受托代理负债"科目,贷记本科目。处置时取得款项的,按照实际取得的款项金额,借记"银行存款"等科目,贷记"应缴财政款"等科目。

4) 单位受托代理的其他实物资产,参照本科目有关受托转赠物资、受托存储保管物资的规定进行账务处理。

受托代理资产的主要账务处理如表2-48所示。

表2-48　　　　　　　　　　受托代理资产的主要账务处理

序号	业务内容	账务处理	
		财务会计	预算会计
1	接受委托人委托需要转赠给受赠人的物资	借:受托代理资产 　贷:受托代理负债	—
	受托协议约定有受托方承担相关税费、运输费等	借:其他费用 　贷:财政拨款收入/零余额账户用款额度/银行存款等	借:其他支出[实际支付的相关税费、运输费等] 　贷:财政拨款收入/资金结存
2	将受托转赠物资交付受赠人时	借:受托代理负债 　贷:受托代理资产	—
3	转赠物资的委托人取消了对捐赠物资的转赠要求,且不再收回捐赠物资的	借:受托代理负债 　贷:受托代理资产 借:库存物品/固定资产等 　贷:其他收入	—

(续表)

序号	业务内容	账务处理	
		财务会计	预算会计
4	接受委托人委托储存保管的物资	借：受托代理资产 　贷：受托代理负债	
5	支付由受托单位承担的受托储存保管的物资相关的运输费、保管费等	借：其他费用 　贷：财政拨款收入/零余额账户用款额度/银行存款等	借：其他支出[实际支付的相关税费、运输费等] 　贷：财政拨款收入/资金结存
6	根据委托人要求交付受托储存保管的物资时	借：受托代理负债 　贷：受托代理资产	—
7	取得罚没物资时	借：受托代理资产 　贷：受托代理负债	
8	按照规定处置罚没物资时	借：受托代理负债 　贷：受托代理资产 处置时取得款项的 借：银行存款等 　贷：应缴财政款	—

【例 2-88】 某单位接受其他单位委托接受一批物资,转赠给另一单位 A,根据委托单位提供的凭据该批物资价值 200 000 元,于 2×19 年 2 月 18 日验收入库。双方约定由该单位承担相关运杂费 3 000 元,均以银行存款付讫。3 月 20 日该事业单位将该批物资的一半转赠给 A,剩余一半根据委托人要求不再转赠,同时委托人也不再收回。

(1) 2 月 18 日,验收入库并支付相关运杂费,财务会计分录如下:

借：受托代理资产——受托转赠物资　　　　　　　　　　　　　　200 000
　贷：受托代理负债　　　　　　　　　　　　　　　　　　　　　200 000

借：其他费用——运杂费　　　　　　　　　　　　　　　　　　　　3 000
　贷：银行存款——基本账户存款　　　　　　　　　　　　　　　　3 000

同时,编制预算会计分录:

借：其他支出——运杂费　　　　　　　　　　　　　　　　　　　　3 000
　贷：资金结存——货币资金——银行存款　　　　　　　　　　　　3 000

(2) 3 月 20 日,转赠 A 单位,财务会计分录如下:

借：受托代理负债　　　　　　　　　　　　　　　　　　　　　　100 000
　贷：受托代理资产——受托转赠物资　　　　　　　　　　　　　100 000

处理不再转赠物资,财务会计分录如下:

借：受托代理负债　　　　　　　　　　　　　　　　　　　　　　100 000
　贷：受托代理资产——受托转赠物资　　　　　　　　　　　　　100 000

借：库存物品　　　　　　　　　　　　　　　　　　　　　　　　100 000
　贷：其他收入——其他　　　　　　　　　　　　　　　　　　　100 000

【例 2-89】 某单位接受其他单位委托保管一批物资,根据委托单位提供的凭据该批物资价值 50 000 元,于 2×19 年 9 月 18 日验收入库。双方约定由该单位承担相关运杂费

2 000元,以银行存款付讫。10月23日保管结束,根据委托人要求发出该批保管物资。

(1) 9月18日,接受委托保管物资并支付运杂费时,财务会计分录如下:

借:受托代理资产——受托存储保管物资　　　　　　　　　　　　50 000
　　贷:受托代理负债　　　　　　　　　　　　　　　　　　　　　50 000

借:其他费用——运杂费　　　　　　　　　　　　　　　　　　　　2 000
　　贷:银行存款——基本账户存款　　　　　　　　　　　　　　　2 000

同时,编制预算会计分录:

借:其他支出——运杂费　　　　　　　　　　　　　　　　　　　　2 000
　　贷:资金结存——货币资金——银行存款　　　　　　　　　　　2 000

(2) 10月23日保管结束,发出保管物资时,财务会计分录如下:

借:受托代理负债　　　　　　　　　　　　　　　　　　　　　　　50 000
　　贷:受托代理资产——受托存储保管物资　　　　　　　　　　　50 000

【例2-90】 2×19年5月1日,某单位在执法过程中获得一批罚没物资入库,根据对方单位提供的凭据该批物资价值20 000元。按照有关规定,该批物资按照程序进行处置,7月1日完成处置,获得处置收益2 300元。

(1) 5月1日,将罚没物资入库,财务会计分录如下:

借:受托代理资产——罚没物资　　　　　　　　　　　　　　　　20 000
　　贷:受托代理负债　　　　　　　　　　　　　　　　　　　　　20 000

(2) 7月1日,完成对罚没物资的处置,财务会计分录如下:

借:受托代理负债　　　　　　　　　　　　　　　　　　　　　　　20 000
　　贷:受托代理资产——受托存罚没物资　　　　　　　　　　　　20 000

借:银行存款——基本账户存款　　　　　　　　　　　　　　　　　2 300
　　贷:应缴财政款——应缴国库款　　　　　　　　　　　　　　　2 300

4. 期末余额

本科目期末借方余额,反应单位受托代理实物资产的成本。

2.10.4　待处理财产损溢

1. 核算内容

本科目核算单位在资产清查过程中查明的各种资产盘盈、盘亏和报废、损毁的价值。

2. 明细科目设置

本科目应当按照待处理的资产项目进行明细核算;对于在资产处理过程中取得收入或发生相关费用的项目,还应当设置"待处理财产价值""处理净收入"明细科目,进行明细核算。

3. 待处理财产损溢的主要账务处理

单位资产清查中查明的资产盘盈、盘亏、报废和毁损,一般应当先记入本科目,按照规定报经批准后及时进行账务处理。年末结账前一般应处理完毕。

第一,账款核对时发现的库存现金短缺或溢余,具体核算参见"货币资金"科目。

第二,资产清查过程中发现的存货、固定资产、无形资产、公共基础设施、政府储备物资、文物文化资产、保障性住房等各种资产盘盈。

(1) 转入待处理资产时,按照确定的成本,借记"库存物品""固定资产""无形资产""公共基础设施""政府储备物资""文物文化资产""保障性住房"等科目,贷记本科目。

(2) 按照规定报经批准后处理时,对于盘盈的流动资产,借记本科目,贷记"单位管理费用"或"业务活动费用"科目。对于盘盈的非流动资产,如属于本年度取得的,按照当年新取得相关资产进行账务处理;如属于以前年度取得的,按照前期差错处理,借记本科目,贷记"以前年度盈余调整"科目。

第三,资产资产清查过程中发现的存货、固定资产、无形资产、公共基础设施、政府储备物资、文物文化资产、保障性住房等各种资产盘亏或者毁损、报废的账务处理。

(1) 转入待处理资产时,借记本科目(待处理财产价值)(盘亏、毁损、报废固定资产、无形资产、公共基础设施、保障性住房的,还应借记"固定资产累计折旧""无形资产累计摊销""公共基础设施累计折旧(摊销)""保障性住房累计折旧"科目),贷记"库存物品""固定资产""无形资产""公共基础设施""政府储备物资""文物文化资产""保障性住房""在建工程"等科目。涉及增值税业务的,相关账务处理参见"应交增值税"科目。

(2) 报经批准处理时,借记"资产处置费用"科目,贷记本科目(待处理财产价值)。

(3) 处理毁损、报废实物资产过程中取得的残值或残值变价收入、保险理赔和过失人赔偿等,借记"库存现金""银行存款""库存物品""其他应收款"等科目,贷记本科目(处理净收入)。

(4) 处理毁损、报废实物资产过程中发生的相关费用,借记本科目(处理净收入),贷记"库存现金""银行存款"等科目。

(5) 处理收支结清,如果处理收入大于相关费用的,按照处理收入减去相关费用后的净收入,借记本科目(处理净收入),贷记"应缴财政款"等科目;如果处理收入小于相关费用的,按照相关费用减去处理收入后的净支出,借记"资产处置费用"科目,贷记本科目(处理净收入)。

待处理财产损溢的主要账务处理如表 2-49 所示。

表 2-49　　　　　　　　　　待处理财产损溢的主要账务处理

序号	业务内容		账务处理	
			财务会计	预算会计
1	账款核对时发现的现金短缺或溢余		参照"库存现金"科目的账务处理	
2	盘盈的非现金资产	转入待处理财产时	借:库存物品/固定资产/无形资产/公共基础设施/政府储备物资/文物文化资产/保障性住房等 贷:待处理财产损溢	—
		报经批准后处理时 对于流动资产	借:待处理财产损溢 贷:单位管理费用 【注意:行政单位为"业务活动费用"】	—
		对于非流动资产	借:待处理财产损溢 贷:以前年度盈余调整	—

(续表)

序号	业务内容	账务处理 财务会计	账务处理 预算会计
3	盘亏或毁损、报废的非现金资产		
	转入待处理财产时	借：待处理财产损溢——待处理财产价值 　　固定资产累计折旧/公共基础设施累计折旧(摊销)/无形资产累计摊销/保障性住房累计折旧 　贷：库存物品/固定资产/无形资产/公共基础设施/政府储备物资/文物文化资产/保障性住房等	—
	报经批准处理时	借：资产处置费用 　贷：待处理财产损溢——待处理财产价值	—
	处理毁损、报废实物资产过程中取得的残值或残值变价收入、保险理赔或过失人赔偿等	借：库存现金/银行存款/库存物品/其他应收款 　贷：待处理财产损溢——处理净收入	—
	处理毁损、报废实物资产过程中发生的相关费用	借：待处理财产损溢——处理净收入 　贷：库存现金/银行存款等	—
	处理收支结清，处理收入大于相关费用的	借：待处理财产损溢——处理净收入 　贷：应缴财政款	—
	处理收支结清，处理收入小于相关费用的	借：资产处置费用 　贷：待处理财产损溢——处理净收入	借：其他支出 　贷：资金结存[支付的处理净支出]

【例2-91】 某单位2019年年底资产清查时发现，盘盈一批物资K价值70 000元，盘盈一台空调，价值10 000元，均以以前年度取得，经过有关单位批准，做盘盈资产处理。

（1）12月31日，验收入库并支付相关运杂费，财务会计分录如下：

借：库存物品——K　　　　　　　　　　　　　　　　　　　　　　　　70 000
　　固定资产——通用设备　　　　　　　　　　　　　　　　　　　　　10 000
　　贷：待处理财产损溢——存货　　　　　　　　　　　　　　　　　　70 000
　　　　待处理财产损溢——固定资产　　　　　　　　　　　　　　　　10 000

经过有关单位批准后，财务会计分录如下：

【事业单位】

借：待处理财产损溢——存货　　　　　　　　　　　　　　　　　　　70 000
　　贷：单位管理费用——商品和服务费用　　　　　　　　　　　　　　70 000

借：待处理财产损溢——固定资产　　　　　　　　　　　　　　　　　10 000
　　贷：以前年度盈余调整　　　　　　　　　　　　　　　　　　　　　10 000

【行政单位】

借：待处理财产损溢——存货　　　　　　　　　　　　　　　　　　　70 000
　　贷：业务活动费用——商品和服务费用　　　　　　　　　　　　　　70 000

借：待处理财产损溢——固定资产 10 000
　　贷：以前年度盈余调整 10 000

【例 2-92】 某事业单位 2019 年年底拟报废 5 台计算机，价值共计 20 000 元，已经计提折旧 16 000 元。经过有关部门批准同意报废，处理时发生相关运费 300 元，用现金支付，并受到残值收入 1 000 元，对方银行转账。

（1）12 月 31 日，转入待处理财产时，财务会计分录如下：

借：待处理财产损溢——固定资产——待处理财产价值 4 000
　　固定资产累计折旧——通用设备 16 000
　　贷：固定资产——通用设备 20 000

（2）12 月 31 日，报经批准处理时，财务会计分录如下：

借：资产处置费用 4 000
　　贷：待处理财产损溢——固定资产——待处理财产价值 4 000

（3）12 月 31 日，残值变价收入，财务会计分录如下：

借：银行存款——基本账户存款 1 000
　　贷：待处理财产损溢——固定资产——处理净收入 1 000

（4）12 月 31 日，处理过程中发生相关费用，财务会计分录如下：

借：待处理财产损溢——固定资产——处理净收入 300
　　贷：库存现金 300

（5）12 月 31 日，处理收支结清，财务会计分录如下：

借：待处理财产损溢——固定资产——处理净收入 700
　　贷：应缴财政款——应缴国库款 700

4. 期末余额

本科目期末如为借方余额，反映尚未处理完毕的各种资产的净损失；期末如为贷方余额，反映尚未处理完毕的各种资产净溢余。年末，经批准处理后，本科目一般应无余额。

重 要 概 念

资产　货币资金　应收及预付款项　存货　投资　固定资产　在建工程　无形资产　经管资产　其他资产

本 章 练 习

单选题

1. 政府单位发现现金溢余，贷记的会计科目是（　　）。
   A. 待处理财产损溢　　　　　　　　B. 其他应付款
   C. 库存现金　　　　　　　　　　　D. 其他收入

2. 事业单位业务部员工出差返回,报销差旅费,预算会计借方科目为( )。
   A. 单位管理费用　　　　　　　　　　B. 事业支出
   C. 资金结存　　　　　　　　　　　　D. 行政支出
3. 事业单位对外捐赠现金资产,财务会计处理时,应借记的科目是( )。
   A. 业务活动费用　　　　　　　　　　B. 待处理财产损溢
   C. 其他费用　　　　　　　　　　　　D. 单位管理费用
4. 政府部门固定资产的折旧,应记入的科目是( )。
   A. 累计折旧　　　　　　　　　　　　B. 固定资产累计折旧
   C. 累计摊销　　　　　　　　　　　　D. 固定资产
5. 事业部门计提坏账准备时,财务会计应借记的科目是( )。
   A. 其他费用　　　　　　　　　　　　B. 非财政拨款结余
   C. 坏账准备　　　　　　　　　　　　D. 资金结存
6. 下列各项中,属于事业单位计提固定资产折旧时应借记的会计科目是( )。
   A. 事业支出　　　　　　　　　　　　B. 经营支出
   C. 业务活动费用　　　　　　　　　　D. 其他支出
7. 长期股权投资持有期间,收到利润等投资收益时,按照实际收到的金额,借记长期股权投资(损益调整),贷记( )科目。
   A. 经营收入　　　　　　　　　　　　B. 投资收益
   C. 其他收入　　　　　　　　　　　　D. 事业收入
8. 因被投资单位破产清算等原因,有确凿证据表明长期股权投资发生损失,按照规定报经批准后予以核销时,借记( )科目。
   A. 资产处置费用　　　　　　　　　　B. 其他费用
   C. 经营费用　　　　　　　　　　　　D. 单位管理费用
9. 核算单位为在建工程准备的各种物资的成本,包括工程用材料、设备等的账户是( )。
   A. 在建工程　　　　　　　　　　　　B. 工程物资
   C. 研发支出　　　　　　　　　　　　D. 库存物品
10. 单位在建的信息系统项目工程、公共基础设施项目工程、保障性住房项目工程的实际成本,通过( )科目核算。
    A. 固定资产　　　　　　　　　　　　B. 工程物资
    C. 无形资产　　　　　　　　　　　　D. 在建工程
11. 无形资产预期不能为单位带来服务潜力或经济利益,按照规定报经批准核销时,按照待核销无形资产的账面价值,借记( )科目。
    A. 无形资产累计摊销　　　　　　　　B. 待处理财产损溢
    C. 资产处置费用　　　　　　　　　　D. 无偿调拨净资产
12. 下列选项中不属于公共基础设施的是( )。
    A. 城市道路　　　　　　　　　　　　B. 办公大楼
    C. 港口　　　　　　　　　　　　　　D. 室外公共健身器材
13. 下列选项中不能作为盘盈的政府储备物资成本确认的方式是( )。
    A. 按照有关凭据注明的金额确定　　　B. 按照资产评估价值确定
    C. 按照会议决议金额确定　　　　　　D. 按照重置成本确定
14. 各种资产盘亏或者毁损、报废,处理收支结清时,如果处理收入大于相关费用的,按照处理收入减去相关费用后的净收入,借记"待处理财产损溢",贷记( )科目。
    A. 营业外收入　　　　　　　　　　　B. 资产处置费用

C. 其他收入　　　　　　　　　　　　D. 应缴财政款

15. 在下列会计要素中,不属于行政事业单位财务会计要素的是( )。
A. 资产　　　　　　　　　　　　　　B. 收入
C. 费用　　　　　　　　　　　　　　D. 支出

多选题

1. 其他货币资金核算的内容包括( )。
A. 外埠存款　　　　　　　　　　　　B. 银行本票存款
C. 银行汇票存款　　　　　　　　　　D. 信用卡存款

2. 下列各项中,属于事业单位独有的科目有( )。
A. 短期投资　　　　　　　　　　　　B. 应收股利
C. 应收票据　　　　　　　　　　　　D. 坏账准备

3. 政府部门,在现金短缺的财务会计处理中,会涉及的科目有( )。
A. 待处理财产损溢　　　　　　　　　B. 其他支出
C. 其他应收款　　　　　　　　　　　D. 资产处置费用

4. 下列固定资产不需要计提折旧的有( )。
A. 融资租入固定资产　　　　　　　　B. 单独计价入账的土地
C. 图书、档案　　　　　　　　　　　D. 文物和陈列品

5. 按规定事业单位不得使用( )进行对外投资。
A. 财政拨款　　　　　　　　　　　　B. 财政补助结余
C. 事业结余　　　　　　　　　　　　D. 经营结余

6. 无形资产的种类包括( )。
A. 专利权　　　　　　　　　　　　　B. 土地使用权
C. 非专利技术　　　　　　　　　　　D. 商标权

7. 行政单位按月对无形资产进行摊销时,按照应摊销金额,借记( )等科目,贷记"无形资产累计摊销"科目。
A. 业务活动费用　　　　　　　　　　B. 单位管理费用
C. 加工物品　　　　　　　　　　　　D. 在建工程

8. 下列选项中符合公共基础设施特征的有( )。
A. 为满足企业自身需求而控制　　　　B. 有形资产
C. 具有特定用途　　　　　　　　　　D. 一般不可移动

9. 下列各项中,可以计入政府储备物资成本的有( )。
A. 仓储费用　　　　　　　　　　　　B. 运输费
C. 购买价款　　　　　　　　　　　　D. 日常维护费用

10. 在财政总预算会计中,基本预算收入包括( )。
A. 一般公共预算本级收入　　　　　　B. 政府性基金预算本级收入
C. 国有资本经营预算本级收入　　　　D. 补助收入

判断题

1. 行政单位应收账款收回后不需上缴财政。( )
2. "应收利息"科目核算事业单位长期债券投资应当收取的利息。( )
3. 事业部门对于账龄超过规定年限,确定无法收回的其他应收款,按照规定报经批准后予以核销,借记"坏账准备"科目,贷记"其他应收款"科目,核销的其他应收款应当在备查簿中保留登记。( )
4. 行政部门已核销的其他应收款在以后期间又收回的,按照收回金额借记银行存款,贷记"其他收入"科目。( )

5. 根据规定事业单位固定资产当月增加,下月计提折旧;当月减少,当月仍计提。（   ）
6. 行政事业单位的固定资产计提折旧应记入"固定资产累计折旧"科目。（   ）
7. 一次还本付息的长期债券投资,在债券人应付利息日按照票面利率计算的应收未收利息收入应当确认为应收利息,不增加长期债券投资的账面余额。（   ）
8. 自行研究开发形成的无形资产,按照研究开发项目进入开发阶段后至达到预定用途前所发生的支出总额,借记"无形资产"科目,贷记"研发支出——研究支出"科目。（   ）
9. 非大批量购入、单价小于1 000元的无形资产,可以于购买的当期将其成本一次全部转销。（   ）
10. 政府储备物资与存货在物质形态、功能作用、管理方式、资金来源、业务流程和环节上都具有相似性。（   ）
11. 单位为满足自身开展业务活动或其他活动需要而控制的文物和陈列品,应当通过"文物文化资产"科目核算。（   ）
12. 如果某项待摊费用已经不能使单位收益,应当将其摊余金额一次全部转入当期费用。（   ）
13. 在财政总预算会计中,收入具有偿还性,且取得收入的目的是补偿支出。（   ）
14. 事业单位所需资金全部来源于财政补助。（   ）
15. 购买政府债券的资金不能列作支出,应作为有价证券资产进行管理。（   ）

计算及账务处理题

1. 2×19年6月11日,某事业单位业务部门员工李明出差借款3 000元。6月13日实际报销差旅费3 300元(本单位按实际结算时做预算会计支出)。

要求:请根据上述资料编制有关会计分录。

2. 某事业单位已经纳入财政国库集中支付制度改革,2×19年6月17日购入A材料,价款70 000元,使用丙科研项目经费,材料尚未送达。6月19日,材料到达并验收入库。

要求:请根据上述资料编制有关会计分录。

3. 某事业单位2×19年1月1日支付了2 000 000元购买了丙公司30%的股权;2×19年11月1日宣告发放现金股利80 000元,2×19年12月1日收到该现金股利;2×20年1月1日处置该笔投资,发生相关税费30 000元,实际取得对价2 500 000元。

要求:请根据上述资料,编制有关的会计分录。

4. 某事业单位2×19年7月1日用项目经费购买大型设备一台,价款700 000元,运杂费20 000元,以财政直接支付。该设备使用年限10年,用直线法计提折旧。2×20年4月1日经批准无偿调出,发生相关税费6 000元。

要求:请根据上述资料,编制有关的会计分录。

5. 某事业单位取得一项专利,使用财政授权支付方式支付价款300 000元。

要求:请根据上述资料,编制有关的会计分录。

6. 2×19年3月31日,某事业单位,用一项专利置换换入一批材料,换出专利的原价为400 000元,已提摊销300 000元,评估价值为100 000元。置换换出专利收到补价50 000元,当日收到材料并验收入库。

要求:请根据上述资料,编制有关的会计分录。

7. 某事业单位于会计期末对库存物品进行盘点,发现部分库存物品毁损,价值为5 600元,经调查,系管理人员保管不善造成,应赔偿损失2 800元,处理残料变价收入为1 500元,为清理该毁损库存物品共发生运输费800元。

要求:请根据上述资料,编制有关的会计分录。

8. 某行政单位2×19年3月25日接受红十字会委托储存管理的物资。该批物资的成本为490 000元,根据受托协议约定由该行政单位承担相关税费和运输费,实际发生的税费和运输费为30 000元,该行政单位将物资验收入库。2×19年5月27日将该批物资交付西部扶贫办用于支持西部地区扶贫。

要求:请根据上述资料,编制有关的会计分录。

第 3 章　负债

- ➢ 内容提要
- ➢ 重点难点
- ➢ 学习目标
- ➢ 知识框架
- ➢ 3.1　负债概述
- ➢ 3.2　流动负债的核算
- ➢ 3.3　非流动负债的核算
- ➢ 重要概念
- ➢ 本章练习

内容提要

本章主要讲解政府单位负债的分类；负债的确认与计量；流动负债包含的会计科目及其主要账务处理；非流动负债包含的会计科目及其主要账务处理。

重点难点

本章重点为短期借款、应交增值税、其他应交税费、应缴财政款、应付职工薪酬、应付及预收类科目主要账务处理；难点为应交增值税主要账务处理及非流动负债主要账务处理。

学习目标

通过本章学习，学生应掌握短期借款、应交增值税、其他应交税费、应缴财政款、应付职工薪酬、应付及预收类科目主要账务处理；了解行政事业单位负债的分类；负债的确认与计量。

知识框架

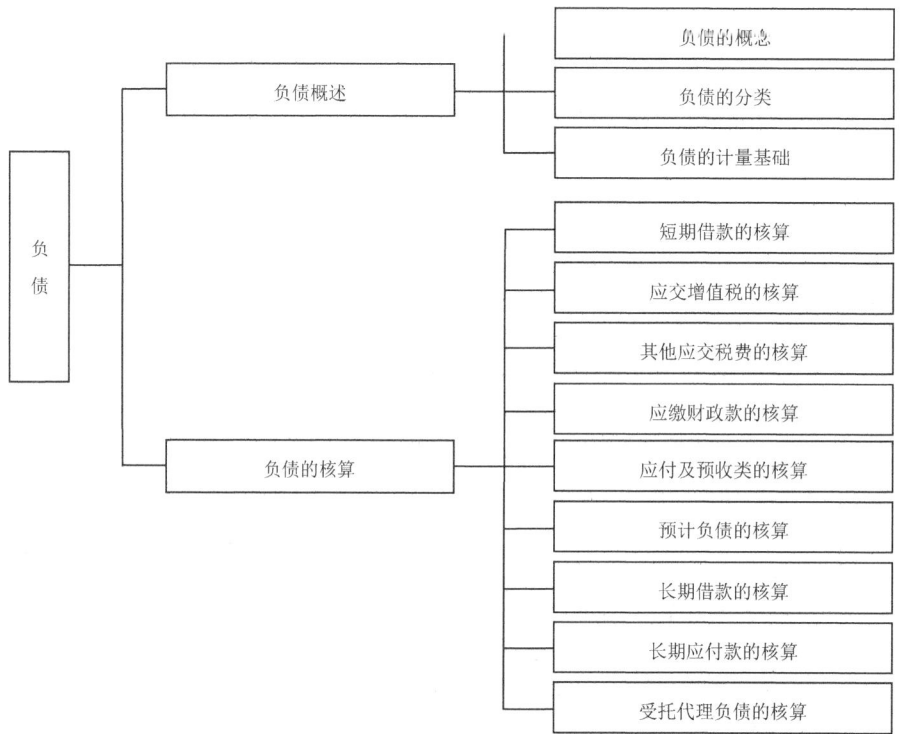

引入案例 事业单位国有资产处置

事业单位国有资产处置是指事业单位对其占有、使用的国有资产进行产权转让或注销产权的行为,包括各类国有资产的出售、出让、转让、置换、报损、报废、捐赠以及货币性资产损失核销等。

出售、出让、转让是指变更单位所有权或占有、使用权并相应取得处置收益的行为。

置换是指以非货币性交易的方式变更国有资产的所有权或占有权、使用权的行为。

报废是指经有关部门科学鉴定或按有关规定,对已经不能继续使用的国有资产注销产权的行为。

报损是指单位国有资产发生的呆账损失、非正常损失,按照有关规定进行注销产权的行为。

捐赠是指单位依法自愿无偿将其有权处分的国有资产赠与他人的行为。

货币性资产损失核销是指单位按现行财务与会计制度确认的债权、债务等坏账损失,进行核销的行为。

无偿调拨(划转)是指国有资产在不变更所有权的前提下,以无偿转让的方式变更国有资产占有、试用期的行为。

事业单位处置国有资产应当严格履行审批程序,未经批准不得自行处置。

思考:国有资产处置收入属于什么性质的收入,应如何管理,以及处置过程中涉及哪些税收?

3.1 负债概述

3.1.1 负债的概念

《基本准则》第三十三条规定:"负债是指政府会计主体过去的经济业务或者事项形成的,预期会导致经济资源流出政府会计主体的现时义务。现时义务是指政府会计主体在现行条件下已承担的义务。未来发生的经济业务或者事项形成的义务不属于现时义务,不应当确认为负债。"

现时义务包括法定义务和推定义务。法定义务,是指因合同、法律法规或其他司法解释等产生的义务。推定义务,是指根据政府会计主体以往的习惯做法、已公布的政策或者已公开的承诺或声明,政府会计主体向其他方表明其将承担并且其他方也合理预期政府会计主体将履行的相关义务。

3.1.2 负债的分类

政府会计主体的负债按照流动性分为流动负债和非流动负债。其中,流动负债是指预计在1年内(含1年)偿还的负债,主要包括短期借款、应交增值税、其他应交税费、应缴财政款、应付职工薪酬、应付票据、应付及预收款项、应付政府补贴款、其他应付款、预提费用等;非流动负债是指流动负债以外的负债,主要包括长期借款、长期应付款、预计负债、受托代理负债等。

【注意:行政单位不涉及短期借款、应付票据、预收账款、长期借款等;事业单位不涉及应付政府补贴款。】

3.1.3 负债的计量基础

《基本准则》第三十六条规定:"负债的计量属性主要包括历史成本、现值和公允价值。"

政府会计主体在对负债进行计量时,一般应当采用历史成本。采用现值、公允价值计量的,应当保证所确定的负债金额能够持续、可靠地计量。

表 3-1　　　　　　　　　　　　　负债的计量属性

序号	计量基础	具 体 内 容
1	历史成本	负债按照因承担现时义务而实际收到的款项或者资产的金额,或者承担现时义务的合同金额,或者按照为偿还负债预期需要支付的现金计量
2	现值	负债按照预计期限内需要偿还的未来净现金流出量的折现金额计量
3	公允价值	负债按照市场参与者在计量日发生的有序交易中,转移负债所需支付的价格计量

3.2 流动负债的核算

3.2.1 短期借款

1. 核算内容

"短期借款"科目核算事业单位经批准向银行或其他金融机构等借入的期限在 1 年内(含 1 年)的各种借款。

【注意:行政单位不涉及"短期借款"科目。】

2. 明细科目设置

本科目应当按照债权人和借款种类进行明细核算。

3. 短期借款的主要账务处理

(1)借入各种短期借款时,按照实际借入的金额,借记"银行存款"科目,贷记本科目。

(2)银行承兑汇票到期,本单位无力支付票款的,按照银行承兑汇票的票面金额,借记"应付票据"科目,贷记本科目。

(3)计提当月应付利息费用,借记"其他费用"科目,贷记"应付利息"科目。

(4)支付短期借款利息时,借记"其他费用""应付利息"科目,贷记"银行存款""库存现金"科目。

(5)归还短期借款时,借记本科目,贷记"银行存款"科目。

短期借款的主要账务处理如表 3-2 所示。

表 3-2　　　　　　　　　　　短期借款的主要账务处理

序号	业务内容	具体内容	
		财务会计	预算会计
1	借入款项	借:银行存款 贷:短期借款	借:资金结存——货币资金 贷:债务预算收入
2	银行承兑汇票到期,本单位无力偿还	借:应付票据 贷:短期借款	—
3	计提当月应付利息费用	借:其他费用——利息费用 贷:应付利息	
4	支付借款利息	借:其他费用/应付利息 贷:库存现金/银行存款	借:其他预算支出 贷:资金结存——货币资金
5	归还现金	借:短期借款 贷:银行存款	借:债务还本支出 贷:资金结存——货币资金

> **特别提示 3-1**
>
> 对纳入部门预算管理的现金收支进行"平行记账"
>
> 对于纳入部门预算管理的现金收支业务,在进行财务会计核算的同时也应当进行预算会计核算。对于其他业务,仅需要进行财务会计核算。

> **延伸阅读 3-1**
>
> 资金结存核算范围
>
> "资金结存"核算的流入、流出、调整、滚存的"资金",仅限于货币资金(包括库存现金、银行存款、其他货币资金以及零余额账户用款额度)和财政应返还额度。因此资金结存的明细科目反映的是资金的形式。与"资金结存"相关的业务活动包括资金流入行政事业单位和资金流出行政事业单位,以及不同形式的资金之间的转换。凡涉及财务会计科目"库存现金""银行存款""其他货币资金""零余额账户用款额度"以及"财政应返还额度"的经济业务及事项都属于资金结存的核算范围。

【例 3-1】 某事业单位为满足事业业务发展的资金需求,从中国农业银行×××支行借入 200 000 元,借款期限 6 个月,年利率 8%,利息分月计提,到期支付。

① 借款时,财务会计分录如下:

借:银行存款　　　　　　　　　　　　　　　　　　　　　　200 000
　　贷:短期借款——农业银行×××支行　　　　　　　　　　　　　　200 000

同时,编制预算会计分录:

借:资金结存——货币资金　　　　　　　　　　　　　　　　200 000
　　贷:债务预算收入　　　　　　　　　　　　　　　　　　　　　　200 000

② 每月末计提利息时:

借:其他费用——利息费用　　　　　　　　　　　　　　　　1 333.34
　　贷:应付利息　　　　　　　　　　　　　　　　　　　　　　　1 333.34

③ 归还短期借款并支付借款利息,财务会计分录如下:

借:短期借款——农业银行×××支行　　　　　　　　　　　　200 000
　　应付利息　　　　　　　　　　　　　　　　　　　　　　　8 000
　　贷:银行存款　　　　　　　　　　　　　　　　　　　　　　　208 000

同时,编制预算会计分录:

借:债务还本支出　　　　　　　　　　　　　　　　　　　　200 000
　　其他支出——利息支出　　　　　　　　　　　　　　　　　8 000
　　贷:资金结存——货币资金　　　　　　　　　　　　　　　　　208 000

3.2.2 应交增值税

1. 核算内容

本科目核算政府单位按照税法规定计算应交纳的增值税。

2. 明细科目设置

"应交增值税"明细科目设置如表 3-3 所示。属于一般纳税人的单位为进行应交增值税的会计核算,应在应交增值税科目下设置"应交税金""未交税金""预交税金""待抵扣进项税额""待认证进项税额""待转销项税额""简易计税""转让金融商品应交增值税""代扣代交增值税"等明细科目。

表3-3 "应交增值税"的科目设置

科目	明细科目		核算内容
应交增值税	应交税金	进项税额	核算单位购进货物、加工修理修配劳务、服务、无形资产或不动产而支付或负担的、准予从当期销项税额中抵扣的增值税额
		已交税金	核算单位当月缴纳的增值税额
		转出未交增值税	核算单位月份终了,转出的应交未交的增值税
		转出多交增值税	核算单位月度终了,转出的多交的增值税
		减免税款	核算单位按照现行增值税制度规定准予减免的增值税额
		销项税额	核算单位销售货物、加工修理修配劳务、服务、无形资产或不动产应收取的增值税额
		进项税额转出	核算单位购进货物、加工修理修配劳务、服务、无形资产或不动产等发生非正常损失以及其他原因而不应从销项税额中抵扣,按照规定转出的进项税额
	未交税金		核算单位月度终了从"应交税金"或"预交税金"明细科目转入当月应交未交、多交或预缴的增值税额,以及当月交纳以前期间未交的增值税额
	预交税金		核算单位转让不动产、提供不动产经营租赁服务等,以及其他按照现行增值税制度规定应预缴的增值税额
	待抵扣进项税额		核算单位已取得增值税扣税凭证并经税务机关认证,按照现行增值税制度规定准予以后期间从销项税额中抵扣的进项税额
	待认证进项税额		核算单位由于未经税务机关认证而不得从当期销项额中抵扣的进项税额,包括:一般纳税人已取得增值税扣税凭证并按规定准从销项税额中抵扣,但尚未经税务机关认证的进项税额;一般纳税人已申请稽核但尚未取得稽核相符结果的海关缴款书进项税额
	待转销项税额		核算单位销售货物、加工修理修配劳务、服务、无形资产或不动产,已确认相关收入(或利得)但尚未发生增值税纳税义务而需于以后期间确认为销项税额的增值税
	简易计税		核算单位采用简易计税方法发生的增值税计提、抵减预缴、缴纳等业务
	转让金融商品应交增值税		核算单位转让金融商品发生的增值税额
	代扣代交增值税		核算单位购进在境内未设经营机构的境外单位或个人在境内的应税行为代扣代缴的增值税

属于增值税小规模纳税人的单位只需在应交增值税下设置"转让金融商品应交增值税""代扣代交增值税"明细科目。

延伸阅读3-2

增值税税率

1. 增值税税率

增值税税率一共有4档:13%、9%、6%、0。

销售交通运输服务、邮政、基础电信、建筑、不动产租赁服务,销售不动产,转让土地使用权以及销售或进口正列举的农产品等货物税率为9%;

加工修理修配劳务、有形动产租赁服务和进口税率为13%；

销售无形资产(除土地使用权)为6%，出口货物税率为0；

其余的：货物是13%，服务是6%。

2. 征收率

征收率一共有2档，3%和5%。

一般是3%，财政部和国家税务总局另有规定的除外。

(1) 5%：主要有销售不动产，不动产租赁，转让土地使用权，提供劳务派遣服务、安全保护服务选择差额纳税的。货物销售里没有5%征收率。

(2) 征收率绝大多数是3%，容易与5%记混的单独记忆：建筑服，有形动产租赁，小规模纳税人提供劳务派遣服务、安全保护服务未选择差额纳税的。

(3) 两个减按：个人出租住房，按照5%的征收率减按1.5%计算应纳税额。销售自己使用过的固定资产、旧货，按照3%征收率减按2%征收。

3. 预征率

预征率有3档，2%、3%和5%。

简易计税的预征率基本上与征收率一致。销售不动产和销售自行开发房地产的预征率简易计税与一般计税相同。

注意：换算成不含税价时，分母为税率或征收率，而不是预征率。如纳税人出租不动产适用一般计税方法计税的，应预缴税款＝含税销售额÷(1＋9%)×预征率3%。

3. 应交增值税的主要账务处理

1) 单位取得资产或接受服务时进项税的会计处理

(1) 单位购买用于增值税应税项目、增值税可以抵扣的资产或服务。单位购买用于增值税应税项目的资产或服务等时，按照应计入相关成本费用或资产的金额，借记"业务活动费用""在途物品""库存物品""工程物资""在建工程""固定资产""无形资产"等科目，按照当月已认证的可抵扣增值税额，借记"应交增值税——应交税金(进项税额)"科目，按照当月未认证的可抵扣增值税额，借记"应交增值税——待认证进项税额"，按照应付或实际支付的金额，贷记"应付账款""应付票据""银行存款""零余额账户用款额度"等科目。发生退货的，如原增值税专用发票已做认证，应根据税务机关开具的红字增值税专用发票做相反的会计分录；如原增值税专用发票未做认证，应将发票退回并做相反的会计分录。

【注意：行政单位不涉及"应付票据"科目。】

【例3-2】 某事业单位为增值税一般纳税人，2×19年3月1日，发生购进科研物资器材一批，器材已验收入库，取得增值税专用发票，不含税价30 000元，进项税额3 900元，款项已经通过银行支付。

财务会计分录如下：

借：库存物品　　　　　　　　　　　　　　　　　　　　　　　　　　30 000
　　应交增值税——应交税金(进项税额)　　　　　　　　　　　　　　 3 900
　　贷：银行存款　　　　　　　　　　　　　　　　　　　　　　　　　33 900

同时，编制预算会计分录：

借：事业支出——商品和服务支出　　　　　　　　　　　　　　　　　33 900
　　贷：资金结存——货币资金——银行存款　　　　　　　　　　　　　33 900

【例 3-3】 某事业单位为增值税一般纳税人,2×19 年 4 月 1 日,补购器材一批,价款 10 000 元,进项税额 1 300 元,款项已经通过银行支付。未收到增值税专用发票,但是器材已验收入库。事业单位 4 月份未认证发票,在 5 月份才认证。

① 4 月 1 日,购买器材时,财务会计分录如下:

借:库存物品 10 000
　　应交增值税——待认证进项税额 1 300
　贷:银行存款 11 300

同时,编制预算会计分录:

借:事业支出——商品和服务支出 11 300
　贷:资金结存——货币资金——银行存款 11 300

② 4 月,认证增值税专用发票后,财务会计分录如下:

借:应交增值税——应交税金(进项税额) 1 300
　贷:应交增值税——待认证进项税额 1 300

【例 3-4】 承[例 3-3],该笔发票由于会计人员的原因,超过 180 天未认证,有两种处理方法。

① 方法一,放弃抵扣,财务会计分录如下:

借:库存物品 1 300
　贷:应交增值税——待认证进项税额 1 300

预算会计不做账务处理。

② 方法二,发票退回并红字冲销,财务会计分录如下:

借:应交增值税——应交税金(进项税额) 1 300
　贷:应交增值税——待认证进项税额 1 300

预算会计不做账务处理。

(2) 采购等业务进项税额不得抵扣的情形。单位购进资产或服务等,用于简易计税方法计税项目、免征增值税项目、集体福利或个人消费等,其进项税额按照现行增值税制度规定不得从销项税额中抵扣的,取得增值税专用发票时,应按照增值税发票注明的金额,借记相关成本费用或资产科目,按照待认证的增值税进项税额,借记"应交增值税——待认证进项税额",按照实际支付或应付的金额,贷记"银行存款""应付账款""零余额账户用款额度"等科目。经税务机关认证为不可抵扣进项税时,借记"应交增值税——应交税金(进项税额)",贷记"应交增值税——待认证进项税额",同时,将进项税额转出,借记相关成本费用科目,贷记"应交增值税——应交税金(进项税额转出)"。

【例 3-5】 某事业单位为增值税一般纳税人,2×19 年 7 月 1 日,购进雾霾口罩,取得增值税专用发票,价款 2 000 元,进项税额 260 元,准备用于职工福利。

① 7 月 1 日,购买雾霾口罩时,财务会计分录如下:

借:库存物品 2 000
　　应交增值税——应交税金(进项税额) 260
　贷:银行存款 2 260

同时，编制预算会计分录：

借：事业支出——商品和服务支出——福利费 2 260
　　贷：资金结存——货币资金——银行存款 2 260

② 7月1日，进项税额转出，财务会计分录如下：

借：库存物品 260
　　贷：应交增值税——应交税金(进项税额转出) 260

增值税一般纳税人单位资产或接受劳务"应交增值税"的会计处理如表3-4所示。

表3-4　　　　增值税一般纳税人单位资产或接受劳务"应交增值税"的会计处理

序号	业务活动	具体内容	
		财务会计	预算会计
1	进项税额允许抵扣	借：库存物品/固定资产/业务活动费用等 　　应交增值税——应交税金(进项税额) 　　应交增值税——待认证进项税额【当月未认证可抵扣】 　贷：银行存款/应付账款等	【事业单位】 借：事业支出/经营支出等 　贷：资金结存等【实际支付含税金额】 【行政单位】 借：行政支出 　贷：资金结存等【实际支付含税金额】
2	购入资产或服务用于非应税项目	借：库存物品/固定资产/业务活动费用等【成本＋增值税】 　贷：银行存款/应付账款等	借：行政支出 　贷：资金结存等【实际支付含税金额】

（3）进项税额抵扣情况发生改变。单位因发生非正常损失或改变用途等，原已计入进项税额、待抵扣进项税额或待认证进项税额，但按照现行增值税制度规定不得从销项税额中抵扣的，借记"待处理财产损溢""固定资产""无形资产"等科目，贷记"应交增值税——应交税金(进项税额转出)""应交增值税——待抵扣进项税额"或"应交增值税——待认证进项税额"科目。

原不得抵扣且未抵扣进项税额的固定资产、无形资产等，因改变用途等用于允许抵扣进项税额的应税项目的，应按照允许抵扣的进项税额，借记"应交增值税——应交税金(进项税额)"科目，贷记"固定资产""无形资产"等科目。

❓ 相关思考3-1

原不得抵扣且未抵扣进项税额的固定资产转变为可允许抵扣进项税，应如何计提折旧？

固定资产、无形资产等原不得抵扣且未抵扣进项税额，因改变用途等用于允许抵扣进项税额的应税项目的，应按照调整后的账面价值在剩余尚可使用年限内计提折旧或摊销。

进项税额抵扣情况发生改变的具体会计处理如表3-5所示。

表3-5　　　　进项税额抵扣情况发生改变的会计处理

进项税抵扣情况变化	适用情形	进项税处理	会计处理(仅涉及财务会计处理，不影响预算会计处理)
待认证进项税转为可抵扣进项税	待认证增值税经税务局认定为可抵扣进项税	—	借：应交增值税——应交税金(进项税额) 　贷：应交增值税——待认证进项税额

(续表)

进项税抵扣情况变化	适用情形	进项税处理	会计处理(仅涉及财务会计处理,不影响预算会计处理)
待认证进项税转为不可抵扣进项税	待认证增值税经税务局认定为不可抵扣进项税	—	借:应交增值税——应交税金(进项税额) 　　贷:应交增值税——待认证进项税额 借:业务活动费用等 　　贷:应交增值税——应交税金(进项税额转出)
可抵扣进项额转为不可抵扣	原资产或应税服务发生非正常损失或改变用途,用于按现行税法规定不可抵扣进项税的项目,导致其可以抵扣进项税转为不可抵扣	按照下列公式,将进项税转出,计入相关资产成本或费用 转出的不得抵扣的进项税额=固定资产、无形资产或不动产净值×适用税率 固定资产、无形资产或不动产净值是指纳税人根据财务会计制度计提折旧或摊销后的余额	借:库存物品/固定资产/待处理财产损溢等【按照税法规定不可抵扣进项税额】 　　贷:应交增值税——应交税金(进项税额转出) 　　　应交增值税——待认证进项税额【未认证时用途发生改变】
不得抵扣进项税的资产转为可抵扣	原不得抵扣且未抵扣进项税额的固定资产、无形资产等,因改变用途等用于允许抵扣进项税额的应税项目	按照允许抵扣的进项税额,冲减原费用或固定资产、无形资产等的账面价值,固定资产、无形资产等经上述调整后,应按照调整后的账面价值在剩余尚可使用年限内计提折旧或摊销	借:应交增值税——应交税金(进项税额)【可以抵扣的进项税额】 　　贷:固定资产/无形资产等

> **特别提示 3-2**
>
> **进项税额抵扣情况发生改变对预算会计的影响**
>
> 进项税额抵扣情况发生改变只影响财务会计的核算,不影响预算会计的核算。

【例 3-6】 某事业单位为增值税一般纳税人,2×19 年 5 月 1 日,购买了一座楼办公用,价值 20 000 000 元,进项税额 1 800 000 元,款项由财政直接支付。

借:固定资产　　　　　　　　　　　　　　　　　　　　　　　　　20 000 000
　　应交增值税——应交税金(进项税额)　　　　　　　　　　　　　1 800 000
　　　贷:财政拨款收入　　　　　　　　　　　　　　　　　　　　21 800 000

同时,编制预算会计分录:

借:事业支出——项目支出——资本性支出　　　　　　　　　　　　21 800 000
　　贷:财政拨款预算收入　　　　　　　　　　　　　　　　　　　21 800 000

> **延伸阅读 3-3**
>
> **不动产进项税额抵扣政策的过渡**
>
> 自 2019 年 4 月 1 日起,增值税一般纳税人取得不动产的进项税额不再分两年抵扣,而是在购进不动产的当期一次性抵扣进项税额。2019 年 4 月起对原有不动产进行修缮改造,增加不动产原值超过 50%,购进的材料、设备、中央空调等进项税额,也不再分两年抵扣。
>
> 之前购建尚未抵扣完毕的待抵扣进项税额,可自 2019 年 4 月税款所属期起从销项税额中抵扣。"所属

期起"是指可自2019年4月税款所属期起,增值税一般纳税人自行选择申报月份从销项税额中抵扣。但只能一次性转入进项税额进行抵扣,不得拆分抵扣,比如不得在2019年4月所属期抵扣剩余的30%,在5月所属期抵扣剩余的10%。

账务处理上,将"待抵扣进项税额"结转"进项税额"即借记"应交增值税——应交税金(进项税额)"科目,贷记"应交增值税——待抵扣进项税额"科目。

? 相关思考3-2

若将[例3-6]的2×19年5月1日改为2×18年12月1日应如何账务处理?

① 2×18年12月1日,财务会计分录如下:

借:固定资产   20 000 000
　　应交增值税——应交税金(进项税额)   1 080 000
　　应交增值税——待抵扣进项税额   720 000
　　贷:财政拨款收入   21 800 000

同时,编制预算会计分录:

借:事业支出——项目支出——资本性支出   21 800 000
　　贷:财政拨款预算收入   21 800 000

② 2×19年4月1日,财务会计分录如下:

借:应交增值税——应交税金(进项税额)   720 000
　　贷:应交增值税——待抵扣进项税额   720 000

【例3-7】 承[例3-6],在2×20年4月,单位将办公楼改造成员工食堂,用于集体福利。假设2×20年4月该不动产的净值为18 000 000元。

$$不动产净值率 = 18\,000\,000 \div 20\,000\,000 \times 100\% = 90\%$$
$$不得抵扣的进项税额 = 1\,800\,000 \times 90\% = 1\,620\,000(元)$$
$$1\,620\,000 < 1\,800\,000$$

财务会计分录如下:

借:固定资产   1 620 000
　　贷:应交增值税——应交税金(进项税额转出)   1 620 000

(4)购买方作为扣缴义务人。具体会计处理如表3-6所示。

表3-6　　　　　　　　　**购买方作为扣缴义务人的会计处理**

序号	业务活动	具体内容	
		财务会计	预算会计
1	扣缴义务人购入资产	借:库存物品/业务活动费用/在途物品/工程物资/固定资产/无形资产等 　　应交增值税——应交税金(进项税额) 贷:银行存款/应付账款等 　　应交增值税——代扣代交增值税	【事业单位】 借:事业支出/经营支出等 　　贷:资金结存等【实际支付含税金额】 【行政单位】 借:行政支出等 　　贷:资金结存等【实际支付含税金额】

(续表)

序号	业务活动	具体内容	
		财务会计	预算会计
2	实际缴纳代扣代缴增值税时	借：应交增值税——代扣代交增值税 贷：银行存款/零余额账户用款额度等	【事业单位】 借：事业支出/经营支出等 　　贷：资金结存等 【行政单位】 借：行政支出等 　　贷：资金结存等【实际支付含税金额】

相关思考3-3

哪种情形下是以购买方作为扣缴义务人

境外单位或个人在境内发生应税行为，在境内未设有经营机构的，以购买方为增值税扣缴义务人。境内一般纳税人购进服务、无形资产或不动产，需要进行代扣代缴增值税。

【例3-8】 某省事业单位为增值税一般纳税人，在2×19年1月从某外国企业购入一项服务，价款为10 000元，进项税额为600元，款项尚未支付。按相关规定履行代扣代缴义务，取得《税收通用缴款书》作为抵扣凭证。

① 1月，财务会计分录如下：

借：业务活动费用　　　　　　　　　　　　　　　　　　　　　　　10 000
　　应交增值税——应交税金（进项税额）　　　　　　　　　　　　　　600
　　贷：应付账款　　　　　　　　　　　　　　　　　　　　　　　　10 000
　　　　应交增值税——代扣代交增值税　　　　　　　　　　　　　　　600

② 实际缴纳时，财务会计分录如下：

借：应交增值税——代扣代交增值税　　　　　　　　　　　　　　　　600
　　贷：银行存款　　　　　　　　　　　　　　　　　　　　　　　　　600

同时，编制预算会计分录：

借：事业支出——商品和服务支出　　　　　　　　　　　　　　　　　600
　　贷：资金结存——货币资金——银行存款　　　　　　　　　　　　　600

2）单位销售资产或提供服务等业务销项税的会计处理

（1）销售资产或提供服务业务。单位销售货物或提供服务，应当按照应收或已收的金额，借记"应收账款""应收票据""银行存款"等科目，按照确认的收入金额，贷记"经营收入""事业收入""其他收入"等科目，按照现行增值税制度规定计算的销项税额（或采用简易计税方法计算的应纳增值税额），贷记"应交增值税——应交税金（销项税额）"或"应交增值税——简易计税"科目（小规模纳税人应贷记"应交增值税"科目）。发生销售退回的，应根据按照规定开具的红字增值税专用发票做相反的会计分录。

【注意：行政单位不涉及"应收票据""经营收入""事业收入"。】

按照本制度及相关政府会计准则确认收入的时点早于按照增值税制度确认增值税纳税义务发生时点的，应将相关销项税额记入"应交增值税——待转销项税额"科目，待实际发生纳税义务时再转入"应交增值税——应交税金(销项税额)"或"应交增值税——简易计税"科目。

按照增值税制度确认增值税纳税义务发生时点早于按照本制度及相关政府会计准则确认收入的时点的,应按照应纳增值税额,借记"应收账款"科目,贷记"应交增值税——应交税金(销项税额)"或"应交增值税——简易计税"。

【例3-9】 某事业单位为增值税一般纳税人,经营业务为销售商品,销售商品不含税价格共计20 000元,进项税额为2 600元,款项尚未收到。财务会计处理如下:

借:应收账款　　　　　　　　　　　　　　　　　　　　　　　22 600
　　贷:经营收入　　　　　　　　　　　　　　　　　　　　　　20 000
　　　　应交增值税——应交税金(销项税额)　　　　　　　　　　2 600

【例3-10】 某省事业单位为增值税一般纳税人,在2×19年8月处置一批之前购买的设备,符合简易计税减按3%征收增值税,取得变卖收入20 600元,全部上缴国库。财务会计处理如下:

借:银行存款　　　　　　　　　　　　　　　　　　　　　　　20 600
　　贷:应缴财政款——应缴国库款　　　　　　　　　　　　　　20 000
　　　　应交增值税——简易计税　　　　　　　　　　　　　　　　600

(2)金融商品转让按照规定以盈亏相抵后的余额作为销售额。金融商品实际转让,月末,如产生转让收益,则按照应纳税额,借记"投资收益"科目,贷记"应交增值税——转让金融商品应交增值税"科目;如产生转让损失,则按照可结转下月抵扣税额,借记"应交增值税——转让金融商品"科目。

【注意:行政单位不涉及金融商品转让的经济业务。】

3)单位月末转出应交未交、多交的增值税的会计处理

月度终了,单位应当将当月应交未交或多交的增值税自"应交税金"明细科目转入"未交税金"明细科目。对于当月应交未交的增值税,借记"应交增值税——应交税金(转出未交增值税)"科目,贷记"应交增值税——未交税金"科目;对于当月多交的增值税,借记"应交增值税——未交税金"科目,贷记"应交增值税——应交税金(转出多交增值税)"科目。

4)单位缴纳增值税的会计处理

(1)交纳当月应交增值税。单位交纳当月应交的增值税,借记"应交增值税——应交税金(已交税金)"科目(小规模纳税人借记"应交增值税"科目),贷记"银行存款"等科目。

(2)交纳以前期间未交增值税。单位交纳以前期间未交的增值税,借记"应交增值税——未交税金"科目(小规模纳税人借记应"应交增值税"科目),贷记"银行存款"等科目。

(3)预交增值税。单位预交增值税时,借记"应交增值税——预交税金"科目,贷记"银行存款"等科目。月末,单位应将"预交税金"明细科目余额转入"未交税金"明细科目,借记"应交增值税——未交税金"科目,贷记"应交增值税——预交税金"科目

(4)减免增值税。对于当期直接减免的增值税,借记"应交增值税——应交税金(减免税款)"科目,贷记"业务活动费用""经营费用"等科目。

> **特别提示 3-3**

按照现行增值税制度规定,单位初次购买增值税税控系统专用设备支付的费用以及缴纳的技术维护费允许在增值税应纳税额中全额抵减的,按照规定抵减的增值税应纳税额,借记"应交增值税——应交税金(减免税款)"科目(小规模纳税人借记"应交增值税"),贷记"业务活动费用""经营费用"等科目。

增值税一般纳税人"应交增值税"的会计处理如表 3-7 所示。

表 3-7　　　　增值税一般纳税人"应交增值税"的会计处理

业务活动			财务会计	预算会计
单位销售资产或提供服务等业务	销售应税资产或提供服务业务		借:银行存款/应收账款等【包含增值税的价款总额】 贷:事业收入/经营收入/其他业务收入等 　　应交增值税——应交税金(销项税额)/应交增值税——简易计税 【注意:行政单位不涉及"经营收入""事业收入"】	【事业单位】 借:资金结存等【实际支付含税金额】 贷:事业预算收入 【行政单位】 借:资金结存等【实际支付含税金额】 贷:其他预算收入等
	金融商品转让 【注意:行政单位不涉及该业务核算】	产生收益	借:投资收益【按净收益计算的应纳增值税】 贷:应交增值税——转让金融商品应交增值税	—
		产生损失	借:应交增值税——转让金融商品应交增值税 贷:投资收益【按净损失计算的应纳增值税】	—
		交纳增值税时	借:应交增值税——转让金融商品应交增值税 贷:银行存款等	借:投资预算收益等 贷:资金结存
		年末,有借方余额	借:投资收益 贷:应交增值税——转让金融商品应交增值税	—
	发生销售退回		根据按照规定开具的红字增值税专用发票做相反的会计分录	—
月末转出多交和未交增值税	月末转出本月未交增值税		借:应交增值税——应交税金(转出未交增值税) 贷:应交增值税——未交税金	—
	月末转出本月多交增值税		借:应交增值税——未交税金 贷:应交增值税　应交税金(转出多交增值税)	
缴纳增值税	本月缴纳本月增值税时		借:应交增值税——应交税金(已交税金) 贷:银行存款/零余额账户用款额度等	【事业单位】 借:事业支出/经营支出 贷:资金结存 【行政单位】 借:行政支出等 贷:资金结存

(续表)

业务活动	财务会计	预算会计
本月缴纳以前期间未交增值税	借：应交增值税——未交税金 　贷：银行存款/零余额账户用款额度等	【事业单位】 借：事业支出/经营支出 　贷：资金结存 【行政单位】 借：行政支出等 　贷：资金结存
按规定预缴增值税	预缴时： 借：应交增值税——预交税金 　贷：银行存款/零余额账户用款额度等 月末： 借：应交增值税——未交税金 　贷：应交增值税——预交税金	预缴时： 【事业单位】 借：事业支出/经营支出 　贷：资金结存 【行政单位】 借：行政支出等 　贷：资金结存
当期直接减免的增值税应纳税额	借：应交增值税——应交税金（减免税款） 　贷：业务活动费用/经营费用等 【注意：行政单位不涉及经营费用】	—

【例 3-11】 某事业单位将闲置的办公楼对外出租，协议约定 2×19 年 7 月至 2×20 年 6 月每季度末交纳当季房租，每季度房租 30 000 元（不含税），税率为 9%，2×19 年 9 月末该事业单位收到 2×19 年 7 月至 9 月房租。该房租收入不需要上缴财政。

① 7 月末，财务会计分录如下：

借：应收账款　　　　　　　　　　　　　　　　　　　　　　　　10 900
　　贷：租金收入　　　　　　　　　　　　　　　　　　　　　　　10 000
　　　　应交增值税——待转销项税额　　　　　　　　　　　　　　　900

② 8 月末，财务会计分录如下：

借：应收账款　　　　　　　　　　　　　　　　　　　　　　　　10 900
　　贷：租金收入　　　　　　　　　　　　　　　　　　　　　　　10 000
　　　　应交增值税——待转销项税额　　　　　　　　　　　　　　　900

③ 9 月末，财务会计分录如下：

借：银行存款　　　　　　　　　　　　　　　　　　　　　　　　32 700
　　贷：应收账款　　　　　　　　　　　　　　　　　　　　　　　21 800
　　　　租金收入　　　　　　　　　　　　　　　　　　　　　　　10 000
　　　　应交增值税——应交税金（销项税额）　　　　　　　　　　　900

借：应交增值税——待转销项税额　　　　　　　　　　　　　　　1 800
　　贷：应交增值税——应交税金（销项税额）　　　　　　　　　　1 800

同时，编制预算会计分录：

借：资金结存——货币资金——银行存款　　　　　　　　　　　　　32 700
　　贷：其他预算收入——租金预算收入　　　　　　　　　　　　　　　32 700

属于小规模纳税人的单位，购进货物时，将支付的增值税计入材料的采购成本；销售货物或者提供劳务，一般情况下，只开具普通发票，按不含税价格的6%计算应交增值税。采用销售额和应纳税金合并定价的，按照"不含税销售额＝价税合计÷(1＋增值税税率)"公式还原为不含税销售额。增值税小规模纳税人"应交增值税"的会计处理如表3-8所示。

表3-8　　　　　　　　增值税小规模纳税人"应交增值税"的会计处理

业务活动		财务会计	预算会计
购入应税资产或服务时		借：业务活动费用/在途物品/库存物品等【价税合计金额】 　　贷：银行存款等/应付账款等	【事业单位】 借：事业支出/经营支出 　　贷：资金结存【实际支付的含税金额】 【行政单位】 借：行政支出等 　　贷：资金结存【实际支付的含税金额】
购进资产或服务时作为扣缴义务人		借：在途物品/库存物品/固定资产/无形资产等 　　贷：银行存款/应付账款等 　　　　应交增值税——代扣代交增值税 实际缴纳增值税时参见一般纳税人的账务处理。	实际缴纳增值税时： 借：投资预算收益等 　　贷：资金结存
销售资产或提供服务		借：银行存款/应收账款等【增值税价税合计】 　　贷：事业收入/经营收入/其他业务收入等 　　　　【不含增值税】 　　　　应交增值税 【注意：行政单位不涉及"经营收入""事业收入"】	【事业单位】 借：资金结存 　　贷：事业预算收入/经营预算收入 【行政单位】 借：资金结存 　　贷：其他预算收入
金融商品转让【注意：行政单位不涉及该业务核算】	产生收益	借：投资收益【按净收益计算的应纳增值税】 　　贷：应交增值税——转让金融商品应交增值税	—
	产生损失	借：应交增值税——转让金融商品应交增值税 　　贷：投资收益【按净损失计算的应纳增值税】	—
	实际缴纳时	参加一般纳税人的账务处理	借：投资预算收益等 　　贷：资金结存
缴纳增值税时		借：应交增值税 　　贷：银行存款等	【事业单位】 借：事业支出/经营支出 　　贷：资金结存 【行政单位】 借：行政支出 　　贷：资金结存
减免增值税		借：应交增值税 　　贷：业务活动费用/经营费用等 【注意：行政单位不涉及"业务活动费用"】	—

特别提示 3-4

目前实际工作中,行政单位无此增值税涉税事项情况。

3.2.3 其他应交税费

1. 核算内容

其他应交税费是核算单位按照国家税法等有关规定计算应当交纳的除增值税以外的各种税费,包括城市维护建设税、教育费附加、地方教育费附加、房产税、车船税、城镇土地使用税和企业所得税等。单位代扣代缴的个人所得税也通过本科目核算。单位应当设置"其他应交税费"科目,按照税法等规定应当交纳的各种税费进行核算。

特别提示 3-5

应交纳的印花税不需要预提应交税费,直接通过"业务活动费用""单位管理费用""经营费用"等科目核算,不通过"其他应交税费"科目核算。

"其他应交税费"科目借方反映当期应缴税费的减少;贷方反映当期应缴税费的增加;本科目期末贷方余额,反映应缴未缴的税费金额。本科目期末贷方余额,反映单位应缴未缴的除增值税以外的税费金额;期末如为借方余额,反映单位多缴纳的除增值税以外的税费金额。

2. 明细科目设置

"其他应交税费"科目应当按照应交纳的税费种类进行明细核算。单位应当在"其他应交税费"下设"应交城市维护建设税""应交车船税""应交房产税""应交土地增值税""应交城镇土地使用税""应交教育费附加""应交地方教育费附加""应交个人所得税""单位应交所得税"和"其他税费"。

【注意:行政单位不涉及"单位应交所得税"明细科目。】

3. 其他应交税费的主要账务处理

1) 发生城市维护建设税、教育费附加、地方教育费附加、车船税、房产税、城镇土地使用税等纳税义务时

(1) 按照税法规定计算的应交税费金额,借记"业务活动费用""单位管理费用""经营费用"等科目,贷记"其他应交税费"。

【注意:行政单位不涉及"单位管理费用""经营费用"。】

(2) 实际交纳时,借记"其他应交税费",贷记"银行存款"等科目。

【例 3-12】 某事业单位 2×19 年 1 月,出租办公室取得含税租金收入 126 000 元,该事业单位出租收入符合简易计税办法,适用的增值税征收率 5%,城市建设维护税、教育费附加及地方教育费附加的税率分别为 7%、3%、2%。

① 计提其他应交税费时,财务会计分录如下:

$$应交增值税 = 126\ 000 \div (1+5\%) \times 5\% = 6\ 000(元)$$

$$应交城市建设维护税 = 6\ 000 \times 7\% = 420(元)$$

$$应交教育费附加 = 6\ 000 \times 3\% = 180(元)$$

$$应交地方教育费附加 = 6\ 000 \times 2\% = 120(元)$$

借：业务活动费用——商品和服务支出——税金及附加费用(城市维护建设税)　　420
　　　业务活动费用——商品和服务支出——税金及附加费用(教育费附加)　　　180
　　　业务活动费用——商品和服务支出——税金及附加费用(地方教育费附加)　120
　　　　贷：其他应交税费——城市建设维护税　　　　　　　　　　　　　　　420
　　　　　　其他应交税费——教育费附加　　　　　　　　　　　　　　　　　180
　　　　　　其他应交税费——地方教育费附加　　　　　　　　　　　　　　　120

② 支付其他应交税费时，财务会计分录如下：

借：其他应交税费——城市建设维护税　　　　　　　　　　　　　　　　　　420
　　其他应交税费——教育费附加　　　　　　　　　　　　　　　　　　　　180
　　其他应交税费——地方教育费附加　　　　　　　　　　　　　　　　　　120
　　　贷：银行存款　　　　　　　　　　　　　　　　　　　　　　　　　　720

同时，编制预算会计分录：

借：事业支出——商品和服务支出——税金及附加费用　　　　　　　　　　　720
　　　贷：资金结存——货币资金——银行存款　　　　　　　　　　　　　　720

2) 按照税法规定计算应代扣代缴职工(含长期聘用人员)的个人所得税

(1) 按照税法规定计算的应交税费金额。借记"应付职工薪酬""业务活动费用""单位管理费用"等科目，贷记"其他应交税费——应交个人所得税"科目。

【注意：行政单位不涉及"单位管理费用"。】

(2) 实际交纳时。借记"其他应交税费——应交个人所得税"科目，贷记"财政拨款收入""零余额账户用款额度""银行存款"等科目。

3) 发生企业所得税纳税义务时

(1) 按照税法规定计算的应缴税费金额。借记"所得税费用"科目，贷记"其他应交税费——单位应交所得税"科目。

(2) 实际交纳时。借记"其他应交税费——单位应交所得税"科目，贷记"银行存款"科目。

【注意：行政单位不涉及企业所得税业务。】

【例 3-13】 某单位机关服务中心 2×19 年 12 月，计算应缴纳所得税 60 000 元，2×20 年 4 月汇算清缴 60 000 元，以银行存款支付。

① 2×19 年 12 月，财务会计分录如下：

借：所得税费用　　　　　　　　　　　　　　　　　　　　　　　　　　　60 000
　　　贷：其他应交税费——单位应交所得税　　　　　　　　　　　　　　60 000

② 2×20 年 4 月，财务会计分录如下：

借：其他应交税费——单位应交所得税　　　　　　　　　　　　　　　　　60 000
　　　贷：银行存款　　　　　　　　　　　　　　　　　　　　　　　　　60 000

同时，编制预算会计分录：

借：非财政拨款结余　　　　　　　　　　　　　　　　　　　　　　　　　60 000
　　　贷：资金结存——货币资金——银行存款　　　　　　　　　　　　　60 000

其他应交税费的主要账务处理如表 3-9 所示。

表 3-9   其他应交税费的主要账务处理

业务和事项内容		财务会计	预算会计
城市维护建设税、教育费附加、地方教育费附加、车船税、房产税、城镇土地使用税等	发生时,按照税法规定计算的应缴税费金额	借：业务活动费用/单位管理费用/经营费用等 　贷：其他应交税费——应交城市维护建设税/应交教育费附加/应交地方教育费附加/应交车船税/应交房产税/应交城镇土地使用税等 【注意：行政单位不涉及"单位管理费用""经营费用"】	—
	实际缴纳时	借：其他应交税费——应交城市维护建设税/应交教育费附加/应交地方教育费附加/应交车船税/应交房产税/应交城镇土地使用税等 　贷：银行存款等	【事业单位】 借：事业支出/经营支出 　贷：资金结存 【行政单位】 借：行政支出等 　贷：资金结存
代扣代缴职工个人所得税	计算应代扣代缴职工个人所得税金额	借：应付职工薪酬 　贷：其他应交税费——应交个人所得税	—
	计算应代扣代缴职工以外其他人员个人所得税	借：业务活动费用/单位管理费用等 　贷：其他应交税费——应交个人所得税 【注意：行政单位不涉及"单位管理费用"】	—
	实际缴纳时	借：其他应交税费——应交个人所得税 　贷：财政拨款收入/零余额账户用款额度/银行存款等	【事业单位】 借：事业支出/经营支出等 　贷：财政拨款预算收入/资金结存 【行政单位】 借：行政支出等 　贷：财政拨款预算收入/资金结存
发生企业所得税纳税义务 【注意：行政单位不涉及该业务核算】	按照税法规定计算的应缴税费的金额	借：所得税费用 　贷：其他应交税费——单位应交所得税	—
	实际缴纳时	借：其他应交税费——单位应交所得税 　贷：银行存款等	借：非财政拨款结余 　贷：资金结存

特别提示 3-6

按目前实际工作中,行政单位无"应交城市维护建设税""应交房产税""应交土地增值税""应交城镇土地使用税""应交教育费附加""应交地方教育费附加""应交企业所得税"涉税事项情况。

【例 3-14】 某省行政单位代扣代缴个人所得税 5 400 元,以银行存款缴纳。

① 代扣个人所得税,财务会计分录如下：

借：应付职工薪酬   5 400
　　贷：其他应交税费——应交个人所得税   5 400

② 代缴个人所得税,财务会计分录如下：

借：其他应交税费——应交个人所得税   5 400
　　贷：银行存款   5 400

同时,编制预算会计分录:

借:行政支出　　　　　　　　　　　　　　　　　　　　　　　　　　5 400
　　贷:资金结存——货币资金——银行存款　　　　　　　　　　　　　　　　5 400

3.2.4　应缴财政款

1. 核算内容

应缴财政款是指政府单位取得或应收的按照规定应当上缴财政的款项,包括应缴国库的款项和应缴财政专户的款项,但不包括单位按照国家税法等有关规定应当缴纳的各种税费。

(1) 应缴国库款。应缴国库款是指政府单位在业务活动中按规定取得的应缴国库的各种款项,包括:罚没收入、无主财物变价收入以及其他按预算管理规定应上缴国库(不包括应缴税费)的款项等。

(2) 应缴财政专户款。应缴财政专户是指政府事业单位按规定代收的应上缴财政专户的预算外资金。

> **特别提示 3-7**
>
> 单位按照国家税法等有关规定应当缴纳的各种税费,通过"应交增值税""其他应交税费"科目核算,不通过"应缴财政款"核算。

2. 明细科目设置

政府单位应当设置"应缴财政款"科目,对政府单位取得的按规定应当上缴财政的款项进行核算。本科目还应当按照应缴财政款项的类别进行明细核算。政府单位应当在本科目下设"应缴国库款""应缴财政专户款"二级科目。

"应缴财政款"科目借方反映当期行政事业单位应缴财政款的减少;贷方反映当期行政事业单位应缴财政款的增加;本科目贷方余额,反映行政事业单位应当上缴财政但尚未缴纳的款项。年终清缴后,本科目一般应无余额。

3. 应缴财政款的主要账务处理

(1) 取得或应收按照规定应缴财政的款项。单位取得或应收按照规定应缴财政款项时,借记"银行存款""应收账款"等科目,贷记本科目。单位上缴应缴财政款项时,按照实际上缴的金额,借记本科目,贷记"银行存款"科目。

【例 3-15】　某事业单位 2×19 年 3 月 11 日取得非税收入 20 000 元,存入非税账户,2×19 年 12 月 20 日上缴财政专户。

① 2×19 年 3 月 11 日,财务会计分录如下:

借:银行存款　　　　　　　　　　　　　　　　　　　　　　　　　20 000
　　贷:应缴财政款——应缴财政专户款　　　　　　　　　　　　　　　　20 000

② 2×19 年 12 月 20 日,财务会计分录如下:

借:应缴财政款——应缴财政专户款　　　　　　　　　　　　　　　　20 000
　　贷:银行存款　　　　　　　　　　　　　　　　　　　　　　　　20 000

(2) 处置资产取得的应上缴财政款。国有资产处置收入属于国家所有,应当按照政府非税收入管理的规定,实行"收支两条线"管理。即对于国有资产的处置收入都是要计入应缴财政专户款的,处置损失计入行政支出、事业支出或者经营支出。

【注意：行政单位不涉及事业支出和经营支出，事业单位不涉及行政支出。】

延伸阅读3-4

收支两条线

收支两条线管理，是指具有执收执罚职能的单位，根据国家法律、法规和规章收取的行政事业性收费（含政府性基金）和罚没收入，实行收入与支出两条线管理。即上述行政事业性收费和罚没收入按规定应全额上缴国库或预算外资金财政专户；同时，执收执罚单位需要使用资金时，由财政部门根据需要统筹安排核准后，从国库或预算外资金财政专户拨付。

单位处置资产取得的应上缴财政的处置净收入的账务处理，参照"待处理财产损溢"等科目。

【例3-16】 某省行政单位下属事业单位2×19年4月1日报废一批固定资产，收到变价收入16 000元，款项已存入银行，用银行存款支付发生处置费用1 000元。按照该单位资产管理规定，资产处置收入直接上缴国库。

① 收到变价收入，财务会计分录如下：

借：银行存款　　　　　　　　　　　　　　　　　　　　　16 000
　　贷：待处理财产损溢——固定资产——处置净收入　　　　　　16 000

② 支付处置费用，财务会计分录如下：

借：待处理财产损溢——固定资产——处置净收入　　　　　　1 000
　　贷：银行存款　　　　　　　　　　　　　　　　　　　　　1 000

③ 处理收支清理，财务会计分录如下：

借：待处理财产损溢——固定资产——处置净收入　　　　　　15 000
　　贷：应缴财政款——应缴国库款　　　　　　　　　　　　　15 000

应缴财政款的主要账务处理如表3-10所示。

表3-10　　　　　　　　　　　**应缴财政款的主要账务处理**

序号	业务内容	具体内容	
		财务会计	预算会计
1	取得或应收按照规定应缴财政的款项时	借：银行存款/应收账款等 　　贷：应缴财政款	—
2	上缴财政款项时	借：应缴财政款 　　贷：银行存款等	—
3	处置资产取得的应上缴财政的处置净收入的	参照"待处理财产损溢"科目的相关账务处理	—

相关思考3-4

为什么应缴财政款不进行预算会计处理

在财政国库集中收付制度下，缴款人应将应缴财政的款项直接缴入财政国库或财政专户，不通过行政事业单位的银行存款账户过渡。在这种情况下，行政事业单位的职责是监督缴款人依法将应缴财政的款项及时上缴财政，单位不需要对相应的缴款业务做正式的会计分录。对于一些零星的难以实行国库集中收缴制度的政府非税收入,行政事业单位在直接收取后,应当及时上缴财政。

3.2.5 应付职工薪酬

1. 核算内容

应付职工薪酬是指政府单位按照有关规定应付给职工(含长期聘用人员)及为职工支付的各种薪酬,包括基本工资、国家统一规定的津贴补贴、规范津贴补贴(绩效工资)、改革性补贴、社会保险费(如职工基本养老保险费、职业年金、基本医疗保险费等)、住房公积金等。

2. 明细科目设置

政府单位应当设置"应付职工薪酬"科目,对单位应付给职工及为职工支付的各种薪酬进行核算。本科目应当根据国家有关规定按照"基本工资(含离退休费)""国家统一规定的津贴补贴""规范津贴补贴(绩效工资)""改革性补贴""社会保险费""住房公积金""其他个人收入"等进行明细核算。其中,"社会保险费"和"住房公积金"明细科目核算内容包括单位从职工工资中代扣代缴的社会保险费、住房公积金,以及单位为职工计算缴纳的社会保险费、住房公积金。

"应付职工薪酬"科目借方反映当期单位应付职工薪酬的减少,贷方反映当期单位应付职工薪酬的增加;本科目期末贷方余额,反映单位应付未付的职工薪酬。

3. 应付职工薪酬的主要账务处理

(1) 计算确认当期应付职工薪酬(含单位为职工计算缴纳的社会保险费、住房公积金)。计提从事专业及其辅助活动人员的职工薪酬,借记"业务活动费用""单位管理费用"科目,贷记本科目。

【注意:行政单位不涉及"单位管理费用"科目。】

计提应由在建工程、加工物品、自行研发无形资产负担的职工薪酬,借记"在建工程""加工物品""研发支出"等科目,贷记本科目。

计提从事专业及其辅助活动之外的经营活动人员的职工薪酬,借记"经营费用",贷记本科目。

【注意:行政单位不涉及"计提从事专业及其辅助活动之外的经营活动人员的职工薪酬"核算。】

因解除与职工的劳动关系而给予的补偿,借记"业务活动费用""单位管理费用"等科目,贷记本科目。

【注意:行政单位不涉及"单位管理费用"科目,事业单位不涉及"业务活动费用"科目。】

(2) 向职工支付工资、津贴补贴等薪酬。按照实际支付的金额,借记本科目,贷记"财政拨款收入""零余额账户用款额度""银行存款"等科目。在预算会计处理时,借记"行政支出""事业支出""经营支出"等科目,贷记"财政拨款收入""资金结存"科目。

【注意:行政单位不涉及"事业支出"科目,事业单位不涉及"行政支出"科目。】

(3) 从应付职工薪酬中代扣各种款项。按照税法规定代扣职工个人所得税时,借记"应付职工薪酬——基本工资(含离退休费)"科目,贷记"其他应交税费——应交个人所得税"科目。从应付职工薪酬中代扣为职工垫付的水电费、房租等费用时,按照实际扣除的金额,借记"应付职工薪酬——基本工资(含离退休费)"科目,贷记"其他应收款"等科目。从应付职工薪酬中代扣社会保险费和住房公积金按照代扣的金额,借记"应付职工薪酬——基本工资

(含离退休费)"科目,贷记"应付职工薪酬"相关明细科目。

(4)缴纳职工社会保险费和住房公积金。按照国家有关规定缴纳职工社会保险费和住房公积金时,按照实际支付的金额,借记本科目相关明细科目,贷记"财政拨款收入""零余额账户用款额度""银行存款"等科目。预算会计处理时,借记"行政支出""事业支出""经营支出"等科目,贷记"财政拨款预算收入""资金结存"科目。

【注意:行政单位不涉及"事业支出"科目,事业单位不涉及"行政支出"科目。】

(5)从应付职工薪酬中支付的其他款项。借记本科目,贷记"零余额账户用款额度""银行存款"等科目。预算会计处理时,借记"行政支出""事业支出""经营支出"等科目,贷记"资金结余"等科目。

【注意:行政单位不涉及"事业支出"科目,事业单位不涉及"行政支出"科目。】

"应付职工薪酬"的会计处理如表 3-11 所示。

表 3-11　　　　　　　　　　应付职工薪酬的主要账务处理

业务和事项内容		具体内容	
		财务会计	预算会计
计算确认当期应付职工薪酬	从事专业及其辅助活动人员的职工薪酬	借:业务活动费用/单位管理费用 　　贷:应付职工薪酬 【注意:行政单位不涉及单位管理费用】	—
	应由在建工程、加工物品、自行研发无形资产负担的职工薪酬	借:在建工程/加工物品/研发支出等 　　贷:应付职工薪酬	—
	从事专业及其辅助活动之外的经营活动人员的职工薪酬 【注意:行政单位不涉及此业务核算】	借:经营费用 　　贷:应付职工薪酬	—
	因解除与职工的劳动关系而给予的补偿	【事业单位】 借:单位管理费用 　　贷:应付职工薪酬 【行政单位】 借:业务活动费用 　　贷:应付职工薪酬	—
向职工支付工资、津贴补贴等薪酬		借:应付职工薪酬 　　贷:财政拨款收入/零余额账户用款额度/银行存款等	【事业单位】 借:事业支出/经营支出等 　　贷:财政拨款预算收入/资金结存 【行政单位】 借:行政支出等 　　贷:财政拨款预算收入/资金结存

(续表)

业务和事项内容		具体内容	
		财务会计	预算会计
从职工薪酬中代扣各种款项	代扣职工个人所得税	借：应付职工薪酬——基本工资（含离退休费） 贷：其他应交税费——应交个人所得税	—
	代扣社会保险费和住房公积金	借：应付职工薪酬——基本工资（含离退休费） 贷：应付职工薪酬——社会保险费/住房公积金	—
	代扣为职工垫付的水电费、房租等费用	借：应付职工薪酬——基本工资（含离退休费） 贷：其他应收款等	—
缴纳职工社会保险费和住房公积金		借：应付职工薪酬——社会保险费/住房公积金 贷：财政拨款收入/零余额账户用款额度/银行存款等	【事业单位】 借：事业支出/经营支出等 贷：财政拨款预算收入/资金结存 【行政单位】 借：行政支出等 贷：财政拨款预算收入/资金结存
从应付职工薪酬中支付的其他款项		借：应付职工薪酬 贷：零余额账户用款额度/银行存款等	【事业单位】 借：事业支出/经营支出等 贷：资金结存等 【行政单位】 借：行政支出等 贷：资金结存

【例3-17】 某事业单位统发职工工资，本月应发工资总额为500 000元，其中用于行政部门的人员工资100 000元，用于后勤部门的人员工资120 000元，用于离退休人员工资120 000元，用于科研业务的人员工资160 000元。代扣住房公积金25 000元，代扣养老保险费2 500元，代扣医疗保险750元，代扣个人所得税12 000元，代扣职工水电费、房租75 000元。

① 计算本月应付职工薪酬，财务会计分录如下：

借：单位管理费用——工资福利支出　　　　　　　　　　　　　　340 000
　　业务活动费用——工资福利支出　　　　　　　　　　　　　　160 000
　　　贷：应付职工薪酬——基本工资（含离退休费）　　　　　　500 000

② 计算代扣代缴税费和代扣垫付费用时，财务会计分录如下：

借：应付职工薪酬——基本工资（含离退休费）　　　　　　　　　115 250
　　　贷：应付职工薪酬——机关事业单位基本养老保险缴费　　　2 500
　　　　　应付职工薪酬——职工基本医疗保险缴费　　　　　　　750
　　　　　应付职工薪酬——住房公积金　　　　　　　　　　　　25 000
　　　　　其他应交税费——应交个人所得税　　　　　　　　　　12 000
　　　　　其他应收款——代扣款项　　　　　　　　　　　　　　75 000

③ 代缴个人所得税时,财务会计分录如下:

借:其他应交税费——应交个人所得税　　　　　　　　　　　　　　　12 000
　　贷:银行存款　　　　　　　　　　　　　　　　　　　　　　　　　　　　12 000

同时,编制预算会计分录:

借:事业支出——基本支出——工资福利　　　　　　　　　　　　　　　12 000
　　贷:资金结存——货币资金——银行存款　　　　　　　　　　　　　　　　12 000

④ 支付职工薪酬和代缴住房公积金、社会保险费时,财务会计分录如下:

借:应付职工薪酬——基本工资(含离退休费)　　　　　　　　　　　　500 000
　　应付职工薪酬——机关事业单位基本养老保险缴费　　　　　　　　　2 500
　　应付职工薪酬——职工基本医疗保险缴费　　　　　　　　　　　　　　750
　　应付职工薪酬——住房公积金　　　　　　　　　　　　　　　　　　25 000
　　其他应收款——代扣款项　　　　　　　　　　　　　　　　　　　　75 000
　　贷:零余额账户用款额度——基本支出用款额度　　　　　　　　　　　603 250

同时,编制预算会计分录:

借:事业支出——基本支出——工资福利　　　　　　　　　　　　　　603 250
　　贷:资金结存——零余额账户用款额度　　　　　　　　　　　　　　　603 250

3.2.6　应付票据

1. 核算内容

应付票据是指政府单位因购买材料、物资时所开出、承兑的商业汇票,包括银行承兑汇票和商业承兑汇票。按国家有关规定,单位之间只有在商品交易的情况下,才能使用商业汇票结算方式。在会计核算中,购买商品在采用商业汇票结算方式下,如果开出的是商业承兑汇票,必须由付款方(购买单位)承兑;如果是银行承兑的汇票,必须经银行承兑。付款单位应在商业汇票到期前,及时将款项足额交存其开户银行,可使银行在到期日凭票将款项划转给收款人、被背书人或贴现银行。

事业单位应设置"应付票据"科目,以便核算事业单位发生债务时所开出、承兑的各种商业汇票。本科目应当按照债权人进行明细核算。"应付票据"科目借方反映当期事业单位应付票据的减少;贷方反映当期应付票据的增加;本科目期末贷方余额,反映事业单位开出、承兑的尚未到期的应付票据金额。

【注意:行政单位不涉及"应付票据"科目。】

2. 明细科目设置

本科目应当按照债权人进行核算。单位应当在本科目下设"银行承兑汇票"和"商业承兑汇票"二级明细科目进项核算。

特别提示 3-8

单位应当设置"应付票据备查簿",详细登记每一应付票据的种类、号数、出票日期、到期日、票面金额、交易合同号、收款人姓名或单位名称,以及付款日期和金额等。应付票据到期结清票款后,应当在备查簿内逐笔注销。

3. 应付票据的主要账务处理

(1) 开出、承兑商业汇票时，借记"库存物品""固定资产"等科目，贷记本科目。涉及增值税业务的，相关账务处理参见"应交增值税"科目。以商业汇票抵付应付账款时，借记"应付账款"科目，贷记本科目。

(2) 支付银行承兑汇票的手续费时，借记"业务活动费用""经营费用"等科目，贷记"银行存款""零余额账户用款额度"等科目。

(3) 商业汇票到期时，应当分别以下情况处理：① 收到银行支付到期票据的付款通知时，借记本科目，贷记"银行存款"科目；② 银行承兑汇票到期，单位无力支付票款的，按照应付票据账面余额，借记本科目，贷记"短期借款"科目。商业承兑汇票到期，单位无力支付票款的，按照应付票据账面余额，借记本科目，贷记"应付账款"科目。

应付票据的会计处理如表3-12所示。

表3-12　　　　　　　　　　　　　　应付票据的主要账务处理

序号	业务内容		具 体 内 容	
			财务会计	预算会计
1	开出、承兑商业汇票		借：库存物品/固定资产等 贷：应付票据	—
2	以商业汇票抵付应付账款时		借：应付账款 贷：应付票据	—
3	支付银行承兑汇票的手续费		借：业务活动费用/经营费用等 贷：银行存款等	借：事业支出/经营支出 贷：资金结存——货币资金
4	商业汇票到期时	收到银行支付到期票据的付款通知时	借：应付票据 贷：银行存款	借：事业支出/经营支出 贷：资金结存——货币资金
		银行承兑汇票到期，单位无力支付票款	借：应付票据 贷：短期借款	借：事业支出/经营支出 贷：债务预算收入
		商业承兑汇票到期，单位无力支付票款	借：应付票据 贷：应付账款	—

【例3-18】　某事业单位为开展事业活动采用银行承兑汇票结算方式购入一批材料，根据发票账单，购入材料的价款为23 200元，其中包括增值税3 200元，材料已验收入库。单位开出2个月到期的银行承兑汇票，并支付银行承兑汇票手续费120元。

① 开出承兑的银行承兑汇票，财务会计分录如下：

借：库存物品　　　　　　　　　　　　　　　　　　　　　　　　　　20 000
　　应交增值税——应交税金(进项税额)　　　　　　　　　　　　　　3 200
　　　贷：应付票据——银行承兑汇票　　　　　　　　　　　　　　　23 200

② 支付银行承兑手续费时，财务会计分录如下：

借：业务活动费用　　　　　　　　　　　　　　　　　　　　　　　　120
　　　贷：银行存款　　　　　　　　　　　　　　　　　　　　　　　120

同时，编制预算会计分录：

借：事业支出——基本支出——商品和服务支出　　　　　　　　　　120
　　贷：资金结存——货币资金——银行存款　　　　　　　　　　　　120

③ 票据到期还款时,财务会计分录如下：

借：应付票据——银行承兑汇票　　　　　　　　　　　　　　　　23 200
　　贷：银行存款　　　　　　　　　　　　　　　　　　　　　　　23 200

同时,编制预算会计分录：

借：事业支出——基本支出——工资福利　　　　　　　　　　　　23 200
　　贷：资金结存——货币资金——银行存款　　　　　　　　　　　23 200

④ 若票据到期不能如期支付票款时,财务会计分录如下：

借：应付票据　　　　　　　　　　　　　　　　　　　　　　　　23 200
　　贷：短期借款　　　　　　　　　　　　　　　　　　　　　　　23 200

3.2.7　应付账款

1. 核算内容

应付账款是指政府单位因购买物资或服务、工程建设等而应付的偿还期限在 1 年以内(含 1 年)的款项。应付账款因单位购进商品或接受劳务等经济业务发生时间与付款时间不一致而产生。应付账款的入账时间为所购买商品的所有权转移之日,即对所购的材料、物资等验收入库后,按发票金额登记入账。入账时间一般是到期的应付金额,即发票金额。

2. 明细科目设置

本科目应当按照债权单位(或个人)进行明细核算。对于建设项目,单位可以按照具体项目设置"应付器材款""应付工程款"等进行明细核算。对于核销的应付账款,应设立备查簿在备查簿中保留登记。

"应付账款"科目借方反映当期政府单位应付账款的减少;贷方反映当期政府单位应付账款的增加;本期科目期末贷方余额,反映政府单位尚未支付的应付账款。

3. 应付账款的主要账务处理

(1) 收到所购材料、物资、设备或服务以及确认完成工程进度但尚未付款时,根据发票及账单等有关凭证,按照应付未付款项的金额,借记"库存物品""固定资产""在建工程"等科目,贷记本科目。

(2) 偿付应付账款时,按照实际支付的金额,借记本科目,贷记"财政拨款收入""零余额账户用款额度""银行存款"等科目。

开出、承兑商业汇票抵付应付账款时,借记本科目,贷记"应付票据"科目。

【注意:行政单位不涉及"开出、承兑商业汇票抵付应付账款"核算。】

(3) 无法偿付或债权人豁免偿还的应付账款,应当按照规定报经批准后进行账务处理。经批准核销时,借记本科目,贷记"其他收入"科目。核销的应付账款应在备查簿中保留登记。

应付账款的主要账务处理如表 3-13 所示。

表 3-13　　　　　　　　　　　应付账款的主要账务处理

序号	业务内容	具 体 内 容	
		财务会计	预算会计
1	所购材料、物资、设备或服务以及确认完成工程进度但尚未付款	借：库存物品/固定资产/在建工程等 贷：应付账款	—
2	偿付应付账款	借：应付账款 　贷：财政拨款收入/零余额账户用款额度/银行存款等	【事业单位】 借：事业支出等 　贷：财政拨款预算收入/资金结存 【行政单位】 借：行政支出等 　贷：财政拨款预算收入/资金结存
3	开出、承兑商业汇票抵付应付账款	借：应付账款 　贷：应付票据 【注意：行政单位不涉及此账务处理】	—
4	无法偿付或债权人豁免偿还的应付账款	借：应付账款 　贷：其他收入	—

【例 3-19】　某事业单位为增值税一般纳税人，2×19 年 8 月 1 日为开展事业活动需要，向某公司购入办公用品一批，价款 3 000 元，进项税额 390 元，办公用品已验收入库，款项尚未支付。2×19 年 8 月 15 日通过单位零余额账户偿付 3 390 元。

① 2×19 年 8 月 1 日，财务会计分录如下：

借：库存物品　　　　　　　　　　　　　　　　　　　　　　　　　　3 000
　　应交增值税——应交税金（进项税额）　　　　　　　　　　　　　　390
　　贷：应付账款——某公司　　　　　　　　　　　　　　　　　　　　3 390

② 2×19 年 8 月 15 日，财务会计分录如下：

借：应付账款——某公司　　　　　　　　　　　　　　　　　　　　　3 390
　　贷：零余额账户用款额度　　　　　　　　　　　　　　　　　　　　3 390

同时，编制预算会计分录：

借：事业支出——基本支出——商品和服务支出　　　　　　　　　　　3 390
　　贷：资金结存——零余额账户用款额度　　　　　　　　　　　　　　3 390

3.2.8　应付政府补贴款

1. 核算内容

"应付政府补贴款"科目核算负责发放政府补贴的行政单位，按照规定应当支付给政府补贴接受者的各种政府补贴款。通常包括按照政策规定发放的低保补贴、失独家庭补贴、老人补贴、困难家庭补贴等。应付政府补贴款是行政单位代表政府发放的补贴，属于政府承诺义务。在政府出台补贴规定后，当补贴对象及补贴金额确定的，代表政府发放补贴的行政单位就应当确认应付政府补贴款。

【注意:事业单位不涉及"应付政府补贴款"科目。】

2. 明细科目设置

行政单位应当根据管理的需要,按照支付的政府补贴种类设置明细科目,进行明细核算。行政单位还应当按照补贴对象建立备查簿,进行相应明细核算。

3. 应付政府补贴款的会计处理

(1)发生应付政府补贴时,按照依规定计算确定的应付政府补贴金额,借记"业务活动费用"科目,贷记本科目。

(2)支付应付政府补贴款时,按照支付金额,借记本科目,贷记"零余额账户用款额度""银行存款"等科目。

应付政府补贴款的主要账务处理见表3-14所示。

表3-14 应付政府补贴款的主要账务处理

序号	业务内容	具体内容	
		财务会计	预算会计
1	发生应付政府补贴时	借:业务活动费用 贷:应付政府补贴款	—

2	支付应付政府补贴款时	借:应付政府补贴款
		  贷:零余额账户用款额度/银行存款等
			借:行政支出
			  贷:资金结存等

【例3-20】 某行政单位发生一项应付政府补贴业务,按照规定计算确定的应付政府补贴金额为58 500元。数日后,该行政单位通过零余额账户用款额度向相应政府补贴接受者支付了该项政府补贴款项58 500元。

①发生应付政府补贴,财务会计分录如下:

借:业务活动费用　　　　　　　　　　　　　　　　　　　58 500
　　贷:应付政府补贴款　　　　　　　　　　　　　　　　　　　58 500

②通过零余额账户用款额度支付应付政府补贴时,财务会计分录如下:

借:应付政府补贴款　　　　　　　　　　　　　　　　　　58 500
　　贷:零余额账户用款额度　　　　　　　　　　　　　　　　　58 500

同时,编制预算会计分录:

借:行政支出　　　　　　　　　　　　　　　　　　　　　58 500
　　贷:资金结存——零余额账户用款额度　　　　　　　　　　　58 500

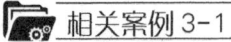
相关案例3-1

应付政府补贴款例子

有关行政单位根据职能划分向农民发放农机购置补贴、向使用清洁能源的单位和个人发放使用清洁能源补贴、向购买节能电器的单位和个人发放节能补贴、向职业培训和职业介绍机构发放职业培训和职业介绍补贴等。

3.2.9 应付利息

1. 核算内容

本科目核算事业单位按照合同约定应支付的借款利息,包括短期借款、分期付息到期还本的长期借款等应支付的利息。

【注意:行政单位不涉及"应付利息"科目。】

2. 明细科目设置

事业单位应当设置"应付利息"总账科目,并按照债权人等进行明细核算。

"应付利息"科目期末为贷方余额,反映事业单位应付未付的利息。

3. 应付利息的主要账务处理

(1) 为建造固定资产、公共基础设施等借入的专门借款的利息,属于建设期间发生的,按期计提利息费用时,按照计算确定的金额,借记"在建工程"科目,贷记本科目;不属于建设期间发生的,按期计提利息费用时,按照计算确定的金额,借记"其他费用"科目,贷记本科目。

(2) 对于其他借款,按期计提利息费用时,按照计算确定的金额,借记"其他费用"科目,贷记本科目。

(3) 实际支付应付利息时,按照支付的金额,借记本科目,贷记"银行存款"等科目。

应付利息的主要账务处理如表 3-15 所示。

表 3-15　　　　　　　　　　应付利息的主要账务处理

序号	业务内容	具体内容	
		财务会计	预算会计
1	为建造固定资产、公共基础设施等借入的专门借款的利息	借:在建工程 　贷:应付利息	—
2	对于其他借款,按期计提利息费用时	借:其他费用 　贷:应付利息	—
3	实际支付应付利息时	借:应付利息 　贷:银行存款等	借:其他支出 　贷:资金结存——货币资金

【例 3-21】 某事业单位将借入 5 年期到期还本每年付息的长期借款 5 000 000 元,合同约定利率为 3.5%。

① 计算确定利息费用,财务会计分录如下:

借:其他费用——利息支出　　　　　　　　　　　　　　　　　　　　　　175 000
　　贷:应付利息　　　　　　　　　　　　　　　　　　　　　　　　　　175 000

② 实际支付利息,财务会计分录如下:

借:应付利息——利息支出　　　　　　　　　　　　　　　　　　　　　　175 000
　　贷:银行存款　　　　　　　　　　　　　　　　　　　　　　　　　　175 000

同时,编制预算会计分录:

借:其他支出——利息支出　　　　　　　　　　　　　　　　　　　　　　175 000
　　贷:资金结存——货币资金——银行存款　　　　　　　　　　　　　175 000

3.2.10 预收账款

1. 核算内容

预收账款是指事业单位按照合同约定预先收取但尚未结算的款项。本科目核算事业单位预先收取但尚未结算的款项。

【注意:行政单位不涉及"预收账款"科目。】

> **特别提示 3-9**
>
> 与应付账款不同,预收账款所形成的负债不是以货币偿付的,而是以货物偿付的。

2. 明细科目设置

事业单位应当设置"预收账款"科目,并按照债权人等进行明细核算,预收款项情况不多的企业,可以不设置"预收账款"科目,而直接通过"应收账款"科目核算。

"预收账款"科目借方反映当期事业单位预收账款的减少;贷方反映当期事业单位预收账款的增加;本科目期末贷方余额,反映事业单位期末预先收取尚未结算的款项余额。

3. 预收账款的主要账务处理

(1) 从付款方预收款项时,按照实际预收的金额,借记"银行存款"等科目,贷记本科目。

(2) 确认有关收入时,按照预收账款账面余额,借记本科目,按照应确认的收入金额,贷记"事业收入""经营收入"等科目,按照付款方补付或退回付款方的金额,借记或贷记"银行存款"等科目。涉及增值税业务的,相关账务处理参见"应交增值税"科目。

(3) 无法偿付或债权人豁免偿还的预收账款,应当按照规定报经批准后进行账务处理。经批准核销时,借记本科目,贷记"其他收入"科目。

核销的预收账款应在备查簿中保留登记。

预收账款的主要账务处理如表 3-16 所示。

表 3-16   **预收账款的主要账务处理**

序号	业务内容	具体内容	
		财务会计	预算会计
1	从付款方预收款项时	借:银行存款等 贷:预收账款	借:资金结存——货币资金 贷:事业预算收入/经营预算收入等
2	确认有关收入时	借:预收账款 银行存款【收到补付款】 贷:事业收入/经营收入等 银行存款【退回预收款】	借:资金结存——货币资金 贷:事业预算收入/经营预算收入等 【收到补付款】 退回预收的金额做相反会计分录
3	无法偿付或债权人豁免偿还的预收账款	借:预收账款 贷:其他收入	—

【例 3-22】 某省机关服务中心 2×19 年 5 月发生如下业务:

(1) 5 月 2 日,预收 B 公司服务费 6 000 元,存入银行。

(2) 5 月 15 日,广告服务完成后,实际结算价款 6 600 元,B 公司已经通过银行存款补付。

(3) 5 月 20 日,以前年度的预收账款 1 000 元无法偿付,经批准核销。

① 5 月 2 日,财务会计分录如下:

借：银行存款　　　　　　　　　　　　　　　　　　　　　　　　　6 000
　　贷：预收账款——B公司　　　　　　　　　　　　　　　　　　　　6 000

同时，编制预算会计分录：

借：资金结存——货币资金——银行存款　　　　　　　　　　　　　6 000
　　贷：经营预算收入　　　　　　　　　　　　　　　　　　　　　　6 000

② 5月15日，财务会计分录如下：

借：预收账款——B公司　　　　　　　　　　　　　　　　　　　　6 000
　　银行存款　　　　　　　　　　　　　　　　　　　　　　　　　　600
　　贷：经营收入——影视广告收入　　　　　　　　　　　　　　　　6 000
　　　　应交增值税——应交税金（销项税额）　　　　　　　　　　　　600

同时，编制预算会计分录：

借：资金结存——货币资金——银行存款　　　　　　　　　　　　　600
　　贷：经营预算收入　　　　　　　　　　　　　　　　　　　　　　600

③ 5月20日，财务会计分录如下：

借：预收账款　　　　　　　　　　　　　　　　　　　　　　　　1 000
　　贷：其他收入——无法支付的预收款　　　　　　　　　　　　　1 000

3.2.11　其他应付款

1. 核算内容

本科目核算政府单位除应交增值税、其他应交税费、应缴财政款、应付职工薪酬、应付票据、应付账款、应付利息、预收账款、应付政府补贴款以外，其他各项偿还期限在1年内（含1年）的应付及暂收款项，如收取的押金、存入保证金、已经报销但尚未偿还银行的本单位公务卡欠款等。

【注意：行政单位不涉及"应付票据""预收账款""应付利息"科目，事业单位不涉及"应付政府补贴款"科目。】

同级政府财政部门预拨的下期预算款和没有纳入预算的暂付款项，以及采用实拨资金方式通过本单位转拨给下属单位的财政拨款，也通过本科目核算。

2. 明细科目设置

本科目应当按照其他应付款的类别以及债权人等进行设置"待清算报销额度""待清算公务卡报销额度""待清算储蓄卡报销额度""代扣款项""押金""其他"等明细核算。核销的其他应付款应在备查簿中保留登记。

3. 其他应付款的主要账务处理

（1）发生其他应付及暂收款项时，借记"银行存款"等科目，贷记本科目。支付（或退回）其他应付及暂收款项时，借记本科目，贷记"银行存款"等科目。将暂收款项转为收入时，借记本科目，贷记"事业收入""其他收入"等科目。

【注意：行政单位不涉及"事业收入"科目。】

（2）收到同级政府财政部门预拨的下期预算款和没有纳入预算的暂付款项，按照实际收到的金额，借记"银行存款""零余额账户用款额度"等科目，贷记本科目；待到下一预算期或批准纳入预算时,借记本科目,贷记"财政拨款收入"科目。采用实拨资金方式通过本单位转拨给下属单位的财政拨款,按照实际收到的金额,借记"银行存款"科目,贷记本科目;向下属单位转拨财政拨款时,按照转拨的金额,借记本科目,贷记"银行存款"科目。

(3) 本单位公务卡持卡人报销时,按照审核报销的金额,借记"业务活动费用""单位管理费用"等科目,贷记本科目;偿还公务卡欠款时,借记本科目,贷记"零余额账户用款额度"等科目。

【注意:行政单位不涉及"单位管理费用"科目。】

(4) 涉及质保金形成其他应付款的,相关账务处理参见"固定资产/在建工程"科目。

(5) 无法偿付或债权人豁免偿还的其他应付款项,应当按照规定报经批准后进行账务处理。经批准核销时,借记本科目,贷记"其他收入"科目。

核销的其他应付款应在备查簿中保留登记。

其他应付账款的主要账务处理如表3-17所示。

表 3-17　　　　　　　　　　　其他应付款的主要账务处理

序号	业务内容		具体内容	
			财务会计	预算会计
1	发生暂收款项	取得暂收款项时	借:银行存款等 贷:其他应付款	—
		确认收入时	借:其他应付款 贷:事业收入/其他业务收入等 【注意:行政单位不涉及事业收入】	【事业单位】 借:资金结存——货币资金 贷:事业预算收入等 【行政单位】 借:资金结存——货币资金 贷:其他预算收入等
		退回(转拨)暂收款时	借:其他应付款 贷:银行存款等	—
2	收到同级财政部门预拨的下期预算款和没有纳入预算的暂付款项	按照实际收到的金额	借:银行存款等 贷:其他应付款	
		待到下一级预算期或批准纳入预算时	借:其他应付款 贷:财政拨款收入	借:资金结存——货币资金 贷:财政拨款预算收入
3	发生其他应付义务	确认其他应付款项时	借:业务活动费用/单位管理费用等 贷:其他应付款 【注意:行政单位不涉及单位管理费用】	—
		支付其他应付款项	借:其他应付款 贷:银行存款等	【事业单位】 借:事业支出等 贷:资金结存 【行政单位】 借:行政支出等 贷:资金结存
4	无法偿付或债权人豁免偿还的其他应付款项		借:其他应付款 贷:其他收入	—

【例 3-23】 某省事业单位 2×19 年发生如下经济业务,不考虑税费:

(1) 3 月,用公务卡购买办公用品 2 000 元,取得发票并报销。

(2) 5 月,为开展业务活动收取申请者押金 10 000 元,收取供应商保证金 20 000 元,银行账户已收到款项。

(3) 6 月初,开展的业务活动结束,退回申请者押金 9 000 元,1 000 元转做业务活动收入;退回供应商保证金 20 000 元,银行账户已经支付款项。

(4) 收到省财政厅拨付 2×20 年的财政拨款授权支付额度 50 000 元。

① a. 审核报销时,财务会计分录如下:

借:业务活动费用——商品和服务费用　　　　　　　　　　　　　2 000
　　贷:其他应付款——待清算报销额度——待清算公务卡报销额度　　2 000

b. 偿还公务卡欠款时,财务会计分录如下:

借:其他应付款——待清算报销额度——待清算公务卡报销额度　　2 000
　　贷:零余额账户用款额度——基本支出用款额度　　　　　　　　2 000

同时,编制预算会计分录:

借:事业支出——基本支出——商品和服务支出　　　　　　　　　2 000
　　贷:资金结存——零余额账户用款额度——基本支出用款额度　　2 000

② 收取押金、保证金时,财务会计分录如下:

借:银行存款　　　　　　　　　　　　　　　　　　　　　　　30 000
　　贷:其他应付款——押金　　　　　　　　　　　　　　　　　10 000
　　　　其他应付款——其他　　　　　　　　　　　　　　　　　20 000

③ 退回押金、保证金时,财务会计分录如下:

借:其他应付款——押金　　　　　　　　　　　　　　　　　　10 000
　　其他应付款——其他　　　　　　　　　　　　　　　　　　20 000
　　贷:银行存款　　　　　　　　　　　　　　　　　　　　　29 000
　　　　事业收入——后勤服务收入　　　　　　　　　　　　　　1 000

同时,编制预算会计分录:

借:资金结存——货币资金——银行存款　　　　　　　　　　　　1 000
　　贷:事业预算收入　　　　　　　　　　　　　　　　　　　　1 000

④ 收到财政拨款,财务会计分录如下:

借:零余额账户用款额度——基本支出用款额度　　　　　　　　50 000
　　贷:其他应付款——其他　　　　　　　　　　　　　　　　　50 000

3.2.12 预提费用

1. 核算内容

本科目核算单位预先提取的已经发生但尚未支付的费用,如预提租金费用等。

> **特别提示 3-10**
>
> 事业单位按规定从科研项目收入中提取的项目间接费用或管理费,也通过本科目核算。事业单位计提的借款利息费用,通过"应付利息""长期借款"科目核算,不通过本科目核算。

2. 明细科目设置

本科目应当按照预提费用的种类进行明细核算。对于提取的项目间接费用或管理费,应当在本科目下设置"项目间接费用或管理费"明细科目,并按项目进行明细核算。

本科目期末贷方余额,反映单位已预提但尚未支付的各项费用。

3. 预提费用的主要账务处理

(1) 项目间接费用或管理费

按规定从科研项目收入中提取项目间接费用或管理费时,按照提取的金额,借记"单位管理费用"科目,贷记"预提费用——项目间接费用或管理费"科目。

【注意:行政单位不涉及"单位管理费用"科目。】

实际使用计提的项目间接费用或管理费时,按照实际支付的金额,借"预提费用——项目间接费用或管理费"科目,贷记"银行存款""库存现金"等科目。

(2) 其他预提费用

按期预提租金等费用时,按照预提的金额,借记"业务活动费用""单位管理费用""经营费用"等科目,贷记本科目。实际支付款项时,按照支付金额,借记本科目,贷记"零余额账户用款额度""银行存款"等科目。

【注意:行政单位不涉及"单位管理费用""经营费用"科目。】

预提费用的主要账务处理如表 3-18 所示。

表 3-18　　　　　　　　　　预提费用的主要账务处理

序号	业务内容		具体内容	
			财务会计	预算会计
1	项目间接费用或管理费	按规定计提项目间接费用或管理费时	【事业单位】 借:单位管理费用 　贷:预提费用——项目间接费用或管理费 【行政单位】 借:业务活动费用 　贷:预提费用——项目间接费用或管理费	借:非财政拨款结转——项目间接费用或管理费 　贷:非财政拨款结余——项目间接费用或管理费
		实际使用计提的项目间接费用或管理费时	借:预提费用——项目间接费用或管理费 　贷:银行存款/库存现金	【事业单位】 借:事业支出等 　贷:资金结存 【行政单位】 借:行政支出等 　贷:资金结存

(续表)

序号	业务内容	具体内容	
		财务会计	预算会计
2	其他预提费用	按照规定预提每期租金等费用	借：业务活动费用/单位管理费用/经营费用等 贷：预提费用 【注意：行政单位不涉及单位管理费用、经营费用科目】	—
		实际支付款项时	借：预提费用 贷：银行存款等	【事业单位】 借：事业支出/经营支出等 贷：资金结存 【行政单位】 借：行政支出等 贷：资金结存

【例 3-24】 某事业单位 2×19 年每月预提业务用房房屋租金 10 000 元，下月初支付．

① 每月预提时，财务会计分录如下：

借：业务活动费用——商品和服务费用　　　　　　　　　　　　　　10 000
　　贷：预提费用——其他预提费用　　　　　　　　　　　　　　　　　　10 000

② 每月支付时，财务会计分录如下：

借：预提费用——其他预提费用　　　　　　　　　　　　　　　　　10 000
　　贷：银行存款　　　　　　　　　　　　　　　　　　　　　　　　　　　10 000

同时，编制预算会计分录：

借：事业支出——基本支出——商品和服务支出——租赁费　　　　10 000
　　贷：资金结存——货币资金——银行存款　　　　　　　　　　　　　10 000

3.3 非流动负债的核算

3.3.1 长期借款

1. 核算内容

本科目核算事业单位经批准向银行或其他金融机构等借入的期限超过 1 年（不含 1 年）的各种借款本息。

【注意：行政单位不涉及"长期借款"科目。】

2. 明细科目设置

本科目应当设置"本金"和"应计利息"明细科目，并按照贷款单位和贷款种类进行明细核算。对于建设项目借款，还应按照具体项目进行明细核算。

3. 长期借款的主要账务处理

（1）借入各项长期借款时，按照实际借入的金额，借记"银行存款"科目，贷记本科目

(本金)。

(2) 为建造固定资产、公共基础设施等应支付的专门借款利息,按期计提利息时,分别以下情况处理:① 属于工程项目建设期间发生的利息,计入工程成本,按照计算确定的应支付的利息金额,借记"在建工程"科目,贷记"应付利息"科目;② 属于工程项目完工交付使用后发生的利息,计入当期费用,按照计算确定的应支付的利息金额,借记"其他费用"科目,贷记"应付利息"科目。

(3) 按期计提其他长期借款的利息时,按照计算确定的应支付的利息金额,借记"其他费用"科目,贷记"应付利息"科目【分期付息、到期还本借款的利息】或本科目(应计利息)【到期一次还本付息借款的利息】。

(4) 到期归还长期借款本金、利息时,借记本科目(本金、应计利息),贷记"银行存款"科目。

长期借款的主要账务处理如表 3-19 所示。

表 3-19　　　　　　　　　　　　**长期借款的主要账务处理**

序号	业务内容		具体内容	
			财务会计	预算会计
1	借入各项长期借款时		借:银行存款 　贷:长期借款——本金	借:资金结存——货币资金 　贷:债务预算收入
2	为构建固定资产、公共基础设施等应支付的专门借款利息	属于工程项目建设期间发生的	借:在建工程 　贷:应付利息【分期付息、到期还本】 　　长期借款——应计利息【到期一次还本付息】	—
		属于工程项目完工交付使用后发生的	借:其他费用 　贷:应付利息【分期付息、到期还本】 　　长期借款——应计利息【到期一次还本付息】	—
		实际支付利息时	借:应付利息 　贷:银行存款等	借:其他支出 　贷:资金结存
3	其他长期借款利息	计提利息时	借:其他费用 　贷:应付利息【分期付息、到期还本】 　　长期借款——应计利息【到期一次还本付息】	—
		分期实际支付利息时	借:应付利息 　贷:银行存款等	借:其他支出 　贷:资金结存
4	归还长期借款本息		借:长期借款——本金 　　　　　——应付利息【到期一次还本付息】 　贷:银行存款	借:债务还本支出【支付的本金】 　贷:资金结存

【例 3-25】　某事业单位 2×19 年 4 月 1 日从银行借入资金 2 000 000 元,用于构建厂房,借款期限为 2 年,年利率 12%,按年支付利息。所借款项已存入银行。该厂房从 2×19 年 6 月 1 日开始建设,至 2×20 年 8 月 31 日完工。2×21 年 4 月 1 日,事业单位如期归还该笔借款。

① 2×19 年 4 月 1 日,财务会计分录如下:

借：银行存款 2 000 000
　　贷：长期借款——本金 2 000 000

同时，编制预算会计分录：

借：资金结存——货币资金——银行存款 2 000 000
　　贷：债务预算收入 2 000 000

② a. 2×19年12月31日计提长期借款利息时，财务会计分录如下：

$$年应计利息＝2\,000\,000×12\%＝240\,000(元)$$
$$费用化期限＝2个月(2×19年4月、5月)$$
$$费用化金额＝240\,000÷12×2＝40\,000(元)$$
$$借款费用资本化期限＝7个月(2×19年6月～12月)$$
$$借款费用资本化金额＝240\,000÷12×7＝140\,000(元)$$

借：在建工程 140 000
　　其他费用——利息支出 40 000
　　贷：应付利息 180 000

b. 支付利息时，财务会计分录如下：

借：应付利息 180 000
　　贷：银行存款 180 000

同时，编制预算会计分录：

借：其他支出——利息支出 180 000
　　贷：资金结存——货币资金——银行存款 180 000

③ 2×20年8月31日，计算长期借款利息(为了结转固定资产价值)时，财务会计分录如下：

$$应计利息＝2\,000\,000×12\%÷12×8＝160\,000(元)$$

借：在建工程 160 000
　　贷：应付利息 160 000

④ a. 2×20年12月31日，计算长期借款利息时，财务会计分录如下：

$$应计利息＝2\,000\,000×12\%÷12×4＝80\,000(元)$$

借：其他费用——利息支出 80 000
　　贷：应付利息 80 000

b. 支付利息时，财务会计分录如下：

借：应付利息 240 000
　　贷：银行存款 240 000

同时，编制预算会计分录：

借：其他支出——利息支出 240 000
　　贷：资金结存——货币资金 240 000

⑤ 2×21年3月31日，计算长期借款利息时，财务会计分录如下：

$$应计利息＝2\,000\,000×12\%÷12×3＝60\,000(元)$$

借：其他费用——利息支出　　　　　　　　　　　　　　　　60 000
　　贷：应付利息　　　　　　　　　　　　　　　　　　　　　　60 000

⑥ 2×21年4月1日，归还借款时，财务会计分录如下：

借：长期借款——本金　　　　　　　　　　　　　　　　2 000 000
　　应付利息　　　　　　　　　　　　　　　　　　　　　　60 000
　　贷：银行存款　　　　　　　　　　　　　　　　　　　2 060 000

同时，编制预算会计分录：

借：债务还本支出　　　　　　　　　　　　　　　　　2 000 000
　　其他支出——利息支出　　　　　　　　　　　　　　　60 000
　　贷：资金结存——货币资金——银行存款　　　　　　2 060 000

3.3.2　长期应付款

1. 核算内容

本科目核算单位发生的偿还期限超过1年（不含1年）的应付款项，如以融资租赁方式取得固定资产应付的租赁费等。

2. 明细科目设置

本科目应当按照长期应付款的类别以及债权人进行明细核算。

3. 长期应付款的主要账务处理

（1）发生长期应付款时，借记"固定资产""在建工程"等科目，贷记本科目。

（2）支付长期应付款时，按照实际支付的金额，借记本科目，贷记"财政拨款收入""零余额账户用款额度""银行存款"等科目。涉及增值税业务的，相关账务处理参见"应交增值税"科目。

（3）无法偿付或债权人豁免偿还的长期应付款，应当按照规定报经批准后进行账务处理。经批准核销时，借记本科目，贷记"其他收入"科目。

核销的长期应付款应在备查簿中保留登记。

（4）涉及质保金形成长期应付款的，相关账务处理参见"固定资产"科目。

长期应付款的主要账务处理如表3-20所示。

表3-20　　　　　　　　　　　　**长期应付款的主要账务处理**

序号	业务内容	具体内容	
		财务会计	预算会计
1	发生长期应付款时	借：固定资产/在建工程等 　　贷：长期应付款	—
2	支付长期应付款时	借：长期应付款 　　贷：财政拨款收入/零余额账 　　　　户用款额度/银行存款	【事业单位】 借：事业支出/经营支出等 　　贷：财政拨款预算收入/资金结存 【行政单位】 借：行政支出等 　　贷：财政拨款预算收入/资金结存
3	无法偿付或债权人豁免偿还的长期应付款	借：长期应付款 　　贷：其他收入	—

【例 3-26】 某事业单位融资租入一条生产线,按租赁协议确定的租赁价款为 1 000 000 元,另以银行存款支付运输费、途中保险费、安装调试费等共计 80 000 元。按租赁协议规定,租赁费用分 5 年于每年年初偿还。该生产线的折旧年限为 6 年,采用直线法计提折旧(不考虑残值)。租赁期满后,生产线转为承租方所有。

① 租入生产线时,财务会计分录如下:

借:固定资产——融资租入固定资产　　　　　　　　　　　　1 080 000
　　贷:长期应付款——应付融资租赁款　　　　　　　　　　　　　1 000 000
　　　　银行存款　　　　　　　　　　　　　　　　　　　　　　　　80 000

② 按期支付融资租赁费时,财务会计分录如下:

借:长期应付款——应付融资租赁款　　　　　　　　　　　　　200 000
　　贷:银行存款　　　　　　　　　　　　　　　　　　　　　　　200 000

同时,编制预算会计分录:

借:事业支出——基本支出——资本性支出　　　　　　　　　　200 000
　　贷:资金结存——货币资金——银行存款　　　　　　　　　　　200 000

③ 计提折旧时,财务会计分录如下:

借:单位管理费用——折旧费　　　　　　　　　　　　　　　　180 000
　　贷:累计折旧　　　　　　　　　　　　　　　　　　　　　　　180 000

④ 租赁期满后,该生产线产权归承租方所有时,财务会计分录如下:

借:固定资产——生产线　　　　　　　　　　　　　　　　　　1 080 000
　　贷:固定资产——融资租入固定资产　　　　　　　　　　　　　1 080 000

3.3.3 预计负债

1. 核算内容

本科目核算单位对因或有事项所产生的现时义务而确认的负债,如对未决诉讼等确认的负债。

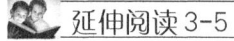
延伸阅读 3-5

或有事项

或有事项,是指过去的交易或者事项形成的,其结果须由某些未来事项的发生或不发生才能决定的不确定事项,其具有以下特征。

(1) 由过去交易或事项形成,是指或有事项的现存状况是过去交易或事项引起的客观存在。例如,未决诉讼虽然是正在进行中的诉讼,但该诉讼是企业因过去的经济行为导致起诉其他单位或被其他单位起诉。这是现存的一种状况而不是未来将要发生的事项。未来可能发生的自然灾害、交通事故、经营亏损等,不属于或有事项。

(2) 结果具有不确定性,是指或有事项的结果是否发生具有不确定性,或者或有事项的结果预计将会发生,但发生的具体时间或金额具有不确定性。例如,债务担保事项的担保方到期是否承担和履行连带责任,需要根据债务到期时被担保方能否按时还款加以确定。这一事项的结果在担保协议达成时具有不确定性。

(3) 由未来事项决定,是指或有事项的结果只能由未来不确定事项的发生或不发生才能决定。例如,债务担保事项只有在被担保方到期无力还款时企业(担保方)才履行连带责任。

常见的或有事项主要包括:未决诉讼或仲裁、债务担保、产品质量保证(含产品安全保证)、承诺、亏损合同、重组义务、环境污染整治等。

2. 明细科目设置

单位应当设立"预计负债"科目,对预计负债进行核算。本科目应当按照预计负债的项目进行明细核算。借方反映当期单位预计负债的减少,贷方反映当期单位预计负债的增加。本科目期末贷方余额,反映单位已经确认但尚未支付的预计负债金额。

3. 预计负债的主要账务处理

(1) 确认预计负债时,按照预计的金额,借记"业务活动费用""经营费用""其他费用"等科目,贷记本科目。

【注意:行政单位不涉及"经营费用"科目。】

(2) 实际偿付预计负债时,按照偿付的金额,借记本科目,贷记"银行存款""零余额账户用款额度"等科目。

(3) 根据确凿证据需要对已确认的预计负债账面余额进行调整的,按照调整增加的金额,借记有关科目,贷记本科目;按照调整减少的金额,借记本科目,贷记有关科目。

预计负债的主要账务处理如表 3-21 所示。

表 3-21   预计负债的主要账务处理

序号	业务内容	具体内容	
		财务会计	预算会计
1	确认预计负债	借:业务活动费用/经营费用/其他费用等 　贷:预计负债 【注意:行政单位不涉及经营费用科目】	—
2	实际偿付预计负债	借:预计负债 　贷:银行存款等	【事业单位】 借:事业支出/经营支出/其他支出等 　贷:资金结存 【行政单位】 借:行政支出等 　贷:资金结存
3	对预计负债账面余额进行调整的	借:业务活动费用/经营费用/其他费用等 　贷:预计负债 或做相反会计分录 【注意:行政单位不涉及经营费用科目】	—

【例 3-27】 某省事业单位 2×19 年 7 月 1 日接到法院起诉,单位预计要支付赔偿金额为 1 000 000～2 000 000 元的某一金额,而且这个区间内每个金额的可能性都大致相

同,假设这是一起因经营引起的案件。2×19年8月1日,单位用银行存款偿付赔偿金1 500 000元。

① 7月1日,财务会计分录如下:

借:经营费用——其他费用　　　　　　　　　　　　　　　　1 500 000
　　贷:预计负债　　　　　　　　　　　　　　　　　　　　　　　　1 500 000

② 8月1日,财务会计分录如下:

借:预计负债　　　　　　　　　　　　　　　　　　　　　　　1 500 000
　　贷:银行存款　　　　　　　　　　　　　　　　　　　　　　　　1 500 000

同时,编制预算会计分录:

借:经营支出——其他支出　　　　　　　　　　　　　　　　1 500 000
　　贷:资金结存——货币资金——银行存款　　　　　　　　　　　1 500 000

> **相关思考3-5**
>
> **若将[例3-27]事业单位改为行政单位应如何会计处理**
>
> ① 7月1日,财务会计分录如下:
>
> 借:其他费用——其他　　　　　　　　　　　　　　　　　1 500 000
> 　　贷:预计负债　　　　　　　　　　　　　　　　　　　　　　　1 500 000
>
> ② 8月1日,财务会计分录如下:
>
> 借:预计负债　　　　　　　　　　　　　　　　　　　　　　1 500 000
> 　　贷:财政拨款收入——财政直接支付　　　　　　　　　　　　1 500 000
>
> 同时,编制预算会计分录:
>
> 借:行政支出——其他支出——国家赔偿费用支出　　　　　1 500 000
> 　　贷:财政拨款预算收入——财政直接支付　　　　　　　　　　1 500 000

3.3.4　受托代理负债

1. 核算内容

受托代理负债核算政府单位接受委托,取得受托代理资产时形成的负债。受托代理负债反映了单位对受托代理资产的支付义务。虽然单位受托代理的现金和银行存款不在"受托代理资产"科目核算,但是单位受托代理现金和银行存款仍然属于受托代理资产,在编制资产负债表时列入受托代理资产项目。所以,在单位收到和支付受托代理的现金和银行存款时,也要确认受托代理负债的增加和减少。

2. 明细科目设置

为核算和监督单位受托代理资产形成的负债情况,设置本科目,属负债类科目。建议本科目按照负债的种类和委托人进行明细核算,参见"受托代理资产""库存现金""银行存款"等科目。

3. 受托代理负债的主要账务处理

本科目反映的是受托代理资产时形成的负债,对应受托代理资产有三种情况的账务处理。

1) 受托转赠物资时形成的负债

(1) 接受委托人委托需要转赠给受赠人的物资,其成本按照有关凭据注明的金额确定。接受委托转赠的物资验收入库,按照确定的成本,借记"受托代理资产"科目,贷记本科目。

(2) 将受托转赠物资交付受赠人时,按照转赠物资的成本,借记本科目,贷记"受托代理资产"科目。

(3) 转赠物资的委托人取消了对捐赠物资的转赠要求,且不再收回捐赠物资的,应当将转赠物资转为单位的存货、固定资产等。按照转赠物资的成本,借记本科目,贷记"受托代理资产"科目。

2) 受托存储保管物资形成的负债

(1) 接受委托人委托存储保管的物资,其成本按照有关凭据注明的金额确定。接受委托储存的物资验收入库,按照确定的成本,借记"受托代理资产"科目,贷记本科目。

(2) 根据委托人要求交付或发出受托存储保管的物资时,按照发出物资的成本,借记本科目,贷记"受托代理资产"科目。本科目核算单位接受委托取得受托代理资产时形成的负债。

3) 罚没物资形成的负债

(1) 取得罚没物资时,其成本按照有关凭据注明的金额确定。罚没物资验收(入库),按照确定的成本,借记"受托代理资产"科目,贷记本科目。

(2) 按照规定处置或移交罚没物资时,按照罚没物资的成本,借记本科目,贷记"受托代理资产"科目。

【例3-28】 某省事业单位2×19年发生如下经济业务:

(1) 10月8日接受A事业单位委托将一设备转赠给B省科研所,设备价值150 000元,设备验收入库。

(2) 11月1日该省事业单位将此设备转交给B省科研所。

(3) 12月10日,A事业单位决定不将此设备转赠给B省研究所,并不再收回此设备。12月12日,该省事业单位将此设备作为固定资产。

① 10月8日,财务会计分录如下:

借:受托代理资产——受托存储保管物资　　　　　　　　　　　　　150 000
　　贷:受托代理负债　　　　　　　　　　　　　　　　　　　　　　150 000

② 11月1日,财务会计分录如下:

借:受托代理负债　　　　　　　　　　　　　　　　　　　　　　　150 000
　　贷:受托代理资产——受托存储保管物资　　　　　　　　　　　　150 000

③ 12月10日,财务会计分录如下:

借:受托代理负债　　　　　　　　　　　　　　　　　　　　　　　150 000
　　贷:受托代理资产——受托存储保管物资　　　　　　　　　　　　150 000

④ 12月12日,财务会计分录如下:

借：固定资产　　　　　　　　　　　　　　　　　　　　　　　150 000
　　贷：其他收入——其他　　　　　　　　　　　　　　　　　　150 000

重 要 概 念

负债　短期借款　应交增值税　其他应交税费　应缴财政款　应付职工薪酬　应付利息　应付票据　应付账款　预提费用　长期借款　长期应付款　预计负债　受托代理负债

本 章 练 习

单选题

1. 下列会计科目中,核算事业单位借入的期限超过1年(含1年)的各种借款的是( )科目。
A. 借入款　　　　　　　　　　　　B. 短期借款
C. 长期借款　　　　　　　　　　　D. 银行存款

2. "预收账款"是( )类科目。
A. 资产　　　　　　　　　　　　　B. 负债
C. 净资产　　　　　　　　　　　　D. 收入

3. 核算单位按有关规定缴入财政专户款项的是( )科目。
A. 应缴国库款　　　　　　　　　　B. 应缴财政款
C. 应付账款　　　　　　　　　　　D. 暂存款

4. 下列项目中,关于"应付票据"科目说法错误的是( )。
A. 本科目应当按照债权单位进行明细核算
B. 本科目期末贷方余额,反映事业单位开出、承兑的尚未到期的商业汇票票面金额
C. 支付银行承兑汇票的手续费时,借记"其他支出"科目,贷记"银行存款"等科目
D. 本科目核算事业单位因购买材料、物资等而开出、承兑的商业汇票,包括银行承兑汇票和商业承兑汇票

5. 核算单位按有关规定应付给职工及为职工支付的各种薪酬的是( )税费。
A. 应付工资　　　　　　　　　　　B. 应付职工薪酬
C. 应付账款　　　　　　　　　　　D. 其他应付款

多选题

1. 下列各项中,关于"其他应交税费"科目说法正确的有( )。
A. 单位代扣代缴的个人所得税,要通过本科目核算
B. 本科目核算单位按照税法等规定计算应缴纳的各种税费,包括车船税、房产税、印花税、企业所得税等
C. 本科目期末借方余额,反映单位多缴纳的税费金额;本科目期末贷方余额,反映单位应缴未缴的税费金额
D. 本科目应当按照应缴纳的税费种类进行明细核算。属于增值税一般纳税人的单位,其应缴增值税明细账中应设置"进项税额""已交税金""销项税额""进项税额转出"等专栏

2. 单位的负债种类包括( )。
A. 应缴财政款　　　B. 预收账款　　　C. 预计负债　　　D. 应付债券

3. 下列项目中,关于"短期借款"科目说法正确的有( )。
A. 本科目应当按照贷款单位和贷款种类进行明细核算

B. 本科目期末贷方余额,反映事业单位尚未偿还的短期借款本金
C. 本科目核算事业单位借入的期限在1年内(不含1年)的各种借款
D. 银行承兑汇票到期,本单位无力支付票款的,按照银行承兑汇票的票面金额,借记"应付票据"科目,贷记本单位

4. 向职工支付工资、津贴补贴等薪酬,有可能贷记以下(　　)科目。
A. 财政拨款收入　　　　　　　　B. 零余额账户用款额度
C. 财政拨款预算收入　　　　　　D. 资金结存

5. 单位进行采购等业务进项税额不得抵扣的情形有(　　)。
A. 用于简易计税方法计税项目　　B. 用于免征增值税项目
C. 用于集体福利　　　　　　　　D. 用于个人消费

判断题

1. 单位应缴纳的印花税也需要预提应交税费,通过"其他应交税费"科目核算。(　　)
2. 无法偿付或债权人豁免偿还的应付账款,借记"应付账款",贷记"经营收入"科目。(　　)
3. 单位发生的偿还期限超过1年(不含1年)的应付款项,如以融资租入固定资产的租赁费、跨年度分期付款购入固定资产的价款等,应该在"长期应付款"科目核算。(　　)
4. 单位国有资产处置收入属于国家所有,应当按照政府非税收管理的规定,实行"收支两条线管理"。(　　)
5. "应缴财政款"科目核算事业单位按规定缴入国库的款项,包括应交税费。(　　)

简答题

1. 简述单位的负债以及包含哪些种类?
2. 应缴财政款与其他应交税费有什么不同?

计算及账务处理题

1. 某事业单位为增值税一般纳税人,于2×19年发生下列经济业务:
(1) 2月5日购进存货10 000元,取得可以抵扣的增值税专用发票1 600元,用银行存款支付11 600元。
(2) 2月20日取得技术服务收入100 000元,开具增值税专用发票6 000元,该笔款项已存入银行。
(3) 假设本月无其他涉及增值税,3月缴纳增值税12 826.91元。
要求:请根据上述资料,编制有关的会计分录。

2. 某事业单位为增值税一般纳税人,于2×19年1月份发生下列经济业务:
(1) 2日,购进一批材料,取得增值税专用发票并认证通过,专用发票上注明的金额为30 000元,增值税税额4 800元,款项尚未支付。
(2) 8日,取得一笔租赁款项,价款27 000元,已上缴国库。
(3) 10日,职员张某持公务卡审核批准报销差旅费7 800元。
(4) 15日,通过财政零余额账户向在职人员发放工资,其中基本工资342 000元,代扣社会保险费34 200元,代扣住房公积金41 040元,代扣个人所得税5 000元。
(5) 16日,因开展事业活动中发生临时性资金周转困难,经研究决定,向上级单位借入款项50 000元,借款期限6个月,月利率0.5%,到期归还本息。
(6) 20日,销售商品不含税价格共计20 000元,增值税销项税额3 200元,款项尚未收到。
(7) 30日,单位报销偿还公务卡欠款7 800元。
要求:请根据上述资料,编制有关的会计分录。

第 4 章　收入与预算收入

- 内容提要
- 重点难点
- 学习目标
- 知识框架
- 4.1　收入与预算收入概述
- 4.2　财政拨款收入与财政拨款预算收入的核算
- 4.3　业务收入与业务预算收入的核算
- 4.4　调剂性收入的核算
- 重要概念
- 本章练习

内容提要

本章主要讲解收入与预算收入的概念、分类与确认；财政拨款收入与财政拨款预算收入的核算；非同级财政拨款收入与非同级财政拨款预算收入的核算；业务收入与业务预算收入的核算；调剂性收入的核算。

重点难点

本章重点为收入与预算收入的概念、分类与确认；财政拨款收入与财政拨款预算收入、非同级财政拨款收入与非同级财政拨款预算收入、事业收入与事业预算收入、经营收入与经营预算收入、其他收入与其他预算收入等科目的核算内容、明细科目设置与账务处理；难点为财政拨款收入与财政拨款预算收入的账务处理、其他收入与其他预算收入的账务处理。

学习目标

通过本章学习，学生应掌握收入与预算收入的概念、分类与确认；财政拨款收入与财政拨款预算收入、非同级财政拨款收入与非同级财政拨款预算收入、事业收入与事业预算收入、经营收入与经营预算收入、其他收入与其他预算收入的核算内容、明细科目设置与账务处理；熟悉调剂性收入的核算。

知识框架

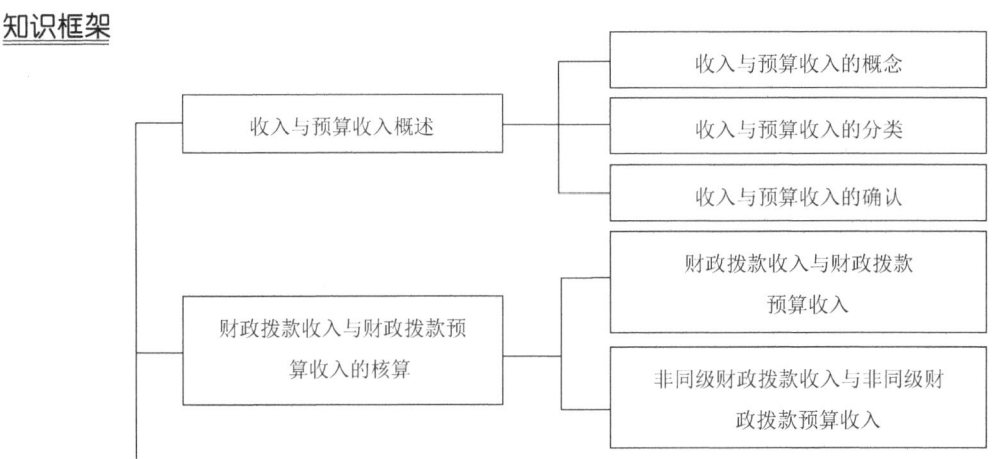

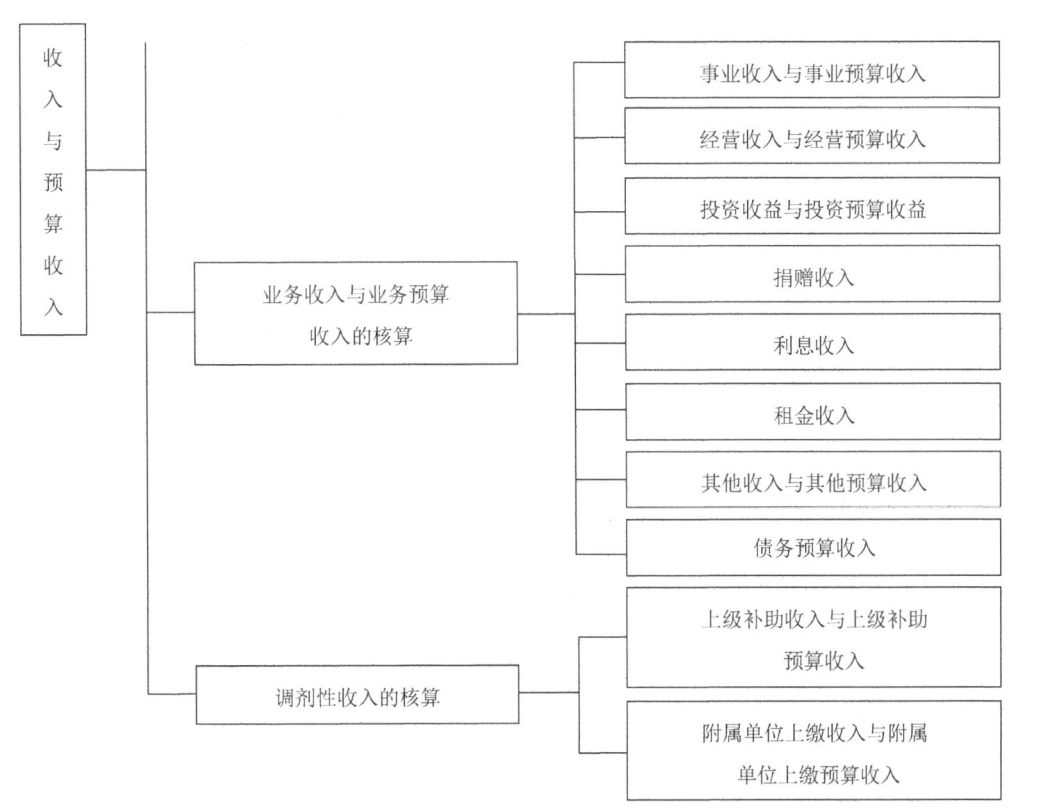

 引入案例　衡水市公办普通高中住宿费标准

一、全市公办普通高中住宿费收费基准标准：
一级(5人以下间)：每生每学期450元；
二级(6～8人间)：每生每学期360元；
三级(9～12人间)：每生每学期270元。
二、以基准收费标准为基础，下属情况经批准可适当进行调整：
(一)利用财政资金建设的学生宿舍(下同)，收费标准根据投资比例可在标准基础上适当下浮；
(二)未安装空调的每生每学期减收20元；
(三)5人以下间、6～8人间无单独卫生间的每生每学期减收35元；无独立或共用阳台的，每生每学期减收5元；
(四)有紫外线消毒灯消毒的每生每学期加收15元；
(五)市区中学，各县、市中学新建或改扩建的学生宿舍，经批准，住宿费标准可最高上浮10%。
思考：公办普通高中取得的纳入行政事业性收费的住宿费属于事业单位的收入吗？

4.1　收入与预算收入概述

4.1.1　收入与预算收入的概念

1. 收入的概念

收入是财务会计要素，《基本准则》第四十二条规定："收入是指报告期内导致政府会计主体净资产增加的、含有服务潜力或者经济利益的经济资源的流入。"

2. 预算收入的概念

预算收入是预算会计要素,《基本准则》第十九条规定:"预算收入是指政府会计主体在预算年度内依法取得的并纳入预算管理的现金流入。"

4.1.2 收入与预算收入的分类

1. 收入的分类

事业单位的收入主要分为:财政拨款收入、事业收入、上级补助收入、附属单位上缴收入、经营收入、非同级财政拨款收入、投资收益、捐赠收入、利息收入、租金收入和其他收入。

【注意:行政单位的收入主要分为:财政拨款收入、非同级财政拨款收入、捐赠收入、利息收入、租金收入和其他收入。】

2. 预算收入的分类

事业单位的预算收入主要分为:财政拨款预算收入、事业预算收入、上级补助预算收入、附属单位上缴预算收入、经营预算收入、债务预算收入、非同级财政拨款预算收入、投资预算收益、其他预算收入。

【注意:行政单位的预算收入主要分为:财政拨款预算收入、非同级财政拨款预算收入、其他预算收入。】

4.1.3 收入与预算收入的确认

1. 收入的确认

《基本准则》第四十三条规定:"收入的确认应当同时满足以下条件:

(1) 与收入相关的含有服务潜力或者经济利益的经济资源很可能流入政府会计主体;

(2) 含有服务潜力或者经济利益的经济资源流入会导致政府会计主体资产增加或者负债减少;

(3) 流入金额能够可靠地计量。"

2. 预算收入的确认

《基本准则》第二十条规定:"预算收入一般在实际收到时予以确认,以实际收到的金额计量。"

延伸阅读 4-1

行政事业单位收入的管理

加强行政事业单位收入的管理,对于提高财政资金的使用效益,保护社会公众的基本权益有着重要的意义。根据《事业单位财务规则》《行政单位财务规则》的要求,对行政事业单位收入管理的内容主要包括以下几点。

(1) 加强收入的预算管理。行政事业单位应当将各项收入全部纳入单位预算,统一核算,统一管理。

(2) 保证收入的合法性与合理性。行政事业单位的各项收入应当依法取得,符合国家有关法律、法规和规章制度的规定。各收费项目、收费范围和收费标准必须按照法定程序审批,取得收费许可后方可实施。

(3) 及时上缴各项财政收入。行政单位依法取得的应当上缴财政的罚没收入、行政事业性收费、政府性基金、国有资产处置和出租出借收入等,事业单位对按照规定上缴国库或者财政专户的资金不属于行政事业单位的收入,应当按照国库集中收缴的有关规定及时足额上缴,不得隐瞒、滞留、截留、挪用和坐支。

4.2 财政拨款收入与财政拨款预算收入的核算

4.2.1 财政拨款收入与财政拨款预算收入

1. 核算内容

"财政拨款收入"科目核算政府单位从同级政府财政部门取得的各类财政拨款。

"财政拨款预算收入"科目核算政府单位从同级政府财政部门取得的各类财政拨款。

> **特别提示 4-1**
>
> 同级政府财政部门预拨的下期预算款和没有纳入预算的暂付款项,以及采用实拨资金方式通过本单位转拨给下属单位的财政拨款,通过"其他应付款"科目核算,不通过"财政拨款收入"科目核算。

2. 明细科目设置

"财政拨款收入"科目可按照一般公共预算财政拨款、政府性基金预算财政拨款等拨款种类进行明细核算。

"财政拨款预算收入"科目应当设置"基本支出"和"项目支出"两个明细科目,并按照《政府收支分类科目》中"支出功能分类科目"的项级科目进行明细核算;同时,在"基本支出"明细科目下按照"人员经费"和"日常公用经费"进行明细核算,在"项目支出"明细科目下按照具体项目进行明细核算。有一般公共预算财政拨款、政府性基金预算财政拨款等两种或两种以上财政拨款的单位,还应当按照财政拨款的种类进行明细核算。

> **延伸阅读 4-2**
>
> 财政拨款收入是行政事业单位开展业务活动的基本财力保证。行政单位履行行政职能或开展业务活动的资金主要甚至是全部来源于财政拨款收入,公益一类事业单位的情况与行政单位相似。公益二类事业单位可以取得的财政拨款收入数额,取决于其专业业务活动的特点以及通过开展专业业务活动可以从市场上取得的事业收入的数额。目前,事业单位在开展专业业务活动中的业务收费须经政府部门批准,由政府部门实行统一管理。

3. 主要账务处理

1) 财政拨款收入的主要账务处理

(1) 财政直接支付方式下,根据收到的"财政直接支付入账通知书"及相关原始凭证,按照通知书中的直接支付入账金额,借记"库存物品""固定资产""业务活动费用""单位管理费用""应付职工薪酬"等科目,贷记本科目。涉及增值税业务的,相关账务处理参见"应交增值税"科目。

【注意:行政单位不涉及"单位管理费用"。】

年末,根据本年度财政直接支付预算指标数与当年财政直接支付实际支付数的差额,借记"财政应返还额度——财政直接支付"科目,贷记本科目。

📁 **特别提示4-2**

在财政直接支付方式下,财务会计中的财政拨款收入和预算会计中的财政拨款预算收入,都是在收到财政直接支付入账通知书及相关原始凭证,以及年末确认尚未使用的预算指标数时确认。

(2)财政授权支付方式下,根据收到的"财政授权支付额度到账通知书",按照通知书中的授权支付额度,借记"零余额账户用款额度"科目,贷记本科目。

年末,本年度财政授权支付预算指标数大于零余额账户用款额度下达数的,根据未下达的用款额度,借记"财政应返还额度——财政授权支付"科目,贷记本科目。

📁 **特别提示4-3**

在财政授权支付方式下,财务会计中的财政拨款收入和预算会计中的财政拨款预算收入,都是在收到财政授权支付额度到账通知书,以及年末确认尚未收到或下达的预算指标数时确认。

(3)其他方式下收到财政拨款收入时,按照实际收到的金额,借记"银行存款"等科目,贷记本科目。

(4)因差错更正或购货退回等发生国库直接支付款项退回的,属于以前年度支付的款项,按照退回金额,借记"财政应返还额度——财政直接支付"科目,贷记"以前年度盈余调整""库存物品"等科目;属于本年度支付的款项,按照退回金额,借记本科目,贷记"业务活动费用""库存物品"等科目。

(5)期末,将本科目本期发生额转入本期盈余,借记本科目,贷记"本期盈余"科目。期末结转后,本科目应无余额。

2)财政拨款预算收入的主要账务处理

(1)财政直接支付方式下,单位根据收到的"财政直接支付入账通知书"及相关原始凭证,按照通知书中的直接支付金额,借记"事业支出"等科目,贷记本科目。

【注意:行政单位应为借记"行政支出"。】

年末,根据本年度财政直接支付预算指标数与当年财政直接支付实际支出数的差额,借记"资金结存——财政应返还额度"科目,贷记本科目。

(2)财政授权支付方式下,单位根据收到的"财政授权支付额度到账通知书",按照通知书中的授权支付额度,借记"资金结存——零余额账户用款额度"科目,贷记本科目。

年末,单位本年度财政授权支付预算指标数大于零余额账户用款额度下达数的,按照两者差额,借记"资金结存——财政应返还额度"科目,贷记本科目。

(3)其他方式下,单位按照本期预算收到财政拨款预算收入时,按照实际收到的金额,借记"资金结存——货币资金"科目,贷记本科目。单位收到下期预算的财政预拨款,应当在下个预算期,按照预收的金额,借记"资金结存——货币资金"科目,贷记本科目。

(4)因差错更正、购货退回等发生国库直接支付款项退回的,属于本年度支付的款项,按照退回金额,借记本科目,贷记"事业支出"等科目。

【注意:行政单位应为贷记"行政支出"。】

(5)年末,将本科目本年发生额转入财政拨款结转,借记本科目,贷记"财政拨款结转——本年收支结转"科目。年末结转后,本科目应无余额。

财政拨款收入与财政拨款预算收入的主要账务处理如表4-1所示。

收入与预算收入 第4章

表 4-1　　　　　　财政拨款收入与财政拨款预算收入的主要账务处理

序号	业务内容		账务处理	
			财务会计	预算会计
1	收到拨款	财政直接支付方式下	借：库存物品/固定资产/业务活动费用/单位管理费用/应付职工薪酬等 贷：财政拨款收入 【注意：行政单位无"单位管理费用"】	【事业单位】 借：事业支出等 　　贷：财政拨款预算收入 【行政单位】 借：行政支出等 　　贷：财政拨款预算收入
		财政授权支付方式下	借：零余额账户用款额度 　　贷：财政拨款收入	借：资金结存——零余额账户用款额度 　　贷：财政拨款预算收入
		其他方式下	借：银行存款等 　　贷：财政拨款收入	借：资金结存——货币资金 　　贷：财政拨款预算收入
2	年末确认拨款差额	根据本年度财政直接支付预算指标数与当年财政直接支付实际支付数的差额	借：财政应返还额度——财政直接支付 　　贷：财政拨款收入	借：资金结存——财政应返还额度 　　贷：财政拨款预算收入
		本年度财政授权支付预算指标数大于零余额账户用款额度下达数的差额	借：财政应返还额度——财政授权支付 　　贷：财政拨款收入	借：资金结存——财政应返还额度 　　贷：财政拨款预算收入
3	因差错更正或购货退回等发生的国库直接支付款项退回的	属于本年度支付的款项	借：财政拨款收入 　　贷：业务活动费用/库存物品等	【事业单位】 借：财政拨款预算收入 　　贷：事业支出等 【行政单位】 借：财政拨款预算收入 　　贷：行政支出等
		属于以前年度支付的款项（财政拨款结转资金）	借：财政应返还额度——财政直接支付 　　贷：以前年度盈余调整/库存物品等	借：资金结存——财政应返还额度 　　贷：财政拨款结转——年初余额调整
		属于以前年度支付的款项（财政拨款结余资金）		借：资金结存——财政应返还额度 　　贷：财政拨款结余——年初余额调整
4	期末/年末结转		借：财政拨款收入 　　贷：本期盈余	借：财政拨款预算收入 　　贷：财政拨款结转——本年收支结转

【例 4-1】 某事业单位已经纳入财政国库集中支付改革。2×19 年 2 月 5 日，财政部门为该事业单位支付了当月工资支出 900 000 元，收到财政直接支付到账通知书。

2×19 年 2 月 5 日，财务会计分录如下：

借：业务活动费用——工资福利费用　　　　　　　　　　　　　　　900 000
　　贷：财政拨款收入——财政直接支付——基本支出　　　　　　　　900 000

223

同时,编制预算会计分录:

借:事业支出——基本支出——工资福利支出 900 000
　　贷:财政拨款预算收入——财政直接支付——基本支出 900 000

相关思考 4-1

本例如为行政单位,则预算会计分录有何不同?

本例如为行政单位,则 2 月 5 日的预算会计分录,应借记"行政支出"科目,即:

借:行政支出——基本支出——工资福利支出 900 000
　　贷:财政拨款预算收入——财政直接支付——基本支出 900 000

【例 4-2】 某事业单位已经纳入财政国库集中支付改革。2×19 年全年财政直接支付预算指标 5 000 000 元,当年实际支出 4 100 000 元,有 900 000 万元截至年底尚未支付。

2×19 年 12 月 31 日,财务会计分录如下:

借:财政应返还额度——财政直接支付 900 000
　　贷:财政拨款收入——财政直接支付 900 000

同时,编制预算会计分录:

借:资金结存——财政应返还额度 900 000
　　贷:财政拨款预算收入——财政直接支付 900 000

【例 4-3】 某事业单位已经纳入财政国库集中支付改革。2×19 年 2 月 5 日,收到财政授权支付额度到账通知书,通知书中所列的财政授权支付额度为 110 000 元。

2×19 年 2 月 5 日,财务会计分录如下:

借:零余额账户用款额度 110 000
　　贷:财政拨款收入——财政授权支付 110 000

同时,编制预算会计分录:

借:资金结存——零余额账户用款额度 110 000
　　贷:财政拨款预算收入——财政授权支付 110 000

【例 4-4】 某事业单位已经纳入财政国库集中支付改革。2×19 年全年财政授权支付预算指标 5 000 000 元,当年下达数 4 300 000 元,有 700 000 万元截至年底尚未下达。

2×19 年 12 月 31 日,财务会计分录如下:

借:财政应返还额度——财政授权支付 700 000
　　贷:财政拨款收入——财政授权支付 700 000

同时,编制预算会计分录:

借:资金结存——财政应返还额度 700 000
　　贷:财政拨款预算收入——财政授权支付 700 000

【例 4-5】 某事业单位尚未纳入财政国库集中支付改革。2×19 年 3 月 5 日,收到开户银行转来的收款通知,收到财政部门拨入的本期项目支出财政拨款 100 000 元。

2×19 年 3 月 5 日,财务会计分录如下:

借：银行存款 100 000
　　贷：财政拨款收入——项目支出收入 100 000

同时，编制预算会计分录：

借：资金结存——货币资金 100 000
　　贷：财政拨款预算收入——项目支出收入 100 000

【例 4-6】 某事业单位纳入财政国库集中支付改革。2×19 年 5 月 5 日，发现一批物品存在质量问题退回。该批物品为当年 2 月购入的，金额为 500 000 元，为财政直接支付。

2×19 年 5 月 5 日，财务会计分录如下：

借：财政拨款收入——财政直接支付 500 000
　　贷：库存物品 500 000

同时，编制预算会计分录：

借：财政拨款预算收入——财政直接支付 500 000
　　贷：事业支出——基本支出——商品和服务支出 500 000

相关思考 4-2

本例如为行政单位，则预算会计分录有何不同？

本例如为行政单位，则 5 月 5 日的预算会计分录，应借记"行政支出"科目，即：

借：财政拨款预算收入——财政直接支付 500 000
　　贷：行政支出——基本支出——商品和服务支出 500 000

【例 4-7】 某事业单位纳入财政国库集中支付改革。2×19 年 6 月 5 日，发现一批物品存在质量问题退回。该批物品为去年购入的，金额为 200 000 元，为财政直接支付。该笔资金按照规定结转至财政拨款结转科目。

2×19 年 6 月 5 日，财务会计分录如下：

借：财政应返还额度——财政直接支付 200 000
　　贷：库存物品 200 000

同时，编制预算会计分录：

借：资金结存——财政应返还额度 200 000
　　贷：财政拨款结转——年初余额调整 200 000

4.2.2 非同级财政拨款收入与非同级财政拨款预算收入

1. 核算内容

"非同级财政拨款收入"科目核算政府单位从非同级政府财政部门取得的经费拨款，包括从同级政府其他部门取得的横向转拨财政款、从上级或下级政府财政部门取得的经费拨款等。事业单位因开展科研及其辅助活动从非同级政府财政部门取得的经费拨款，应当通过"事业收入——非同级财政拨款"科目核算，不通过本科目核算。

"非同级财政拨款预算收入"科目核算政府单位从非同级政府财政部门取得的财政拨

款,包括本级横向转拨财政款和非本级财政拨款。对于因开展科研及其辅助活动从非同级政府财政部门取得的经费拨款,应当通过"事业预算收入——非同级财政拨款"科目进行核算,不通过本科目核算。

2. 明细科目设置

"非同级财政拨款收入"科目应当按照本级横向转拨财政款和非本级财政拨款进行明细核算,并按照收入来源进行明细核算。

"非同级财政拨款预算收入"科目应当按照非同级财政拨款预算收入的类别、来源、《政府收支分类科目》中"支出功能分类科目"的项级科目等进行明细核算。非同级财政拨款预算收入中如有专项资金收入,还应按照具体项目进行明细核算。

3. 主要账务处理

1) 非同级财政拨款收入的主要账务处理

(1) 确认非同级财政拨款收入时,按照应收或实际收到的金额,借记"其他应收款""银行存款"等科目,贷记本科目。

(2) 期末,将本科目本期发生额转入本期盈余,借记本科目,贷记"本期盈余"科目。期末结转核算参见"本期盈余"科目。期末结转后,本科目应无余额。

2) 非同级财政拨款预算收入的主要账务处理

(1) 取得非同级财政拨款预算收入时,按照实际收到的金额,借记"资金结存——货币资金"科目,贷记本科目。

(2) 年末,将本科目本年发生额中的专项资金收入转入非财政拨款结转,借记本科目下各专项资金收入明细科目,贷记"非财政拨款结转——本年收支结转"科目;将本科目本年发生额中的非专项资金收入转入其他结余,借记本科目下各非专项资金收入明细科目,贷记"其他结余"科目。年末结转后,本科目应无余额。

非同级财政拨款收入与非同级财政拨款预算收入的主要账务处理如表4-2所示。

表4-2　　　　非同级财政拨款收入与非同级财政拨款预算收入的主要账务处理

序号	业务内容		账务处理	
			财务会计	预算会计
1	确认收入时	按照应收或实际收到的金额	借:其他应收款/银行存款等 贷:非同级财政拨款收入	借:资金结存——货币资金[按照实际收到的金额] 贷:非同级财政拨款预算收入
2	收到应收的款项时	按照实际收到的金额	借:银行存款 贷:其他应收款	
3	期末/年末结转	专项资金	借:非同级财政拨款收入 贷:本期盈余	借:非同级财政拨款预算收入 贷:非财政拨款结转——本年收支结转
		非专项资金		借:非同级财政拨款预算收入 贷:其他结余

【例4-8】 某事业单位2×19年5月18日确认从属地医疗机构取得医疗费财政拨款100 000元,2×19年6月30日收到该笔款项。

① 5月18日,确认收入时,财务会计分录如下:

借:其他应收款——医疗费　　　　　　　　　　　　　　　　　　100 000
　　贷:非同级财政拨款收入——横向财政拨款　　　　　　　　　　　　100 000

② 6月30日，收到应收款项时，财务会计分录如下：

借：银行存款 100 000
　　贷：其他应收款——医疗费 100 000

同时，编制预算会计分录：

借：资金结存——货币资金——银行存款 100 000
　　贷：非同级财政拨预算款收入——横向财政拨款 100 000

4.3 业务收入与业务预算收入的核算

4.3.1 事业收入与事业预算收入

1. 核算内容

"事业收入"科目核算事业单位开展专业业务活动及其辅助活动实现的收入，不包括从同级政府财政部门取得的各类财政拨款。

【注意：行政单位不涉及"事业收入"。】

"事业预算收入"科目核算事业单位开展专业业务活动及其辅助活动取得的现金流入。事业单位因开展科研及其辅助活动从非同级政府财政部门取得的经费拨款，也通过本科目核算。

【注意：行政单位不涉及"事业预算收入"。】

2. 明细科目设置

"事业收入"科目应当按照事业收入的类别、来源等进行明细核算。对于因开展科研及其辅助活动从非同级政府财政部门取得的经费拨款，应当在本科目下单设"非同级财政拨款"明细科目进行核算。

"事业预算收入"科目应当按照事业预算收入类别、项目、来源、《政府收支分类科目》中"支出功能分类科目"项级科目等进行明细核算。对于因开展科研及其辅助活动从非同级政府财政部门取得的经费拨款，应当在本科目下单设"非同级财政拨款"明细科目进行明细核算；事业预算收入中如有专项资金收入，还应按照具体项目进行明细核算。

3. 主要账务处理

1) 事业收入的主要账务处理

（1）采用财政专户返还方式管理的事业收入。实现应上缴财政专户的事业收入时，按照实际收到或应收的金额，借记"银行存款""应收账款"等科目，贷记"应缴财政款"科目。

向财政专户上缴款项时，按照实际上缴的款项金额，借记"应缴财政款"科目，贷记"银行存款"等科目。

收到从财政专户返还的事业收入时，按照实际收到的返还金额，借记"银行存款"等科目，贷记本科目。

延伸阅读 4-3

采用财政专户返还方式管理的事业收入

目前，采用财政专户返还方式管理的事业收入主要是教育收费。其他事业收入，财政部门可以根据情况和管理需要采用财政专户返还方式进行管理。例如,财政部门可以根据情况和管理需要,对广播电视事业单位的广告收入采用财政专户返还方式进行管理等。采用财政专户返还方式进行管理,有利于财政部门加强对有关事业收入的管理。

(2) 采用预收款方式确认的事业收入。实际收到预收款项时,按照收到的款项金额,借记"银行存款"等科目,贷记"预收账款"科目。

以合同完成进度确认事业收入时,按照基于合同完成进度计算的金额,借记"预收账款"科目,贷记本科目。

(3) 采用应收款方式确认的事业收入。根据合同完成进度计算本期应收的款项,借记"应收账款"科目,贷记本科目。

实际收到款项时,借记"银行存款"等科目,贷记"应收账款"科目。

(4) 其他方式下确认的事业收入。其他方式下确认的事业收入,按照实际收到的金额,借记"银行存款""库存现金"等科目,贷记本科目。

上述(2)至(4)中涉及增值税业务的,相关账务处理参见"应交增值税"科目。

(5) 期末,将本科目本期发生额转入本期盈余,借记本科目,贷记"本期盈余"科目。期末结转后,本科目应无余额。

2) 事业预算收入的主要账务处理

(1) 采用财政专户返还方式管理的事业预算收入,收到从财政专户返还的事业预算收入时,按照实际收到的返还金额,借记"资金结存——货币资金"科目,贷记本科目。

(2) 收到其他事业预算收入时,按照实际收到的款项金额,借记"资金结存——货币资金"科目,贷记本科目。

(3) 年末,将本科目本年发生额中的专项资金收入转入非财政拨款结转,借记本科目下各专项资金收入明细科目,贷记"非财政拨款结转——本年收支结转"科目;将本科目本年发生额中的非专项资金收入转入其他结余,借记本科目下各非专项资金收入明细科目,贷记"其他结余"科目。年末结转后,本科目应无余额。

事业收入与事业预算收入的主要账务处理如表4-3所示。

表4-3 事业收入与事业预算收入的主要账务处理

序号	业务内容		账务处理	
			财务会计	预算会计
1	采用财政专户返还方式	实际收到或应收上缴财政专户的事业收入时	借:银行存款/应收账款等 贷:应缴财政款	—
		向财政专户上缴款项时	借:应缴财政款 贷:银行存款等	—
		收到从财政专户返还的款项时	借:银行存款等 贷:事业收入	借:资金结存——货币资金 贷:事业预算收入
2	采用预收款方式	实际收到款项时	借:银行存款等 贷:预收账款	借:资金结存——货币资金 贷:事业预算收入
		按合同完成进度确认收入时	借:预收账款 贷:事业收入	—

(续表)

序号	业务内容		账务处理	
			财务会计	预算会计
3	采用应收款方式	根据合同完成进度计算本期应收的款项	借：应收账款 　贷：事业收入	—
		实际收到款项时	借：银行存款等 　贷：应收账款	借：资金结存——货币资金 　贷：事业预算收入
4	其他方式下		借：银行存款/库存现金等 　贷：事业收入	借：资金结存——货币资金 　贷：事业预算收入
5	期末/年末结转	专项资金收入	借：事业收入 　贷：本期盈余	借：事业预算收入 　贷：非财政拨款结转——本年收支结转
		非专项资金收入		借：事业预算收入 　贷：其他结余

【例 4-9】 某事业单位收到一笔采用财政专户返还方式管理的事业收入 90 000 元，款项已存入开户银行。数日后，事业单位通过开户银行向财政专户上缴收到的该笔事业收入 90 000 元。次月，该事业单位收到从财政专户返还的一部分事业收入 70 000 元，款项已存入开户银行。

① 收到采用财政专户返还方式管理的事业收入时，财务会计分录如下：

借：银行存款　　　　　　　　　　　　　　　　　　　　　　　　　　90 000
　　贷：应缴财政款——应缴财政专户款　　　　　　　　　　　　　　　　　90 000

② 通过开户银行向财政专户上缴相应的事业收入时，财务会计分录如下：

借：应缴财政款——应缴财政专户款　　　　　　　　　　　　　　　　90 000
　　贷：银行存款　　　　　　　　　　　　　　　　　　　　　　　　　　90 000

③ 收到从财政专户返还的一部分事业收入时，财务会计分录如下：

借：银行存款　　　　　　　　　　　　　　　　　　　　　　　　　　70 000
　　贷：事业收入——财政专户返还收入　　　　　　　　　　　　　　　　70 000

同时，编制预算会计分录：

借：资金结存——货币资金——银行存款　　　　　　　　　　　　　　70 000
　　贷：事业预算收入——财政专户返还收入　　　　　　　　　　　　　　70 000

【例 4-10】 2×19 年 2 月 1 日，某事业单位同甲公司签订了某项技术合同，共计 50 000 元，3 月 1 日，按合同约定从甲公司预收款项 50 000 元，款项已存入开户银行。2×19 年 6 月 1 日，该事业单位完成了该技术合同规定内容的一半，提供的技术服务获得了对方的认可，按合同完成进度计算确认实现的事业收入 25 000 元。2×19 年 10 月 1 日，合同全部完成，该事业单位确认剩余合同的事业收入 25 000 元。

① 2×19 年 3 月 1 日，从甲公司预收款项时，财务会计分录如下：

借：银行存款　　　　　　　　　　　　　　　　　　　　　　　　　　50 000
　　贷：预收账款——甲公司　　　　　　　　　　　　　　　　　　　　　50 000

同时,编制预算会计分录:

借:资金结存——货币资金——银行存款　　　　　　　　　　　　　　50 000
　　贷:事业预算收入——科研收入　　　　　　　　　　　　　　　　　　　　　50 000

② 2×19年6月1日,确认实现的事业收入时,财务会计分录如下:

借:预收账款——甲公司　　　　　　　　　　　　　　　　　　　　　25 000
　　贷:事业收入——科研收入　　　　　　　　　　　　　　　　　　　　　　　25 000

③ 2×19年10月1日,确认实现的剩余合同的事业收入时,财务会计分录如下:

借:预收账款——甲公司　　　　　　　　　　　　　　　　　　　　　25 000
　　贷:事业收入——科研收入　　　　　　　　　　　　　　　　　　　　　　　25 000

【例4-11】 2×19年2月1日,某事业单位同甲公司签订了某项技术合同,共计50 000元,2×19年6月1日,该事业单位完成了该技术合同规定内容的一半,提供的技术服务获得了对方的认可,按合同完成进度计算确认实现的事业收入25 000元,款项尚未收到。2×19年7月1日,收到款项25 000元。

① 2×19年6月1日,确认实现的事业收入时,财务会计分录如下:

借:应收账款——甲公司　　　　　　　　　　　　　　　　　　　　　25 000
　　贷:事业收入——科研收入　　　　　　　　　　　　　　　　　　　　　　　25 000

② 2×19年7月1日,实际收到款项时,财务会计分录如下:

借:银行存款　　　　　　　　　　　　　　　　　　　　　　　　　　25 000
　　贷:应收账款——甲公司　　　　　　　　　　　　　　　　　　　　　　　　25 000

同时,编制预算会计分录:

借:资金结存——货币资金——银行存款　　　　　　　　　　　　　　25 000
　　贷:事业预算收入——科研收入　　　　　　　　　　　　　　　　　　　　　25 000

【例4-12】 2×19年3月1日,某事业单位收到后勤服务费20 000元。

① 2×19年3月1日,该单位编制财务会计分录如下:

借:银行存款　　　　　　　　　　　　　　　　　　　　　　　　　　20 000
　　贷:事业收入——后勤服务收入　　　　　　　　　　　　　　　　　　　　　20 000

同时,编制预算会计分录:

借:资金结存——货币资金——银行存款　　　　　　　　　　　　　　20 000
　　贷:事业预算收入——后勤服务收入　　　　　　　　　　　　　　　　　　　20 000

4.3.2 经营收入与经营预算收入

1. 核算内容

"经营收入"科目核算事业单位在专业业务活动及其辅助活动之外开展非独立核算经营活动取得的收入。

【注意:行政单位不涉及"经营收入"。】

"经营预算收入"科目核算事业单位在专业业务活动及其辅助活动之外开展非独立核算经营活动取得的现金流入。

【注意:行政单位不涉及"经营预算收入"。】

> **特别提示 4-4**
>
> **事业单位经营收入与附属单位上缴收入的主要区别**
>
> 经营收入是指事业单位在专业业务活动及辅助活动之外开展非独立核算经营活动取得的收入,附属单位上缴收入是指事业单位取得的附属独立核算单位按照有关规定上缴的收入。事业单位开展的非独立核算经营活动应当是小规模的,不便或无法形成独立核算单位。如果相应的经营活动规模较大,应尽可能组建附属独立核算单位。之后,附属独立核算单位按规定向事业单位上缴款项,形成事业单位的附属单位上缴收入。

2. 明细科目设置

"经营收入"科目应当按照经营活动类别、项目和收入来源等进行明细核算。

"经营预算收入"科目应当按照经营活动类别、项目、《政府收支分类科目》中"支出功能分类科目"的项级科目等进行明细核算。

3. 主要账务处理

1) 经营收入的主要账务处理

经营收入应当在提供服务或发出存货,同时收讫价款或者取得索取价款的凭据时,按照实际收到或应收的金额予以确认。

(1) 实现经营收入时,按照确定的收入金额,借记"银行存款""应收账款""应收票据"等科目,贷记本科目。涉及增值税业务的,相关账务处理参见"应交增值税"科目。

(2) 期末,将本科目本期发生额转入本期盈余,借记本科目,贷记"本期盈余"科目。期末结转后,本科目应无余额。

2) 经营预算收入的主要账务处理

(1) 收到经营预算收入时,按照实际收到的金额,借记"资金结存——货币资金"科目,贷记本科目。

(2) 年末,将本科目本年发生额转入经营结余,借记本科目,贷记"经营结余"科目。年末结转后,本科目应无余额。

经营收入与经营预算收入的主要账务处理如表4-4所示。

表4-4 **经营收入与经营预算收入的主要账务处理**

序号	业务内容		账务处理	
			财务会计	预算会计
1	确认经营收入时	按照确定的收入金额	借:银行存款/应收账款/应收票据等 贷:经营收入	借:资金结存——货币资金[按照实际收到的金额] 贷:经营预算收入
2	收到应收的款项时	按照实际收到的金额	借:银行存款等 贷:应收账款/应收票据	
3	期末/年末结转		借:经营收入 贷:本期盈余	借:经营预算收入 贷:经营结余

【例4-13】 2×19年3月5日,某事业单位开展一项非独立核算的经营活动,取得经营收入6 000元,款项已存入开户银行。

2×19年3月5日,该单位编制财务会计分录如下:

借:银行存款　　　　　　　　　　　　　　　　　　　　　　　　　6 000
　　贷:经营收入　　　　　　　　　　　　　　　　　　　　　　　　　　6 000

同时,编制预算会计分录:

借:资金结存——货币资金——银行存款　　　　　　　　　　　　　6 000
　　贷:经营预算收入　　　　　　　　　　　　　　　　　　　　　　　　6 000

4.3.3 投资收益与投资预算收益

1. 核算内容

"投资收益"科目核算事业单位股权投资和债券投资所实现的收益或发生的损失。

【注意:行政单位不涉及"投资收益"。】

"投资预算收益"科目核算事业单位取得的按照规定纳入部门预算管理的属于投资收益性质的现金流入,包括股权投资收益、出售或收回债券投资所取得的收益和债券投资利息收入。

【注意:行政单位不涉及"投资预算收益"。】

2. 明细科目设置

"投资收益"科目应当按照投资的种类等进行明细核算。

"投资预算收益"科目应当按照《政府收支分类科目》中"支出功能分类科目"的项级科目等进行明细核算。

3. 主要账务处理

1) 投资收益的主要账务处理

(1) 收到短期投资持有期间的利息,按照实际收到的金额,借记"银行存款"科目,贷记"投资收益"科目。

(2) 出售或到期收回短期债券本息,按照实际收到的金额,借记"银行存款"科目,按照出售或收回短期投资的成本,贷记"短期投资"科目,按照其差额,贷记或借记本科目。涉及增值税业务的,相关账务处理参见"应交增值税"科目。

(3) 持有的分期付息、一次还本的长期债券投资,按期确认利息收入时,按照计算确定的应收未收利息,借记"应收利息"科目,贷记本科目;持有的到期一次还本付息的债券投资,按期确认利息收入时,按照计算确定的应收未收利息,借记"长期债券投资——应计利息"科目,贷记本科目。

(4) 出售长期债券投资或到期收回长期债券投资本息,按照实际收到的金额,借记"银行存款"等科目,按照债券初始投资成本和已计未收利息金额,贷记"长期债券投资——成本、应计利息"科目(到期一次还本付息债券)或"长期债券投资""应收利息"科目(分期付息债券),按照其差额,贷记或借记本科目。涉及增值税业务的,相关账务处理参见"应交增值税"科目。

(5) 采用成本法核算的长期股权投资持有期间,被投资单位宣告分派现金股利或利润时,按照宣告分派的现金股利或利润中属于单位应享有的份额,借记"应收股利"科目,贷记本科目。

采用权益法核算的长期股权投资持有期间,按照应享有或应分担的被投资单位实现的净损益的份额,借记或贷记"长期股权投资——损益调整"科目,贷记或借记本科目;被投资单位发生净亏损,但以后年度又实现净利润的,单位在其收益分享额弥补未确认的亏损分担额等后,恢复确认投资收益,借记"长期股权投资——损益调整"科目,贷记本科目。

(6)按照规定处置长期股权投资时有关投资收益的账务处理,参见"长期股权投资"科目。

(7)期末,将本科目本期发生额转入本期盈余,借记或贷记本科目,贷记或借记"本期盈余"科目。期末结转后,本科目应无余额。

2)投资预算收益的主要账务处理

(1)出售或到期收回本年度取得的短期、长期债券,按照实际取得的价款或实际收到的本息金额,借记"资金结存——货币资金"科目,按照取得债券时"投资支出"科目的发生额,贷记"投资支出"科目,按照其差额,贷记或借记本科目。

出售或到期收回以前年度取得的短期、长期债券,按照实际取得的价款或实际收到的本息金额,借记"资金结存——货币资金"科目,按照取得债券时"投资支出"科目的发生额,贷记"其他结余"科目,按照其差额,贷记或借记本科目。

出售、转让以货币资金取得的长期股权投资的,其账务处理参照出售或到期收回债券投资。

(2)持有的短期投资以及分期付息、一次还本的长期债券投资收到利息时,按照实际收到的金额,借记"资金结存——货币资金"科目,贷记本科目。

(3)持有长期股权投资取得被投资单位分派的现金股利或利润时,按照实际收到的金额,借记"资金结存——货币资金"科目,贷记本科目。

(4)出售、转让以非货币性资产取得的长期股权投资时,按照实际取得的价款扣减支付的相关费用和应缴财政款后的余额(按照规定纳入单位预算管理的),借记"资金结存——货币资金"科目,贷记本科目。

(5)年末,将本科目本年发生额转入其他结余,借记或贷记本科目,贷记或借记"其他结余"科目。年末结转后,本科目应无余额。

投资收益与投资预算收益的主要账务处理如表4-5所示。

表4-5　　　　　　投资收益与投资预算收益的主要账务处理

序号	业务内容		账务处理	
			财务会计	预算会计
1	出售或到期收回短期债券本息		借:银行存款 　　投资收益[借差] 贷:短期投资[成本] 　　投资收益[贷差]	借:资金结存——货币资金[实际收到的款项] 　　投资预算收益[借差] 贷:投资支出/其他结余[投资成本] 　　投资预算收益[贷差]
2	持有的分期付息、一次还本的长期债券投资	确认应收未收利息	借:应收利息 贷:投资收益	—
		实际收到利息时	借:银行存款 贷:应收利息	借:资金结存——货币资金 贷:投资预算收益

233

(续表)

序号	业务内容		账务处理	
			财务会计	预算会计
3	持有的一次还本付息的长期债券投资	计算确定的应收未收利息增加长期债券投资的账面余额	借：长期债券投资——应计利息 　贷：投资收益	—
4	出售长期债券投资或到期收回长期债券投资本息		借：银行存款 　　投资收益[借差] 　贷：长期债券投资 　　　应收利息 　　　投资收益[贷差]	借：资金结存——货币资金[实际收到的款项] 　　投资预算收益[借差] 　贷：投资支出/其他结余 　　　投资预算收益[贷差]
5	成本法下长期股权投资持有期间，被投资单位宣告分派利润或股利	按照宣告分派的利润或股利中属于单位应享有的份额	借：应收股利 　贷：投资收益	—
		取得分派的利润或股利，按照实际收到的金额	借：银行存款 　贷：应收股利	借：资金结存——货币资金 　贷：投资预算收益
6	采用权益法核算的长期股权投资持有期间	按照应享有或应分担的被投资单位实现的净损益的份额	借：长期股权投资——损益调整 　贷：投资收益[被投资单位实现净利润] 借：投资收益[被投资单位发生净亏损] 　贷：长期股权投资——损益调整	—
		收到被投资单位发放的现金股利	借：银行存款 　贷：应收股利	借：资金结存——货币资金 　贷：投资预算收益
		被投资单位发生净亏损，但以后年度又实现净利润的，按规定恢复确认投资收益	借：长期股权投资——损益调整 　贷：投资收益	—
7	期末/年末结转	投资收益为贷方余额时	借：投资收益 　贷：本期盈余	借：投资预算收益 　贷：其他结余
		投资收益为借方余额时	借：本期盈余 　贷：投资收益	借：其他结余 　贷：投资预算收益

【例 4-14】 某事业单位出售一项本年度取得的短期投资，实际收到款项 12 800 元，款项已存入开户银行。该项短期投资的账面余额为 12 500 元，取得时"投资支出"科目的发生额也为 12 500 元。按照规定，本次短期投资出售取得的投资收益纳入单位预算管理。

该单位编制财务会计分录如下：

借：银行存款　　　　　　　　　　　　　　　　　　　　　　　　　　　12 800
　贷：短期投资　　　　　　　　　　　　　　　　　　　　　　　　　　12 500
　　　投资收益　　　　　　　　　　　　　　　　　　　　　　　　　　　 300

同时，编制预算会计分录：

借：资金结存——货币资金——银行存款　　　　　　　　　　　　　　12 800
　　贷：投资支出　　　　　　　　　　　　　　　　　　　　　　　　　12 500
　　　　投资预算收益　　　　　　　　　　　　　　　　　　　　　　　　　300

【例 4-15】　某事业单位收到短期投资持有期间的利息 2 200 元，款项已存入开户银行。

该单位编制财务会计分录如下：

借：银行存款　　　　　　　　　　　　　　　　　　　　　　　　　　2 200
　　贷：投资收益　　　　　　　　　　　　　　　　　　　　　　　　　2 200

同时，编制预算会计分录：

借：资金结存——货币资金——银行存款　　　　　　　　　　　　　　2 200
　　贷：投资预算收益　　　　　　　　　　　　　　　　　　　　　　　2 200

【例 4-16】　某事业单位持有 A 公司 10% 的股份，相应的长期股权投资采用成本法核算。某日，该事业单位收到 A 公司数日前宣告分派的现金股利 12 000 元，款项已存入开户银行。

该单位编制财务会计分录如下：

借：银行存款　　　　　　　　　　　　　　　　　　　　　　　　　　12 000
　　贷：应收股利　　　　　　　　　　　　　　　　　　　　　　　　　12 000

同时，编制预算会计分录：

借：资金结存——货币资金——银行存款　　　　　　　　　　　　　　12 000
　　贷：投资预算收益　　　　　　　　　　　　　　　　　　　　　　　12 000

4.3.4　捐赠收入

1. 核算内容

本科目核算政府单位接受其他单位或者个人捐赠取得的收入。

2. 明细科目设置

本科目应当按照捐赠资产的用途和捐赠单位等进行明细核算。

3. 主要账务处理

（1）接受捐赠的货币资金，按照实际收到的金额，借记"银行存款""库存现金"等科目，贷记本科目。

（2）接受捐赠的存货、固定资产等非现金资产，按照确定的成本，借记"库存物品""固定资产"等科目，按照发生的相关税费、运输费等，贷记"银行存款"等科目，按照其差额，贷记本科目。

（3）接受捐赠的资产按照名义金额入账的，按照名义金额，借记"库存物品""固定资产"等科目，贷记本科目；同时，按照发生的相关税费、运输费等，借记"其他费用"科目，贷记"银行存款"等科目。

（4）期末，将本科目本期发生额转入本期盈余，借记本科目，贷记"本期盈余"科目。期末结转后，本科目应无余额。

捐赠收入的主要账务处理如表 4-6 所示。

表 4-6　　　　　　　　　　　捐赠收入的主要账务处理

序号	业务内容		账务处理	
			财务会计	预算会计
1	接受捐赠的货币资金	按照实际收到的金额	借:银行存款/库存现金 　贷:捐赠收入	借:资金结存——货币资金 　贷:其他预算收入——捐赠收入
2	接受捐赠的存货、固定资产等	按照确定的成本	借:库存物品/固定资产等 　贷:银行存款等[相关税费支出] 　　　捐赠收入	借:其他支出[支付的相关税费等] 　贷:资金结存
		如按照名义金额入账	借:库存物品/固定资产等[名义金额] 　贷:捐赠收入 借:其他费用 　贷:银行存款等[相关税费支出]	借:其他支出[支付的相关税费等] 　贷:资金结存
3	期末/年末结转	专项资金	借:捐赠收入 　贷:本期盈余	借:其他预算收入——捐赠收入 　贷:非财政拨款结转——本年收支结转
		非专项资金		借:其他预算收入——捐赠收入 　贷:其他结余

【例 4-17】　2×19 年 5 月 16 日,某事业单位收到某企业捐赠的银行存款 50 000 元。

财务会计分录如下:

借:银行存款　　　　　　　　　　　　　　　　　　　　　　　　　　50 000
　贷:捐赠收入——某企业　　　　　　　　　　　　　　　　　　　　　　　　50 000

同时,编制预算会计分录:

借:资金结存——货币资金——银行存款　　　　　　　　　　　　　　50 000
　贷:其他预算收入——捐赠收入　　　　　　　　　　　　　　　　　　　　　50 000

4.3.5　利息收入

1. 核算内容

本科目核算政府单位取得的银行存款利息收入。

2. 明细科目设置

本科目可以按照不同开户银行设置明细。

3. 主要账务处理

(1) 取得银行存款利息时,按照实际收到的金额,借记"银行存款"科目,贷记本科目。

(2) 期末,将本科目本期发生额转入本期盈余,借记本科目,贷记"本期盈余"科目。期末结转后,本科目应无余额。

利息收入的主要账务处理如表 4-7 所示。

表 4-7　　　　　　　　　　　　利息收入的主要账务处理

序号	业务内容		账务处理	
			财务会计	预算会计
1	确认银行存款利息收入	实际收到利息时	借：银行存款 　贷：利息收入	借：资金结存——货币资金 　贷：其他预算收入——利息收入
2	期末/年末结转		借：利息收入 　贷：本期盈余	借：其他预算收入——利息收入 　贷：其他结余

【例 4-18】 2×19 年 3 月 20 日，某事业单位收到银行存款利息 6 000 元。

财务会计分录如下：

借：银行存款　　　　　　　　　　　　　　　　　　　　　　　6 000
　　贷：利息收入　　　　　　　　　　　　　　　　　　　　　　　　6 000

同时，编制预算会计分录：

借：资金结存——货币资金——银行存款　　　　　　　　　　6 000
　　贷：其他预算收入——利息收入　　　　　　　　　　　　　　　6 000

4.3.6　租金收入

1. 核算内容

本科目核算政府单位经批准利用国有资产出租取得并按照规定纳入本单位预算管理的租金收入。

2. 明细科目设置

本科目应当按照出租国有资产类别和收入来源等进行明细核算。

3. 主要账务处理

1) 国有资产出租收入，应当在租赁期内各个期间按照直线法予以确认

(1) 采用预收租金方式的，预收租金时，按照收到的金额，借记"银行存款"等科目，贷记"预收账款"科目；分期确认租金收入时，按照各期租金金额，借记"预收账款"科目，贷记本科目。

【注意：行政单位不涉及"预收账款"，可记入"应收账款"。】

(2) 采用后付租金方式的，每期确认租金收入时，按照各期租金金额，借记"应收账款"科目，贷记本科目；收到租金时，按照实际收到的金额，借记"银行存款"等科目，贷记"应收账款"科目。

(3) 采用分期收取租金方式的，每期收取租金时，按照租金金额，借记"银行存款"等科目，贷记本科目。涉及增值税业务的，相关账务处理参见"应交增值税"科目。

(4) 期末，将本科目本期发生额转入本期盈余，借记本科目，贷记"本期盈余"科目。期末结转后，本科目应无余额。

租金收入的主要账务处理如表 4-8 所示。

表 4-8　　　　　　　　　　　租金收入的主要账务处理

序号	业务内容		账务处理	
			财务会计	预算会计
1	预收租金方式	收到预付的租金时	【事业单位】 借：银行存款等 　　贷：预收账款 【行政单位】 借：银行存款等 　　贷：应收账款	借：资金结存——货币资金 　　贷：其他预算收入——租金收入
		按照直线法分期确认租金收入时	【事业单位】 借：预收账款 　　贷：租金收入 【行政单位】 借：应收账款 　　贷：租金收入	—
2	后付租金方式	确认租金收入时	借：应收账款 　　贷：租金收入	—
		收到租金时	借：银行存款等 　　贷：应收账款	借：资金结存——货币资金 　　贷：其他预算收入——租金收入
3	分期收取租金	按期收取租金	借：银行存款等 　　贷：租金收入	借：资金结存——货币资金 　　贷：其他预算收入——租金收入
4	期末/年末结转		借：租金收入 　　贷：本期盈余	借：其他预算收入——租金收入 　　贷：其他结余

【例 4-19】　某事业单位将办公楼对外出租给了甲公司,每年租金收入 240 000 元,纳入单位预算管理。分别编制该单位采用预收租金方式、采用后付租金方式、采用分期收取租金方式的有关会计分录。

① 预收租金方式下该单位编制的有关会计分录

收到预付租金时,财务会计分录如下：

借：银行存款　　　　　　　　　　　　　　　　　　　　　　　　240 000
　　贷：预收账款——甲公司　　　　　　　　　　　　　　　　　　　240 000

同时,编制预算会计分录：

借：资金结存——货币资金——银行存款　　　　　　　　　　　　240 000
　　贷：其他预算收入——租金收入　　　　　　　　　　　　　　　　240 000

每期确认租金收入时,财务会计分录如下：

借：预收账款——甲公司　　　　　　　　　　　　　　　　　　　　20 000
　　贷：租金收入　　　　　　　　　　　　　　　　　　　　　　　　20 000

② 后付租金方式下该单位编制的有关会计分录

每期确认租金收入时,财务会计分录如下：

借：应收账款——甲公司	20 000	
贷：租金收入		20 000

收到后付租金时，财务会计分录如下：

借：银行存款	240 000	
贷：应收账款——甲公司		240 000

同时，编制预算会计分录：

借：资金结存——货币资金——银行存款	240 000	
贷：其他预算收入——租金收入		240 000

③ 分期收取租金方式下该单位编制的有关会计分录

分期收取租金时，财务会计分录如下：

借：银行存款	20 000	
贷：租金收入		20 000

同时，编制预算会计分录：

借：资金结存——货币资金——银行存款	20 000	
贷：其他预算收入——租金收入		20 000

相关思考4-3

本例如为行政单位，则预收租金方式下相关会计分录如何编制？

本例如为行政单位，则预收租金方式下该单位编制的有关会计分录如下：

收到预付租金时，财务会计分录：

借：银行存款	240 000	
贷：应收账款——甲公司		240 000

同时，编制预算会计分录：

借：资金结存——货币资金——银行存款	240 000	
贷：其他预算收入——租金收入		240 000

每期确认租金收入时，财务会计分录：

借：应收账款——甲公司	20 000	
贷：租金收入		20 000

4.3.7 其他收入与其他预算收入

1. 核算内容

"其他收入"科目核算政府单位取得的除财政拨款收入、事业收入、上级补助收入、附属单位上缴收入、经营收入、非同级财政拨款收入、投资收益、捐赠收入、利息收入、租金收入以外的各项收入，包括现金盘盈收入、按照规定纳入单位预算管理的科技成果转化收入、行政单位收回已核销的其他应收款、无法偿付的应付及预收款项、置换换出资产评估增值等。

【注意：行政单位不涉及事业收入、上级补助收入、附属单位上缴收入、经营收入、投资

收益。】

"其他预算收入"科目核算政府单位除财政拨款预算收入、事业预算收入、上级补助预算收入、附属单位上缴预算收入、经营预算收入、债务预算收入、非同级财政拨款预算收入、投资预算收益之外的纳入部门预算管理的现金流入,包括捐赠预算收入、利息预算收入、租金预算收入、现金盘盈收入等。单位发生的捐赠预算收入、利息预算收入、租金预算收入金额较大或业务较多的,可单独设置"捐赠预算收入""利息预算收入""租金预算收入"等科目。

【注意:行政单位不涉及事业预算收入、上级补助预算收入、附属单位上缴预算收入、经营预算收入、债务预算收入、投资预算收益。】

2. 明细科目设置

"其他收入"科目应当按照其他收入的类别、来源等进行明细核算。

"其他预算收入"科目应当按照其他收入类别、《政府收支分类科目》中"支出功能分类科目"的项级科目等进行明细核算。其他预算收入中如有专项资金收入,还应按照具体项目进行明细核算。

3. 主要账务处理

1)其他收入的主要账务处理

(1)现金盘盈收入。每日现金账款核对中发现的现金溢余,属于无法查明原因的部分,报经批准后,借记"待处理财产损溢"科目,贷记本科目。

(2)科技成果转化收入。单位科技成果转化所取得的收入,按照规定留归本单位的,按照所取得收入扣除相关费用之后的净收益,借记"银行存款"等科目,贷记本科目。

(3)行政单位收回已核销的其他应收款。行政单位已核销的其他应收款在以后期间收回的,按照实际收回的金额,借记"银行存款"等科目,贷记本科目。

(4)无法偿付的应付及预收款项。无法偿付或债权人豁免偿还的应付账款、预收账款、其他应付款及长期应付款,借记"应付账款""预收账款""其他应付款""长期应付款"等科目,贷记本科目。

【注意:行政单位不涉及"预收账款"。】

(5)置换换出资产评估增值。资产置换过程中,换出资产评估增值的,按照评估价值高于资产账面价值或账面余额的金额,借记有关科目,贷记本科目。具体账务处理参见"库存物品"等科目。

以未入账的无形资产取得的长期股权投资,按照评估价值加相关税费作为投资成本,借记"长期股权投资"科目,按照发生的相关税费,贷记"银行存款""其他应交税费"等科目,按其差额,贷记本科目。

【注意:行政单位不涉及"长期股权投资"。】

(6)确认(1)至(5)以外的其他收入时,按照应收或实际收到的金额,借记"其他应收款""银行存款""库存现金"等科目,贷记本科目。涉及增值税业务的,相关账务处理参见"应交增值税"科目。

(7)期末,将本科目本期发生额转入本期盈余,借记本科目,贷记"本期盈余"科目。期末结转后,本科目应无余额。

2)其他预算收入的主要账务处理

(1)接受捐赠现金资产、收到银行存款利息、收到资产承租人支付的租金时,按照实际收到的金额,借记"资金结存——货币资金"科目,贷记本科目。

(2) 每日现金账款核对中如发现现金溢余,按照溢余的现金金额,借记"资金结存——货币资金"科目,贷记本科目。经核实,属于应支付给有关个人和单位的部分,按照实际支付的金额,借记本科目,贷记"资金结存——货币资金"科目。

(3) 收到其他预算收入时,按照收到的金额,借记"资金结存——货币资金"科目,贷记本科目。

(4) 年末,将本科目本年发生额中的专项资金收入转入非财政拨款结转,借记本科目下各专项资金收入明细科目,贷记"非财政拨款结转——本年收支结转"科目;将本科目本年发生额中的非专项资金收入转入其他结余,借记本科目下各非专项资金收入明细科目,贷记"其他结余"科目。年末结转后,本科目应无余额。

其他收入与其他预算收入的主要账务处理如表 4-9 所示。

表 4-9   **其他收入与其他预算收入的主要账务处理**

序号	业务内容		账务处理	
			财务会计	预算会计
1	现金盘盈收入	属于无法查明原因的部分,报经批准后	借:待处理财产损溢 贷:其他收入	—
2	科技成果转化收入	按照规定留归本单位的	借:银行存款等 贷:其他收入	借:资金结存——货币资金 贷:其他预算收入
3	行政单位收回已核销的其他应收款	按照实际收回的金额	借:银行存款等 贷:其他收入	借:资金结存——货币资金 贷:其他预算收入
4	无法偿付的应付及预收款项		借:应付账款/预收账款/其他应付款/长期应付款 贷:其他收入 【注意:行政单位无"预收账款"】	—
5	置换换出资产评估增值	按照换出资产评估价值高于资产账面价值的金额	借:有关科目 贷:其他收入	—
6	其他情况	按照应收或实际收到的金额	借:其他应收款/银行存款/库存现金等 贷:其他收入	借:资金结存——货币资金[按照实际收到的金额] 贷:其他预算收入
7	期末/年末结转	专项资金	借:其他收入 贷:本期盈余	借:其他预算收入 贷:非财政拨款结转——本年收支结转
		非专项资金		借:其他预算收入 贷:其他结余

【例 4-20】 2×19 年 3 月 31 日,某事业单位盘点现金时发现长款 500 元,无法查明原因,报经领导批准后做现金盘盈处理。

财务会计分录如下:

借:待处理财产损溢——货币资金——待处理财产价值   500
    贷:其他收入——现金盘盈收入   500

【例 4-21】 某事业单位年终进行结账,"其他收入"科目贷方余额为 90 000 元,其中,专项资金收入为 60 000 元,非专项资金收入为 30 000 元。

财务会计分录如下:

借:其他收入　　　　　　　　　　　　　　　　　　　　　　　　　90 000
　　贷:本期盈余　　　　　　　　　　　　　　　　　　　　　　　　90 000

同时,编制预算会计分录:

借:其他预算收入　　　　　　　　　　　　　　　　　　　　　　　90 000
　　贷:非财政拨款结转——本年收支结转　　　　　　　　　　　　60 000
　　　　其他结余　　　　　　　　　　　　　　　　　　　　　　　30 000

4.3.8 债务预算收入

1. 核算内容

本科目核算事业单位按照规定从银行和其他金融机构等借入的、纳入部门预算管理的、不以财政资金作为偿还来源的债务本金。

【注意:行政单位不涉及"债务预算收入"。】

2. 明细科目设置

本科目应当按照贷款单位、贷款种类、《政府收支分类科目》中"支出功能分类科目"的项级科目等进行明细核算。债务预算收入中如有专项资金收入,还应按照具体项目进行明细核算。

3. 主要账务处理

(1) 借入各项短期或长期借款时,按照实际借入的金额,借记"资金结存——货币资金"科目,贷记本科目。

(2) 年末,将本科目本年发生额中的专项资金收入转入非财政拨款结转,借记本科目下各专项资金收入明细科目,贷记"非财政拨款结转——本年收支结转"科目;将本科目本年发生额中的非专项资金收入转入其他结余,借记本科目下各非专项资金收入明细科目,贷记"其他结余"科目。年末结转后,本科目应无余额。

债务预算收入的主要账务处理如表 4-10 所示。

表 4-10　　　　　　　　债务预算收入的主要账务处理

序号	业务内容		账务处理	
			财务会计	预算会计
1	短期借款	借入各种短期借款	借:银行存款 　　贷:短期借款	借:资金结存——货币资金 　　贷:债务预算收入
		归还短期借款本金	借:短期借款 　　贷:银行存款	借:债务还本支出 　　贷:资金结存——货币资金
2	长期借款	借入各项长期借款时	借:银行存款 　　贷:长期借款——本金	借:资金结存——货币资金 　　贷:债务预算收入
		归还长期借款本金	借:长期借款——本金 　　贷:银行存款	借:债务还本支出 　　贷:资金结存——货币资金

(续表)

序号	业务内容	账务处理	
		财务会计	预算会计
3	期末/年末结转	债务预算收入结转（专项资金）	—	借：债务预算收入 　　贷：非财政拨款结转——本年收支结转
		债务预算收入结转（非专项资金）	—	借：债务预算收入 　　贷：其他结余
		债务还本支出结转	—	借：其他结余 　　贷：债务还本支出

【例 4-22】 某事业单位经批准向银行借入一笔短期借款,借款金额为 40 000 元,纳入部门预算管理,作为工程项目专用。

财务会计分录如下：

借：银行存款　　　　　　　　　　　　　　　　　　　　　　　40 000
　　贷：短期借款　　　　　　　　　　　　　　　　　　　　　　　40 000

同时,编制预算会计分录：

借：资金结存——货币资金——银行存款　　　　　　　　　　　40 000
　　贷：债务预算收入——专项资金收入　　　　　　　　　　　　40 000

4.4 调剂性收入的核算

4.4.1 上级补助收入与上级补助预算收入

1. 核算内容

"上级补助收入"科目核算事业单位从主管部门和上级单位取得的非财政拨款收入。

【注意：行政单位不涉及"上级补助收入"。】

"上级补助预算收入"科目核算事业单位从主管部门和上级单位取得的非财政补助现金流入。

【注意：行政单位不涉及"上级补助预算收入"。】

2. 明细科目设置

"上级补助收入"科目应当按照发放补助单位、补助项目等进行明细核算。

"上级补助预算收入"科目应当按照发放补助单位、补助项目、《政府收支分类科目》中"支出功能分类科目"的项级科目等进行明细核算。上级补助预算收入中如有专项资金收入,还应按照具体项目进行明细核算。

3. 主要账务处理

1) 上级补助收入的主要账务处理

(1) 确认上级补助收入时,按照应收或实际收到的金额,借记"其他应收款""银行存款"

等科目,贷记本科目。

实际收到应收的上级补助款时,按照实际收到的金额,借记"银行存款"等科目,贷记"其他应收款"科目。

(2) 期末,将本科目本期发生额转入本期盈余,借记本科目,贷记"本期盈余"科目。期末结转后,本科目应无余额。

2) 上级补助预算收入的主要账务处理

(1) 收到上级补助预算收入时,按照实际收到的金额,借记"资金结存——货币资金"科目,贷记本科目。

(2) 年末,将本科目本年发生额中的专项资金收入转入非财政拨款结转,借记本科目下各专项资金收入明细科目,贷记"非财政拨款结转——本年收支结转"科目;将本科目本年发生额中的非专项资金收入转入其他结余,借记本科目下各非专项资金收入明细科目,贷记"其他结余"科目。年末结转后,本科目应无余额。

上级补助收入与上级补助预算收入的主要账务处理如表 4-11 所示。

表 4-11　　　　**上级补助收入与上级补助预算收入的主要账务处理**

序号	业务内容		账务处理	
			财务会计	预算会计
1	日常核算	确认时,按照应收或实际收到的金额	借:其他应收款/银行存款等 　贷:上级补助收入	借:资金结存——货币资金[按照实际收到的金额] 　贷:上级补助预算收入
		收到应收的上级补助收入时	借:银行存款等 　贷:其他应收款	
2	期末/年末结转	专项资金收入	借:上级补助收入 　贷:本期盈余	借:上级补助预算收入 　贷:非财政拨款结转——本年收支结转
		非专项资金收入		借:上级补助预算收入 　贷:其他结余

【例 4-23】　某事业单位 2×19 年 5 月 22 日确认应收到上级补助收入 30 000 元,全部为非专项资金收入,6 月 1 日,收到该笔款项。

① 5 月 22 日,财务会计分录如下:

借:其他应收款——上级补助收入　　　　　　　　　　　　　　　　　30 000
　　贷:上级补助收入——非专项资金收入　　　　　　　　　　　　　　　30 000

② 6 月 1 日,财务会计分录如下:

借:银行存款　　　　　　　　　　　　　　　　　　　　　　　　　　30 000
　　贷:其他应收款——上级补助收入　　　　　　　　　　　　　　　　　30 000

同时,编制预算会计分录:

借:资金结存——货币资金——银行存款　　　　　　　　　　　　　　30 000
　　贷:上级补助预算收入——非专项资金收入　　　　　　　　　　　　　30 000

4.4.2 附属单位上缴收入与附属单位上缴预算收入

1. 核算内容

"附属单位上缴收入"科目核算事业单位取得的附属独立核算单位按照有关规定上缴的收入。

【注意:行政单位不涉及"附属单位上缴收入"。】

"附属单位上缴预算收入"科目核算事业单位取得附属独立核算单位根据有关规定上缴的现金流入。

【注意:行政单位不涉及"附属单位上缴预算收入"。】

延伸阅读 4-4

事业单位的附属独立核算单位

事业单位的附属独立核算单位可以是事业单位,也可以是企业。事业单位与其附属独立核算的事业单位通常存在行政隶属关系和预算管理关系;与其附属独立核算的企业通常不仅存在投资上的资金联系,而且还存在有权任免其管理人员职务、支持或否决其经营决策等权利联系。事业单位的附属独立核算企业大多曾经是事业单位的一个组成部分,从事相应的业务活动,后因种种原因从事业单位中独立出来,成为独立核算的企业法人实体。

---

2. 明细科目设置

"附属单位上缴收入"科目应当按照附属单位、缴款项目等进行明细核算。

"附属单位上缴预算收入"科目应当按照附属单位、缴款项目、《政府收支分类科目》中"支出功能分类科目"的项级科目等进行明细核算。附属单位上缴预算收入中如有专项资金收入,还应按照具体项目进行明细核算。

3. 主要账务处理

1) 附属单位上缴收入的主要账务处理

(1) 确认附属单位上缴收入时,按照应收或收到的金额,借记"其他应收款""银行存款"等科目,贷记本科目。

实际收到应收附属单位上缴款时,按照实际收到的金额,借记"银行存款"等科目,贷记"其他应收款"科目。

(2) 期末,将本科目本期发生额转入本期盈余,借记本科目,贷记"本期盈余"科目。期末结转后,本科目应无余额。

2) 附属单位上缴预算收入的主要账务处理

(1) 收到附属单位缴来款项时,按照实际收到的金额,借记"资金结存——货币资金"科目,贷记本科目。

(2) 年末,将本科目本年发生额中的专项资金收入转入非财政拨款结转,借记本科目下各专项资金收入明细科目,贷记"非财政拨款结转——本年收支结转"科目;将本科目本年发生额中的非专项资金收入转入其他结余,借记本科目下各非专项资金收入明细科目,贷记"其他结余"科目。年末结转后,本科目应无余额。

附属单位上缴收入与附属单位上缴预算收入的主要账务处理如表 4-12 所示。

表 4-12　　　　附属单位上缴收入与附属单位上缴预算收入的主要账务处理

序号	业务内容		账务处理	
			财务会计	预算会计
1	日常核算	确认时,按照应收或实际收到的金额	借:其他应收款/银行存款等 贷:附属单位上缴收入	借:资金结存——货币资金[按照实际收到的金额] 贷:附属单位上缴预算收入
		实际收到应收附属单位上缴收入款时	借:银行存款等 贷:其他应收款	
2	期末/年末结转	专项资金收入	借:附属单位上缴收入 贷:本期盈余	借:附属单位上缴预算收入 贷:非财政拨款结转——本年收支结转
		非专项资金收入		借:附属单位上缴预算收入 贷:其他结余

【例 4-24】　某事业单位下属的招待所为独立核算的附属单位。按事业单位与招待所签订的收入分配办法规定,2×19 年招待所应缴纳分成款 90 000 元,事业单位已收到招待所上缴的款项。

财务会计分录如下:

借:银行存款　　　　　　　　　　　　　　　　　　　　　　　　　90 000
　　贷:附属单位上缴收入——招待所　　　　　　　　　　　　　　　　90 000

同时,编制预算会计分录:

借:资金结存——货币资金——银行存款　　　　　　　　　　　　　90 000
　　贷:附属单位上缴预算收入——招待所　　　　　　　　　　　　　　90 000

重　要　概　念

收入　预算收入　财政拨款收入　财政拨款预算收入　非同级财政拨款收入　非同级财政拨款预算收入　事业收入　事业预算收入　经营收入　经营预算收入　投资收益　投资预算收益　捐赠收入　利息收入　租金收入　其他收入　其他预算收入　上级补助收入　上级补助预算收入　附属单位上缴收入　债务预算收入　附属单位上缴预算收入

本　章　练　习

单选题

1. 财政授权支付方式下,根据收到的"财政授权支付额度到账通知书",按照通知书中的授权支付额度,借记(　　)科目。

A. 业务活动费用　　　　　　　　　　B. 零余额账户用款额度
C. 单位管理费用　　　　　　　　　　D. 财政应返还额度

2. 取得非同级财政拨款预算收入时,按实际收到的金额,借记(　　)科目。

A. 资金结存——货币资金　　　　　　B. 银行存款

C. 其他应收款 D. 零余额账户用款额度

3. 核算事业单位开展专业业务活动及其辅助活动取得的现金流入的账户是( )。
A. 事业预算收入 B. 经营预算收入
C. 经营收入 D. 财政拨款预算收入

4. 每日现金账款核对中发现的现金溢余,属于无法查明原因的部分,报经批准后,借记( )科目。
A. 其他收入 B. 银行存款
C. 待处理财产损溢 D. 其他应收款

5. 下列属于"利息收入"科目核算内容的是( )。
A. 债券投资利息收入 B. 单位取得的银行存款利息收入
C. 现金盘盈收入 D. 股权投资收益

多选题

1. 下列属于事业单位的收入类别的有( )。
A. 财政拨款收入 B. 上级补助收入
C. 经营收入 D. 附属单位上缴收入

2. 下列属于事业单位的预算收入类别的有( )。
A. 财政拨款预算收入 B. 事业预算收入
C. 债务预算收入 D. 投资预算收益

3. 下列属于行政单位的收入类别的有( )。
A. 财政拨款收入 B. 非同级财政拨款收入
C. 租金收入 D. 附属单位上缴收入

4. 不属于事业单位经营收入范围的有( )。
A. 出租、出借的固定资产收入 B. 出租礼堂收入
C. 学校非独立核算的食堂收入 D. 独立核算车队收入

5. 非同级财政拨款收入应当按照( )进行明细核算,并按照收入来源进行明细核算。
A. 本级横向转拨财政款 B. 上级部门拨款
C. 一般公共预算财政拨款 D. 下级部门拨款

判断题

1. 财政拨款收入核算单位从同级政府财政部门取得的各类财政拨款。 ( )
2. 财政直接支付方式下,行政单位根据收到的"财政直接支付入账通知书"及相关原始凭证,按照通知书中的直接支付金额,借记"事业支出"等科目。 ( )
3. 经营收入应当在提供服务或发出存货,同时收讫价款或者取得索取价款的凭据时,按照实际收到或应收的金额予以确认。 ( )
4. 接受捐赠现金资产、收到银行存款利息、收到资产承租人支付的租金时,按照实际收到的金额,借记"银行存款"科目,贷记"其他预算收入"科目。 ( )
5. 预算收入应当按照收付实现制基础进行确认和计量。 ( )

简答题

1. 简述收入的概念?事业单位收入的分类?
2. 简述预算收入的概念?行政单位预算收入的分类?

计算及账务处理题

1. 某事业单位已经纳入财政国库集中支付改革,2×19年发生下列经济业务:
(1) 收到财政直接支付入账通知书,通过财政直接支付方式向某社会组织支付一笔款项56 000元,具体内容为向该社会组织支付一笔政府购买服务的费用。
(2) 收到代理银行转来的财政授权支付额度到账通知书,通知书中所列的财政授权支付额度为

25 000元。

要求：请根据上述资料，编制有关的会计分录。

2. 某事业单位，2×19年发生下列经济业务：

(1) 6月1日，按照相关规定，确认一项上级补助收入，金额为32 000元，款项尚未收到。该笔上级补助收入按要求应当专门用于开展某项专业业务活动。

(2) 7月6日，收到了该项上级补助收入32 000元，款项已存入开户银行。

要求：请根据上述资料，编制有关的会计分录。

3. 某行政单位2×19年发生下列经济业务：

(1) 接受A公司捐赠的一笔货币资金60 000元，款项已存入开户银行。

(2) 现金账款核对中发现现金溢余200元，无法查明原因，报经领导批准后做现金盘盈处理。

要求：请根据上述资料，编制有关的会计分录。

第 5 章 费用与预算支出

- 内容提要
- 重点难点
- 学习目标
- 知识框架
- 5.1 费用与预算支出概述
- 5.2 业务费用与业务预算支出的核算
- 5.3 调剂性费用与调剂性预算支出的核算
- 重要概念
- 本章练习

内容提要

本章主要讲解了政府单位业务费用及预算支出的主要经营业务及其核算特点；业务费用与业务预算支出的核算方法；调剂性费用与调剂性预算支出的核算。

重点难点

本章重点为业务费用与业务预算支出的核算内容，包括业务活动费用、单位管理费用与行政支出、事业支出的核算和经营费用与经营支出的核算、资产处置费用核算等。其中，难点为事业支出、经营支出的会计核算。

学习目标

通过本章学习，学生应掌握政府单位费用支出的基本内容；了解单位各项费用支出之间的区别；掌握单位各项费用支出的概念和主要经济业务的会计核算。

知识框架

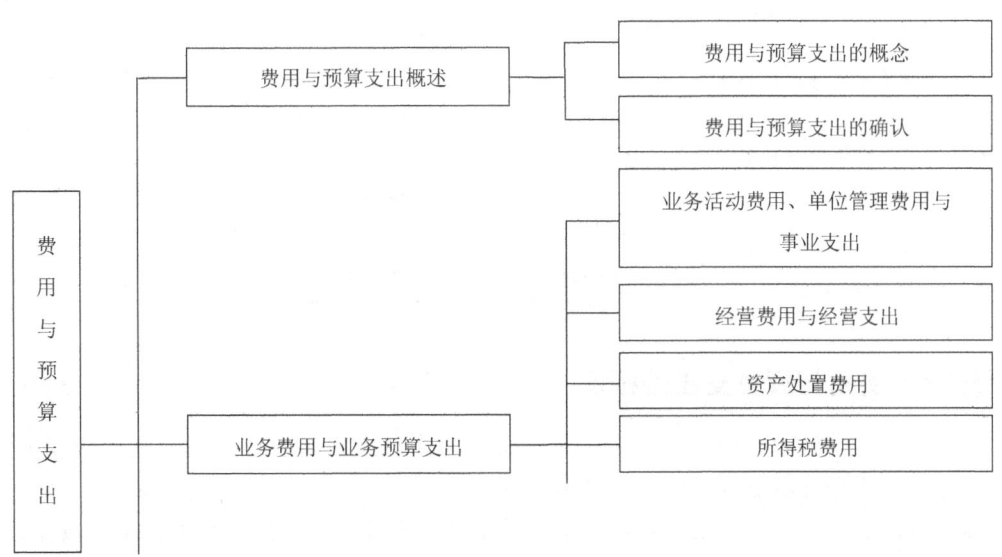

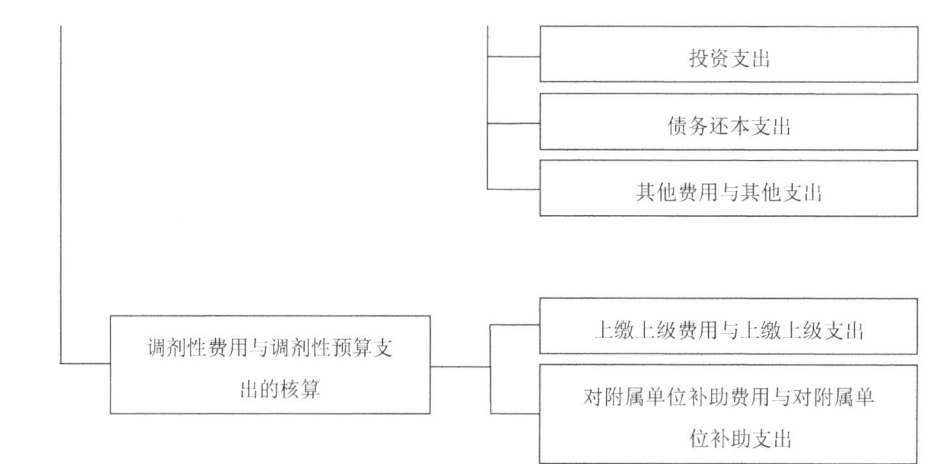

 引入案例　江西省直事业单位公务交通费用报销管理

针对省级党政机关中在编在岗事业编制人员常驻地范围内的公务出行,江西省印发了《省直事业单位公务交通费用报销管理暂行办法》,对适用范围、计算方法、审批报销等内容作了明确规定。

1. 非公共交通工具出行按距离包干报销

据介绍,省直事业单位工作人员公务出行,原则上应乘用公共交通工具,所发生的公务交通费用凭据报销。确因工作任务需要,经单位批准,可乘用非公共交通工具出行,采取按次按距离包干的方式报销公务交通费用。按次按距离包干公务交通费用的方法是,按每批次公务出行公里数和不超过 M×1.5 元/公里费用标准包干(M 按每批次出行人数÷4 后进位取整计算),逐次审核报销。如发生过路过桥费、停车费的,一并凭据报销。出行公里数可使用任何公开的电子地图数据。一次公务出行需要到达两个及以上目的地的,按实际出行顺序及其距离计算公务交通费用。

2. 年度公务交通总支出应低于公务用车改革前总支出

乘用公共交通工具与非公共交通工具发生的公务交通费用列入部门预算,并在"其他交通费"科目中核算,不得额外申请追加经费。

省直各部门应结合事业单位实际制定具体操作办法,确保本部门事业单位年度公务交通总支出低于公务用车改革前的总支出。个人公务交通费用年度报销额度不得高于同地区同级别党政机关相应层级公务员交通补贴标准。

公务交通费用报销应公开透明,单位要在适当范围内定期公开费用报销情况。不得以固定数额或其他变相包干方式向工作人员发放公务交通补贴,严禁报销没有发生公务出行活动的费用,严禁报销非公务用车的燃油费用。对违规审批报销公务交通费用的行为将严肃追究单位负责人和相关人员的责任。

(资料来源:《江南都市报》,2019 年 1 月 9 日。)

5.1 费用与预算支出概述

5.1.1　费用与预算支出的概念

《基本准则》第四十五条规定:"费用是指报告期内导致政府会计主体净资产减少的,含有服务潜力或者经济利益的经济资源的流出。"

《基本准则》第二十一条规定:"预算支出是指政府会计主体在预算年度内依法发生并纳入预算管理的现金流出。"

5.1.2 费用与预算支出的确认

1. 费用

《基本准则》第四十六条规定:"费用的确认应当同时满足以下条件:

(1) 与费用相关的含有服务潜力或者经济利益的经济资源很可能流出政府会计主体;

(2) 含有服务潜力或者经济利益的经济资源流出会导致政府会计主体资产减少或者负债增加;

(3) 流出金额能够可靠地计量。"

符合费用定义和费用确认条件的项目,应当列入收入费用表。

2. 预算支出

预算支出一般在实际支付时予以确认,以实际支付的金额计量。

5.2 业务费用与业务预算支出的核算

5.2.1 业务活动费用、单位管理费用与行政支出、事业支出

1. 核算内容

业务活动费用是单位为实现其职能目标,依法履职或开展专业业务活动及其辅助活动所发生的各项费用。

单位管理费用是事业单位本级行政及后勤管理部门开展管理活动发生的各项费用,包括单位行政及后勤管理部门发生的人员经费、公用经费、资产折旧(摊销)等费用,以及由单位统一负担的离退休人员经费、工会经费、诉讼费、中介费等。

业务活动费用和单位管理费用是政府单位会计核算反映和监督的主要对象,也是考核政府单位职能目标实现情况、事业发展成果、资金使用效益和预算执行情况的主要依据。

【注意:行政单位不涉及"单位管理费用"。】

行政支出或事业支出是政府单位开展专业业务活动及其辅助活动实际发生的各项现金流出。

2. 业务活动费用与业务预算支出的分类

业务活动费用与业务预算支出可以按照按费用(支出)性质划分、按费用(支出)的资金来源划分、按费用(支出)内容和方向划分和按费用(支出)关联的活动内容划分。

表 5-1　　　　　　　　　业务活动费用与业务预算支出的分类

序号	分类依据	具 体 内 容
1	费用(支出)性质	业务活动费用包括了保障其机构正常运转、完成日常工作任务而实现其职能目标,依法履职发生的人员费用和日常公用费用等基本经费,也包括了在基本经费外所发生的为了完成特定工作任务和事业发展目标,依法开展专业业务活动及其辅助活动的各种项目经费。因此,按其支出性质可划分为基本支出和项目支出
2	费用(支出)资金来源	业务活动费用包括了通过财政拨款收入、事业收入、上级补助收入、附属单位上缴收入、其他收入等安排的用于履职、开展专业业务活动及其辅助活动和单位管理活动发生的各项费用。因此,按其资金来源可以划分为财政拨款支出、非财政专项资金支出和其他资金支出 【注意:行政单位只涉及通过财政拨款收入、其他收入等安排的用于履职、开展专业业务活动及其辅助活动和单位管理活动发生的各项费用】

(续表)

序号	分类依据	具体内容
3	费用(支出)内容和方向	业务活动费用包括了用于人员方面的支出、维持机构运转的日常公用方面的支出、购置办公设备等方面的支出。因此,按其支出内容和方向可以划分为人员支出(工资和福利支出、对个人和家庭的补助支出)、商品和服务支出、资本性支出等
4	费用(支出)关联的活动内容	业务活动费用更多的是政府单位依法履职和开展专业业务活动及其辅助活动发生的费用,对应预算会计中的行政支出(行政单位)或者事业支出(事业单位);而单位管理费用更多的是事业单位行政及后勤管理部门开展管理活动发生的费用,既包括事业单位行政及后勤管理部门发生的人员经费、公用经费、资产折旧(摊销)等费用,也包括由事业单位统一负担的离退休人员经费、工会经费、诉讼费、中介费等,对应预算会计中的事业支出(事业单位)

相关思考5-1

基本支出和项目支出的区别和联系

1. 基本支出与项目支出的区别

(1) 从支出的概念上看:基本支出是指政府单位为保障其机构正常运转、完成日常工作任务而编制的年度基本支出;项目支出是指政府单位为完成特定的工作任务或事业发展目标,在基本的预算支出以外,财政预算专款安排的支出。

(2) 从支出的内容上看:基本预算支出其内容按其性质分为人员经费和日常公用经费两部分。项目支出是除基本预算支出以外财政预算专项专款安排的支出。

(3) 从支出的保障原则上看:基本支出是日常所需的必要支出,预算资金的安排首先保障政府单位基本支出的合理需要,以保证其机构正常运转和完成日常工作任务,一般列为基本支出的就不容易变动。项目支出是计划性支出,具有可变性,结合当年财力状况进行安排,在财政资金支出紧缩时,可以暂停、暂缓列支等。

(4) 从结余结转的情况来看:当年未支出的财政预算拨款按照性质划分为结转资金和结余资金。当年未支出的基本支出预算拨款全部为结转资金,基本支出没有结余资金。项目支出有结余资金和结转资金,对下一年度需要按照原用途继续使用的资金要记入结转资金,对下一年度不是按照原用途继续使用的资金要记入结余资金;对某一预算年度安排的项目支出,连续两年未使用或连续3年仍未使用完形成的剩余资金,也要记入结余资金管理。

(5) 从资金的支付的环节来看:项目资金支出管理的要求更高。项目资金在使用、支出的环节上要求比较严格,项目资金支出需要授权把关审批,对支付方式、支付金额等有明确的规定,一般要求按项目的进度程度和实施状况进行支付。基本支出在资金支付上,支付单位的自由度比较大,一般不需要严格的授权审批,只需要按单位内部的财务管理制度落实即可,并在使用上可以适当的调剂使用。

(6) 预算编制、预算管理的原则上看:基本支出预算编制的原则为:① 综合预算原则。② 优先保障原则。③ 定员定额管理的原则。项目支出预算管理的基本原则:① 综合预算的原则。② 科学论证、合理排序的原则。③ 全程监控,追踪问效的原则。

(7) 从立项角度来看:项目支出的所有项目都必须先有有关部门审查立项,然后才能列入财政资金预算;基本支出一般是政府单位在年初时上报部门单位预算,财政部门审批后就可列支,一般不需要立项。

2. 基本支出与项目支出之间的联系

(1) 从资金的来源上讲:基本支出与项目支出资金的来源都是财政公共资金,都是财政预算支出的组成部分,都要经过财政预算的管理列支。对未纳入预算的突发项目通过追加申请的方式列入预算项目支出。

(2) 从采购或招标的要求上讲:根据《中华人民共和国政府采购法》、《中华人民共和国招标投标法》的要求,项目支出和比较大的基本支出,都要进行政府采购或招标,经过政府采购和招标的基本和项目支出都应当严格按照批准的预算执行。

3. 明细科目设置

《政府会计制度》规定,业务活动费用应当按照项目、服务或者业务类别、支付对象等进行明细核算;单位管理费用应当按照项目、费用类别、支付对象等进行明细核算。为了满足成本核算需要,还可按照"工资福利费用""商品和服务费用""对个人和家庭的补助费用""固定资产折旧费""无形资产摊销费"等成本项目设置明细科目,归集能够直接计入业务活动(或单位管理活动)或采用一定方法计算后计入业务活动(或单位管理活动)的费用。事业单位发生教育、科研、医疗、行政管理、后勤保障等活动的,可在"事业支出"科目下设置相应的明细科目进行核算,或单设"教育支出""科研支出""医疗支出""行政管理支出""后勤保障支出"等级会计科目进行核算。

行政支出和事业支出应当分别按照"财政拨款支出""非财政专项资金支出"和"其他资金支出","基本支出"和"项目支出"等进行明细核算,并按《政府收支分类科目》中"支出功能分类科目"的项级科目进行明细核算;"基本支出"和"项目支出"明细科目下应当按照《政府收支分类科目》中"部门预算支出经济分类科目"的款级科目进行明细核算,同时在"项目支出"明细科目下按照具体项目进行明细核算。

> **特别提示 5-1**
>
> **事业单位的科目设置**
>
> 在政府收支分类中,针对事业单位的不同特点,项级科目的设置采用了不同的方法。有些按职能设置,如"教育"类"普通教育"款下的"小学教育""中学教育"等项级科目;有些按事业单位的活动设置,如"文化体育与传媒"类"体育"款下的"体育竞赛""体育训练"等。
>
> 项级科目设置不同,单位支出的列示方法也存在差别。对于按职能设置的,不论单位的基本支出,还是专项业务支出,统一反映在一个功能科目中。如小学的所有支出都在"小学教育"科目反映。对于按活动设置的,则要按单位支出情况,列不同的项级科目。如体育部门所属各运动队的支出,属于训练的,列入"体育训练";属于竞赛的,列入"体育竞赛"。

4. 单位管理费用的主要账务处理

【注意:行政单位不涉及"单位管理费用"。】

(1)为管理活动人员计提的薪酬,按照计算确定的金额,借记本科目,贷记"应付职工薪酬"科目。

(2)为开展管理活动发生的外部人员劳务费,按照计算确定的费用金额,借记本科目,按照代扣代缴个人所得税的金额,贷记"其他应交税费——应交个人所得税"科目,按照扣税后应付或实际支付的金额,贷记"其他应付款""财政拨款收入""零余额账户用款额度""银行存款"等科目。

(3)开展管理活动内部领用库存物品,按照领用物品实际成本,借记本科目,贷记"库存物品"科目。

(4)为管理活动所使用固定资产、无形资产计提的折旧、摊销,按照应提折旧、摊销额,借记本科目,贷记"固定资产累计折旧""无形资产累计摊销"科目。

(5)为开展管理活动发生城市维护建设税、教育费附加、地方教育费附加、车船税、房产税、城镇土地使用税等,按照计算确定应交纳的金额,借记本科目,贷记"其他应交税费"等科目。

(6) 为开展管理活动发生的其他各项费用,按照费用确认金额,借记本科目,贷记"财政拨款收入""零余额账户用款额度""银行存款""其他应付款""其他应收款"等科目。

(7) 发生当年购货退回等业务,对于已计入本年单位管理费用的,按照收回或应收的金额,借记"财政拨款收入""零余额账户用款额度""银行存款""其他应收款"等科目,贷记本科目。

(8) 期末,将本科目本期发生额转入本期盈余,借记"本期盈余"科目,贷记本科目。

单位管理费用的主要账务处理如表5-2所示。

表5-2 单位管理费用的主要账务处理

序号	业务内容			账务处理	
				财务会计	预算会计
1	管理活动人员职工薪酬		计提时	借:单位管理费用 贷:应付职工薪酬	—
			实际支付并代扣个人所得税时	借:应付职工薪酬 贷:财政拨款收入/零余额账户用款额度/银行存款 其他应交税费——应交个人所得税	借:事业支出[按照支付给个人部分] 贷:财政拨款预算收入/资金结存
			实际缴纳税款时	借:其他应交税费——应交个人所得税 贷:银行存款/零余额账户用款额度等	借:事业支出[按照实际缴纳额] 贷:资金结存等
2	为开展管理活动发生的外部人员劳务费		计提时	借:单位管理费用 贷:其他应付款	—
			实际支付并代扣个人所得税时	借:其他应付款 贷:财政拨款收入/零余额账户用款额度/银行存款等 其他应交税费——应交个人所得税	借:事业支出[按照支付给个人部分] 贷:财政拨款预算收入/资金结存
			实际缴纳税款时	借:其他应交税费——应交个人所得税 贷:银行存款/零余额账户用款额度等	借:事业支出[按照实际缴纳额] 贷:资金结存等
3	开展管理活动发生的预付款项	预付账款	支付款项	借:预付账款 贷:财政拨款收入/零余额账户用款额度/银行存款等	借:事业支出 贷:财政拨款预算收入/资金结存
			结算	借:单位管理费用 贷:预付账款 财政拨款收入/零余额账户用款额度/银行存款等[补付金额]	借:事业支出 贷:财政拨款预算收入/资金结存[补付金额]
		暂付款项	支付款项	借:其他应收款 贷:银行存款等	—
			结算或报销	借:单位管理费用 贷:其他应收款	借:事业支出 贷:资金结存等
4	发生的其他与管理活动相关的各项费用			借:单位管理费用 贷:财政拨款收入/零余额账户用款额度/银行存款/应付账款等	借:事业支出[按照实际支付的金额] 贷:财政拨款预算收入/资金结存

（续表）

序号	业务内容		账务处理	
			财务会计	预算会计
5	为开展管理活动购买资产或支付在建工程款	按照实际支付或应付的价款	借：库存物品/固定资产/无形资产/在建工程等 　　贷：财政拨款收入/零余额账户用款额度/银行存款/应付账款等	借：事业支出［按照实际支付的金额］ 　　贷：财政拨款预算收入/资金结存
6	管理活动所用固定资产、无形资产计提折旧	按照计提的折旧、摊销额	借：单位管理费用 　　贷：固定资产累计折旧/无形资产累计摊销	—
7	开展管理活动内部领用库存物品	按照库存物品的成本	借：单位管理费用 　　贷：库存物品	—
8	开展管理活动发生应负担的税金及附加时	按照计算确定应缴纳的金额	借：单位管理费用 　　贷：其他应交税费	—
		实际缴纳时	借：其他应交税费 　　贷：银行存款等	借：事业支出 　　贷：资金结存等
9	购货退回等	当年发生的	借：财政拨款收入/零余额账户用款额度/银行存款/应收账款等 　　贷：库存物品/单位管理费用等	借：财政拨款预算收入/资金结存 　　贷：事业支出
10	期末/年末结转		借：本期盈余 　　贷：单位管理费用	借：财政拨款结转——本年收支结转［财政拨款支出］ 　　　非财政拨款结转——本年收支结转［非财政专项资金支出］ 　　　其他结余［非财政、非专项资金支出］ 　　贷：事业支出

【例5-1】 2×19年6月18日，某事业单位后勤部门为了维修暖气设备，从仓库领用了2套备件，每套备件单价200元，共计400元。

6月18日，借款时，财务会计分录如下：

借：单位管理费用——商品和服务费用——维修(护)费　　　　　　　　　　400
　　贷：库存物品——材料　　　　　　　　　　　　　　　　　　　　　　400

【例5-2】 2×19年2月24日，某事业单位用基本户支付水费1 600元，污水处理费300元，共计1 900元。

财务会计分录如下：

借：单位管理费用——商品和服务费用——水费　　　　　　　　　　　1 900
　　贷：银行存款——基本账户存款　　　　　　　　　　　　　　　　　1 900

同时，编制预算会计分录：

借：事业支出——基本支出——商品和服务支出——水费　　　　　　　1 900
　　贷：资金结存——货币资金——银行存款　　　　　　　　　　　　　1 900

【例5-3】 2×19年3月24日，某事业单位接待地方单位检查指导工作人员3人，中午在内部食堂安排工作餐,在每人每餐90元的接待标准内,实际发生费用260元。

财务会计分录如下:

借:单位管理费用——商品和服务费　　　　　　　　　　　　　　　260
　　贷:银行存款——基本账户存款　　　　　　　　　　　　　　　　260

同时,编制预算会计分录:

借:事业支出——基本支出——商品和服务支出——公务接待费　　260
　　贷:资金结存——货币资金——银行存款　　　　　　　　　　　260

【例5-4】 承[例5-3],2×19年3月27日,被接待人员离开时共交了就餐费260元,某事业单位开具了收款收据

3月27日,收到就餐费时,财务会计分录如下:

借:库存现金——非零余额现金　　　　　　　　　　　　　　　　260
　　贷:单位管理费用——商品和服务费——公务接待费　　　　　　260

同时,编制预算会计分录:

借:资金结存——货币资金——库存现金　　　　　　　　　　　　260
　　贷:事业支出——基本支出——商品和服务支出——公务接待费　260

【例5-5】 2×19年6月3日,某行政单位财务部门根据月工资发放表计发工资。

表5-3　　　　　　　　　　　　**工资发放表**

部门	分类依据					代扣代缴项目				实发
	基本工资	津补贴	住房补贴	公共交通补贴	合计	养老保险	医疗保险	公积金	合计	
机关	104 000	46 000	12 000	6 500	168 500	33 600	7 200	10 800	51 600	116 900
业务	10 800	40 200	11 000		62 000	10 230	5 400	7 200	22 830	39 170
后勤管理	12 400	46 400	11 500		7 0300	10 280	6 250	7 820	24 350	45 950
离退休	57 000	38 000			95 000				0	95 000
合计	184 200	170 600	34 500	6 500	395 800	54 110	18 850	25 820	98 780	297 020

6月3日,计提工资时,财务会计分录如下:

借:业务活动费用——工资福利费用　　　　　　　　　　　　　62 000
　　单位管理费用——商品和服务费用　　　　　　　　　　　　6 500
　　单位管理费用——工资福利费用　　　　　　　　　　　　232 300
　　单位管理费用——对个人和家庭的补助费用　　　　　　　95 000
　　贷:应付职工薪酬——基本工资(含离退休费)　　　　　　184 200
　　　　应付职工薪酬——国家统一规定的津贴补贴　　　　　170 600
　　　　应付职工薪酬——改革性补贴　　　　　　　　　　　34 500
　　　　应付职工薪酬——其他　　　　　　　　　　　　　　6 500

同时,编制财务会计分录:

借:应付职工薪酬——基本工资(含离退休费)   98 780
  贷:应付职工薪酬——机关事业单位基本养老保险缴费   54 110
                ——职工基本医疗保险缴费   18 850
                ——住房公积金   25 820

【例 5-6】 承[例 5-5],2×19 年 6 月 4 日,某事业单位财务部门通过代理银行发放职工工资薪金。

6 月 4 日,发放工资时,财务会计分录如下:

借:应付职工薪酬——基本工资(含离退休费)   85 420
  应付职工薪酬——国家统一规定的津贴补贴   170 600
  应付职工薪酬——改革性补贴   34 500
  应付职工薪酬——其他   6 500
  贷:零余额账户用款额度——基本支出用款额度   297 020

同时,编制预算会计分录:

借:事业支出——基本支出——工资福利支出——基本工资   28 420
  事业支出——基本支出——工资福利支出——津贴补贴   132 600
  事业支出——基本支出——工资福利支出——改革性补贴   34 500
  事业支出——基本支出——商品和服务支出   6 500
  事业支出——基本支出——对个人和家庭的补助支出   95 000
  贷:资金结存——零余额账户用款额度   297 020

5. 业务活动费用的主要账务处理

(1)为履职或开展业务活动人员计提的薪酬,按照计算确定的金额,借记本科目,贷记"应付职工薪酬"科目。

(2)为履职或开展业务活动发生的外部人员劳务费,按照计算确定的金额,借记本科目,按照代扣代缴个人所得税的金额,贷记"其他应交税费——应交个人所得税"科目,按照扣税后应付或实际支付的金额,贷记"其他应付款""财政拨款收入""零余额账户用款额度""银行存款"等科目。

(3)为履职或开展业务活动领用库存物品,以及动用发出相关政府储备物资,按照领用库存物品或发出相关政府储备物资的账面余额,借记本科目,贷记"库存物品""政府储备物资"科目。

(4)为履职或开展业务活动所使用的固定资产、无形资产以及为所控制的公共基础设施、保障性住房计提的折旧、摊销,按照计提金额,借记本科目,贷记"固定资产累计折旧""无形资产累计摊销""公共基础设施累计折旧(摊销)""保障性住房累计折旧"科目。

(5)为履职或开展业务活动发生的城市维护建设税、教育费附加、地方教育费附加、车船税、房产税、城镇土地使用税等,按照计算确定应交纳的金额,借记本科目,贷记"其他应交税费"等科目。

(6)为履职或开展业务活动发生其他各项费用时,按照费用确认金额,借记本科目,贷记"财政拨款收入""零余额账户用款额度""银行存款""应付账款""其他应付款""其他应收款"等科目。

(7) 按照规定从收入中提取专用基金并计入费用的,一般按照预算会计下基于预算收入计算提取的金额,借记本科目,贷记"专用基金"科目。国家另有规定的,从其规定。

【注意:行政单位不涉及提取专用基金计入费用情况。】

(8) 发生当年购货退回等业务,对于已计入本年业务活动费用的,按照收回或应收的金额,借记"财政拨款收入""零余额账户用款额度""银行存款""其他应收款"等科目,贷记本科目。

(9) 期末,将本科目本期发生额转入本期盈余,借记"本期盈余"科目,贷记本科目。

业务活动费用的主要账务处理如表5-4所示。

表5-4　　　　　　　　　　业务活动费用的主要账务处理

序号	业务内容		账务处理	
			财务会计	预算会计
1	为履职或开展业务活动人员计提并支付职工薪酬	计提时	借:业务活动费用 　贷:应付职工薪酬	—
		实际支付并代扣个人所得税时	借:应付职工薪酬 　贷:财政拨款收入/零余额账户用款额度/银行存款等 　　其他应交税费——应交个人所得税	【事业单位】 借:事业支出[按照支付给个人部分] 　贷:财政拨款预算收入/资金结存 【行政单位】 借:行政支出[按照支付给个人部分] 　贷:财政拨款预算收入/资金结存
		实际缴纳税款时	借:其他应交税费——应交个人所得税 　贷:银行存款/零余额账户用款额度等	【事业单位】 借:事业支出[按照实际缴纳额] 　贷:资金结存等 【行政单位】 借:行政支出[按照实际缴纳额] 　贷:资金结存等
2	为履职或开展业务活动发生的外部人员劳务费	计提时	借:业务活动费用 　贷:其他应付款	—
		实际支付并代扣个人所得税时	借:其他应付款 　贷:财政拨款收入/零余额账户用款额度等 　　其他应交税费——应交个人所得税	【事业单位】 借:事业支出[按照实际支付给个人部分] 　贷:财政拨款预算收入/资金结存 【行政单位】 借:行政支出[按照实际支付给个人部分] 　贷:财政拨款预算收入/资金结存
		实际缴纳税款时	借:其他应交税费——应交个人所得税 　贷:银行存款/零余额账户用款额度等	【事业单位】 借:事业支出[按照实际缴纳额] 　贷:资金结存等 【行政单位】 借:行政支出[按照实际缴纳额] 　贷:资金结存等

(续表)

序号	业务内容			账务处理	
				财务会计	预算会计
3	为履职或开展业务活动发生的预付款项	预付账款	支付款项	借：预付账款 　贷：财政拨款收入/零余额账户用款额度/银行存款等	【事业单位】 借：事业支出 　贷：财政拨款预算收入/资金结存 【行政单位】 借：行政支出 　贷：财政拨款预算收入/资金结存
			结算	借：业务活动费用 　贷：预付账款 　　财政拨款收入/零余额账户用款额度/银行存款等[补付金额]	【事业单位】 借：事业支出 　贷：财政拨款预算收入/资金结存[补付金额] 【行政单位】 借：行政支出 　贷：财政拨款预算收入/资金结存[补付金额]
		暂付款项	支付款项	借：其他应收款 　贷：银行存款等	—
			结算或报销	借：业务活动费用 　贷：其他应收款	【事业单位】 借：事业支出 　贷：资金结存等 【行政单位】 借：行政支出 　贷：资金结存等
4	为履职或开展业务活动购买资产或支付在建工程款等	按照实际支付或应付的价款		借：库存物品/固定资产/无形资产/在建工程等 　贷：财政拨款收入/零余额账户用款额度/银行存款/应付账款等	【事业单位】 借：事业支出 　贷：财政拨款预算收入/资金结存 【行政单位】 借：行政支出 　贷：财政拨款预算收入/资金结存
5	为履职或开展业务活动领用库存物品	按照领用库存物品的成本		借：业务活动费用 　贷：库存物品	—
6	为履职或开展业务活动计提的固定资产、无形资产、公共基础设施、保障性住房的折旧（摊销）	按照计提的折旧、摊销额		借：业务活动费用 　贷：固定资产累计折旧/无形资产累计摊销/公共基础设施累计折旧（摊销）/保障性住房累计折旧	—

(续表)

序号	业务内容		账务处理	
			财务会计	预算会计
7	为履职或开展业务活动发生应负担的税金及附加时	确认其他应交税费时	借：业务活动费用 　　贷：其他应交税费	—
		支付其他应交税费时	借：其他应交税费 　　贷：银行存款等	【事业单位】 借：事业支出 　　贷：资金结存等 【行政单位】 借：行政支出 　　贷：资金结存等
8	为履职或开展业务活动发生其他各项费用		借：业务活动费用 　　贷：财政拨款收入/零余额账户用款额度/银行存款/应付账款等	【事业单位】 借：事业支出[按照实际支付的金额] 　　贷：财政拨款预算收入/资金结存 【行政单位】 借：行政支出[按照实际支付的金额] 　　贷：财政拨款预算收入/资金结存
9	计提专用基金	从收入中按照一定比例提取基金并计入费用	借：业务活动费用 　　贷：专用基金 【注意：行政单位不涉及计提专用基金】	
10	购货退回等	当年发生的	借：财政拨款收入/零余额账户用款额度/银行存款/应收账款等 　　贷：库存物品/业务活动费用等	【事业单位】 借：财政拨款预算收入/资金结存 　　贷：事业支出 【行政单位】 借：财政拨款预算收入/资金结存 　　贷：行政支出
11	期末/年末结转		借：本期盈余 　　贷：业务活动费用	借：财政拨款结转——本年收支结转[财政拨款支出] 　　非财政拨款结转——本年收支结转[非财政专项资金支出] 　　其他结余[非同级财政、非专项资金支出] 　　贷：事业支出 【注意：行政单位贷方科目为"行政支出"】

【例 5-7】 2×19 年 5 月 18 日，某单位发生维修维护计算机费用 1 800 元，从中央财政项目支出列支，授权支付。

2 月 18 日，支付维修费时，财务会计分录如下：

借：业务活动费用——商品和服务费用——维修(护)费　　　　　　　1 800
　　贷：零余额账户用款额度——项目支出用款额度　　　　　　　　1 800

同时，编制预算会计分录：

【事业单位】

借：事业支出——项目支出——商品和服务支出——维修(护)费　　　　　　　　1 800
　　　　贷：资金结存——零余额账户用款额度　　　　　　　　　　　　　　　　　　　1 800

【行政单位】

　　借：行政支出——项目支出——商品和服务支出——维修(护)费　　　　　　　　1 800
　　　　贷：资金结存——零余额账户用款额度　　　　　　　　　　　　　　　　　　　1 800

【例 5-8】　2×19 年 7 月 11 日,某单位组织开展某项目的专家评审会,邀请有关专家 2 人参加,通过银行支付 2 位专家的评审费各 1 000 元。经批准,这些费用全部在中央财政资金列支。

　　7 月 11 日,支付评审费时,财务会计分录如下:

　　借：业务活动费用——商品和服务费用——劳务费　　　　　　　　　　　　　　2 000
　　　　贷：零余额账户用款额度——项目支出用款额度　　　　　　　　　　　　　　　2 000

　　同时,编制预算会计分录:

【事业单位】

　　借：事业支出——项目支出——商品和服务支出——劳务费　　　　　　　　　　2 000
　　　　贷：资金结存——零余额账户用款额度　　　　　　　　　　　　　　　　　　　2 000

【行政单位】

　　借：行政支出——项目支出——商品和服务支出——劳务费　　　　　　　　　　2 000
　　　　贷：资金结存——零余额账户用款额度　　　　　　　　　　　　　　　　　　　2 000

【例 5-9】　2×19 年 9 月 10 日,某单位支付电费 2 600 元,其中本单位负担部分 2 000 元,经批准在中央财政当年预算安排的项目支出中列支,代垫 600 元向职工个人收回。

　　9 月 10 日,支付电费时,财务会计分录如下:

　　借：业务活动费用——商品和服务费用　　　　　　　　　　　　　　　　　　　2 000
　　　　其他应收款——其他　　　　　　　　　　　　　　　　　　　　　　　　　　　600
　　　　贷：零余额账户用款额度——项目支出用款额度　　　　　　　　　　　　　　　2 600

　　同时,编制预算会计分录:

【事业单位】

　　借：事业支出——项目支出——商品和服务支出　　　　　　　　　　　　　　　2 600
　　　　贷：资金结存——零余额账户用款额度——项目支出用款额度　　　　　　　　　2 600

【行政单位】

　　借：行政支出——项目支出——商品和服务支出　　　　　　　　　　　　　　　2 600
　　　　贷：资金结存——零余额账户用款额度——项目支出用款额度　　　　　　　　　2 600

【例 5-10】　承[例 5-9],2×19 年 9 月 20 日收到个人交回的电费 600 元。

　　9 月 20 日,收到个人交回电费时,财务会计分录如下:

　　借：库存现金——零余额现金　　　　　　　　　　　　　　　　　　　　　　　600
　　　　贷：其他应收款——其他　　　　　　　　　　　　　　　　　　　　　　　　　600

同时,编制预算会计分录:

【事业单位】

借:资金结存——货币资金——库存现金　　　　　　　　　　　　600
　　贷:事业支出——项目支出——商品和服务支出　　　　　　　　　600

【行政单位】

借:资金结存——货币资金——库存现金　　　　　　　　　　　　600
　　贷:行政支出——项目支出——商品和服务支出　　　　　　　　　600

6. 业务预算支出的主要账务处理

(1)支付单位职工(经营部门职工除外)薪酬向单位职工个人支付薪酬时,按照实际支付的数额,借记事业支出或行政支出,贷记"财政拨款预算收入""资金结存"科目。

按照规定代扣代缴个人所得税以及代扣代缴或为职工缴纳职工社会保险费、住房公积金等时,按照实际缴纳的金额,借记事业支出或行政支出,贷记"财政拨款预算收入""资金结存"科目。

(2)为专业业务活动及其辅助活动支付外部人员劳务费按照实际支付给外部人员个人的金额,借记事业支出或行政支出,贷记"财政拨款预算收入""资金结存"科目。

按照规定代扣代缴个人所得税时,按照实际缴纳的金额,借记事业支出或行政支出,贷记"财政拨款预算收入""资金结存"科目。

(3)开展专业业务活动及其辅助活动过程中为购买存货、固定资产、无形资产等以及在建工程支付相关款项时,按照实际支付的金额,借记事业支出或行政支出,贷记"财政拨款预算收入""资金结存"科目。

(4)开展专业业务活动及其辅助活动过程中发生预付账款时,按照实际支付的金额,借记事业支出或行政支出,贷记"财政拨款预算收入""资金结存"科目。

对于暂付款项,在支付款项时可不做预算会计处理,待结算或报销时,按照结算或报销的金额,借记事业支出或行政支出,贷记"资金结存"科目。

(5)开展专业业务活动及其辅助活动过程中缴纳的相关税费以及发生的其他各项支出,按照实际支付的金额,借记事业支出或行政支出,贷记"财政拨款预算收入""资金结存"科目。

(6)开展专业业务活动及其辅助活动过程中因购货退回等发生款项退回,或者发生差错更正的,属于当年支出收回的,按照收回或更正金额,借记"财政拨款预算收入""资金结存"科目,贷记事业支出或行政支出。

(7)年末,将事业支出或行政支出本年发生额中的财政拨款支出转入财政拨款结转,借记"财政拨款结转——本年收支结转"科目,贷记事业支出或行政支出下各财政拨款支出明细科目;将事业支出或行政支出本年发生额中的非财政专项资金支出转入非财政拨款结转,借记"非财政拨款结转——本年收支结转"科目,贷记事业支出或行政支出下各非财政专项资金支出明细科目;将事业支出或行政支出本年发生额中的其他资金支出(非财政非专项资金支出)转入其他结余,借记"其他结余"科目,贷记事业支出或行政支出下其他资金支出明细科目。

特别提示 5-2

事业单位的专业业务活动

事业单位的专业业务活动在不同行业的事业单位中表现为不同的具体内容。例如,教育事业单位主要表现为教学和科研事业活动,科学事业单位主要表现为科研、科普和教学事业活动,医疗卫生事业单位主要表现为医疗和科教事业活动,文化文物事业单位主要表现为图书阅览、艺术展览、文物展示等事业活动,广播电视事业单位主要表现为广播电视节目的制作、播出等事业活动,体育事业单位主要表现为体育训练、群众体育等事业活动。

业务预算支出的主要账务处理如表 5-5 所示。

表 5-5　　　　　　　　　　业务预算支出的主要账务处理

序号	业务内容		账务处理	
			财务会计	预算会计
1	为履职或开展业务活动人员计提并支付职工薪酬	计提时	借:业务活动费用 　贷:应付职工薪酬	—
		实际支付并代扣个人所得税时	借:应付职工薪酬 　贷:财政拨款收入/零余额账户用款额度/银行存款等 　　其他应交税费——应交个人所得税	【事业单位】 借:事业支出[按照支付给个人部分] 　贷:财政拨款预算收入/资金结存 【行政单位】 借:行政支出[按照支付给个人部分] 　贷:财政拨款预算收入/资金结存
		实际缴纳税款时	借:其他应交税费——应交个人所得税 　贷:银行存款/零余额账户用款额度等	【事业单位】 借:事业支出[按照实际缴纳额] 　贷:资金结存等 【行政单位】 借:行政支出[按照实际缴纳额] 　贷:资金结存等
2	为履职或开展业务活动发生的外部人员劳务费	计提时	借:业务活动费用 　贷:其他应付款	—
		实际支付并代扣个人所得税时	借:其他应付款 　贷:财政拨款收入/零余额账户用款额度/银行存款等 　　其他应交税费——应交个人所得税	【事业单位】 借:事业支出[按照实际支付给个人部分] 　贷:财政拨款预算收入/资金结存 【行政单位】 借:行政支出[按照实际支付给个人部分] 　贷:财政拨款预算收入/资金结存
		实际缴纳税款时	借:其他应交税费——应交个人所得税 　贷:银行存款/零余额账户用款额度等	【事业单位】 借:事业支出[按照实际缴纳额] 　贷:资金结存等 【行政单位】 借:行政支出[按照实际缴纳额] 　贷:资金结存等

(续表)

序号	业务内容			账务处理	
				财务会计	预算会计
3	为履职或开展业务活动发生的预付款项	预付账款	支付款项	借：预付账款 　贷：财政拨款收入/零余额账户用款额度/银行存款等	【事业单位】 借：事业支出 　贷：财政拨款预算收入/资金结存 【行政单位】 借：行政支出 　贷：财政拨款预算收入/资金结存
			结算	借：业务活动费用 　贷：预付账款 　　财政拨款收入/零余额账户用款额度/银行存款等[补付金额]	【事业单位】 借：事业支出 　贷：财政拨款预算收入/资金结存[补付金额] 【行政单位】 借：行政支出 　贷：财政拨款预算收入/资金结存[补付金额]
		暂付款项	支付款项	借：其他应收款 　贷：银行存款等	—
			结算或报销	借：业务活动费用 　贷：其他应收款	【事业单位】 借：事业支出 　贷：资金结存等 【行政单位】 借：行政支出 　贷：资金结存等
4	为履职或开展业务活动购买资产或支付在建工程款等	按照实际支付或应付的价款		借：库存物品/固定资产/无形资产/在建工程等 　贷：财政拨款收入/零余额账户用款额度/银行存款/应付账款等	【事业单位】 借：事业支出 　贷：财政拨款预算收入/资金结存 【行政单位】 借：行政支出 　贷：财政拨款预算收入/资金结存
5	为履职或开展业务活动领用库存物品	按照领用库存物品的成本		借：业务活动费用 　贷：库存物品	—
6	为履职或开展业务活动计提的固定资产、无形资产、公共基础设施、保障性住房的折旧（摊销）	按照计提的折旧、摊销额		借：业务活动费用 　贷：固定资产累计折旧/无形资产累计摊销/公共基础设施累计折旧(摊销)/保障性住房累计折旧	—

（续表）

序号	业务内容		账务处理	
			财务会计	预算会计
7	为履职或开展业务活动发生应负担的税金及附加时	确认其他应交税费时	借：业务活动费用 　　贷：其他应交税费	—
		支付其他应交税费时	借：其他应交税费 　　贷：银行存款等	【事业单位】 借：事业支出 　　贷：资金结存等 【行政单位】 借：行政支出 　　贷：资金结存等
8	为履职或开展业务活动发生其他各项费用		借：业务活动费用 　　贷：财政拨款收入/零余额账户用款额度/银行存款/应付账款/其他应付款等	【事业单位】 借：事业支出[按照实际支付的金额] 　　贷：财政拨款预算收入/资金结存 【行政单位】 借：行政支出[按照实际支付的金额] 　　贷：财政拨款预算收入/资金结存
9	计提专用基金	从收入中按照一定比例提取基金并计入费用	借：业务活动费用 　　贷：专用基金 【注意：行政单位不涉及计提专用基金】	—
10	购货退回等	当年发生的	借：财政拨款收入/零余额账户用款额度/银行存款/应收账款等 　　贷：库存物品/业务活动费用	【事业单位】 借：财政拨款预算收入/资金结存 　　贷：事业支出 【行政单位】 借：财政拨款预算收入/资金结存 　　贷：行政支出
11	期末/年末结转		借：本期盈余 　　贷：业务活动费用	借：财政拨款结转——本年收支结转[财政拨款支出] 　　非财政拨款结转——本年收支结转[非同级财政专项资金支出] 　　其他结余[非同级财政、非专项资金支出] 　　贷：事业支出 【注意：行政单位贷方科目为"行政支出"】

【例5-11】 2×19年4月18日，某单位通过政府采购方式购置1台复印机，用中央财政资金授权支付14 400元，复印机已运到并验收使用。

4月18日，采购设备时，财务会计分录如下：

借：固定资产——通用设备　　　　　　　　　　　　　　　　　　　　　14 400
　　贷：零余额账户用款额度——基本支出用款额度　　　　　　　　　　14 400

同时，编制预算会计分录：
【事业单位】

借：事业支出——基本支出——资本性支出——办公设备购置　　　　　14 400
　　贷：资金结存——零余额账户用款额度　　　　　　　　　　　　　　14 400

【行政单位】

借：行政支出——基本支出——资本性支出——办公设备购置　　　　　　　　14 400
　　贷：资金结存——零余额账户用款额度　　　　　　　　　　　　　　　　　　14 400

【例 5-12】 2×19 年 6 月 11 日，某单位王某从课题中报销材料费 4 900 元。

6 月 11 日，报销材料费时，财务会计分录如下：

借：业务活动费用——商品和服务费用　　　　　　　　　　　　　　　　　　　4 900
　　贷：零余额账户用款额度——项目支出用款额度　　　　　　　　　　　　　　49 00

同时，编制预算会计分录：

【事业单位】

借：事业支出——项目支出——商品和服务支出　　　　　　　　　　　　　　　4 900
　　贷：资金结存——零余额账户用款额度——项目支出用款额度　　　　　　　　4 900

【行政单位】

借：行政支出——项目支出——商品和服务支出　　　　　　　　　　　　　　　4 900
　　贷：资金结存——零余额账户用款额度——项目支出用款额度　　　　　　　　4 900

【例 5-13】 2×19 年 4 月 17 日，某单位机关职工冯某使用公务卡购买办公用品 1 000 元，经审批从中央财政资金列支，李某办理了报销手续，尚未还公务卡款。

4 月 17 日，报销时，财务会计分录如下：

【事业单位】

借：单位管理费用——商品和服务费用　　　　　　　　　　　　　　　　　　　1 000
　　贷：其他应付款——待清算报销额度——待清算公务卡报销额度　　　　　　　1 000

【行政单位】

借：业务活动费用——商品和服务费用　　　　　　　　　　　　　　　　　　　1 000
　　贷：其他应付款——待清算报销额度——待清算公务卡报销额度　　　　　　　1 000

尚未还公务卡款，不用编制预算会计分录。

【例 5-14】 承[例 5-13]，2×19 年 4 月 23 日，该单位局机关职工李某于 20—23 日去省局开会，22 日回到单位上班后，报销往返路途的差旅费 1 660 元。其中用公务卡支付往返高铁票款 1 200 元，余下的伙食补助费 260 元和市内交通费 200 元以现金支付。已知该差旅费全部使用中央财政资金，财政授权支付。

4 月 23 日，报销时，财务会计分录如下：

【事业单位】

借：单位管理费用——商品和服务费用　　　　　　　　　　　　　　　　　　　1 660
　　贷：其他应付款——待清算报销额度——待清算公务卡报销额度　　　　　　　1 200
　　　　库存现金——零余额现金　　　　　　　　　　　　　　　　　　　　　　　460

【行政单位】

借：业务活动费用——商品和服务费用	1 660
贷：其他应付款——待清算报销额度——待清算公务卡报销额度	1 200
库存现金——零余额现金	460

同时，编制预算会计分录：

【事业单位】

| 借：事业支出——基本支出——商品和服务支出——差旅费 | 460 |
| 贷：资金结存——货币资金——库存现金 | 460 |

【行政单位】

| 借：行政支出——基本支出——商品和服务支出——差旅费 | 460 |
| 贷：资金结存——货币资金——库存现金 | 460 |

【例 5-15】 承［例 5-13］［例 5-14］，2×19 年 4 月 29 日，该单位通过公务卡管理系统集中付还职工李某本月的公务卡消费欠款共 2 200 元。

财务会计分录如下：

| 借：其他应付款——待清算报销额度——待清算公务卡报销额度 | 2 200 |
| 贷：零余额账户公款额度——基本支出用款额度 | 2 200 |

同时，编制预算会计分录：

【事业单位】

借：事业支出——基本支出——商品和服务支出——办公费	1 000
事业支出——基本支出——商品和服务支出——差旅费	1 200
贷：资金结存——零余额账户用款额度	2 200

【行政单位】

借：行政支出——基本支出——商品和服务支出——办公费	1 000
行政支出——基本支出——商品和服务支出——差旅费	1 200
贷：资金结存——零余额账户用款额度	2 200

【例 5-16】 2×19 年 8 月末，某单位根据固定资产折旧明细表，计提固定资产折旧和无形资产摊销。

表 5-6　　　　　　　　　　　　**固定资产折旧明细表**

资产类别	使用部门	资产原值	每月应计提折旧
房屋	管理部门	4 000 000	4 000
房屋	业务部门	6 000 000	5 500
通用设备	管理部门	64 0000	800
通用设备	业务部门	36 0000	500
合计		11 000 000	10 800

8 月末计提固定资产折旧时，财务会计分录如下：

【事业单位】

借：单位活动费用——固定资产折旧费	4 000
业务活动费用——固定资产折旧费	5 500
单位活动费用——固定资产折旧费	800
业务活动费用——固定资产折旧费	500
贷：固定资产累计折旧——房屋及构筑物折旧	9 500
固定资产累计折旧——通用设备折旧	1 300

【行政单位】

借：业务活动费用——固定资产折旧费	10 800
贷：固定资产累计折旧——房屋及构筑物折旧	9 500
固定资产累计折旧——通用设备折旧	1 300

7. 期末余额

期末结转后，本科目应无余额

5.2.2　经营费用与经营支出

【注意：行政单位不涉及"经营费用"与"经营支出"。】

1. 核算内容

经营费用（支出）是指事业单位在专业业务活动及其辅助活动之外开展非独立核算经营活动发生的各项费用（现金流出）。从其概念或定义中可以看出，经营费用（支出）是为了扩大服务，发展事业，利用自身技术、资源等优势，在专业业务活动及其辅助活动之外开展的经营活动所发生的资金、资产的耗费。如果事业单位开展经营活动实行独立财务核算的，则不属于本节所述的"经营费用（支出）"核算范围。

2. 明细科目设置

经营费用应当按照经营活动类别、项目、支付对象等进行明细核算，为了满足成本核算需要，还可按照"工资福利费用""商品和服务费用""对个人和家庭的补助费用""固定资产折旧费""无形资产摊销费"等成本项目设置明细科目，归集能够直接计入单位经营活动或采用一定方法计算后计入单位经营活动的费用。

经营支出应当按照经营活动类别、项目、《政府收支分类科目》中"支出功能分类科目"的项级科目和"部门预算支出经济分类科目"的款级科目等进行明细核算。对于预付款项，可先通过在"经营支出"科目下设置"待处理"明细科目进行明细核算，待确认具体支出项目后再转入"经营支出"科目下相关明细科目。年末结账前，应将"经营支出——待处理"明细科目余额全部转入"经营支出"科目下相关明细科目。

延伸阅读 5-1

2019 年政府收支分类科目正式印发

政府收支分类时财政预算管理的一项重要的基础性工作，直接关系到财政预算管理的透明度，关系到财政预算管理的科学化和规范化，是公共财政体制建设的一个重要环节。

现行政府收支分类科目体系包括收入分类、支出功能分类和支出经济分类三部分，其中：收入分类反映政府收入的来源和性质，支出功能分类反映政府各项职能活动，支出经济分类反映各项支出的经济性质和具体用途，对进一步深化各项财政改革，提高预算透明度和财政管理水平，具有十分重要的推动作用。

3. 经营费用的主要账务处理

（1）为经营活动人员计提的薪酬，按照计算确定的金额，借记本科目，贷记"应付职工薪酬"科目。

（2）开展经营活动领用或发出库存物品，按照物品实际成本，借记本科目，贷记"库存物品"科目。

（3）为经营活动所使用固定资产、无形资产计提的折旧、摊销，按照应提折旧、摊销额，借记本科目，贷记"固定资产累计折旧""无形资产累计摊销"科目。

（4）开展经营活动发生城市维护建设税、教育费附加、地方教育费附加、车船税、房产税、城镇土地使用税等，按照计算确定应交纳的金额，借记本科目，贷记"其他应交税费"等科目。

（5）发生与经营活动相关的其他各项费用时，按照费用确认金额，借记本科目，贷记"银行存款""其他应付款""其他应收款"等科目。涉及增值税业务的，相关账务处理参见"应交增值税"科目。

（6）发生当年购货退回等业务，对于已计入本年经营费用的，按照收回或应收的金额，借记"银行存款""其他应收款"等科目，贷记本科目。

（7）期末，将经营费用本期发生额转入本期盈余，借记"本期盈余"科目，贷记本科目。

经营费用的账务处理如表5-7所示。

表5-7　　　　　　　　　　　　　　**经营费用的主要账务处理**

序号	业务内容		账务处理	
			财务会计	预算会计
1	为经营活动人员支付职工薪酬	计提	借：经营费用 　贷：应付职工薪酬	—
		实际支付	借：应付职工薪酬 　贷：银行存款等 　　其他应交税费——应交个人所得税	借：经营支出[按照支付给个人部分] 　贷：资金结存——货币资金
		实际支付税款时	借：其他应交税费——应交个人所得税 　贷：银行存款等	借：经营支出[按照实际缴纳额] 　贷：资金结存——货币资金
2	为开展经营活动购买资产或支付在建工程款	按照实际支付或应付的金额	借：库存物品/固定资产/无形资产/在建工程 　贷：银行存款/应付账款等	借：经营支出 　贷：资金结存——货币资金[按照实际支付金额]
3	开展经营活动内部领用材料或出售发出物品等	按照实际成本	借：经营费用 　贷：库存物品	—
4	开展经营活动发生的预付款项	预付时，按照预付的金额	借：预付账款 　贷：银行存款	借：经营支出 　贷：资金结存——货币资金
		结算时	借：经营费用 　贷：预付账款 　　银行存款等[补付金额]	借：经营支出 　贷：资金结存——货币资金[补付金额]

(续表)

序号	业务内容		账务处理	
			财务会计	预算会计
5	开展经营活动发生应负担的税金及附加时	按照计算确定的缴纳金额	借：经营费用 贷：其他应交税费	—
		实际缴纳时	借：其他应交税费 贷：银行存款等	借：经营支出 贷：资金结存——货币资金
6	开展经营活动发生的其他各项费用		借：经营费用 贷：银行存款/应付账款等	借：经营支出[按照实际支付的金额] 贷：资金结存——货币资金
7	经营活动用固定资产、无形资产计提的折旧、摊销	按照计提的折旧、摊销额	借：经营费用 贷：固定资产累计折旧/无形资产累计摊销	—
8	计提专用基金	按照预算收入的一定比例计提并列入费用	借：经营费用 贷：专用基金	—
9	购货退回等	当年发生的	借：银行存款/应收账款等 贷：库存物品/经营费用等	借：资金结存——货币资金[按照实际收到的金额] 贷：经营支出
10	期末/年末结转		借：本期盈余 贷：经营费用	借：经营结余 贷：经营支出

? 相关思考5-2

正确区分事业单位各项业务活动

事业单位应当正确区分在开展专业业务活动及其辅助活动中形成的业务活动费用、在开展单位管理活动中形成的单位管理费用以及在开展非独立核算经营活动中形成的经营费用。事业单位开展的专业业务活动及其辅助活动以及单位管理活动也可统称为事业活动，事业活动与经营活动对应。事业单位开展的非独立核算经营活动应当是小规模的，在公益一类事业单位中基本也是没有的。行政单位没有经营活动。

4. 经营支出的主要账务处理

（1）支付经营部门职工薪酬。向职工个人支付薪酬时，按照实际的金额，借记本科目，贷记"资金结存"科目。

按照规定代扣代缴个人所得税以及代扣代缴或为职工缴纳职工社会保险费、住房公积金时，按照实际缴纳的金额，借记本科目，贷记"资金结存"科目。

（2）为经营活动支付外部人员劳务费。按照实际支付给外部人员个人的金额，借记本科目，贷记"资金结存"科目。

按照规定代扣代缴个人所得税时，按照实际缴纳的金额，借记本科目，贷记"资金结存"科目。

（3）开展经营活动过程中为购买存货、固定资产、无形资产等以及在建工程支付相关款项时，按照实际支付的金额，借记本科目，贷记"资金结存"科目。

（4）开展经营活动过程中发生预付账款时，按照实际支付的金额，借记本科目，贷记"资金结存"科目。

对于暂付款项，在支付款项时可不做预算会计处理，待结算或报销时，按照结算或报销的金额，借记本科目，贷记"资金结存"科目。

（5）因开展经营活动缴纳的相关税费以及发生的其他各项支出，按照实际支付的金额，借记本科目，贷记"资金结存"科目。

（6）开展经营活动中因购货退回等发生款项退回，或者发生差错更正的，属于当年支出收回的，按照收回或更正金额，借记"资金结存"科目，贷记本科目。

（7）年末，将本科目本年发生额转入经营结余，借记"经营结余"科目，贷记本科目。

经营支出的主要账务处理如表5-8所示。

表5-8 经营支出的主要账务处理

序号	业务内容		账务处理	
			财务会计	预算会计
1	为经营活动人员支付职工薪酬	计提	借：经营费用 　贷：应付职工薪酬	—
		实际支付	借：应付职工薪酬 　贷：银行存款等 　　其他应交税费——应交个人所得税	借：经营支出[按照支付给个人部分] 　贷：资金结存——货币资金
		实际支付税款时	借：其他应交税费——应交个人所得税 　贷：银行存款等	借：经营支出[按照实际缴纳额] 　贷：资金结存——货币资金
2	为开展经营活动购买资产或支付在建工程款	按照实际支付或应付的金额	借：库存物品/固定资产/无形资产/在建工程 　贷：银行存款/应付账款等	借：经营支出 　贷：资金结存——货币资金[按照实际支付金额]
3	开展经营活动内部领用材料或出售发出物品等	按照实际成本	借：经营费用 　贷：库存物品	—
4	开展经营活动发生的预付款项	预付时，按照预付的金额	借：预付账款 　贷：银行存款	借：经营支出 　贷：资金结存——货币资金
		结算时	借：经营费用 　贷：预付账款 　　银行存款等[补付金额]	借：经营支出 　贷：资金结存——货币资金[补付金额]
5	开展经营活动应负担的税金及附加时	按照计算确定的缴纳金额	借：经营费用 　贷：其他应交税费	—
		实际缴纳时	借：其他应交税费 　贷：银行存款等	借：经营支出 　贷：资金结存——货币资金
6	开展经营活动发生的其他各项费用		借：经营费用 　贷：银行存款/应付账款等	借：经营支出[按照实际支付的金额] 　贷：资金结存——货币资金

(续表)

序号	业务内容		账务处理	
			财务会计	预算会计
7	经营活动用固定资产、无形资产计提的折旧、摊销	按照计提的折旧、摊销额	借：经营费用 　贷：固定资产累计折旧/ 　　　无形资产累计摊销	—
8	计提专用基金	按照预算收入的一定比例计提并列入费用	借：经营费用 　贷：专用基金	—
9	购货退回等	当年发生的	借：银行存款/应收账款等 　贷：库存物品/经营费用等	借：资金结存——货币资金[按照实际收到的金额] 　贷：经营支出
10	期末/年末结转		借：本期盈余 　贷：经营费用	借：经营结余 　贷：经营支出

【例5-17】 2×19年2月初，某事业单位为经营部门的长期外聘人员计发当月工资薪酬78 000元，在工资中代扣个人应缴的社会保险费4 500元（养老保险2 500元，医疗保险2 000元）、住房公积金2 000元、个人所得税1 200元。

计提工资时，财务会计分录如下：

借：经营费用——工资福利费用——其他工资福利费用　　　　　　　　　　78 000
　　贷：应付职工薪酬——基本工资（含离退休费）　　　　　　　　　　　70 300
　　　　　　　　　　——机关事业单位基本养老保险缴费　　　　　　　 2 500
　　　　　　　　　　——职工基本医疗保险缴费　　　　　　　　　　　 2 000
　　　　　　　　　　——住房公积金　　　　　　　　　　　　　　　　 2 000
　　　　其他应交税费——应交个人所得税　　　　　　　　　　　　　　 1 200

【例5-18】 承[例5-17]，当月12日，该单位银行发放经营活动职工本月的工资薪酬70 300元。

2月12日，发放工资时，财务会计分录如下：

借：应付职工薪酬——基本工资（含离退休费）　　　　　　　　　　　　70 300
　　贷：银行存款——基本账户存款　　　　　　　　　　　　　　　　　70 300

同时，编制预算会计分录：

借：经营支出——工资福利支出——其他工资福利支出　　　　　　　　　70 300
　　贷：资金结存——货币资金——银行存款　　　　　　　　　　　　　70 300

【例5-19】 承[例5-17]，当月16日，该单位通过银行缴纳经营活动职工本月的社保缴费4 500元。

财务会计分录如下：

借：应付职工薪酬——机关事业单位基本养老保险缴费　　　　　　　　　2 500
　　　　　　　　——职工基本医疗保险缴费　　　　　　　　　　　　　2 000
　　贷：银行存款——基本账户存款　　　　　　　　　　　　　　　　　4 500

同时，编制预算会计分录：

```
借：经营支出——工资福利支出——机关事业单位基本养老保险缴费        2 500
                            ——职工基本医疗保险缴费                 2 000
    贷：资金结存——货币资金——银行存款                              4 500
```

【例 5-20】 承[例 5-17]，当月 16 日，该单位通过银行缴纳住房公积金 4 000 元。

财务会计分录如下：

```
借：应付职工薪酬——住房公积金                                      2 000
    经营费用——工资福利费用——其他工资福利费用                       2 000
    贷：银行存款——基本账户存款                                      4 000
```

同时，编制预算会计分录：

```
借：经营支出——工资福利支出——住房公积金                           4 000
    贷：资金结存——货币资金——银行存款                              4 000
```

【例 5-21】 承[例 5-17]，当月 16 日，该单位通过银行缴纳个人所得税 1 200 元。

财务会计分录如下：

```
借：其他应交税费——应交个人所得税                                  1 200
    贷：银行存款——基本账户存款                                     1 200
```

同时，编制预算会计分录：

```
借：经营支出——工资福利支出——其他工资福利支出                      1 200
    贷：资金结存——货币资金——银行存款                              1 200
```

【例 5-22】 2×19 年 5 月 31 日，某事业单位所属宾馆根据固定资产折旧表计提固定资产折旧。

表 5-9　　　　　　　　　　　固定资产折旧明细表

资产类别	名称	资产原值	每月应计提折旧
房屋	主楼	6 000 000	6 000
房屋	配楼	3 600 000	3 600
通用设备	—	720 000	1 100
合计		10 320 000	10 700

5 月末计提固定资产折旧时，财务会计分录如下：

```
借：经营费用——固定资产折旧费                                      10 700
    贷：固定资产累计折旧——房屋及构筑物折旧                          9 600
        固定资产累计折旧——通用设备折旧                              1 100
```

【例 5-23】 承[例 5-22]，月末，根据无形资产摊销表。

表 5-10　　　　　　　　　　　无形资产摊销明细表

资产类别	使用部门	资产原值	每月应计提折旧
无形资产	前台	32 600	520
合计		32 600	520

5月末计提固定资产折旧时,财务会计分录如下:

借:经营费用——无形资产摊销费　　　　　　　　　　　　　　　　520
　　贷:无形资产累计摊销　　　　　　　　　　　　　　　　　　　　　520

5. 期末余额

期末结转后,经营费用与经营支出科目应无余额。

5.2.3　资产处置费用

资产处置的形式按照规定包括无偿调拨、出售、出让、转让、置换、对外捐赠、报废、毁损以及货币性资产损失核销等。资产处置费用就是经批准处置资产时发生的费用,包括转销的被处置资产价值,以及在处置过程中发生的相关费用或者处置收入小于相关费用形成的净支出。

1. 核算内容

首先要了解、熟悉和掌握单位所在行业、地区对各项资产的管理要求,一般而言,对流动资产和非流动资产的管理要求是不一样的,因而资产处置要求也是不同的。例如,对固定资产进行无偿调拨、出售、出让、转让、置换、对外捐赠时,是不需要通过"待处理财产损溢"科目核算反映的,发生的处置费用直接记入"资产处置费用"科目;而对固定资产在清查盘点时发生的盘亏、报废、毁损等,则应先通过"待处理财产损溢"科目进行核算,再将处理资产价值和处理净支出记入"资产处置费用"科目。

短期投资、长期股权投资、长期债券投资的处置,按照相关资产科目的规定进行账务处理。

2. 明细科目设置

应按照处置资产的类别、资产处置的形式等进行明细核算。

3. 资产处置费用的主要账务处理

1) 不通过"待处理财产损溢"科目核算的资产处置

(1) 按照规定报经批准处置资产时,按照处置资产的账面价值,借记本科目,处置固定资产、无形资产、公共基础设施、保障性住房的,还应借记"固定资产累计折旧""无形资产累计摊销""公共基础设施累计折旧(摊销)""保障性住房累计折旧"科目,按照处置资产的账面余额,贷记"库存物品""固定资产""无形资产""公共基础设施""政府储备物资""文物文化资产""保障性住房""其他应收款""在建工程"等科目。

(2) 处置资产过程中仅发生相关费用的,按照实际发生金额,借记本科目,贷记"银行存款""库存现金"等科目。

(3) 处置资产过程中取得收入的,按照取得的价款,借记"库存现金""银行存款"等科目,按照处置资产过程中发生的相关费用,贷记"银行存款""库存现金"等科目,按照其差额,借记本科目或贷记"应缴财政款"等科目。

涉及增值税业务的,相关账务处理参见"应交增值税"科目。

2) 通过"待处理财产损溢"科目核算的资产处置

(1) 单位账款核对中发现的现金短缺,属于无法查明原因的,报经批准核销时,借记本科目,贷记"待处理财产损溢"科目。

(2) 单位资产清查过程中盘亏或者毁损、报废的存货、固定资产、无形资产、公共基础设施、政府储备物资、文物文化资产、保障性住房等,报经批准处理时,按照处理资产价值,借记本科目,贷记"待处理财产损溢——待处理财产价值"科目。处理收支结清时,处理过程中所取得收入小于所发生相关费用的,按照相关费用减去处理收入后的净支出,借记本科目,贷记"待处理财产损溢——处理净收入"科目。

3)期末,将本科目本期发生额转入本期盈余,借记"本期盈余"科目,贷记本科目。

资产处置费用的主要账务处理如表 5-11 所示。

表 5-11 资产处置费用的主要账务处理

序号	业务内容	账务处理		
			财务会计	预算会计
1	不通过"待处理财产损溢"科目核算的资产处置	转校被处置资产账面价值	借:资产处置费用 　固定资产累计折旧/无形资产累计摊销/公共基础设施累计折旧(摊销)/保障性住房累计折旧 贷:库存物品/固定资产/无形资产/公共基础设施/政府储备物资/文物文化资产/保障性住房/在建工程等[账面余额]	—
		处置资产过程中仅发生相关费用的	借:资产处置费用 贷:银行存款/库存现金等	借:其他支出 贷:资金结存
		处置资产过程中取得收入的	借:库存现金/银行存款等[取得的价款] 贷:银行存款/库存现金等[支付的相关费用] 应缴财政款	—
2	通过"待处理财产损溢"科目核算的资产处置	账款核对中发现的现金短缺,无法查明原因,报经批准核销时	借:资产处置费用 贷:待处理财产损溢	—
		盘亏、毁损、报废的资产 经批准处理时	借:资产处置费用 贷:待处理财产损溢——待处理财产价值	—
		盘亏、毁损、报废的资产 处理过程中所发生的费用大于所取得收入的	借:资产处置费用 贷:待处理财产损溢——处理净收入	借:其他支出[净支出] 贷:资金结存
3	期末结转		借:本期盈余 贷:资产处置费用	—

【例 5-24】 2×19 年 1 月 18 日,某单位经上级主管部门批准,将账面原值为 32 000 元的 4 台台式计算机无偿调拨给另一单位,已知已提折旧 12 000 元,银行转账支付运输费用 1 200 元,经双方协商由调出方负责。

1 月 18 日,无偿调拨时,财务会计分录如下:

借:固定资产累计折旧——通用设备折旧　　　　　　　　　　　12 000
　　无偿调拨净资产　　　　　　　　　　　　　　　　　　　　20 000
　　贷:固定资产——通用设备　　　　　　　　　　　　　　　　　　32 000
借:资产处置费用　　　　　　　　　　　　　　　　　　　　　1 200
　　贷:银行存款——基本账户存款　　　　　　　　　　　　　　　　1 200

同时,编制预算会计分录:

借:其他支出——其他 1 200
　　贷:资金结存——货币资金——银行存款 1 200

【例5-25】 2×19年8月13日,某事业单位报经上级主管单位批准后,报废2台计算机,账面原值为16 800元,已提折旧8 800元。

8月13日报废资产时,财务会计分录如下:

借:待处理财产损溢——固定资产——待处理财产价值 8 000
　　固定资产累计折旧——通用设备折旧 8 800
　　贷:固定资产——通用设备 16 800

借:资产处置费用 8 000
　　贷:待处理财产损溢——固定资产——待处理财产价值 8 000

不用编制预算会计分录。

【例5-26】 承[例5-25],假设需要该事业单位支付运输费700元。

财务会计分录如下:

借:待处理财产损溢——固定资产——待处理财产价值 8 000
　　固定资产累计折旧——通用设备折旧 8 800
　　贷:固定资产——通用设备 16 800

借:资产处置费用 8 000
　　贷:待处理财产损溢——固定资产——待处理财产价值 8 000

借:资产处置费用 700
　　贷:银行存款——基本账户存款 700

同时,编制预算会计分录:

借:其他支出——其他 700
　　贷:资金结存——货币资金——银行存款 700

【例5-27】 2×19年3月26日,资产管理人员会同财务人员、仓库管理人员等对单位所有资产进行清理盘点,经过核对,发现接待室少了1套办公桌椅,账面反映原值4 200元,已提折旧1 300元,已经确认无法查明原因。

3月26日盘亏桌椅时,财务会计分录如下:

借:待处理财产损溢——固定资产——待处理财产价值 2 900
　　固定资产累计折旧 1 300
　　贷:固定资产——家具、用具、装具 4 200

不用编制预算会计分录。

【例5-28】 承[例5-27],2×19年3月30日,写出情况说明后报经单位领导集体决策后同意核销。

3月30日核销桌椅时,财务会计分录如下:

借:资产处置费用 2 900
　　贷:待处理财产损溢——固定资产——待处理财产价值 2 900
不用编制预算会计分录。

4. 期末余额

期末结转后,本科目应无余额。

5.2.4　所得税费用

【注意:行政单位不涉及"所得税费用"。】

所得税费用是反映有企业所得税缴纳义务的事业单位按规定缴纳企业所得税所形成的费用,不包括代扣代缴的个人所得税。

1. 核算内容

各事业单位取得非财政拨款收入,扣除相关成本费用后应按规定计缴企业所得税。缴纳企业所得税的方式一般有核定征收和查账征收两种,一般是当年采取预缴、次年汇算清缴方式,因此,财务会计核算时应准确区分缴纳企业所得税的会计期间,对当年预缴和次年清缴的企业所得税分别处理,如需要调整上年缴纳的所得税费用,应通过"以前年度盈余调整"科目进行;而对于预算会计来说,则不存在这种情况,按实际缴纳企业所得税时的现金流出作为核算依据。

2. 明细科目设置

可按照缴纳企业所得税的项目进行明细核算,以满足各项目成本核算的需要。

3. 所得税费用的主要账务处理

(1) 发生企业所得税纳税义务的,按照税法规定计算的应交税金数额,借记本科目,贷记"其他应交税费——应交企业所得税"科目。

(2) 实际缴纳时,按照缴纳金额,借记"其他应交税费——应交企业所得税"科目,贷记"银行存款"科目。

(3) 年末,将所得税费用本年发生额转入本期盈余,借记"本期盈余"科目,贷记本科目。

所得税费用的主要账务处理如表 5-12 所示。

表 5-12　　　　　　　　　　所得税费用的主要账务处理

序号	业务内容		账务处理	
			财务会计	预算会计
1	发生企业所得税纳税义务	按照税法规定计算应交税金数额	借:所得税费用 　贷:其他应交税费——应交企业所得税	—
2		实际缴纳时	借:其他应交税费——应交企业所得税 　贷:银行存款等	借:非财政拨款结余——累计结余 　贷:资金结存——货币资金
3	年末结转		借:本期盈余 　贷:所得税费用	—

【例 5-29】　2×19 年 10 月 30 日,某事业单位计算应缴纳企业所得税 600 元,并在网上进行申报。

10月11日,申报企业所得税时,财务会计分录如下:

借:所得税费用 600
　　贷:其他应交税费——应交企业所得税 600

【例5-30】 承[例5-29],2×19年11月5日,该单位收到银行回单,显示已支付应缴纳的企业所得税700元。

11月5日缴纳企业所得税时,财务会计分录如下:

借:其他应交税费——应交企业所得税 700
　　贷:银行存款——基本账户存款 700

同时,编制预算会计分录:

借:非财政拨款结余——累计结余 700
　　贷:资金结存——货币资金——银行存款 700

【例5-31】 2×19年12月31日,某事业单位经过计算本年应缴纳企业所得税8 000元,而1—11月已申报实际缴纳9 000元,本月做税务申报调整减少1 000元。

12月31日,进行纳税调整时,财务会计分录如下:

借:其他应收款 1 000
　　贷:所得税费用 1 000

不用编制预算会计分录。

【例5-32】 承[例5-31],2×20年3月15日,假设该单位经过税务师事务所对上年应缴企业所得税进行税审,税审报告反映,上年应缴企业所得税8 000元,实际应缴纳企业所得税8 800元,据此,该单位进行了税务申报,并从银行直接托收补缴了上年还应缴纳的企业所得税800元。

3月15日,财务会计分录如下:

借:以前年度盈余调整 1 800
　　贷:其他应收款——应退企业所得税 1 000
　　　　银行存款——基本账户存款 800

同时,编制预算会计分录:

借:非财政拨款结余 800
　　贷:资金结存——货币资金——银行存款 800

【例5-33】 承[例5-31],2×20年3月5日,该单位经过税务师事务所对上年应缴企业所得税进行汇缴清算,上年应缴企业所得税8 000元,实际已缴企业所得税6 500元,据此,该单位进行了税务申报补缴500元。

3月5日,财务会计分录如下:

借:以前年度盈余调整 1 500
　　贷:银行存款——基本账户存款 1 500

同时,编制预算会计分录:

借：非财政拨款结余　　　　　　　　　　　　　　　　　　　　　　　　　1 500
　　贷：资金结存——货币资金——银行存款　　　　　　　　　　　　　　　　1 500

【例 5-34】 2×19 年 12 月 31 日,某事业单位对所得税费用年末累计借方余额 1 800 元进行结转。

12 月 31 日结转所得税时,财务会计分录如下:

借：本期盈余　　　　　　　　　　　　　　　　　　　　　　　　　　　1 800
　　贷：所得税费用　　　　　　　　　　　　　　　　　　　　　　　　　1 800

不用编制预算会计分录。

4. 期末余额

年末结转后,"所得税费用"科目应无余额。

5.2.5 投资支出

【注意:行政单位不涉及"投资支出"。】

1. 核算内容

投资支出是指事业单位以货币资金对外投资发生的现金流出,并不包括以非货币资金发生的对外投资,前面有关资产的章节中已阐述相关对外投资事宜。

2. 明细科目设置

投资支出应当按照投资类型、投资对象、《政府收支分类科目》中"支出功能分类科目"的项级科目和"部门预算支出经济分类科目"的款级科目等进行明细核算。

3. 投资支出的主要账务处理

(1) 以货币资金对外投资时,按照投资金额和所支付的相关税费金额的合计数,借记本科目,贷记"资金结存"科目。

(2) 出售、对外转让或到期收回本年度以货币资金取得的对外投资的,如果按规定将投资收益纳入单位预算,按照实际收到的金额,借记"资金结存"科目,按照取得投资时本科目的发生额,贷记本科目,按照其差额,贷记或借记"投资预算收益"科目;如果按规定将投资收益上缴财政的,按照取得投资时本科目的发生额,借记"资金结存"科目,贷记本科目。

出售、对外转让或到期收回以前年度以货币资金取得的对外投资的,如果按规定将投资收益纳入单位预算,按照实际收到的金额,借记"资金结存"科目,按照取得投资时本科目的发生额,贷记"其他结余"科目,按照其差额,贷记或借记"投资预算收益"科目;如果按规定将投资收益上缴财政的,按照取得投资时本科目的发生额,借记"资金结存"科目,贷记"其他结余"科目。

(3) 年末,将投资支出本年发生额转入其他结余,借记"其他结余"科目,贷记本科目。

投资支出的主要账务处理如表 5-13 所示。

表 5-13　　　　　　　　　　　**投资支出的主要账务处理**

序号	业务内容	账务处理	
		财务会计	预算会计
1	以货币资金对外投资时	借：短期投资/长期股权投资/长期债券投资 　　贷：银行存款	借：投资支出 　　贷：资金结存——货币资金

(续表)

序号	业务内容		账务处理	
			财务会计	预算会计
2	出售、对外转让或到期收回本年度以货币资金取得的对外投资	实际取得价款大于投资成本的	借：银行存款等[实际取得或收回的金额] 贷：短期投资/长期债券投资等[账面余额] 　　应收利息[账面余额] 　　投资收益	借：资金结存——货币资金 贷：投资支出[投资成本] 　　投资预算收益
		实际取得价款小于投资成本的	借：银行存款等[实际取得或收回的金额] 　　投资收益 贷：短期投资/长期债券投资等[账面余额] 　　应收利息[账面余额]	借：资金结存——货币资金 　　投资预算收益 贷：投资支出[投资成本]
3	年末结转		—	借：其他结余 贷：投资支出

【例5-35】 2×19年2月20日,某事业单位决定利用科技服务结存资金60 000元购买一年期的国债,年利率为4%。

2月20日,购买国债时,财务会计分录如下：

借：短期投资——债券投资——国债　　　　　　　　　　　　　　　　60 000
　　贷：银行存款——基本账户存款　　　　　　　　　　　　　　　　　　60 000

同时,编制预算会计分录：

借：投资支出——债券投资——国债　　　　　　　　　　　　　　　　60 000
　　贷：资金结存——货币资金——银行存款　　　　　　　　　　　　　　60 000

【例5-36】 承[例5-35],2×20年2月20日,该单位购买的国债到期,收回投资本金60 000元和利息2 400元,按国家规定,国债利息留归单位纳入预算统一管理和使用。

2×20年2月20日,财务会计分录如下：

借：银行存款——基本账户存款　　　　　　　　　　　　　　　　　　62 400
　　贷：短期投资——债券投资——国债　　　　　　　　　　　　　　　60 000
　　　　投资收益——国债收益　　　　　　　　　　　　　　　　　　　 2 400

同时,编制预算会计分录：

借：资金结存——货币资金——银行存款　　　　　　　　　　　　　　62 400
　　贷：投资支出——其他支出　　　　　　　　　　　　　　　　　　　60 000
　　　　投资预算收益　　　　　　　　　　　　　　　　　　　　　　　 2 400

【例5-37】 承[例5-36],2×20年2月20日,该单位收回国债投资后,将本息64 000元继续用于投资办企业,注入资本金。

2×20年2月20日投资企业时,财务会计分录如下：

借：长期股权投资　　　　　　　　　　　　　　　　　　　62 400
　　贷：银行存款——基本账户存款　　　　　　　　　　　　　　　62 400

同时，编制预算会计分录：

借：投资支出　　　　　　　　　　　　　　　　　　　　　62 400
　　贷：资金结存——货币资金——银行存款　　　　　　　　　　　62 400

【例5-38】　承[例5-37]，2×20年12月31日，该单位进行年终结账，将投资支出借方累计余额64 000元转入其他结余。

2×20年12月31日结转投资支出时，编制预算会计分录：

借：其他结余　　　　　　　　　　　　　　　　　　　　　62 400
　　贷：投资支出　　　　　　　　　　　　　　　　　　　　　　62 400

4. 期末余额

年末结转后，"投资支出"科目应无余额。

5.2.6　债务还本支出

【注意：行政单位不涉及"债务还本支出"。】

1. 核算内容

债务还本支出是指事业单位偿还自身承担的纳入预算管理的从金融机构举借的债务本金的现金流出，前面有关负债的章节中已阐述相关借入款项事宜。

2. 明细科目设置

债务还本支出应当按照贷款单位、贷款种类、《政府收支分类科目》中"支出功能分类科目"的项级科目和"部门预算支出经济分类科目"的款级科目等进行明细核算。

3. 债务还本支出的主要账务处理

偿还各项短期或长期借款时，按照偿还的借款本金，借记本科目，贷记"资金结存"科目。年末，将债务还本支出本年发生额转入其他结余，借记"其他结余"科目，贷记本科目。

债务还本支出的主要账务处理如表5-14所示。

表5-14　　　　　　　债务还本支出的主要账务处理

序号	业务内容		账务处理	
			财务会计	预算会计
1	短期借款	借入各种短期借款	借：银行存款 　贷：短期借款	借：资金结存——货币资金 　贷：债务算收入
		归还短期借款本金	借：短期借款 　贷：银行存款	借：债务还本支出 　贷：资金结存——货币资金
2	长期借款	借入各项长期借款时	借：银行存款 　贷：长期借款——本金	借：资金结存——货币资金 　贷：债务预算收入
		归还长期借款本金	借：长期借款——本金 　贷：银行存款	借：债务还本支出 　贷：资金结存——货币资金

(续表)

序号	业务内容		账务处理	
			财务会计	预算会计
3	期末/年末结转	债务预算收入结转 专项资金	—	借：债务预算收入 贷：非财政拨款结转——本年收支结转
		债务预算收入结转 非专项资金	—	借：债务预算收入 贷：其他结余
		债务还本支出结转	—	借：其他结余 贷：债务还本支出

【例 5-39】 2×19 年 6 月 5 日,某县事业单位经批准向银行贷款 2 000 000 元,约定贷款期限为 3 年,年利率为 6%,到期一次性还本付息。当天就收到了银行划入的贷款。

6 月 5 日,收到贷款时,财务会计分录如下：

借：银行存款——基本账户存款　　　　　　　　　　　　　　　　　2 000 000
　　贷：长期借款——本金　　　　　　　　　　　　　　　　　　　　　2 000 000

同时,编制预算会计分录：

借：资金结存——货币资金——银行存款　　　　　　　　　　　　　2 000 000
　　贷：债务预算收入　　　　　　　　　　　　　　　　　　　　　　　2 000 000

【例 5-40】 承[例 5-39],该单位每月计提利息 10 000 元。

计提利息时,财务会计分录如下：

借：其他费用——利息支出　　　　　　　　　　　　　　　　　　　　10 000
　　贷：长期借款——应计利息　　　　　　　　　　　　　　　　　　　10 000

【例 5-41】 承[例 5-39],2022 年 6 月 5 日,该单位向银行归还了贷款本金 2 000 000 元及利息 360 000 元。

2022 年 6 月 5 日归还本金,财务会计分录如下：

借：长期借款——本金　　　　　　　　　　　　　　　　　　　　　　2 000 000
　　长期借款——应计利息　　　　　　　　　　　　　　　　　　　　　360 000
　　贷：银行存款——基本账户存款　　　　　　　　　　　　　　　　　2 360 000

同时,编制预算会计分录：

借：债务还本支出　　　　　　　　　　　　　　　　　　　　　　　　2 000 000
　　其他支出——利息支出　　　　　　　　　　　　　　　　　　　　　360 000
　　贷：资金结存——货币资金——银行存款　　　　　　　　　　　　　2 360 000

【例 5-42】 2×19 年 6 月 28 日,某事业单位经批准向银行贷款 1 000 000 元,约定贷款期限为 3 年,年利率 6%(单利计算),每半年支付一次利息。

① 每月计提利息时,财务会计分录如下：

借：其他费用——利息支出　　　　　　　　　　　　　　　　　　　　5 000
　　贷：应付利息　　　　　　　　　　　　　　　　　　　　　　　　　5 000

② 半年后支付利息时，财务会计分录如下：

借：应付利息 30 000
　　贷：银行存款——基本账户存款 30 000

同时，编制预算会计分录：

借：其他支出——利息支出 30 000
　　贷：资金结存——货币资金——银行存款 30 000

③ 2×22年6月28日到期还本时，财务会计分录如下：

借：长期借款 1 000 000
　　应付利息 30 000
　　贷：银行存款——基本账户存款 1 030 000

同时，编制预算会计分录：

借：债务还本支出 1 000 000
　　其他支出 30 000
　　贷：资金结存——货币资金——银行存款 1 030 000

【例5-43】 承[例5-42]，2×19年12月31日，该单位进行年终结转，将债务还本支出累计借方余额1 000 000元结转入其他结余。

12月31日年终结转时，编制预算会计分录如下：

借：其他结余 1 000 000
　　贷：债务还本支出 1 000 000

4. 期末余额

年末结转后，"债务还本支出"科目应无余额。

5.2.7 其他费用与其他支出

1. 核算内容

其他费用是财务会计中的科目，指单位发生的除业务活动费用、单位管理费用、经营费用、资产处置费用、上缴上级费用、附属单位补助费用、所得税费用以外的各项费用，包括利息费用、坏账损失、罚没支出、现金资产捐赠支出以及相关税费、运输费等。

其他支出是预算会计中的科目，指单位除行政支出、事业支出、经营支出、上缴上级支出、对附属单位补助支出、投资支出、债务还本支出以外的各项现金流出，包括利息支出、对外捐赠现金支出、现金盘亏损失、接受捐赠（调入）和对外捐赠（调出）非现金资产发生的税费支出、资产置换过程中发生的相关税费支出、罚没支出等。

2. 明细科目设置

其他费用科目应当按照其他费用的类别等进行明细核算。单位发生的利息费用较多的，可以单独设置"利息费用"科目。

其他支出科目应当按照其他支出的类别，"财政拨款支出""非财政专项资金支出"和"其他资金支出"，《政府收支分类科目》中"支出功能分类科目"的项级科目和"部门预算支出经济分类科目"的款级科目等进行明细核算。其他支出中如有专项资金支出，还应按照具体项目进行明细核算。

有一般公共预算财政拨款、政府性基金预算财政拨款等两种或两种以上财政拨款的单位,还应当在"财政拨款支出"明细科目下按照财政拨款的种类进行明细核算。

单位发生利息支出、捐赠支出等其他支出金额较大或业务较多的,可单独设置"利息支出""捐赠支出"等科目。

3. 其他费用的主要账务处理

(1) 利息费用是指单位向银行和非银行金融机构借贷款项而支付的利息费用。

按期计算确认借款利息费用时,按照计算确定的金额,借记"在建工程"科目或本科目,贷记"应付利息""长期借款——应计利息"科目。

【注意:行政单位不涉及"利息费用"。】

(2) 坏账损失是指事业单位年末对收回后不需上缴财政的应收账款和其他应收款计提坏账准备而发生的费用。

年末,事业单位按照规定对收回后不需上缴财政的应收账款和其他应收款计提坏账准备时,按照计提金额,借记本科目,贷记"坏账准备"科目;冲减多提的坏账准备时,按照冲减金额,借记"坏账准备"科目,贷记本科目。

【注意:行政单位不涉及"坏账损失"。】

(3) 罚没支出。是指单位违反国家法律法规或规章制度而被有关部门罚款或没收现金资产而发生的费用。

单位发生罚没支出的,按照实际缴纳或应当缴纳的金额,借记本科目,贷记"银行存款""库存现金""其他应付款"等科目。

(4) 现金资产捐赠是指单位经批准对外捐赠现金资产发生的费用。

单位对外捐赠现金资产的,按照实际捐赠的金额,借记本科目,贷记"银行存款""库存现金"等科目。

(5) 其他相关费用。单位接受捐赠(或无偿调入)以名义金额计量的存货、固定资产、无形资产,以及成本无法可靠取得的公共基础设施、文物文化资产等发生的相关税费、运输费等,按照实际支付的金额,借记本科目,贷记"财政拨款收入""零余额账户用款额度""银行存款""库存现金"等科目。

单位发生的与受托代理资产相关的税费、运输费、保管费等,按照实际支付或应付的金额,借记本科目,贷记"零余额账户用款额度""银行存款""库存现金""其他应付款"等科目。

(6) 期末,将其他费用本期发生额转入本期盈余,借记"本期盈余"科目,贷记本科目。

4. 其他支出的主要账务处理

(1) 利息支出。支付银行借款利息时,按照实际支付金额,借记本科目,贷记"资金结存"科目。

【注意:行政单位不涉及"利息支出"。】

(2) 对外捐赠现金资产。对外捐赠现金资产时,按照捐赠金额,借记本科目,贷记"资金结存——货币资金"科目。

(3) 现金盘亏损失。每日现金账款核对中如发现现金短缺,按照短缺的现金金额,借记"其他支出"科目,贷记"资金结存——货币资金"科目。经核实,属于应当由有关人员赔偿的,按照收到的赔偿金额,借记"资金结存——货币资金"科目,贷记本科目。

(4) 接受捐赠(无偿调入)和对外捐赠(无偿调出)非现金资产发生的税费支出。接受捐赠(无偿调入)非现金资产发生的归属于捐入方(调入方)的相关税费、运输费等,以及对外捐赠(无偿调出)非现金资产发生的归属于捐出方(调出方)的相关税费、运输费等,按照实际支付金额,借记本科目,贷记"资金结存"科目.

(5) 资产置换过程中发生的相关税费支出。资产置换过程中发生的相关税费,按照实际支付金额,借记本科目,贷记"资金结存"科目。

(6) 其他支出:发生罚没等其他支出时,按照实际支出金额,借记本科目,贷记"资金结存"科目。

(7) 年末,将其他支出本年发生额中的财政拨款支出转入财政拨款结转,借记"财政拨款结转——本年收支结转"科目,贷记本科目下各财政拨款支出明细科目;将其他支出本年发生额中的非财政专项资金支出转入非财政拨款结转,借记"非财政拨款结转——本年收支结转"科目,贷记本科目下各非财政专项资金支出明细科目;将其他支出本年发生额中的其他资金支出(非财政非专项资金支出)转入其他结余,借记"其他结余"科目,贷记本科目下各其他资金支出明细科目。

其他费用和其他支出的主要账务处理如表 5-15 所示。

表 5-15 **其他费用和其他支出的主要账务处理**

序号	业务内容		账务处理	
			财务会计	预算会计
1	利息费用	计算确定借款利息费用时	借:其他费用/在建工程 　贷:应付利息/长期借款——应计利息	—
		实际支付利息时	借:应付利息等 　贷:银行存款等	借:其他支出 　贷:资金结存——货币资金
2	现金资产对外捐赠(按照实际捐赠的金额)		借:其他费用 　贷:银行存款/库存现金等	借:其他支出 　贷:资金结存——货币资金
3	坏账损失	按照规定对应收账款和其他应收款计提坏账准备	借:其他费用 　贷:坏账准备	
		冲减多提的坏账准备时	借:坏账准备 　贷:其他费用	
4	罚没支出	按照实际发生金额	借:其他费用 　贷:银行存款/库存现金/其他应付款	借:其他支出 　贷:资金结存——货币资金[实际支付金额]
5	其他相关税费、运输费等		借:其他费用 　贷:零余额账户用款额度/银行存款等	借:其他支出 　贷:资金结存
6	期末/年末结转		借:本期盈余 　贷:其他费用	借:其他结余[非财政、非专项资金支出] 　非财政拨款结转——本年收支结转[非财政专项资金支出] 　财政拨款结转——本年收支结转[财政拨款资金支出] 　贷:其他支出

【例 5-44】 2×19 年 4 月 11 日,某县事业单位归还了半年前向银行借入的款项 90 000 元,另按协议约定支付借款利息 2 500 元。

4 月 11 日归还借款时,财务会计分录如下:

借:其他费用——利息费用 2 500
　　短期借款 90 000
　　　贷:银行存款——基本账户存款 92 500

同时,编制预算会计分录:

借:债务还本支出 90 000
　　其他支出 2 500
　　　贷:资金结存——货币资金——银行存款 92 500

【例 5-45】 2×19 年 12 月 31 日,某事业单位对其他应收款的年末余额和对方单位的情况进行了检查,分析起可收回性,发现其中的 3 笔共 40 000 元因有证据表明对方单位可能破产,报经批准后计提坏账准备金 40 000 元(这 3 笔应收款项若收回后均不需要上缴财政,单位规定按个别认定法计提)。

12 月 31 日计提坏账准备时,财务会计分录如下:

借:其他费用——坏账损失 40 000
　　　贷:坏账准备 40 000

【例 5-46】 承[例 5-45],2×20 年 1 月 31 日该单位发现上年对其他应收款计提坏账准备金时有误,经核实多提 1 000 元。

1 月 31 日冲回坏账准备时,编制预算会计分录如下:

借:坏账准备 1 000
　　　贷:以前年度盈余调整 1 000

【例 5-47】 2×19 年 4 月 26 日,某单位向扶贫基金会捐赠 30 000 元,银行已划出。

4 月 11 日支付款项时,财务会计分录如下:

借:其他费用——捐赠支出 30 000
　　　贷:银行存款——基本账户存款 30 000

同时,编制预算会计分录:

借:其他支出——捐赠支出 30 000
　　　贷:资金结存——货币资金——银行存款 30 000

【例 5-48】 2×19 年 5 月 26 日,某单位因未及时在网上办理增值税税务申报,经税务局核实后被处以 1 200 元的罚款,经单位领导批准后同意交纳罚款。

5 月 26 日交纳罚款时,财务会计分录如下:

借:其他费用——罚没支出 1 200
　　　贷:库存现金——非零余额现金 1 200

同时,编制预算会计分录:

借：其他支出——罚没支出　　　　　　　　　　　　　　　　　　　　　1 200
　　　　贷：资金结存——货币资金——库存现金　　　　　　　　　　　　　　　　1 200

【例 5-49】 2×19 年 6 月 5 日，某事业单位接受捐赠一件历史文物，无账面价值，经调研咨询也无法确认其市场价值，单位决定按照名义金额入账，在此过程中支付了专家鉴定等费用 2 000 元。

　　6 月 5 日支付费用时，财务会计分录如下：

　　借：固定资产——文物和陈列品——花瓶　　　　　　　　　　　　　　　　　1
　　　　贷：捐赠收入　　　　　　　　　　　　　　　　　　　　　　　　　　　　　1

　　借：其他费用——相关税费　　　　　　　　　　　　　　　　　　　　　2 000
　　　　贷：库存现金——非零余额现金　　　　　　　　　　　　　　　　　　　2 000

　　同时，编制预算会计分录：

　　借：其他支出——相关税费　　　　　　　　　　　　　　　　　　　　　2 000
　　　　贷：资金结存——货币资金——库存现金　　　　　　　　　　　　　　　2 000

5. 期末余额

年末结转后，"其他费用"科目应无余额，"其他支出"科目应无余额。

5.3　调剂性费用与调剂性预算支出的核算

【注意：行政单位不涉及本节内容。】

5.3.1　上缴上级费用与上缴上级支出

1. 核算内容

上缴上级费用（上缴上级支出）是指事业单位按照财政部门和主管部门的规定上缴上级单位款项发生的费用（现金流出）。根据《事业单位财务规则》规定，"非财政补助收入大于支出较多的事业单位，可以实行收入上缴办法。具体办法由财政部门会同有关主管部门制定"。因此，要注意以下四方面的内容：

（1）实行收入上缴是有条件的，即是事业单位非财政补助收入较多，而且超过其正常支出也比较多，才可以按照财政部门和有关主管部门的规定实行收入上缴办法。

（2）上缴上级单位款项必须要有依据，也就是说事先要制定相关的管理办法，才能做到上缴有依据，要杜绝管理上的随意性和行政命令性。

（3）上缴上级单位款项的资金来源，主要是除财政补助收入以外的各项收入，即是说财政补助收入不能用于上缴上级单位。

（4）上缴上级费用（支出）从其使用方向和性质来说，并不是本单位的正常费用（支出），而是具有调剂性质的费用（支出）。

2. 明细科目设置

"上缴上级费用"科目核算事业单位按照财政部门和主管部门的规定上缴上级单位款项发生的费用，应当按照收缴款项单位、缴款项目等进行明细核算。

"上缴上级支出"科目核算事业单位按照财政部门和主管部门的规定上缴上级单位款项

发生的现金流出,应当按照收缴款项单位、缴款项目、《政府收支分类科目》中"支出功能分类科目"的项级科目和"部门预算支出经济分类科目"的款级科目等进行明细核算。

3. 上缴上级支出与上缴上级费用的主要账务处理

1) 上缴上级费用的主要账务处理

(1) 单位发生上缴上级费用的,按照实际上缴的金额或者按照规定计算出应当上缴上级单位的金额,借记本科目,贷记"银行存款""其他应付款"等科目。

(2) 期末,将上缴上级费用本期发生额转入本期盈余,借记"本期盈余"科目,贷记本科目。

2) 上缴上级支出的主要账务处理

(1) 按照规定将款项上缴上级单位的,按照实际上缴的金额,借记本科目,贷记"资金结存"科目。

(2) 年末,将上缴上级支出本年发生额转入其他结余,借记"其他结余"科目,贷记本科目。

上缴上级支出与上缴上级费用的主要账务处理如表 5-16 所示。

表 5-16　　　　　　上缴上级支出与上缴上级费用的主要账务处理

序号	业务内容	账务处理	
		财务会计	预算会计
1	按照实际上缴的金额或者按照规定计算出应当上缴的金额	借:上缴上级费用 　贷:银行存款/其他应付款等	借:上缴上级支出[实际上缴的金额] 　贷:资金结存——货币资金
2	实际上缴应交的金额	借:其他应付款 　贷:银行存款等	
3	期末/年末结转	借:本期盈余 　贷:上缴上级费用	借:其他结余 　贷:上缴上级支出

【例 5-50】 2×19 年 7 月 3 日,某事业单位根据上级主管单位的有关文件规定,按事业收入的 20% 上交主管单位统筹集中款 90 000 元,县局由于资金周转困难,暂未上交。

7 月 3 日计算上交统筹集中款时,财务会计分录如下:

借:上缴上级费用　　　　　　　　　　　　　　　　　　　　　　　　　90 000
　　贷:其他应付款　　　　　　　　　　　　　　　　　　　　　　　　　90 000

【例 5-51】 承[例 5-50],该单位根据资金状况,决定将该笔上交款划出,2×19 年 8 月 3 日,会计人员办理了有关银行转账手续。

8 月 3 日计算上交统筹集中款时,财务会计分录如下:

借:其他应付款　　　　　　　　　　　　　　　　　　　　　　　　　　90 000
　　贷:银行存款——基本账户存款　　　　　　　　　　　　　　　　　　90 000

同时,编制预算会计分录:

借:上缴上级支出　　　　　　　　　　　　　　　　　　　　　　　　　90 000
　　贷:资金结存——货币资金——银行存款　　　　　　　　　　　　　　90 000

【例 5-52】 承[例 5-51],2×19 年 8 月 4 日该单位发现应上的款项为 70 000 元,经与市局核实,市局退回了多上交的 20 000 元。

8月4日退回多交款项时,财务会计分录如下:

借:银行存款——基本账户存款　　　　　　　　　　　　　　20 000
　　贷:上缴上级费用　　　　　　　　　　　　　　　　　　　　　　20 000

同时,编制预算会计分录:

借:资金结存——货币资金——银行存款　　　　　　　　　　2 300
　　贷:上缴上级支出　　　　　　　　　　　　　　　　　　　　　　2 300

> **相关思考 5-3**
>
> **如何区分事业单位财政补助支出和非财政补助支出**
>
> 1. 财政补助支出是指来源于政府财政部门的拨款安排的支出,应当有财政预算。
> 2. 非财政补助指出就是本部门自行组织的其他来源收入安排的支出,主要是:上级部门直接补助、下级单位按比例上缴分成收入。

4. 期末余额

年末结转后,"上缴上级支出""上缴上级费用"科目应无余额。

5.3.2　对附属单位补助费用与对附属单位补助支出

1. 核算内容

对附属单位补助费用(支出)是事业单位用财政拨款收入之外的收入对附属单位补助发生的费用(现金流出),要注意以下三方面的内容:

(1) 对附属单位补助费用(支出)不是本单位的正常费用(支出),而是具有调剂性质的费用(支出)。

(2) 这里所说的附属单位是指事业单位所属独立核算的单位,包括事业单位和企业单位。

(3) 上级单位对附属单位发生补助费用(支出)时,不得使用财政拨款收入,若是财政拨款收入,则应通过调整预算批复下达,不属于对附属单位补助费用(支出)的核算范畴。

2. 明细科目设置

(1) 对附属单位补助费用应当按照接受补助单位、补助项目等进行明细核算。

(2) 对附属单位补助支出应当按照接受补助单位、补助项目、《政府收支分类科目》中"支出功能分类科目"的项级科目和"部门预算支出经济分类科目"的款级科目等进行明细核算。

3. 对附属单位补助费用和对附属单位补助支出的主要账务处理

(1) 对附属单位补助费用的主要账务处理。单位发生对附属单位补助费用的,按照实际补助的金额或者按照规定计算出应当对附属单位补助的金额,借记本科目,贷记"银行存款""其他应付款"等科目。

期末,将对附属单位补助费用本期发生额转入本期盈余,借记"本期盈余"科目,贷记本科目。期末结转后,本科目应无余额。

(2) 对附属单位补助支出的主要账务处理。发生对附属单位补助支出的,按照实际补助的金额,借记本科目,贷记"资金结存"科目。

年末,将对附属单位补助支出本年发生额转入其他结余,借记"其他结余"科目,贷记本科目。年末结转后,本科目应无余额。

对附属单位补助费用和对附属单位补助支出的主要账务处理如表 5-17 所示。

表 5-17　对附属单位补助费用和对附属单位补助支出银行存款的主要账务处理

序号	业务内容	账务处理	
		财务会计	预算会计
1	按照实际补助的金额或者按照规定计算出应当补助的金额	借:对附属单位补助费用 　贷:银行存款/其他应付款等	借:对附属单位补助支出[实际补助的金额] 　贷:资金结存——货币资金
2	实际支出应补助的金额	借:其他应付款 　贷:银行存款等	
3	期末/年末结转	借:本期盈余 　贷:对附属单位补助费用	借:其他结余 　贷:对附属单位补助支出

【例 5-53】　2×19 年 10 月 4 日,某市事业单位根据单位制定的统筹集中款项管理办法,经党组会议审议决定,在全市统筹集中款项中安排所属县事业单位搬迁建设补助经费 120 000 元。

10 月 4 日支付补助费用时,财务会计分录如下:

借:对附属单位补助费用　　　　　　　　　　　　　　　　　　　　　120 000
　贷:银行存款——基本账户存款　　　　　　　　　　　　　　　　　150 000

同时,编制预算会计分录:

借:对附属单位补助支出　　　　　　　　　　　　　　　　　　　　　120 000
　贷:资金结存——货币资金——银行存款　　　　　　　　　　　　　150 000

【例 5-54】　2×19 年 11 月 3 日,某县事业单位根据全年人员经费支出和事业基金结存情况,向市事业单位申请缺口经费补助 200 000 元,月底,市事业单位按照制定的统筹集中款项管理办法,批复决定在全市统筹集中款项中安排县局人员经费支出缺口 180 000 元。

11 月 3 日支付经费支出缺口时,财务会计分录如下:

借:对附属单位补助费用　　　　　　　　　　　　　　　　　　　　　180 000
　贷:其他应付款　　　　　　　　　　　　　　　　　　　　　　　　180 000

4. 期末余额

年末结转后,"对附属单位补助费用""对附属单位补助支出"科目应无余额。

重 要 概 念

费用　预算支出　业务活动费用　单位管理费用　事业支出　经营费用　经营支出　资产处置费用　上缴上级费用　上缴上级支出　对附属单位补助费用　对附属单位补助支出

本章练习

单选题

1. 业务活动费用(行政支出)和单位管理费用(事业支出)按其支出内容和方向划分不包括( )。
   A. 人员支出 　　　　　　　　　　B. 商品和服务支出
   C. 资本性支出 　　　　　　　　　D. 项目支出

2. 为经营活动人员计提的薪酬,按照计算确定的金额,借记( )科目,贷记"应付职工薪酬"科目。
   A. 业务活动费用 　　　　　　　　B. 单位管理费用
   C. 事业支出 　　　　　　　　　　D. 经营费用

3. 其他费用指单位发生的除业务活动费用、资产处置费用以外的各项费用,其中不包括( )。
   A. 利息费用 　　　　　　　　　　B. 工资薪酬
   C. 罚没支出 　　　　　　　　　　D. 坏账损失

4. ( )是事业单位开展专业业务活动及其辅助活动实际发生的各项现金流出。
   A. 事业支出 　　　　　　　　　　B. 业务活动费用
   C. 行政支出 　　　　　　　　　　D. 单位管理费用

5. 行政单位费用不包括( )。
   A. 业务活动费用 　　　　　　　　B. 资产处置费用
   C. 其他费用 　　　　　　　　　　D. 单位管理费用

多选题

1. 业务活动费用(行政支出)和单位管理费用(事业支出)按费用(支出)的资金来源划分可以划分为( )。
   A. 财政拨款支出 　　　　　　　　B. 非财政专项资金支出
   C. 其他资金支出 　　　　　　　　D. 资本性支出

2. 资产处置费用就是经批准处置资产时发生的费用,包括( )。
   A. 转销的被处置资产价值 　　　　B. 在处置过程中发生的相关费用
   C. 处置收入小于相关费用形成的净支出 　　D. 资产原值

3. 固定资产发生的下列( )情况,应先通过"待处理财产损溢"科目进行核算,再将处理资金产价值和处理净支出记入"资产处置费用"科目。
   A. 盘亏 　　　　　　　　　　　　B. 毁损
   C. 报废 　　　　　　　　　　　　D. 对外捐赠

4. 下列属于事业单位会计核算中其他费用的有( )。
   A. 利息费用 　　　　　　　　　　B. 罚没支出
   C. 坏账损失 　　　　　　　　　　D. 现金资产捐赠

5. 事业单位在下列( )情况下,一般不实行收入上缴办法。
   A. 非财政补助收入大于支出较多 　　B. 非财政补助收入小于支出较多
   C. 非财政补助收入大于支出较少 　　D. 非财政补助收入等于支出

判断题

1. 业务活动费用、单位管理费用与事业支出按其支出性质可划分为基本支出和项目支出。( )

2. 经营费用(支出)是指事业单位在专业业务活动及其辅助活动开展非独立核算经营活动发生的各项费用(现金流出)。( )

3. 所得税费用是反映有企业所得税缴纳义务的事业单位按规定缴纳企业所得税所形成的费用,包括

代扣代缴的个人所得税。 （   ）
4. 财政补助收入可以用于上缴上级单位。 （   ）
5. 投资支出是指事业单位以货币资金和非货币资金对外投资发生的现金流出。 （   ）

简答题

1. 简述业务活动费用（行政支出）、单位管理费用（事业支出）的分类？
2. 事业单位怎么划分业务活动费用和单位管理费用？

计算及账务处理题

1. 某事业单位2×19年发生下列经济业务：

(1) 7月11日，某事业单位为某县政府提供科技服务费收到5 000元，开出增值税普通发票，发票注明增值税税额为300元。

(2) 该单位据此计算应缴纳的城市维护建设税为21元，教育费附加为6元，地方教育费附加为3元。

(3) 8月3日，该单位按照银行托收的税费单，缴纳本月税款330元。

要求：请根据上述资料，编制有关的会计分录。

2. 某事业单位2×19年3月开展经营活动，经营活动人员薪酬总额为80 000元，代扣代缴个人所得税4 000元，使用银行存款支付职工薪酬和个人所得税。

要求：请根据上述资料，编制有关的会计分录。

第 6 章　净资产

- ➢ 内容提要
- ➢ 重点难点
- ➢ 学习目标
- ➢ 知识框架
- ➢ 6.1　净资产概述
- ➢ 6.2　盈余及分配的核算
- ➢ 6.3　净资产调整的核算
- ➢ 重要概念
- ➢ 本章练习

内容提要

本章主要讲解了净资产的概念,净资产的计量以及净资产的分类;累计盈余、专用基金、本期盈余及分配的会计核算;权益法调整、以前年度盈余调整以及无偿调拨净资产的会计核算。

重点难点

本章重点为累计盈余明细科目的设置及会计核算、专用基金明细科目的设置及会计核算、以前年度盈余调整科目的设置及会计核算;难点为本期盈余的会计核算、本年盈余分配的会计核算、以前年度盈余调整和权益法调整的会计核算。

学习目标

通过本章学习,学生应掌握累计盈余明细科目的设置及会计核算、专用基金明细科目的设置及会计核算、以前年度盈余调整科目的设置及会计核算、本期盈余的会计核算、本年盈余分配的会计核算;了解净资产的概念、分类及计量、以前年度盈余调整和权益法调整的会计核算。

知识框架

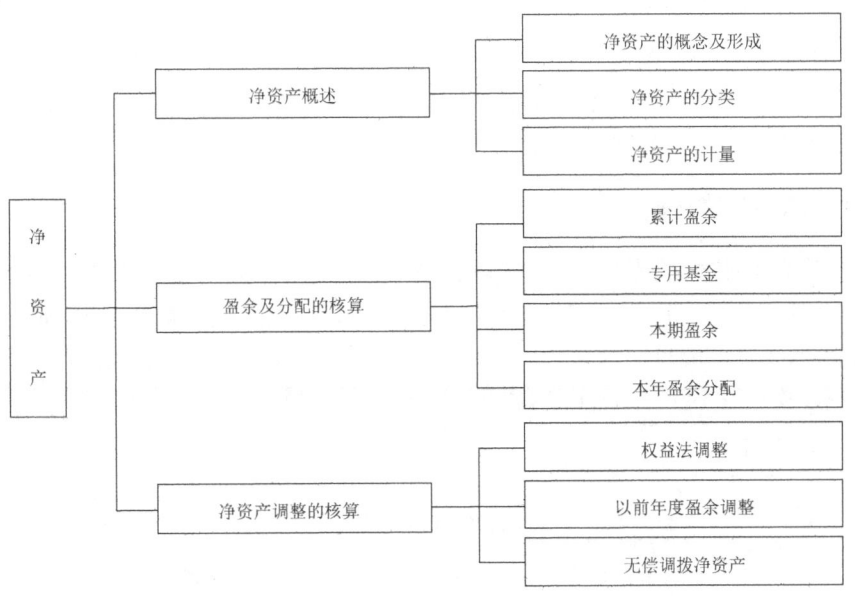

引入案例　事业单位新旧制度下会计科目衔接

财政部于2017年10月24日印发了《政府会计制度——行政事业单位会计科目和报表》(财会〔2017〕25号,以下简称新制度)。执行《事业单位会计制度》(财会〔2012〕22号,以下简称原制度)的单位,自2019年1月1日起执行新制度,不再执行原制度。现将事业单位净资产类财务会计科目的衔接问题作如下解释。

(一)"事业基金"科目

新制度设置了"累计盈余"科目,该科目的核算内容包含了原账"事业基金"科目的核算内容。转账时,单位应当将原账的"事业基金"科目余额转入新账的"累计盈余"科目。

(二)"非流动资产基金"科目

依据新制度,无需对原制度中"非流动资产基金"科目对应内容进行核算。转账时,单位应当将原账的"非流动资产基金"科目余额转入新账的"累计盈余"科目。

(三)"专用基金"科目

新制度设置了"专用基金"科目,该科目的核算内容与原账"专用基金"科目的核算内容基本相同。转账时,单位应当将原账的"专用基金"科目余额转入新账的"专用基金"科目。

(四)"财政补助结转""财政补助结余""非财政补助结转"科目

新制度设置了"累计盈余"科目,该科目的余额包含了原账的"财政补助结转""财政补助结余""非财政补助结转"科目的余额内容。转账时,单位应当将原账的"财政补助结转""财政补助结余""非财政补助结转"科目余额,转入新账的"累计盈余"科目。

(五)"经营结余"科目

新制度设置了"本期盈余"科目,该科目的核算内容包含了原账"经营结余"科目的核算内容。新制度规定"本期盈余"科目余额最终转入"累计盈余"科目,如果原账的"经营结余"科目有借方余额,转账时,单位应当将原账的"经营结余"科目借方余额,转入新账的"累计盈余"科目借方。

(六)"事业结余""非财政补助结余分配"科目

由于原账的"事业结余""非财政补助结余分配"科目年末无余额,这两个科目无需进行转账处理。

6.1　净资产概述

6.1.1　净资产的概念及形成

《基本准则》第三十九条规定:"净资产是指政府会计主体资产扣除负债后的净额。"

净资产是政府单位持有的资产净值及出资者所拥有的产权,它表明单位的资产总额在抵偿完一切现实义务以后的差额部分。

6.1.2　净资产的分类

净资产分为累计盈余、专用基金、权益法调整、本期盈余、本年盈余分配、无偿调拨净资产、以前年度盈余调整。其中,本期盈余、本年盈余分配、无偿调拨净资产、以前年度盈余调整年末无余额,净资产的总额为累计盈余、专用基金和权益法调整余额汇总数。

【注意:行政单位不涉及"专用基金"和"权益法调整"。】

 延伸阅读6-1

政府会计核算模式

行政事业单位是政府会计主体的重要组成部分,政府会计由预算会计和财务会计构成。政府会计核算应当实现预算会计和财务会计适度分离并相互衔接,全面、清晰反映政府财务信息和预算执行信息。

1. 政府预算会计和财务会计的"适度分离"

(1)"双功能",政府会计应当实现预算会计和财务会计双重功能。

(2)"双基础",预算会计实行收付实现制,国务院另有规定的,从其规定;财务会计实行权责发生制。

(3)"双报告",政府会计主体应当编制决算报告和财务报告。

2. 政府预算会计和财务会计的"相互衔接"

政府预算会计和财务会计"适度分离",并不是要求政府会计主体分别建立预算会计和财务会计两套账,对同一笔经济业务或事项进行会计核算,而是要求政府预算会计要素和财务会计要素相互协调,决算报告和财务报告相互补充,共同反映政府会计主体的预算执行信息和财务信息。

通过这种适度分离又相互衔接的政府会计核算模式,使公共资金管理中预算管理、财务管理和绩效管理相互联结、融合,全面提高管理水平和资金使用效率,对于规范政府会计行为,夯实政府会计主体预算和财务管理基础,强化政府绩效管理具有深远的影响。

6.1.3 净资产的计量

净资产是单位拥有的资产总额在扣除了债权人的债务总额后的资产净值,其金额取决于资产和负债的计量。

我国政府会计包括预算会计和财务会计,由于会计要素的不同,会计等式也有所区别。

预算会计等式:预算结余=预算收入-预算支出+结转资金

财务会计等式:资产=负债+净资产

净资产的计量属性

净资产的计量取决于资产和负债的计量:

(1) 资产的计量属性主要包括历史成本、重置成本、现值、公允价值和名义金额。

(2) 负债的计量属性主要包括历史成本、现值和公允价值。

6.2 盈余及分配的核算

6.2.1 累计盈余

1. 核算内容

"累计盈余"科目核算单位历年实现的盈余扣除盈余分配后滚存的金额;因无偿调入调出资产产生的净资产变动额;按照规定上缴、缴回、单位间调剂结转结余资金产生的净资产变动额以及对以前年度盈余的调整金额。

2. 明细科目设置

《政府会计制度》未规定本科目的明细科目设置要求。政府单位可按照核算需要,设置明细科目和辅助核算。

事业单位一般分两种方式设置明细科目:

(1) 按经费性质设置明细科目,如设置"财政拨款结转""财政拨款结余""非财政拨款结转""非财政拨款结转""事业基金""非流动资产基金"等二级明细科目。

"财政拨款结转"是事业单位滚存的财政补助结转资金。下设基本支出结转和项目支出结转三级明细科目。按照项目和部门进行辅助核算。

"财政拨款结余"是事业单位滚存的财政补助项目支出结余资金。本科目按照《政府收支分类科目》中"支出功能分类科目"的相关科目进行明细核算。按照项目和部门进行辅助核算。

"非财政拨款结转"是事业单位除财政补助收支以外的各专项资金收入与其相关支出相抵后剩余滚存的，需按规定用途使用的结转资金。按照项目和部门进行辅助核算。

"非财政拨款结余"是事业单位除财政补助收支以外的各专项资金收入与其相关支出相抵后剩余滚存的待批准留存本单位或原渠道退回的结余资金。按照项目和部门进行辅助核算。

"事业基金"主要是非财政拨款结余和经营结余扣除结余分配后滚存的金额。

"非流动资产基金"是长期投资、固定资产、在建工程、无形资产等非流动资产取得时的价值扣除折旧摊销后占用的金额。下设"长期投资""固定资产""在建工程""无形资产"等三级明细科目。

(2) 按经济业务种类设置二级明细科目，如设置"科研盈余""业务盈余""其他盈余"等二级明细科目；再按经费性质和项目进行辅助核算。

3. 累计盈余的主要账务处理

(1) 年末，将"本年盈余分配"科目的余额转入累计盈余，借记或贷记"本年盈余分配"科目，贷记或借记本科目。

(2) 年末，将"无偿调拨净资产"科目的余额转入累计盈余，借记或贷记"无偿调拨净资产"科目，贷记或借记本科目。

(3) 按照规定上缴财政拨款结转结余、缴回非财政拨款结转资金、向其他单位调出财政拨款结转资金时，按照实际上缴、缴回、调出金额，借记本科目，贷记"财政应返还额度""零余额账户用款额度""银行存款"等科目。

(4) 按照规定从其他单位调入财政拨款结转资金时，按照实际调入金额，借记"零余额账户用款额度""银行存款"等科目，贷记本科目。

(5) 将"以前年度盈余调整"科目的余额转入本科目，借记或贷记"以前年度盈余调整"科目，贷记或借记本科目。

(6) 按照规定使用专用基金购置固定资产、无形资产的，按照固定资产、无形资产成本金额，借记"固定资产""无形资产"科目，贷记"银行存款"等科目；同时，按照专用基金使用金额，借记"专用基金"科目，贷记本科目。

【注意：行政单位不涉及"专用基金"。】

 特别提示6-2

"累计盈余"科目年末余额表示的意义

"累计盈余"科目年末余额，反映政府单位未分配盈余（或未弥补亏损）以及无偿调拨净资产变动的累计数。

累计盈余的主要账务处理如表6-1所示。

表 6-1 累计盈余的主要账务处理

序号	业务内容	账务处理	
		财务会计	预算会计
1	年末,将"本年盈余分配"科目余额转入	借:本年盈余分配 　　贷:累计盈余 或做相反会计分录	—
2	年末,将"无偿调拨净资产"科目余额转入	借:无偿调拨净资产 　　贷:累计盈余 或做相反会计分录	—
3	按照规定上缴财政拨款结转结余、缴回非财政拨款结转资金、向其他单位调出财政拨款结转资金时	借:累计盈余 　　贷:财政应返还额度/零余额账户用款额度/银行存款等	借:财政拨款结转/财政拨款结余/非财政拨款结转/非财政拨款结余 　　贷:资金结存——零余额账户用款额度/货币资金/财政应返还额度等
4	按规定从其他单位调入财政拨款结余资金	借:零余额账户用款额度/银行存款 　　贷:累计盈余	借:资金结存 　　贷:财政拨款结转——归集调入
5	将"以前年度盈余调整"科目余额转入	借:以前年度盈余调整 　　贷:累计盈余 或做相反会计分录	—
6	使用专用基金购置固定资产、无形资产的	按照固定资产、无形资产成本金额 借:固定资产/无形资产 　　贷:银行存款 同时: 借:专用基金 　　贷:累计盈余 【行政单位】无	—

【例 6-1】 2×19 年 12 月 31 日,某事业单位按需自设了二级科目,将"本年盈余分配"年终分配后余额 800 000 元转入"累计盈余"。

2×19 年 12 月 31 日,财务会计分录如下:

借:本年盈余分配——转入累计盈余　　　　　　　　　　　　　　　　　　800 000
　　贷:累计盈余——事业基金　　　　　　　　　　　　　　　　　　　　　　800 000

【例 6-2】 2×19 年 12 月 31 日,某行政单位将"无偿调拨净资产"年末余额 1 800 000 元(其中:固定资产 1 000 000 元、在建工程 800 000 元)转入"累计盈余"。

2×19 年 12 月 31 日,财务会计分录如下:

借:无偿调拨净资产——固定资产　　　　　　　　　　　　　　　　　　1 000 000
　　　　　　　　　——在建工程　　　　　　　　　　　　　　　　　　　　800 000
　　贷:累计盈余　　　　　　　　　　　　　　　　　　　　　　　　　　　1 800 000

【例 6-3】 某事业单位 2×16 年财政拨款实验室设备购置项目,因政府采购公开招标确定的采购中标价格低于财政拨款预算金额,形成结余资金 150 000 元,一直挂账未使用,也未编入下年预算,该项目为财政授权支付,2×19 年 2 月 12 日按照审计整改要求上缴该项财政拨款结余资金。

2×19年2月12日,财务会计分录如下:

借:累计盈余——财政拨款结余 150 000
　　贷:零余额账户用款额度——财政授权支付 150 000

同时,编制预算会计分录:

借:财政拨款结余——归集上缴 150 000
　　贷:资金结存——零余额账户用款额度 150 000

【例6-4】 2×19年年末某事业单位"以前年度盈余调整"余额－30 000全部为增加2×18年财政拨款项目的支出,年末结转入"累计盈余"。

2×19年年末,财务会计分录如下:

借:累计盈余——财政拨款结转 30 000
　　贷:以前年度盈余调整 30 000

6.2.2 专用基金

1. 核算内容

"专用基金"科目核算事业单位按照规定提取或设置的具有专门用途的净资产,主要包括职工福利基金、科技成果转换基金等。

【注意:行政单位不涉及"专用基金"。】

2. 明细科目设置

按照《政府会计制度》规定,本科目应当按照专用基金的类别进行明细核算。事业单位按照本单位专用基金实际情况,设置明细科目。如设置"职工福利基金""住房基金""科技成果转化基金""修购基金""医疗风险基金""奖励基金""其他专用基金"等二级明细科目。

(1)"职工福利基金"明细科目。"职工福利基金"是指按照非财政拨款结余的一定比例提取以及按照其他规定提取转入,用于单位职工的集体福利设施、集体福利待遇等的资金。

《关于事业单位提取专用基金比例问题的通知》(财教〔2012〕32号)规定,"事业单位职工福利基金的提取比例,在单位年度非财政拨款结余的40%以内确定。国家另有规定的,从其规定。中央级事业单位职工福利基金的提取比例,由主管部门会同财政部在单位年度非财政拨款结余的40%以内核定。国家另有规定的,从其规定。地方事业单位职工福利基金的提取比例,由省级财政部门参照本通知的有关规定,结合本地实际确定。"

(2)"住房基金"明细科目。"住房基金"是指按国家政策法规和财务制度规定,由国家财政和行政事业单位共同筹集,用于行政事业单位住房制度改革和住房建设的专项基金。

(3)"修购基金"明细科目。"修购基金"是指按照事业收入和经营收入的一定比例提取,并按照规定在相应的购置和修缮科目中列支(各列50%),以及按照其他规定转入,用于事业单位固定资产维修和购置的资金。

《关于事业单位提取专用基金比例问题的通知》(财教〔2012〕32号)规定,"中央级事业单位修购基金的提取比例,由主管部门根据单位收入状况和核算管理的需要,按照事业收入和经营收入的一定比例核定,报财政部备案。事业收入和经营收入较少的事业单位可以不提取修购基金,实行固定资产折旧的事业单位不提取修购基金。国家另有规定的,从其规定。地方事业单位修购基金的提取比例,由省级财政部门参照本通知的有关规定,结合本地实际确定。"

(4)"科技成果转化基金"明细科目。"科技成果转化基金"是指科学事业单位从事业收入中提取,在事业支出的相关科目中列支,以及在经营收支结余中提取转入,用于科技成果转化的资金。事业收入和经营收支结余较少的单位可以不提取科技成果转化基金。

(5)"医疗风险基金"明细科目。"医疗风险基金"是指医院和基层医疗卫生机构等按国家相关制度规定提取并列入费用的专门用于支付医疗风险保险或医疗事故赔偿的资金。

(6)"奖励基金"明细科目。"奖励基金",是指基层医疗卫生机构在年度终了对核定任务完成情况进行绩效考核合格后,按照业务收支结余的一定比例提取,由基层医疗卫生机构结合绩效工资的实施,用于职工绩效考核奖励的资金。

(7)"其他专用基金"明细科目。"其他专用基金"是指按照其他有关规定提取或者设置的专用资金。

《事业单位财务规则》第三十四条规定"各项基金的提取比例和管理办法,国家有统一规定的,按照统一规定执行;没有统一规定的,由主管部门会同同级财政部门确定。"

3. 专用基金的主要账务处理

(1)年末,根据有关规定从本年度非财政拨款结余或经营结余中提取专用基金的,按照预算会计下计算的提取金额,借记"本年盈余分配"科目,贷记本科目。

(2)根据有关规定从收入中提取专用基金并计入费用的,一般按照预算会计下基于预算收入计算提取的金额,借记"业务活动费用"等科目,贷记本科目。国家另有规定的,从其规定。

(3)根据有关规定设置的其他专用基金,按照实际收到的基金金额,借记"银行存款"等科目,贷记本科目。

(4)按照规定使用提取的专用基金时,借记本科目,贷记"银行存款"等科目。使用提取的专用基金购置固定资产、无形资产的,按照固定资产、无形资产成本金额,借记"固定资产""无形资产"科目,贷记"银行存款"等科目;同时,按照专用基金使用金额,借记本科目,贷记"累计盈余"科目。

专用基金的主要账务处理如表6-2所示。

表6-2 专用基金的主要账务处理

序号	业务内容	账务处理	
		财务会计	预算会计
1	年末,根据有关规定从本年度非财政拨款结余中提取专用基金的	借:本年盈余分配 贷:专用基金[按照预算会计计算的提取金额]	借:非财政拨款结余分配 贷:专用结余

(续表)

序号	业务内容	账务处理	
		财务会计	预算会计
2	根据规定从收入中提取专用基金并计入费用的	借：业务活动费用等 贷：专用基金［一般按照预算收入计算提取的金额］	借：事业支出等 贷：资金结存
3	根据有关规定设置的其他专用基金	按照实际收到的基金金额 借：银行存款等科目 贷：专用基金——其他专用基金	—
4	按照规定使用专用基金时	借：专用基金 　　贷：银行存款等 如果购置固定资产、无形资产的 借：固定资产/无形资产 　　贷：银行存款等 借：专用基金 　　贷：累计盈余	使用从收入中提取并列入费用的专用基金 借：事业支出等 　　贷：资金结存 使用从非财政拨款结余中提取的专用基金 借：专用结余 　　贷：资金结存——货币资金

【例 6-5】 某事业单位 2×19 年年终分配，非财政拨款结余总额为 800 000 元，按照结余的 40% 提取职工福利基金。

2×19 年年末，财务会计分录如下：

借：本年盈余分配——提取职工福利基金　　　　　　　　　　　　　320 000
　　贷：专用基金——职工福利基金　　　　　　　　　　　　　　　　　320 000

同时，编制预算会计分录：

借：非财政拨款结余分配　　　　　　　　　　　　　　　　　　　　320 000
　　贷：专用结余——职工福利基金　　　　　　　　　　　　　　　　320 000

【例 6-6】 2×19 年某科研所事业收入中取得课题收入 4 000 000 元，按照相关规定，提取科研成果转化基金，提取比例 5%。

财务会计分录如下：

借：业务活动费用——计提专用基金　　　　　　　　　　　　　　　200 000
　　贷：专用基金——科技成果转化基金　　　　　　　　　　　　　　200 000

【例 6-7】 2×19 年 6 月 1 日，某事业单位使用专用基金——职工福利基金 22 000 元购置食堂设施。

2×19 年 6 月 1 日，财务会计分录如下：

借：固定资产　　　　　　　　　　　　　　　　　　　　　　　　　22 000
　　贷：银行存款——基本账户存款　　　　　　　　　　　　　　　　22 000

同时，

借：专业基金——职工福利基金　　　　　　　　　　　　　　　　　22 000
　　贷：累计盈余——非流动资产基金　　　　　　　　　　　　　　　22 000

同时，编制预算会计分录：

借：专用结余——职工福利基金　　　　　　　　　　　　　　　　　22 000
　　贷：资金结存——货币资金——银行存款　　　　　　　　　　　　22 000

特别提示 6-3

"专用基金"科目年末余额表示的意义

"专用基金"科目年末贷方余额,反映事业单位累计提取或设置的尚未使用的专用基金。

6.2.3 本期盈余

1. 核算内容

"本期盈余"科目核算政府单位本期各项收入、费用相抵后的余额。

2. 明细科目设置

《政府会计制度》未规定本科目的明细科目设置要求。政府单位可根据核算需要,设置明细科目。本科目可按支出功能分类,按项目和收入来源进行辅助核算。

3. 本期盈余的主要账务处理

(1) 期末,将各类收入科目的本期发生额转入本期盈余,借记"财政拨款收入""事业收入""上级补助收入""附属单位上缴收入""经营收入""非同级财政拨款收入""投资收益""捐赠收入""利息收入""租金收入""其他收入"科目,贷记本科目。

【注意:行政单位不涉及"事业收入""上级补助收入""附属单位上缴收入""经营收入"和"投资收益"。】

(2) 期末,将各类费用科目本期发生额转入本期盈余,借记本科目,贷记"业务活动费用""单位管理费用""经营费用""所得税费用""资产处置费用""上缴上级费用""对附属单位补助费用""其他费用"科目。

【注意:行政单位不涉及"单位管理费用""经营费用""所得税费用""上缴上级费用"和"对附属单位补助费用"。】

(3) 年末,完成上述结转后,将本科目余额转入"本年盈余分配"科目,借记或贷记本科目,贷记或借记"本年盈余分配"科目。

本期盈余的主要账务处理如表 6-3 所示。

表 6-3　　　　　　　　　　**本期盈余的主要账务处理**

序号	业务内容	账务处理	
		财务会计	预算会计
1	结转收入	借:财政拨款收入 　　事业收入 　　上级补助收入 　　附属单位上缴收入 　　经营收入 　　非同级财政拨款收入 　　投资收益 　　捐赠收入 　　利息收入 　　租金收入 　　其他收入 　贷:本期盈余 【注意:行政单位无"事业收入""上级补助收入""附属单位上缴收入""经营收入"和"投资收益"】	—

(续表)

序号	业务内容	账务处理	
		财务会计	预算会计
2	结转费用	借：本期盈余 　　贷：业务活动费用 　　　　单位管理费用 　　　　经营费用 　　　　资产处理费用 　　　　上缴上级费用 　　　　对附属单位补助费用 　　　　所得税费用 　　　　其他费用 【注意：行政单位无"单位管理费用""经营费用""所得税费用""上缴上级费用"和"对附属单位补助费用"】	—
3	年末将本期盈余转入本期盈余分配	当本期盈余科目为贷方余额时 借：本期盈余 　　贷：本年盈余分配 当本期盈余科目为借方余额时 借：本年盈余分配 　　贷：本期盈余	—

【例 6-8】 2×19 年年末，某事业单位结账前有关会计科目的余额如表 6-4、表 6-5 所示，按照 25% 计算缴纳所得税，按 40% 提取职工福利基金。

表 6-4　　　　　　　　　　　累计盈余的主要账务处理

财务会计科目	借方余额	贷方余额
财政拨款收入		3 000 000
事业收入		6 000 000
上级补助收入		800 000
附属单位上缴收入		600 000
经营收入		8 000 000
非同级财政拨款收入		400 000
投资收益		600 000
捐赠收入		200 000
利息收入		160 000
租金收入		1 000 000
其他收入		20 000
业务活动费用——财政拨款费用	2 000 000	
业务活动费用——非同级财政拨款费用	400 000	
业务活动费用——非财政拨款费用	3 160 000	

(续表)

财务会计科目	借方余额	贷方余额
单位管理费用	0	
经营费用	6 080 000	
资产处理费用	16 000	
上缴上级费用	100 000	
对附属单位补助费用	520 000	
所得税费用(经营结余)	480 000	
所得税费用(非财政拨款结余)	900 000	
其他费用	10 000	

表 6-5

预算会计科目	借方余额	贷方余额
财政拨款预算收入		3 000 000
事业预算收入——非财政拨款专项收入		6 000 000
上级补助预算收入——专项资金收入		800 000
附属单位上缴预算收入——专项资金收入		600 000
经营预算收入		8 000 000
非同级财政拨款预算收入——专项资金收入		400 000
投资预算收益		600 000
其他预算收入——捐赠收入		200 000
其他预算收入——利息收入		160 000
其他预算收入——租金收入		1 000 000
其他预算收入——其他收入		20 000
事业支出——财政拨款支出	2 000 000	
事业支出——非同级财政拨款支处	400 000	
事业支出——非财政拨款专项支出——科研支出	3 160 000	
经营支出	6 080 000	
上缴上级支出	100 000	
对附属单位补助支出	520 000	
其他支出——资产处置费用	16 000	
非财政拨款结余——所得税费用	1 380 000	
其他支出——其他费用	10 000	

① 2×19年年末,财务会计分录如下:

借:财政拨款收入 3 000 000
　　贷:业务活动费用——财政拨款费用 2 000 000
　　　　本期盈余——财政拨款结转 1 000 000

借:事业收入 6 000 000
　　非同级财政拨款收入 400 000
　　上级补助收入 800 000
　　附属单位上缴收入 600 000
　　贷:业余活动费用——非财政拨款费用 3 160 000
　　　　业余活动费用——非同级财政拨款费用 400 000
　　　　上缴上级费用 100 000
　　　　对附属单位补助费用 520 000
　　　　本期盈余——非财政拨款结转 3 620 000

借:经营收入 8 000 000
　　贷:经营费用 6 080 000
　　　　本期盈余——经营结余 1 920 000

借:投资收益 600 000
　　捐赠收入 200 000
　　利息收入 160 000
　　租金收入 1 000 000
　　其他收入 20 000
　　贷:资产处置费用 16 000
　　　　其他费用 10 000
　　　　本期盈余——事业结余 1 954 000

借:本期盈余 1 380 000
　　贷:所得税费用 1 380 000

借:本期盈余 7 114 000
　　贷:本年盈余分配 7 114 000

借:本年盈余分配 1 549 600
　　贷:专用基金——职工福利基金 1 549 600

此时,本年盈余分配科目贷方余额＝7 114 000－1 549 600＝5 564 400(元)

借:本年盈余分配 5 564 400
　　贷:累计盈余——财政拨款结转 1 000 000
　　　　累计盈余——非财政拨款结转 3 620 000
　　　　累计盈余——经营结余 672 000
　　　　累计结余——非财政拨款结余 272 400

期中,经营结余＝1 920 000－480 000－1 920 000×40％＝672 000(元)
非财政拨款结余＝1 954 000－900 000－1 954 000×40％＝272 400(元)

② 2×19年年末,预算会计分录如下:

借：财政拨款预算收入		3 000 000
贷：事业支出——财政拨款支出		2 000 000
财政拨款结转——本年收支结转		1 000 000
借：事业预算收入——非财政拨款专项收入		6 000 000
非同级财政拨款预算收入		400 000
财政拨款结转－本年收支结转		800 000
附属单位上缴预算收入		600 000
贷：事业支出——非财政拨款专项支出——科研支出		3 160 000
事业支出——非同级财政拨款支出		400 000
上缴上级支出		100 000
对附属单位补助支出		520 000
非财政拨款结转——本年收支结转		3 620 000
借：经营预算收入		8 000 000
贷：经营支出		6 080 000
经营结余		1 920 000
借：投资预算收益		600 000
其他预算收入——捐赠收入		200 000
其他预算收入——利息收入		160 000
其他预算收入——租金收入		1 000 000
其他预算收入——其他收入		20 000
贷：其他支出——资产处置费用		16 000
其他支出——其他费用		10 000
其他结余		1 954 000
不做账务处理		
借：其他结余		1 954 000
经营结余		1 920 000
贷：非财政拨款结余分配		3 874 000
借：非财政拨款结余分配		1 549 600
贷：专用结余——职工福利基金		1 549 600
借：非财政拨款结余分配		2 324 400
贷：非财政薄款结余——累计结余		2 324 400

特别提示 6-4

"累计盈余"科目年末余额表示的意义

"累计盈余"科目年末余额,反映政府单位未分配盈余(或未弥补亏损)以及无偿调拨净资产变动的累计数。

6.2.4 本年盈余分配

1. 核算内容

"本年盈余分配"科目核算政府单位本年度盈余分配的情况和结果。

2. 明细科目设置

《政府会计制度》未规定本科目的明细科目设置要求。政府单位可根据核算需要,设置明细科目。本科目可按支出功能分类、项目和收入来源进行辅助核算。

3. 本年盈余分配的主要账务处理

(1) 年末,将"本期盈余"科目余额转入本科目,借记或贷记"本期盈余"科目,贷记或借记本科目。

(2) 年末,根据有关规定从本年度非财政拨款结余或经营结余中提取专用基金的,按照预算会计下计算的提取金额,借记本科目,贷记"专用基金"科目。

【注意:行政单位不涉及"专用基金"。】

(3) 年末,按照规定完成上述处理后,将本科目余额转入累计盈余,借记或贷记本科目,贷记或借记"累计盈余"科目。

本年盈余分配的主要账务处理如表6-6所示。

表6-6 本年盈余分配的主要账务处理

序号	业务内容	账务处理	
		财务会计	预算会计
1	年末,将本期盈余转入本年盈余分配	当本期盈余科目为贷方余额时 借:本期盈余 　　贷:本年盈余分配 当本期盈余科目为借方余额时 借:本年盈余分配 　　贷:本期盈余	—
2	年末,按照有关规定提取专用基金	借:本年盈余分配 　　贷:专用基金 【行政单位】无	借:非财政拨款结余分配 　　贷:专用结余 【行政单位】无
3	年末,将本年盈余分配余额转入累计盈余	当本年盈余分配科目为贷方余额时 借:本年盈余分配 　　贷:累计盈余 当本年盈余分配科目为借方余额时 借:累计盈余 　　贷:本年盈余分配	—

特别提示6-5

"本年盈余分配"科目年末余额的处理

因在财务会计核算下,"本年盈余分配"科目年末余额结转到"累计盈余"科目,所以,年末结账后,该科目应无余额。

【例6-9】 2×19年年末,某事业单位按40%提取专用基金——职工福利金775 800元。

2×19年年末,财务会计分录如下:

借:本年盈余分配——财政拨款结转　　　　　　　　　　　　　　775 800
　　贷:专用基金——职工福利金　　　　　　　　　　　　　　　　　　　775 800

同时,编制预算会计分录:

借:非财政拨款结余分配　　　　　　　　　　　　　　　　　　　775 800
　　贷:专用结余——职工福利金　　　　　　　　　　　　　　　　　　　775 800

6.3 净资产调整的核算

6.3.1 权益法调整

1. 核算内容

"权益法调整"科目核算事业单位持有的长期股权投资采用权益法核算时,按照被投资单位除净损益和利润分配以外的所有者权益变动份额,调整长期股权投资账面余额而计入净资产的金额。

【注意:行政单位不涉及"权益法调整"。】

2. 明细科目设置

按照《政府会计制度》规定,本科目应当按照被投资单位进行明细核算。事业单位按照对外投资的被投资单位设置明细科目。

3. 权益法调整的主要账务处理

(1)年末,按照被投资单位除净损益和利润分配以外的所有者权益变动应享有(或应分担)的份额,借记或贷记"长期股权投资——其他权益变动"科目,贷记或借记本科目。

(2)采用权益法核算的长期股权投资,因被投资单位除净损益和利润分配以外的所有者权益变动而将应享有(或应分担)的份额计入单位净资产的,处置该项投资时,按照原计入净资产的相应部分金额,借记或贷记本科目,贷记或借记"投资收益"。

> **特别提示 6-6**
>
> **"权益法调整"科目年末余额的处理**
>
> 在财务会计核算下,"权益法调整"科目年末余额,反映事业单位在被投资单位除净损益和利润分配以外的所有者权益变动中累积享有(或分担)的份额。

权益法调整的主要账务处理如表 6-7 所示。

表 6-7　　　　　　　　**权益法调整的主要账务处理**

序号	业务内容	账务处理	
		财务会计	预算会计
1	年末,按照被投资单位除净损益和利润分配以外的所有者权益变动的份额(增加)	借:长期股权投资——其他权益变动 　　贷:权益法调整	—
2	年末,按照被投资单位除净损益和利润分配以外的所有者权益变动的份额(减少)	借:权益法调整 　　贷:长期股权投资——其他权益变动	—
3	长期股权投资处置	当权益法调整科目为借方余额 借:投资收益 　　贷:权益法调整[与所处置投资对应部分的金额] 当权益法调整科目为贷方余额 借:权益法调整[与所处置投资对应部分的金额] 　　贷:投资收益	—

【例 6-10】 某事业单位在 2×15 年 1 月,以一台固定资产对外投资,并持有该被投资单位 70% 的股权,采用权益法进行后续核算,2×19 年 12 月 31 日该被投资单位实现净利润 200 000 元,所有者权益变动为 10 000 元。

2×19 年 12 月 31 日,财务会计分录如下:

借:长期股权投资——损益调整　　　　　　　　　　　　　　　　140 000
　　　　　　　　——其他权益变动　　　　　　　　　　　　　　　　7 000
　　贷:投资收益　　　　　　　　　　　　　　　　　　　　　　　140 000
　　　　权益法调整　　　　　　　　　　　　　　　　　　　　　　　7 000

6.3.2 以前年度盈余调整

1. 核算内容

"以前年度盈余调整"科目核算政府单位本年度发生的调整以前年度盈余的事项,包括本年度发生的重要前期差错更正涉及调整以前年度盈余的事项。

2. 明细科目设置

《政府会计制度》未规定本科目的明细科目设置要求。单位按照核算需要,设置明细科目。

3. 以前年度盈余调整的主要账务处理

(1)调整增加以前年度收入时,按照调整增加的金额,借记有关科目,贷记本科目。调整减少的,做相反会计分录。

(2)调整增加以前年度费用时,按照调整增加的金额,借记本科目,贷记有关科目。调整减少的,做相反会计分录。

(3)盘盈的各种非流动资产,报经批准后处理时,借记"待处理财产损溢"科目,贷记本科目。

(4)经上述调整后,应将本科目的余额转入累计盈余,借记或贷记"累计盈余"科目,贷记或借记本科目。

以前年度盈余调整的主要账务处理如表 6-8 所示。

表 6-8　　以前年度盈余调整的主要账务处理

序号	业务内容	账务处理	
		财务会计	预算会计
1	调整以前年度收入	增加以前年度收入时: 借:有关资产或负债科目 　　贷:以前年度盈余调整	按照实际收到的金额 【事业单位】 借:资金结存 　　贷:财政拨款结转/财政拨款结余/非财政拨款结转/非财政拨款结余[年初余额调整] 【行政单位】 借:资金结转 　　贷:财政拨款结转/财政拨款结余/非财政拨款结转/非财政拨款结余[年初余额调整]

(续表)

序号	业务内容	账务处理	
		财务会计	预算会计
		减少以前年度收入时： 借：以前年度盈余调整 　　贷：有关资产或负债科目	按照实际支付的金额 【事业单位】 借：财政拨款结转/财政拨款结余/非财政拨款结转/ 　　非财政拨款结余[年初余额调整] 　　贷：资金结存 【行政单位】 借：财政拨款结转/财政拨款结余/非财政拨款结转/ 　　非财政拨款结余[年初余额调整] 　　贷：资金结转
2	调整以前年度费用	增加以前年度费用时： 借：以前年度盈余调整 　　贷：有关资产或负债科目	按照实际支付的金额 【事业单位】 借：财政拨款结转/财政拨款结余/非财政拨款结转/ 　　非财政拨款结余[年初余额调整] 　　贷：资金结存 【行政单位】 借：财政拨款结转/财政拨款结余/非财政拨款结转/ 　　非财政拨款结余[年初余额调整] 　　贷：资金结转
		减少以前年度费用时： 借：有关资产或负债科目 　　贷：以前年度盈余调整	按照实际收到的金额 【事业单位】 借：资金结存 　　贷：财政拨款结转/财政拨款结余/非财政拨款 　　　　结转/非财政拨款结余[年初余额调整] 【行政单位】 借：资金结转 　　贷：财政拨款结转/财政拨款结余/非财政拨款 　　　　结转/非财政拨款结余[年初余额调整]
3	盘盈的各种非流动资产，报经批准后处理时	借：待处理财产损益 　　贷：以前年度盈余调整	—
4	将以前年度盈余调整科目余额转入累计盈余	当以前年度盈余调整科目为借方余额时： 借：累计盈余 　　贷：以前年度盈余调整	—
		当以前年度盈余调整科目为贷方余额时： 借：以前年度盈余调整 　　贷：累计盈余	

【例6-11】 2×19年5月1日，税务部门税务稽查时发现，某事业单位2×18年度经营支出中存在假发票200 000元，责令其调账并做纳税调整，该单位通知责任部门和责任人追索正规票据，同时补交增值税12 000元（增值税税率6%，为计算简便不考虑附加），补交所得税50 000元（所得税税率25%）。

2×19年5月1日,财务会计分录如下:

借:其他应收款——×××　　　　　　　　　　　　　　　200 000
　　贷:以前年度盈余调整　　　　　　　　　　　　　　　　　200 000

借:以前年度盈余调整　　　　　　　　　　　　　　　　　62 000
　　贷:应交增值税　　　　　　　　　　　　　　　　　　　　12 000
　　　　其他应交税费——应交企业所得税　　　　　　　　　50 000

借:应交增值税　　　　　　　　　　　　　　　　　　　　12 000
　　其他应交税费——应交企业所得税　　　　　　　　　　50 000
　　贷:银行存款——基本账户存款　　　　　　　　　　　　62 000

同时,编制预算会计分录:

借:非财政拨款结余【年初余额调整】　　　　　　　　　　62 000
　　贷:资金结存——货币资金——银行存款　　　　　　　　62 000

【例6-12】 2×18年年末,某事业单位年终结算前进行资产盘点,盘盈台式计算机3台,按照重置成本确认资产价值30 000元,2×19年6月1日盘盈资产经批准入账。

2×19年6月1日,财务会计分录如下:

借:待处理财产损益——固定资产　　　　　　　　　　　30 000
　　贷:以前年度盈余调整　　　　　　　　　　　　　　　　　30 000

借:固定资产——通用设备　　　　　　　　　　　　　　30 000
　　贷:待处理财产损益——固定资产　　　　　　　　　　　30 000

【例6-13】 2×19年年末,某事业单位将以前年度盈余调整600 000元转入累计盈余。

2×19年年末,财务会计分录如下:

借:以前年度盈余调整　　　　　　　　　　　　　　　　600 000
　　贷:累计盈余　　　　　　　　　　　　　　　　　　　　600 000

特别提示6-7

"以前年度盈余调整"科目年末余额的处理

因在财务会计核算下,行政事业单位设置的"以前年度盈余调整"科目年末余额结转到"累计盈余"科目,所以,年末结账后,该科目应无余额。

6.3.3 无偿调拨净资产

1. 核算内容

"无偿调拨净资产"科目核算单位无偿调入或调出非现金资产所引起的净资产变动金额。

2. 明细科目设置

《政府会计制度》未规定本科目的明细科目设置要求。单位可根据核算需要,设置明细科目,如按照调拨的非现金资产类别设置明细科目。

3. 无偿调拨净资产的主要账务处理

（1）按照规定取得无偿调入的存货、长期股权投资、固定资产、无形资产、公共基础设施、政府储备物资、文物文化资产、保障性住房等，按照确定的成本，借记"库存物品""长期股权投资""固定资产""无形资产""公共基础设施""政府储备物资""文物文化资产""保障性住房"等科目，按照调入过程中发生的归属于调入方的相关费用，贷记"零余额账户用款额度""银行存款"等科目，按照其差额，贷记本科目。

【注意：行政单位不涉及"长期股权投资"。】

（2）按照规定经批准无偿调出存货、长期股权投资、固定资产、无形资产、公共基础设施、政府储备物资、文物文化资产、保障性住房等，按照调出资产的账面余额或账面价值，借记本科目，按照固定资产累计折旧、无形资产累计摊销、公共基础设施累计折旧或摊销、保障性住房累计折旧的金额，借记"固定资产累计折旧""无形资产累计摊销""公共基础设施累计折旧（摊销）""保障性住房累计折旧"科目，按照调出资产的账面余额，贷记"库存物品""长期股权投资""固定资产""无形资产""公共基础设施""政府储备物资""文物文化资产""保障性住房"等科目；同时，按照调出过程中发生的归属于调出方的相关费用，借记"资产处置费用"科目，贷记"零余额账户用款额度""银行存款"等科目。

【注意：行政单位不涉及"长期股权投资"。】

（3）年末，将本科目余额转入累计盈余，借记或贷记本科目，贷记或借记"累计盈余"科目。

无偿调拨净资产的主要账务处理如表6-9所示。

表6-9　　　　　　　　　　　　　**无偿调拨净资产的主要账务处理**

序号	业务内容	账务处理	
		财务会计	预算会计
1	取得无偿调入的资产时	借：固定资产等 　　贷：无偿调拨净资产/银行存款等 　　［发生的归属于调入方的相关费用］	借：其他支出［发生的归属于调入方的相关费用］ 　　贷：资金结存等
2	年末，将无偿调拨净资产科目余额转入累计盈余	当无偿调拨净资产科目为借方余额 借：累计盈余 　　贷：无偿调拨净资产 当无偿调拨净资产科目为贷方余额 借：无偿调拨净资产 　　贷：累计盈余	—

【例6-14】　2×19年6月1日，某事业单位按需自设了二级科目，收到上级主管部门批复，无偿调入药品账面价值200 000元，医疗设备账面价值300 000元，对全资企业的长期投资550 000元，2×19年7月1日收到上述资产划出方已减账的书面通知，并收到上述无偿调入资产，该事业单位承担调入设备的运输费用30 000元。

①　2×19年9月1日，收到通知时，财务会计分录如下：

借：库存物品——其他　　　　　　　　　　　　　　　　　　　　　　　　200 000
　　固定资产——专用设备　　　　　　　　　　　　　　　　　　　　　　330 000

长期股权投资		550 000
贷：银行存款——基本账户存款		20 000
无偿调拨净资产——库存物品		200 000
——固定资产		300 000
——长期股权投资		550 000

　　同时,编制预算会计分录：

借：其他支出——运杂费		30 000
贷：资金结存——货币资金——银行存款		30 000

【例 6-15】 2×19 年年末,某事业单位将上例中无偿调拨净资产科目的贷方余额转入累计盈余。

　　2×19 年年末,财务会计分录如下：

借：无偿调拨净资产——库存物品		20 000
——固定资产		33 000
——长期股权投资		55 000
贷：累计盈余——事业基金		20 000
——非流动资产基金		88 000

重 要 概 念

　　净资产　累计盈余　专用基金　权益法调整　本期盈余　本年盈余分配　无偿调拨净资产　以前年度盈余调整

本 章 练 习

单选题

1. 下列选项中,不属于事业单位净资产的是(　　)。
   A. 事业基金　　　　　　　　　　　B. 本期盈余
   C. 累计盈余　　　　　　　　　　　D. 事业收入
2. 年末应将"本期盈余"科目余额转入(　　)科目,以便进行分配。
   A. 本年盈余分配　　　　　　　　　B. 累计盈余
   C. 财政拨款结存　　　　　　　　　D. 财政拨款结转
3. 下列关于"专用基金"账户的表述不正确的是(　　)。
   A. 借方登记实际使用的专用基金
   B. 贷方登记提取的专用基金
   C. 期末借方余额反映事业单位专用基金余额
   D. 期末贷方余额反映事业单位专用基金余额
4. "以前年度盈余调整"属于(　　)类账户。
   A. 资产类　　　　　　　　　　　　B. 负债类
   C. 净资产类　　　　　　　　　　　D. 收入类

5. 下列关于"累计盈余"账户的表述正确的是( )。
A. 年末"本年盈余分配"账户余额一定转入其贷方
B. 年末"无偿调拨净资产"账户余额一定转入其贷方
C. 行政单位可以根据核算需要,设置该科目的明细科目
D. 本账户期末无余额

多选题

1. 期末转入"本期盈余"账户借方的有( )。
A. 业务活动费用　　　　　　　　B. 单位管理费用
C. 经营费用　　　　　　　　　　D. 上缴上级费用

2. 下列关于"以前年度盈余调整"账户说法正确的有( )。
A. 本科目核算单位年度发生的调整以前年度盈余的事项,包括本年度发生的重要前期差错更正涉及调整以前年度盈余的事项。
B.《政府会计制度》未规定本科目的明细科目设置要求,行政单位可根据核算需要,自行设置明细科目。
C. 盘盈的各种非流动资产,报经批准后处理时,借记本科目,贷记"待处理财产损溢"科目。
D. 本科目结转后应无余额。

3. 取得无偿调入资产过程中发生的归属于调入方的相关费用,计入贷方科目的有( )。
A. 零余额账户用款额度　　　　　B. 银行存款
C. 无偿调拨净资产　　　　　　　D. 长期股权投资

4. 下列账户中期末一般无余额的有( )。
A. 以前年度盈余调整　　　　　　B. 本年盈余分配
C. 累计盈余　　　　　　　　　　D. 专用基金

5. 下列关于"累计盈余"账户年末余额表示的含义表述正确的有( )。
A. 反映单位未分配盈余或未弥补亏损　　B. 无偿调拨净资产变动的累计数
C. 反映事业单位累计提取的专用基金　　D. 年末无余额

判断题

1. "累计盈余"科目核算单位历年实现的盈余扣除盈余分配后滚存的金额,以及因无偿调入调出资产产生的净资产变动额。( )
2. "专用基金"科目期末借方余额,反映事业单位累计提取或设置的尚未使用的专用基金。( )
3. "权益法调整"科目期末余额,反映事业单位在被投资单位除净损益和利润分配以外的所有者权益变动中累积享有(或分担)的份额。( )
4. "本期盈余"账户,期末余额一般在贷方。( )
5. "以前年度盈余调整"账户,期末结转后应无余额。( )

简答题

1. 简述事业单位净资产的分类?
2. 简述事业单位专用基金明细科目的设置?
3. 简述行政单位累计盈余核算的内容?

计算及账务处理题

1. 某事业单位2×19年12月无偿调入一批存货账面价值10 000元,固定资产账面价值20 000元,长期股权投资账面价值20 000元,政府储备物资账面价值10 000元,保障性住房账面价值30 000元,无偿调入资产发生处置费用1 000元。
要求:请根据上述资料,编制有关的会计分录。

2. 某事业单位2×19年年末,有关财务会计科目的余额如下:

财务会计科目	借方余额	贷方余额
财政拨款收入		10 000
事业收入		5 000
上级补助收入		5 000
附属单位上缴收入		10 000
经营收入		5 000
投资收益		5 000
其他收入		5 000
业务活动费用	5 000	
单位管理费用	2 000	
经营费用	2 000	
资产处理费用	1 000	
所得税费用	5 000	
其他费用	5 000	

要求：请根据上述资料，编制有关的会计分录。

3. 某行政单位2×19年发生下列经济业务：

(1) 12月31日本年盈余分配科目余额35 000元。

(2) 12月31日无偿调拨净资产科目余额200 000元。

(3) 12月31日以前年度盈余调整科目余额500 000元。

要求：请根据上述资料，编制有关的会计分录。

第 7 章 预算结余

- 内容提要
- 重点难点
- 学习目标
- 知识框架
- 7.1 预算结余概述
- 7.2 资金结存的核算
- 7.3 财政拨款结转结余的核算
- 7.4 非财政拨款结转结余的核算
- 重要概念
- 本章练习

内容提要

本章主要讲解了政府单位预算结余的概念、分类和确认。

重点难点

本章重点为政府单位资金结存的核算;财政拨款结转结余的核算;非财政拨款结转结余的核算。

学习目标

通过本章学习,学生应掌握政府单位资金结存的核算;财政拨款结转结余的核算;非财政拨款结转结余的核算;了解政府单位预算结余的概念、分类和确认。

知识框架

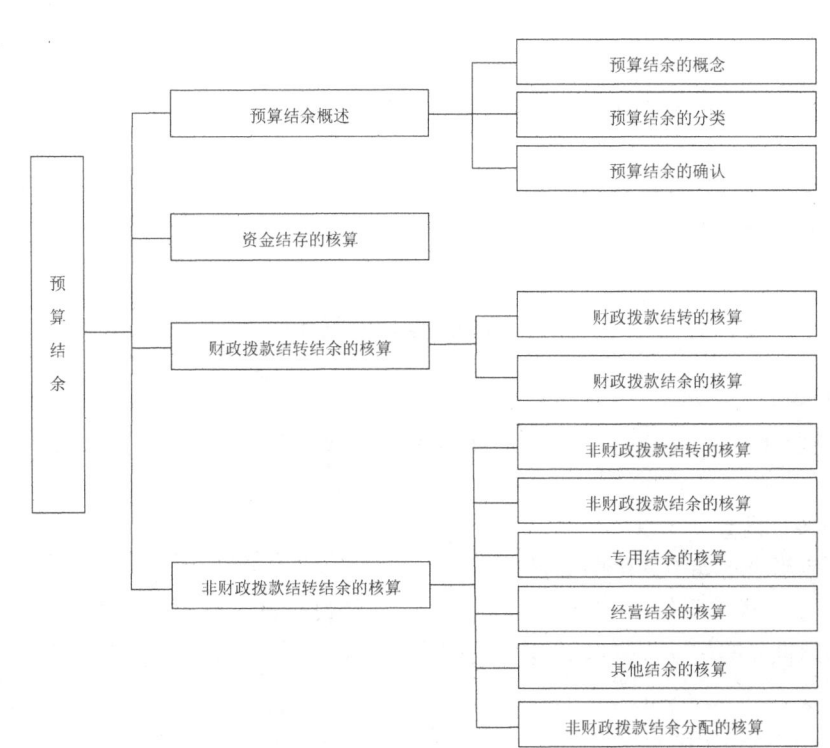

引入案例　年终管住"突击花钱"

事业单位在年终终了前,应根据主管部门的决算编审工作要求,对各项收支账目、往来款项、货币资金和财产物资进行全面的清理结算。并在此基础上办理年度结账,编报决算。

清理、核对年度预算收支数字和各项缴拨款,保证上下级之间的年度预算数和领拨经费数一致。为了准确反映各项收支数额,凡属本年度的应拨款项,应当在12月31前汇达对方。主管会计单位对所属各单位的预算拨款和预算外资金拨款,截至12月25日为止,逾期一般不再下拨。

每到年底,以预算内的支出没有用完为借口,"突击花钱"的问题凸显出来。有的部门和单位,组织公费旅游、召开豪华年会、滥发年终福利等,有人认为这与"突击花钱"是完全不同的两码事。花不该花、不必花的钱,是挥霍浪费。这样的"突击花钱",不论打什么样的旗号,找什么样的借口,钻什么样的空子,都是不应该的。

7.1　预算结余概述

7.1.1　预算结余的概念

《基本准则》第二十三条规定:"预算结余是指政府会计主体预算年度内预算收入扣除预算支出后的资金余额,以及历年滚存的资金余额。"

7.1.2　预算结余的分类

《基本准则》第二十四条规定:"预算结余包括结余资金和结转资金。"具体包括资金结存、财政拨款结转、财政拨款结余、非财政拨款结转、非财政拨款结余、专用结余、经营结余、其他结余。

7.1.3　预算结余的确认

结余资金是指年度预算执行终了,预算收入实际完成数扣除预算支出和结转资金后剩余的资金。

结转资金是指预算安排项目的支出年终尚未执行完毕或者因故未执行,且下年需要按原用途继续使用的资金。

7.2　资金结存的核算

1. 核算内容

"预算结余"科目核算政府单位纳入部门预算管理的资金的流入、流出、调整和滚存等情况。

2. 明细科目设置

本科目应当设置如下三个明细科目:

(1)"零余额账户用款额度"明细科目。本明细科目核算实行国库集中支付的政府单位根据财政部门批复的用款计划收到和支用的零余额账户用款额度。年末结账后,本明细科目应无余额。

(2)"货币资金"明细科目。本明细科目核算政府单位以库存现金、银行存款、其他货币资金形态存在的资金。本明细科目年末借方余额,反映政府单位尚未使用的货币资金。

(3)"财政应返还额度"明细科目。本明细科目核算实行国库集中支付的政府单位可以使用的以前年度财政直接支付资金额度和财政应返还的财政授权支付资金额度。本明细科目下可设置"财政直接支付""财政授权支付"两个明细科目进行明细核算。本明细科目年末借方余额,反映单位应收财政返还的资金额度。

3. 主要的账务处理与列表说明

(1)财政授权支付方式下,政府单位根据代理银行转来的财政授权支付额度到账通知书,按照通知书中的授权支付额度,借记本科目(零余额账户用款额度),贷记"财政拨款预算收入"科目。

以国库集中支付以外的其他支付方式取得预算收入时,按照实际收到的金额,借记本科目(货币资金),贷记"财政拨款预算收入""事业预算收入""经营预算收入"等科目。

【注意:行政单位不涉及"事业预算收入""经营预算收入"科目。】

(2)财政授权支付方式下,发生相关支出时,按照实际支付的金额,事业单位借记"事业支出"等科目,行政单位借记"行政支出"等科目,贷记本科目(零余额账户用款额度)。

从零余额账户提取现金时,借记本科目(货币资金),贷记本科目(零余额账户用款额度)。退回现金时,做相反会计分录。

使用以前年度财政直接支付额度发生支出时,按照实际支付金额,事业单位借记"事业支出"等科目,行政单位借记"行政支出"等科目,贷记本科目(财政应返还额度)。

国库集中支付以外的其他支付方式下,发生相关支出时,按照实际支付的金额,事业单位借记"事业支出""经营支出"等科目,行政单位借记"其他支出"等科目,贷记本科目(货币资金)。

(3)按照规定上缴财政拨款结转结余资金或注销财政拨款结转结余资金额度的,按照实际上缴资金数额或注销的资金额度数额,借记"财政拨款结转——归集上缴"或"财政拨款结余——归集上缴"科目,贷记本科目(财政应返还额度、零余额账户用款额度、货币资金)。

按规定向原资金拨入单位缴回非财政拨款结转资金的,按照实际缴回资金数额,借记"非财政拨款结转——缴回资金"科目,贷记本科目(货币资金)。

收到从其他单位调入的财政拨款结转资金的,按照实际调入资金数额,借记本科目(财政应返还额度、零余额账户用款额度、货币资金),贷记"财政拨款结转——归集调入"科目。

(4)按照规定使用专用基金时,按照实际支付金额,借记"专用结余"科目(从非财政拨款结余中提取的专用基金)或"事业支出"等科目(从预算收入中计提的专用基金),贷记本科目(货币资金)。

【注意:行政单位不涉及(4)。】

(5)因购货退回、发生差错更正等退回国库直接支付、授权支付款项,或者收回货币资金的,属本年度支付的,借记"财政拨款预算收入"科目或本科目(零余额账户用款额度、货币资金),贷记相关支出科目;属于以前年度支付的,借记本科目(财政应返还额度、零余额账户用款额度、货币资金),贷记"财政拨款结转""财政拨款结余""非财政拨款结转""非财政拨款结余"科目。

(6)有企业所得税缴纳义务的事业单位缴纳所得税时,按照实际缴纳金额,借记"非财政拨款结余——累计结余"科目,贷记本科目(货币资金)。

【注意：行政单位不涉及(6)。】

(7) 年末，根据本年度财政直接支付预算指标数与当年财政直接支付实际支出数的差额，借记本科目(财政应返还额度)，贷记"财政拨款预算收入"科目。

(8) 年末，政府单位根据代理银行提供的对账单做注销额度的相关账务处理，借记本科目(财政应返还额度)，贷记本科目(零余额账户用款额度)；本年度财政授权支付预算指标数大于零余额账户用款额度下达数的，根据未下达的用款额度，借记本科目(财政应返还额度)，贷记"财政拨款预算收入"科目。

下年年初，政府单位依据代理银行提供的额度恢复到账通知书做恢复额度的相关账务处理，借记本科目(零余额账户用款额度)，贷记本科目(财政应返还额度)。政府单位收到财政部门批复的上年末未下达零余额账户用款额度的，借记本科目(零余额账户用款额度)，贷记本科目(财政应返还额度)。

资金结存的主要账务处理如表 7-1 所示。

表 7-1　　　　　　　　　　　　资金结存的主要账务处理

序号	业务内容		账务处理	
			财务会计	预算会计
1	取得预算收入	取得预算收入财政授权支付方式下	借：零余额账户用款额度 　　贷：财政拨款收入	借：资金结存——零余额账户用款额度 　　贷：财政拨款预算收入
		取得预算收入国库集中支付以外的其他支付方式下	借：银行存款 　　贷：财政拨款收入/事业收入 【注意：行政单位无"事业收入"】	借：资金结存——货币资金 　　贷：财政拨款预算收入/事业预算收入等 【注意：行政单位无"事业预算收入"】
2	从零余额账户提取现金		借：库存现金 　　贷：零余额账户用款额度	借：资金结存——货币资金 　　贷：资金结存——零余额账户用款额度
3	发生预算支出	财政授权支付方式下	借：业务活动费用/单位管理费用/库存物品/固定资产等 　　贷：零余额账户用款额度 【注意：行政单位无"单位管理费用"】	【事业单位】 借：事业支出等 　　贷：资金结存——零余额账户用款额度 【行政单位】 借：行政支出等 　　贷：资金结存——零余额账户用款额度
		使用以前年度财政直接支付额度	借：业务活动费用/单位管理费用/库存物品/固定资产等 　　贷：财政应返还额度 【注意：行政单位无"单位管理费用"】	【事业单位】 借：事业支出等 　　贷：资金结存——财政应返还额度 【行政单位】 借：行政支出等 　　贷：资金结存——财政应返还额度
		国库集中支付以外的其他方式下	【事业单位】 借：业务活动费用/单位管理费用/库存物品/固定资产等 　　贷：银行存款/库存现金等 【行政单位】无	【事业单位】 借：事业支出等 　　贷：资金结存——货币资金 【行政单位】无

(续表)

序号	业务内容		账务处理	
			财务会计	预算会计
4	按照规定使用提取的专用基金	一般情况下	【事业单位】 借：专用基金 　　贷：银行存款等 【行政单位】无	【事业单位】 使用从非财政拨款结余或经营结余中计提的专用基金 借：专用结存 　　贷：资金结存——货币资金 使用从收入中计提并计入费用的专用基金 借：事业支出等 　　贷：资金结存——货币资金 【行政单位】无
		购买固定资产、无形资产等	【事业单位】 借：固定资产/无形资产等 　　贷：银行存款等 借：专用基金 　　贷：累计盈余 【行政单位】无	
5	预算结转结余调整	按照规定上缴财政拨款结转结余资金或注销财政拨款结转结余额度的	借：累计盈余 　　贷：财政应返还额度/零余额账户用款额度/银行存款	借：财政拨款结转——归集上缴/财政拨款结余——归集上缴 　　贷：资金结存——财政应返还额度/零余额账户用款额度/货币资金
		按照规定缴回非财政拨款结转资金的	借：累计盈余 　　贷：银行存款	借：非财政拨款结转——缴回资金 　　贷：资金结存——货币资金
		收到调入的财政拨款结转资金的	借：财政应返还额度/零余额账户用款额度/银行存款 　　贷：累计盈余	借：资金结存——财政应返还额度/零余额账户用款额度/货币资金 　　贷：财政拨款结转——归集调入
6	因购货退回、发生差错更正等退回国库直接支付、授权支付款项，或者收回货币资金的	属于本年度的	借：财政拨款收入/零余额账户用款额度/银行存款等 　　贷：业务活动费用/库存物品等	【事业单位】 借：财政拨款预算收入/资金结存——零余额账户用款额度/货币资金 　　贷：事业支出等 【行政单位】 借：财政拨款预算收入/资金结存——零余额账户用款额度/货币资金 　　贷：行政支出等
		属于以前年度的	借：财政拨款收入/零余额账户用款额度/银行存款等 　　贷：以前年度盈余调整	借：资金结存——财政应返还额度/零余额账户用款额度/货币资金 　　贷：财政拨款结转/财政拨款结余/非财政拨款结转/非财政拨款结余（年初余额调整）
7	有企业所得税缴纳义务的事业单位实际缴纳企业所得税时		【事业单位】 借：其他应交税费——应交所得税 　　贷：银行存款等 【行政单位】无	【事业单位】 借：非财政拨款结余——累计结余 　　贷：资金结存——货币资金 【行政单位】无

（续表）

序号	业务内容		账务处理	
			财务会计	预算会计
8	年末确认未下达的财政用款额度	财政直接支付方式	借：财政应返还额度——财政直接支付 贷：财政拨款收入	借：资金结存——财政应返还额度 贷：财政拨款预算收入
		财政授权支付方式	借：财政应返还额度——财政授权支付 贷：财政拨款收入	
9	年末注销零余额账户用款额度		借：财政应返还额度——财政授权支付 贷：零余额账户用款额度	借：资金结存——财政应返还额度 贷：资金结存——零余额账户用款额度
10	下年初，恢复零余额账户用款额度或收到上年末未下达的零余额账户用款额度的		借：零余额账户用款额度 贷：财政应返还额度——财政授权支付	借：资金结存——零余额账户用款额度 贷：资金结存——财政应返还额度

【例 7-1】 2×19 年 3 月 1 日，某事业单位根据代理银行转来的《财政授权支付额度到账通知书》，获得本期项目支出额度 6 100 000 元。

3 月 1 日，借款时，财务会计分录如下：

　　借：零余额账户用款额度——项目支出用款额度　　　　　　　　　　6 100 000
　　　　贷：财政拨款收入——财政授权支付——项目支出　　　　　　　　　　　6 100 000

同时，编制预算会计分录：

　　借：资金结存——零余额账户用款额度——项目支出用款额度　　　　6 100 000
　　　　贷：财政拨款预算收入——财政授权支付——项目支出　　　　　　　　　6 100 000

【例 7-2】 2×19 年 3 月 2 日，某事业单位的基本账户收到科技主管部门拨付的重点研发计划项目经费 3 000 000 元。

财务会计分录如下：

　　借：银行存款——基本账户存款　　　　　　　　　　　　　　　　3 000 000
　　　　贷：事业收入——科研经费收入　　　　　　　　　　　　　　　　　　3 000 000

同时，编制预算会计分录：

　　借：资金结存——货币资金——银行存款　　　　　　　　　　　　3 000 000
　　　　贷：事业预算收入——科研经费收入　　　　　　　　　　　　　　　　3 000 000

【例 7-3】 2×19 年 3 月 8 日，某行政单位的基本户收到相关主管部门拨付的专项经费 2 000 100 元。

财务会计分录如下：

　　借：银行存款——基本账户存款　　　　　　　　　　　　　　　　2 000 100
　　　　贷：其他收入——专项资金收入　　　　　　　　　　　　　　　　　　2 000 100

同时，编制预算会计分录：

借：资金结存——货币资金——银行存款　　　　　　　　　　　　　　　　2 000 100
　　贷：其他预算收入——专项资金收入　　　　　　　　　　　　　　　　　　2 000 100

【例 7-4】 2×19 年 3 月 3 日，某事业单位出纳人员经批准从零余额账户提取现金 50 000 元，用于当日给各部门支付差旅费报销款。

财务会计分录如下：

借：库存现金——零余额现金　　　　　　　　　　　　　　　　　　　　　　50 000
　　贷：零余额账户用款额度——基本支出用款额度　　　　　　　　　　　　　　50 000

同时，编制预算会计分录：

借：资金结存——货币资金——库存现金　　　　　　　　　　　　　　　　　50 000
　　贷：资金结存——零余额账户用款额度——基本支出用款额度　　　　　　　　50 000

【例 7-5】 2×19 年 3 月 10 日，某行政单位通过零余额账户向某单位支付项目支出的会议费 90 000 元。

财务会计分录如下：

借：业务活动费用——商品和服务费用——会议费　　　　　　　　　　　　90 000
　　贷：零余额账户用款额度——基本支出用款额度　　　　　　　　　　　　　　90 000

同时，编制预算会计分录：

借：行政支出——项目支出——商品和服务支出——会议费　　　　　　　　90 000
　　贷：资金结存——零余额账户用款额度　　　　　　　　　　　　　　　　　　90 000

【例 7-6】 2×19 年 3 月 4 日，某事业单位通过零余额账户向某单位支付项目支出的会议费 30 000 元，后附政府采购结算单、会议通知及签到表等附件。

财务会计分录如下：

借：业务活动费用——商品和服务费用——会议费　　　　　　　　　　　　30 000
　　贷：零余额账户用款额度——项目支出额度　　　　　　　　　　　　　　　　30 000

同时，编制预算会计分录：

借：事业支出——项目支出——商品和服务支出——会议费　　　　　　　　30 000
　　贷：资金结存——零余额账户用款额度——项目支出额度　　　　　　　　　　30 000

【例 7-7】 2×19 年 3 月 11 日，某行政单位使用 2×18 年度项目支出的财政直接支付额度支付进口机械 C 尾款 3 600 000 元，设备已到货并验收，需要安装，后附货物验收单、政府采购合同等附件。

财务会计分录如下：

借：在建工程——C 机械　　　　　　　　　　　　　　　　　　　　　　3 600 000
　　贷：财政应返还额度——财政直接支付　　　　　　　　　　　　　　　　3 600 000

同时，编制预算会计分录：

借：行政支出——项目支出——商品和服务支出——其他资本性支出　　　3 600 000
　　贷：资金结存——财政应返还额度　　　　　　　　　　　　　　　　　　3 600 000

【例 7-8】 2×19 年 3 月 5 日,某事业单位使用 2018 年度项目支出的财政直接支付额度支付进口设备 F 尾款 2 000 000 元,设备已到货并验收,需要安装,后附货物验收单、政府采购合同等附件。

财务会计分录如下:

借:在建工程——F 设备 2 000 000
　　贷:财政应返还额度——财政直接支付——项目支出额度 2 000 000

同时,编制预算会计分录:

借:事业支出——项目支出——商品和服务支出——资本性支出 2 000 000
　　贷:资金结存——财政应返还额度——财政直接支付 2 000 000

【例 7-9】 某事业单位承担科技部重点研发计划项目,项目款在基本户核算。2×19 年 3 月 6 日,该事业单位与某公司签订加工合同,经审计合同总额 300 000 元,按照合同约定签订日需支付首款 240 000 元。

财务会计分录如下:

借:业务活动费用——商品和服务费用——委托业务费 240 000
　　贷:银行存款——基本账户存款 240 000

同时,编制预算会计分录:

借:事业支出——项目支出——商品和服务支出——委托业务费 240 000
　　贷:资金结存——货币资金——银行存款 240 000

【例 7-10】 某事业单位 2×19 年年终分配,非财政拨款结余总额为 700 000 元,按照结存的 40% 提取职工福利基金 280 000 元。

财务会计分录如下:

借:本年盈余分配 280 000
　　贷:专用基金——职工福利基金 280 000

同时,编制预算会计分录:

借:非财政拨款结余分配 280 000
　　贷:专用结余——职工福利基金 280 000

【例 7-11】 2×19 年 3 月 7 日,某事业单位使用专用基金——职工福利基金购置食堂燃气灶 16 000 元。

财务会计分录如下:

借:固定资产——家具、用具、装具及动植物 16 000
　　贷:银行存款——基本账户存款 16 000

借:专用基金——职工福利基金 16 000
　　贷:累计盈余——非流动资产基金 6 000

同时,编制预算会计分录:

借:专用结余——职工福利基金 16 000
　　贷:资金结存——货币资金——银行存款 16 000

【例 7-12】 某事业单位 2×17 年财政拨款设备购置项目,因政府采购公开招标确定的采购中标价格低于财政拨款预算金额,形成结余资金 260 000 元,一直挂账未使用,也未编入下年预算,该项目为财政授权支付,2019 年 3 月 8 日按照审计整改要求上缴该项财政拨款结余资金。

财务会计分录如下:

借:累计盈余——财政拨款结余　　　　　　　　　　　　　　　　260 000
　　贷:零余额账户用款额度——项目支出额度　　　　　　　　　　　　　260 000

同时,编制预算会计分录:

借:财政拨款结余——归集上缴　　　　　　　　　　　　　　　　260 000
　　贷:资金结存——零余额用款额度——项目支出额度　　　　　　　　　260 000

【例 7-13】 2×18 年年末,审计部门审计时发现,某事业单位非财政拨款结转资金中有 2×16 年前财政科研项目经费 660 000 元,项目已结题验收,已超过规定使用年限。2×19 年 3 月 9 日,该事业单位按照审计整改要求,将上述结余资金退回。

财务会计分录如下:

借:累计盈余——非财政拨款结转　　　　　　　　　　　　　　　660 000
　　贷:银行存款——基本账户存款　　　　　　　　　　　　　　　　　660 000

同时,编制预算会计分录:

借:非财政拨款结转——缴回资金　　　　　　　　　　　　　　　660 000
　　贷:资金结存——货币资金——银行存款　　　　　　　　　　　　　660 000

【例 7-14】 2×19 年 3 月,某事业单位基本户财政科研项目经费支付审计费,应付 8 000 元,因工作失误,误付为 80 000 元,经协商,3 月 10 日事业单位收到对方退回 72 000 元。

财务会计分录如下:

借:银行存款——基本账户存款　　　　　　　　　　　　　　　　72 000
　　贷:业务活动费用——商品和服务费用　　　　　　　　　　　　　　72 000

同时,编制预算会计分录:

借:资金结存——货币资金——银行存款　　　　　　　　　　　　72 000
　　贷:事业支出——项目支出——商品和服务支出——委托业务费　　　　72 000

【例 7-15】 2×19 年 3 月 14 日,某行政单位基本户的项目经费支付审计费,应付 3 000 元,因工作失误,误付为 30 000 元,经协商,4 月 12 日收到对方退回 27 000 元。

财务会计分录如下:

借:银行存款——基本账户存款　　　　　　　　　　　　　　　　27 000
　　贷:业务活动费用——商品和服务费用　　　　　　　　　　　　　　27 000

同时,编制预算会计分录:

借:资金结存——货币资金——银行存款　　　　　　　　　　　　27 000
　　贷:行政支出——项目支出——商品和服务支出——委托业务费　　　　27 000

【例7-16】 2×18年11月,某事业单位基本户财政科研项目经费支付审计费,应付6 000元,因工作失误,误付为60 000元,经协商,2×19年3月11日,事业单位收到对方退回54 000元。

财务会计分录如下:

借:银行存款——基本账户存款　　　　　　　　　　　　　　　　　　　　54 000
　　贷:以前年度盈余调整　　　　　　　　　　　　　　　　　　　　　　　　　54 000

同时,编制预算会计分录:

借:资金结存——货币资金——银行存款　　　　　　　　　　　　　　　　54 000
　　贷:非财政拨款结转——年初余额调整　　　　　　　　　　　　　　　　　　54 000

【例7-17】 2×19年3月12日,经汇算清缴,某事业单位实际缴纳上年企业所得税33 000元。

财务会计分录如下:

借:其他应交税费——单位应交所得税　　　　　　　　　　　　　　　　　33 000
　　贷:银行存款——基本账户存款　　　　　　　　　　　　　　　　　　　　　33 000

同时,编制预算会计分录:

借:非财政拨款结余——累计结余　　　　　　　　　　　　　　　　　　　33 000
　　贷:资金结存——货币资金——银行存款　　　　　　　　　　　　　　　　　33 000

【例7-18】 2×19年3月13日,某事业单位本年度财政下达的基本支出授权支付预算指标数5 500 000,已全部下达零余额账户,年度内授权支付的实际支付数4 500 000元。

财务会计分录如下:

2×19年12月31日,年末注销零余额账户用款额度:

借:财政应返还额度——财政授权支付　　　　　　　　　　　　　　　　1 000 000
　　贷:零余额账户用款额度——基本支出款项额度　　　　　　　　　　　　　1 000 000

2×20年1月1日,下年年初收到返还额度:

借:零余额账户用款额度——基本支出用款额度　　　　　　　　　　　　1 000 000
　　贷:财政应返还额度——财政授权支付　　　　　　　　　　　　　　　　　1 000 000

同时,编制预算会计分录:

2×19年12月31日,年末注销零余额账户用款额度:

借:资金结存——财政应返还额度——财政授权支付　　　　　　　　　　1 000 000
　　贷:资金结存——零余额账户用款额度——基本支出款项额度　　　　　　　1 000 000

2×20年1月1日,下年年初收到返还额度:

借:资金结存——零余额账户用款额度——基本支出款项额度　　　　　　1 000 000
　　贷:资金结存——财政应返还额度——财政授权支付　　　　　　　　　　　1 000 000

4. 期末余额

本科目年末借方余额,反映单位预算资金的累计滚存情况。

7.3 财政拨款结转结余的核算

7.3.1 财政拨款结转的核算

1. 核算内容

"财政拨款结转"科目核算政府单位取得的同级财政拨款结转资金的调整、结转和滚存情况。

2. 明细科目设置

本科目应当设置如下明细科目：

（1）与会计差错更正、以前年度支出收回相关的明细科目。"年初余额调整"明细科目，本明细科目核算因发生会计差错更正、以前年度支出收回等原因，需要调整财政拨款结转的金额。年末结账后，本明细科目应无余额。

（2）与财政拨款调拨业务相关的明细科目：

"归集调入"：本明细科目核算按照规定从其他单位调入财政拨款结转资金时，实际调增的额度数额或调入的资金数额。年末结账后，本明细科目应无余额。

"归集调出"：本明细科目核算按照规定从其他单位调出财政拨款结转资金时，实际调减的额度数额或调出的资金数额。年末结账后，本明细科目应无余额。

"归集上缴"：本明细科目核算按照规定上缴财政拨款结转资金时，实际核销的额度数额或上缴的资金数额。年末结账后，本明细科目应无余额。

"单位内部调剂"：本明细科目核算经财政部门批准对财政拨款结余资金改变用途，调整用于本单位其他未完成项目等的调整金额。年末结账后，本明细科目应无余额。

（3）与年末财政拨款结转业务相关的明细科目"本年收支结转""累计结转""基本支出结转""项目支出结转"：

"本年收支结转"：本明细科目核算政府单位本年度财政拨款收支相抵后的余额。年末结账后，本明细科目应无余额。

"累计结转"：本明细科目核算政府单位滚存的财政拨款结转资金。本明细科目年末贷方余额，反映单位财政拨款滚存的结转资金数据。

"基本支出结转"：在"基本支出结转"明细科目下按照"人员经费""日常公共经费"进行明细核算。

"项目支出结转"：在"项目支出结转"明细科目下按照具体项目进行明细核算。

3. 主要的账务处理与列表说明

1）与会计差错更正、以前年度支出收回相关的账务处理

（1）因发生会计差错更正退回以前年度国库直接支付、授权支付款项或财政性货币资金，或者因发生会计差错更正增加以前年度国库直接支付、授权支付支出或财政性货币资金支出，属于以前年度财政拨款结转资金的，借记或贷记"资金结存——财政应返还额度、零余额账户用款额度、货币资金"科目，贷记或借记本科目（年初余额调整）。

（2）因购货退回、预付款项收回等发生以前年度支出又收回国库直接支付、授权支付款项或收回财政性货币资金，属于以前年度财政拨款结转资金的，借记"资金结存——财政应

返还额度、零余额账户用款额度、货币资金"科目,贷记本科目(年初余额调整)。

2)与财政拨款结转结余资金调整业务相关的账务处理

(1)按照规定从其他单位调入财政拨款结转资金的,按照实际调增的额度数额或调入的资金数额,借记"资金结存——财政应返还额度、零余额账户用款额度、货币资金"科目,贷记本科目(归集调入)。

(2)按照规定向其他单位调出财政拨款结转资金的,按照实际调减的额度数额或调出的资金数额,借记本科目(归集调出),贷记"资金结存——财政应返还额度、零余额账户用款额度、货币资金"科目。

(3)按照规定上缴财政拨款结转资金或注销财政拨款结转资金额度的,按照实际上缴资金数额或注销的资金额度数额,借记本科目"归集上缴",贷记"资金结存——财政应返还额度、零余额账户用款额度、货币资金"科目。

(4)经财政部门批准对财政拨款结余资金改变用途,调整用于本单位基本支出或其他未完成项目支出的,按照批准调剂的金额,借记"财政拨款结余——单位内部调剂"科目,贷记本科目(单位内部调剂)。

3)与年末财政拨款结转和结余业务相关的账务处理

(1)年末,将财政拨款预算收入本年发生额转入本科目,借记"财政拨款预算收入"科目,贷记本科目(本年收支结转);将各项支出中财政拨款支出本年发生额转入本科目,借记本科目(本年收支结转),贷记各项支出(财政拨款支出)科目。

(2)年末冲销有关明细科目余额。将本科目(本年收支结转、年初余额调整、归集调入、归集调出、归集上缴、单位内部调剂)余额转入本科目(累计结转)。结转后,本科目除"累计结转"明细科目外,其他明细科目应无余额。

(3)年末完成上述结转后,应当对财政拨款结转各明细项目执行情况进行分析,按照有关规定将符合财政拨款结余性质的项目余额转入财政拨款结余,借记本科目(累计结转),贷记"财政拨款结余——结转转入"科目。

财政拨款结转的主要账务处理如表7-2所示。

表7-2 财政拨款结转的主要账务处理

序号	业务内容		账务处理	
			财务会计	预算会计
1	因会计差错更正、购货退回、预付款项收回等发生以前年度调整事项	调整增加相关资产	借:零余额账户用款额度/银行存款等 贷:以前年度盈余调整	借:资金结存——零余额账户用款额度/货币资金等 贷:财政拨款结转——年初余额调整
		因会计差错更正调整较少相关资产	借:以前年度盈余调整 贷:零余额账户用款额度/银行存款等	借:财政拨款结转——年初余额调整 贷:资金结存——零余额账户用款额度/货币资金等
2	从其他单位调入财政拨款结转资金,按照实际调整的额度数额或调入的资金数额		借:财政应返还额度/零余额账户用款额度/银行存款 贷:累计盈余	借:资金结存——财政应返还额度/零余额账户用款额度/货币资金 贷:财政拨款结转——归集调入
3	向其他单位调出财政拨款结余资金,按照实际调减额度数额或调减的资金数额		借:累计盈余 贷:财政应返还额度/零余额账户用款额度/银行存款	借:财政拨款结转——归集调出 贷:资金结存——财政应返还额度/零余额账户用款额度/货币资金

(续表)

序号	业务内容		账务处理	
			财务会计	预算会计
4	按照规定上缴财政拨款结转资金或注销财政拨款结转额度		借：累计盈余 　贷：财政应返还额度/零余额账户用款额度/银行存款	借：财政拨款结余——归集上缴 　贷：资金结存——财政应返还额度/零余额账户用款额度/货币资金
5	单位内部调剂财政拨款结余资金，按照调整的金额		—	【事业单位】 借：财政拨款结转——单位内部调剂 　贷：财政拨款结转——单位内部调剂 【行政单位】无
6	年末结转	结转财政拨款预算收入	—	借：财政拨款预算收入 　贷：财政拨款结转——本年收支结转
		结转财政拨款预算支出	—	【事业单位】 借：财政拨款结转——本年收支结转 　贷：事业支出等［财政拨款支出部分］ 【行政单位】 借：财政拨款结转——本年收支结转 　贷：财政支出等——［财政拨款支出部分］
7	单位内部调剂财政拨款结余资金	按照调整的金额	—	【事业单位】无 【行政单位】 借：财政拨款结转——单位内部调剂 　贷：财政拨款结转——单位内部调剂
8	年末冲销本科目有关明细科目余额		—	借：财政拨款结转——年初余额调整［该明细科目为贷方余额时］/归集调入/本年收支结转［该明细科目为贷方余额时］ 　贷：财政拨款结转——累计结转 借：财政拨款结转——累计结转 　贷：财政拨款结转——归集上缴/年初余额调整［该明细科目为借方余额时］/归集调出/本年收支结转［该明细科目为借方余额时］
8	按照有关规定将符合财政拨款结余性质的项目余额转入财政拨款结余		—	借：财政拨款结转——累计结转 　贷：财政拨款结余——结转转入

【例 7-19】 2×19 年 12 月 1 日，某事业单位在零余额账户 2×19 年度财政拨款项目支出中预付进口设备 B 及代理费 50 000 元，第二年 2 月 2 日设备到货入关手续完结后实际支付设备及代理费共计 48 000 元，收回预付款 2 000 元，该设备无需安装，已验收和办理资产登记。

2×19 年 12 月 1 日，财务会计分录如下：

借：预付账款——B 设备　　　　　　　　　　　　　　　　　　　50 000
　　贷：零余额账户用款额度——项目支出用款额度　　　　　　　　　50 000

2×20 年 2 月 2 日，财务会计分录如下：

借：零余额账户用款额度——项目支出用款额度 2 000
　　固定资产——专用设备 48 000
　　贷：预付账款——B设备 50 000

2×19年12月1日，同时，编制预算会计分录：

借：事业支出——项目支出——商品和服务支出——其他资本性支出 50 000
　　贷：资金结存——零余额账户用款额度——项目支出用款额度 50 000

2×20年2月2日，同时，编制预算会计分录：

借：资金结存——零余额账户用款额度——项目支出用款额度 50 000
　　贷：财政拨款结转——年初余额调整 50 000

> **相关思考 7-1**
>
> **本例如为行政单位，则预算会计分录有何不同？**

本例如为行政单位，则12月1日报销时的预算会计分录，应借记"行政支出"科目，即：

借：事业支出——项目支出——商品和服务支出——其他资本性支出 50 000
　　贷：资金结存——零余额账户用款额度 50 000

【例7-20】 2×19年年末，某事业单位按规定上缴财政拨款结转资金100 000元。

财务会计分录如下：

借：累计盈余——财政拨款结转 100 000
　　贷：零余额账户用款额度 100 000

同时，编制预算会计分录：

借：财政拨款结转——归集上缴 100 000
　　贷：资金结存——零余额账户用款额度 100 000

【例7-21】 2×19年年末，某事业单位财政拨款预算收入1 500 000元，事业支出——财政拨款支出1 000 000元，年末结转财政拨款预收收入。

财务会计不做账务处理。

编制预算会计分录：

借：财政拨款预算收入 1 500 000
　　贷：事业支出——财政拨款支出 1 000 000
　　　　财政拨款结转——本年收支结转 500 000

【例7-22】 2×19年年末，某行政单位财政拨款预算收入300 000 000元，行政支出——财政拨款支出279 000 000元，年末结转财政拨款预算收入。

财务会计不做账务处理。

编制预算会计分录：

借：财政拨款预算收入 300 000 000
　　贷：行政支出——财政拨款支出 279 000 000
　　　　财政拨款结转——本年收支结转 21 000 000

【例 7-23】 2×19 年年末,某事业单位财政拨款结转科目下的年初余额调整借方余额 2 000 元、归集上缴借方余额 100 000 元、本年收支结转贷方余额 500 000 元,年末冲销本科目明细科目。

财务会计不做账务处理。

编制预算会计分录:

借:财政拨款结转——本年收支结转　　　　　　　　　　　　　　500 000
　　贷:财政拨款结转——归集上缴　　　　　　　　　　　　　　　　2 000
　　　　财政拨款结转——归集上缴　　　　　　　　　　　　　　　100 000
　　　　财政拨款结转——累计结转　　　　　　　　　　　　　　　398 000

【例 7-24】 2×19 年年末,某事业单位开展年终结账清查,发现财政拨款结转——累计结转科目中有 400 000 元已达到财政规定的结余资金认定条件,应转入结余资金管理。

财务会计不做账务处理。

编制预算会计分录:

借:财政拨款结转——累计结转　　　　　　　　　　　　　　　　400 000
　　贷:财政拨款结余——结转转入　　　　　　　　　　　　　　　400 000

4. 期末余额

本科目年末贷方余额,反映政府单位滚存的财政拨款结转资金数额。

7.3.2 财政拨款结余的核算

1. 核算内容

"财政拨款结余"科目核算政府单位取得的同级财政拨款项目支出结余资金的调整、结转和滚存。

2. 明细科目设置

本科目应当设置如下明细科目:

(1)与会计差错更正、以前年度支出收回相关的明细科目"年初余额调整"明细科目。

本明细科目核算因发生会计差错更正、以前年度支出收回等原因,需要调整财政拨款结余的金额。年末结账后,本明细科目应无余额。

(2)与财政拨款结余资金调整业务相关的明细科目"归集上缴""单位内部调剂"明细科目。

"归集上缴":本明细科目核算按照规定上缴财政拨款结余资金时,实际核销的额度数额或上缴的资金数额,年末结账后,本明细科目应无余额。

"单位内部调剂":本明细科目核算经财政部门批准对财政拨款结余资金改变用途,调整用于本单位其他未完成项目等的调整金额。年末结账后,本明细科目应无余额。

(3)与年末财政拨款结余业务相关的明细科目"结转转入""累计结余"。

"结转转入":本明细科目核算政府单位按照规定转入财政拨款结余的财政拨款结转资金。年末结账后,本明细科目应无余额。

"累计结余":本明细科目核算政府单位滚存的财政拨款结余资金。本明细科目年末贷方余额,反映政府单位财政拨款滚存的结余资金数额。

本科目还应当按照具体项目、《政府收支分类科目》中"支出功能分类科目"的相关科目等进行明细核算。

有一般公共预算财政拨款、政府性基金预算财政拨款等两种及两种以上财政拨款的,还应当在本科目下按照财政拨款的种类进行明细核算。

3. 主要的账务处理与列表说明

1）与会计差错更正、以前年度支出收回相关的账务处理

（1）因发生会计差错更正退回以前年度国库直接支付、授权支付款项或财政性货币资金,或者因发生会计差错更正增加以前年度国库直接支付、授权支付支出或财政性货币资金支出,属于以前年度财政拨款结转资金的,借记或贷记"资金结存——财政应返还额度、零余额账户用款额度、货币资金"科目,贷记或借记本科目（年初余额调整）。

（2）因购货退回、预付款项收回等发生以前年度支出又收回国库直接支付、授权支付款项或收回财政性货币资金,属于以前年度财政拨款结转资金的,借记"资金结存——财政应返还额度、零余额账户用款额度、货币资金"科目,贷记本科目（年初余额调整）。

2）与财政拨款结余资金调整业务相关的账务处理

（1）经财政部门批准对财政拨款结余资金改变用途,调整用于本单位基本支出或其他未完成项目支出的,按照批准调剂的金额,借记本科目（单位内部调剂）,贷记"财政拨款结转——单位内部调剂"科目。

（2）按照规定上缴财政拨款结余资金或注销财政拨款结余资金额度的,按照实际上缴资金数额或注销的资金额度数额,借记本科目（归集上缴）,贷记"资金结存——财政应返还额度、零余额账户用款额度、货币资金"科目。

3）与年末财政拨款结转和结余业务相关的账务处理

（1）年末,对财政拨款结转各明细项目执行情况进行分析,按照有关规定将符合财政拨款结余性质的项目余额转入财政拨款结余,借记"财政拨款结转——累计结转"科目,贷记本科目（结转转入）

（2）年末冲销有关明细科目余额。将本科目（年初余额调整、归集上缴、单位内部调剂、结转转入）余额转入本科目（累计结转）。结转后,本科目除"累计结余"明细科目外,其他明细科目应无余额。

财政拨款结余的主要账务处理如表7-3所示。

表7-3　　　　　　　　财政拨款结余的主要账务处理

序号	业务内容		账务处理	
			财务会计	预算会计
1	因购货退回、会计差错更正等发生以前年度调整事项	调整增加相关资产	借：零余额账户用款额度/银行存款等 贷：以前年度盈余调整	借：资金结存——零余额账户用款额度/货币资金等 贷：财政拨款结余——年初余额调整
		因会计差错更正调减相关资产	借：以前年度盈余调整 贷：零余额账户用款额度/银行存款等	借：财政拨款结余——年初余额调整 贷：资金结存——零余额账户用款额度/货币资金等

(续表)

序号	业务内容	账务处理	
		财务会计	预算会计
2	按照规定上缴财政拨款结余资金或注销财政拨款结余额度	借：累计盈余 　贷：财政应返还额度/零余额账户用款额度/银行存款等	借：财政拨款结余——归集上缴 　贷：资金结存——财政应返还额度/零余额账户用款额度/货币资金
3	年末，按照有关规定将符合财政拨款结余性质的项目余额转入财政拨款结余	—	借：财政拨款结转——累计结转 　贷：财政拨款结余——结转转入
4	年末冲销本科目有关明细科目余额	—	借：财政拨款结余——年初余额调整（该明细科目为贷方余额时） 　贷：财政拨款结余——累计结余 借：财政拨款结余——累计结余 　贷：财政拨款结余——年初余额调整（该明细科目为贷方余额时） 　　　　　　　——归集上缴 　　　　　　　——单位内部调剂 借：财政拨款结余——结转转入 　贷：财政拨款结余——累计结余

【例 7-25】 2×19 年 3 月 15 日，某行政单位使用 2×19 年财政拨款项目支出授权支付委托某高校起草专业规范指南，委托协议款 300 000 元，项目期 1 年，因高校项目负责人调离等原因该项委托工作一直未能展开，经费无支出，2×21 年审计部门延伸审计时发现该问题，认定支出不实，要求高校退回此协议款。2×21 年 3 月 15 日，高校退回 300 000 元。2×19 年财政拨款项目已于当年完成，无结余资金。年终时转入累计盈余。

2×19 年 3 月 15 日，财务会计分录如下：

借：业务活动费用——商品和服务费用——委托业务费　　　　　300 000
　　贷：零余额账户用款额度——项目支出用款额度　　　　　　　　300 000

同时，编制预算会计分录：

借：行政支出——项目支出——商品和服务支出——委托业务费　　300 000
　　贷：资金结存——零余额账户用款额度　　　　　　　　　　　　300 000

2×21 年 3 月 15 日，财务会计分录如下：

借：零余额账户用款额度——项目支出用款额度　　　　　　　　　300 000
　　贷：以前年度盈余调整　　　　　　　　　　　　　　　　　　　300 000

同时，编制预算会计分录：

借：资金结存——零余额账户用款额度　　　　　　　　　　　　　300 000
　　贷：财政拨款结余——年初余额调整　　　　　　　　　　　　　300 000

2×21 年 12 月 31 日，财务会计分录如下：

借：以前年度盈余调整　　　　　　　　　　　　　　　　　　　　300 000
　　贷：累计盈余　　　　　　　　　　　　　　　　　　　　　　　300 000

同时，编制预算会计分录：

借:财政拨款结余——年初余额调整 300 000
　　贷:财政拨款结余——累计结余 300 000

【例7-26】 2×19年5月4日,某事业单位使用2×19年财政拨款项目支出授权支付给某高校开展基线调查的委托协议款400 000元,项目期1年,因高校项目负责人调离等原因,该项委托工作一直未能开展,经费无支出,2×22年审计部门延伸审计时发现问题,认定支出不实,要求高校退回此协议款。2×22年7月1日高校退回400 000元。2×19年财政拨款项目已于当年完成,无结余资金。

2×19年5月4日,财务会计分录如下:

借:业务活动费用——商品和服务费用——委托业务费 400 000
　　贷:零余额账户用款额度——项目支出 400 000

2×22年7月1日,财务会计分录如下:

借:零余额账户用款额度——项目支出 400 000
　　贷:以前年度盈余调整 400 000

2×22年12月31日,财务会计分录如下:

借:以前年度盈余调整 400 000
　　贷:累计盈余 400 000

2×19年5月4日,同时,编制预算会计分录:

借:事业支出——项目支出——商品和服务支出——委托业务费 400 000
　　贷:资金结存——零余额账户用款额度 400 000

2×22年7月1日,同时,编制预算会计分录:

借:资金结存——零余额账户用款额度 400 000
　　贷:财政拨款结余——年初余额调整 400 000

2×22年12月31日,同时,编制预算会计分录:

借:财政拨款结余——年初余额调整 400 000
　　贷:财政拨款结余——累计结余 400 000

【例7-27】 审计部门认定上例中高校退款为财政拨款结余资金,收回后应按规定上缴财政。2×23年8月1日,事业单位按照有关规定上缴财政拨款结余资金400 000元。

财务会计分录如下:

借:累计盈余——财政拨款结余资金 400 000
　　贷:零余额账户用款额度——项目支出 400 000

同时,编制预算会计分录:

借:财政拨款结余——归集上缴 400 000
　　贷:资金结存——零余额账户用款额度 400 000

【例7-28】 2×19年年末,某行政单位开展年中结账清查,发现财政拨款结转——累计结转科目中有600 000元已达到财政规定的结余资金认定条件,应转入结余资金管理。

财务会计不做账务处理

同时,编制预算会计分录:

借:财政拨款结余——累计结转　　　　　　　　　　　　　　　　　　600 000
　　贷:财政拨款结余——结转转入　　　　　　　　　　　　　　　　　　600 000

【例 7-29】 2×19 年末,某事业单位财政拨款结余科目下的年初余额调整贷方余额 300 000 元、归集上缴借方余额 300 000 元、结转转入贷方余额 600 000 元,年末冲销本科目明细科目。

财务会计不做账务处理

同时,编制预算会计分录:

借:财政拨款结余——年初余额调整　　　　　　　　　　　　　　　　300 000
　　财政拨款结余——结转转入　　　　　　　　　　　　　　　　　　600 000
　　贷:财政拨款结余——归集上缴　　　　　　　　　　　　　　　　　300 000
　　　　财政拨款结余——累计结余　　　　　　　　　　　　　　　　　600 000

4. 期末余额

本科目年末贷方余额,反映单位滚存的财政拨款结余资金数额。

7.4 非财政拨款结转结余的核算

7.4.1 非财政拨款结转的核算

1. 核算内容

"非财政拨款结转"科目核算政府单位除财政拨款收支、经营收支以外各非同级财政拨款专项资金的调整、结转和滚存情况。

2. 明细科目设置

本科目应当设置如下明细科目

(1)"年初余额调整"明细科目。本明细科目核算因发生会计差错更正、以前年度支出收回等原因,需要调整非财政拨款结转的资金。年末结账后,本明细科目应无余额。

(2)"缴回资金"明细科目。本明细科目核算按照规定缴回非财政拨款结转资金时,实际缴回的资金数额。年末结账后,本明细科目应无余额。

(3)"项目间接费用或管理费"明细科目。本明细科目核算政府单位取得的科研项目预算收入中,按照规定计提项目间接费用或管理费的数额。年末结账后,本明细科目应无余额。

(4)"本年收支结转"明细科目。本明细科目核算政府单位本年度非同级财政拨款专项收支相抵后的余额,年末结账后,本明细科目应无余额。

(5)"累计结转"明细科目。本明细科目核算政府单位滚存的非同级财政拨款专项结转资金。本明细科目年末贷方余额,反映单位非同级财政拨款滚存的专项结转资金数额。

本科目还应当按照具体项目、《政府收支分类科目》中"支出功能分类科目"的相关科目等进行明细核算。

3. 主要的账务处理与列表说明

(1)按照规定从科研项目预算收入中提取项目管理费或间接费时,按照提取金额,借记本科目(项目间接费用或管理费),贷记"非财政拨款结余——项目间接费用或管理费"科目。

(2)因会计差错更正收到或支出非同级财政拨款货币资金,属于非财政拨款结转资金的,按照收到或支出的金额,借记或贷记"资金结存——货币资金"科目,贷记或借记本科目(年初余额调整)。

因收回以前年度支出等收到非同级财政拨款货币资金,属于非财政拨款结转资金的,按照收到的金额,借记"资金结存——货币资金"科目,贷记本科目(年初余额调整)。

(3)按照规定缴回非财政拨款结转资金的,按照实际缴回资金数额,借记本科目(缴回资金),贷记"资金结存——货币资金"科目。

(4)年末,事业单位将事业预算收入、上级补助预算收入、附属单位上缴预算收入、非同级财政拨款预算收入、债务预算收入、其他预算收入本年发生额中的专项资金收入转入本科目,借记"事业预算收入""上级补助预算收入""附属单位上缴预算收入""非同级财政拨款预算收入""债务预算收入""其他预算收入"科目下各专项资金收入明细科目,贷记本科目(本年收支结转);将事业支出、其他支出本年发生额中的非财政拨款专项资金支出转入本科目,借记本科目(本年收支结转),贷记"事业支出""其他支出"科目下各非财政拨款专项资金支出明细科目。

年末,行政单位将非同级财政拨款预算收入、其他预算收入本年发生额中的专项资金收入转入本科目,借记"非同级财政拨款预算收入""其他预算收入"科目下各专项资金收入明细科目,贷记本科目(本年收支结转);将行政支出、其他支出本年发生额中的非财政拨款专项资金支出转入本科目,借记本科目(本年收支结转),贷记"行政支出""其他支出"科目下各非财政拨款专项资金支出明细科目。

(5)年末冲销有关明细科目余额。将本科目(年初余额调整、项目间接费用或管理费、缴回资金、本年收支结转)余额转入本科目(累计结转)。结转后,本科目除"累计结转"明细科目外,其他明细科目应无余额。

(6)年末完成上述结转后,应当对非财政拨款专项结转资金各项目情况进行分析,将留归本单位使用的非财政拨款专项(项目已完成)剩余资金转入非财政拨款结余,借记本科目(累计结转),贷记"非财政拨款结余——结转转入"科目。

财政拨款结转的主要账务处理如表7-4所示。

表7-4 非财政拨款结转的主要账务处理

序号	业务内容	账务处理	
		财务会计	预算会计
1	按照规定从科研项目预算收入中提取项目管理费或间接费	借:管理费用 贷:预提费用——项目及间接费用或管理费	借:非财政拨款结转——项目间接费用或管理费 贷:非财政拨款结余——项目间接费用或管理费
2	因购货退回、会计差错更正等发生以前年度调整事项	调整增加相关资产 借:银行存款等 贷:以前年度盈余调整 调整减少相关资产 借:以前年度盈余调整 贷:银行存款等	借:资金结存——货币资金 贷:非财政拨款结转——年初余额调整 借:非财政拨款结转——年初余额调整 贷:资金结存——货币资金
3	按照规定缴回非财政拨款结转资金	借:累计盈余 贷:银行存款等	借:非财政拨款结转——缴回资金 贷:资金结存——货币资金

（续表）

序号	业务内容	账务处理	
		财务会计	预算会计
4	年末结转		
	结转非财政拨款专项收入	—	【事业单位】 借：事业预算收入/上级补助预算收入/附属单位上缴预算收入/非同级财政拨款预算收入/债务预算收入/其他预算收入 　　贷：非财政拨款结转——本年收支结转 【行政单位】 借：非同级财政拨款预算收入 　　贷：非财政拨款结转——本年收支结转
	结转非财政拨款专项支出	—	【事业单位】 借：非财政拨款结转——本年收支结转 　　贷：事业支出/其他支出 【行政单位】 借：非财政拨款结转——本年收支结转 　　贷：行政支出/其他支出
5	年末冲销本科目相关明细科目余额	—	借：非财政拨款结转——年初余额调整（该明细科目为贷方余额时） 　　　　　　　　　　——本年收支结转（该明细科目为贷方余额时） 　　贷：非财政拨款结转——累计结转 借：非财政拨款结转——累计结转 　　贷：非财政拨款结转——年初余额调整（该明细科目为借方余额时） 　　　　　　　　　　——缴回资金 　　　　　　　　　　——项目间接费用或管理费 　　　　　　　　　　——本年收支结转（该明细科目为借方余额时）
6	将留归本单位使用的非财政拨款专项剩余资金转入非财政拨款结余	—	借：非财政拨款结转——累计结转 　　贷：非财政拨款结余——结转转入

【例 7-30】 2×19 年 6 月 1 日，某事业单位承担科技部重点研发计划项目资金到账，项目任务书批复间接费用预算 560 000 元，财务部门按照科研部门下达的科研项目入账通知和项目任务书提取间接费用。

财务会计分录如下：

借：单位管理费用——项目支出——其他商品服务和支出　　　　560 000
　　贷：预提费用——项目间接费用或管理费　　　　　　　　　　560 000

同时，编制预算会计分录：

借：非财政拨款结转——项目间接费用或管理费　　　　　　　　560 000
　　贷：非财政拨款结余——项目间接费用或管理费　　　　　　　560 000

【例 7-31】 2×18 年 10 月，某事业单位基本户财政科研项目经费支付审计费，应付 7 000 元，因工作失误，误付 70 000 元，经协商 2×19 年 5 月 2 日事业单位收到对方退回 63 000 元。

财务会计分录如下:

借:银行存款——基本账户存款 63 000
　　贷:以前年度盈余调整 63 000

同时,编制预算会计分录:

借:资金结存——货币资金——银行存款 63 000
　　贷:非财政拨款结转——年初余额调整 63 000

【例 7-32】 2×19年年末,某事业单位按照规定上缴非财政拨款结转资金 270 000元。

财务会计分录如下:

借:累计盈余——非财政拨款结转 270 000
　　贷:银行存款——基本账户存款 270 000

同时,编制预算会计分录:

借:非财政拨款结转——缴回资金 270 000
　　贷:资金结存——货币资金——银行存款 270 000

【例 7-33】 2×19年年末,某事业单位事业预算收入——非财政拨款专项资金收入 2 000 000元,上级补助预算收入——专项资金收入 300 000元、附属单位上缴预算收入——专项资金收入 100 000元、非同级财政拨款预算收入——专项资金收入 500 000元。

事业支出——非同级财政拨款支出 100 000元,事业支出——非财政拨款专项支出——科研支出 3 680 000元,上缴上级支出 30 000元,对附属单位补助支出 120 000元。

年末结转非财政拨款预算专项收入和专项支出。

财务会计不做账务处理。

同时,编制预算会计分录:

借:事业预算收入——非财政拨款专项资金收入 2 000 000
　　上级补助预算收入——专项资金收入 300 000
　　附属单位上缴预算收入——专项资金收入 100 000
　　非同级财政拨款预算收入——专项资金收入 500 000
　　贷:非财政拨款结转——本年收支结转 2 900 000

【例 7-34】 2×19年年末,某行政单位其他预算收入——非财政拨款专项资金收入 4 000 000元、非同级财政拨款预算收入——专项资金收入 1 000 000元。行政支出——非同级财政拨款专项支出 1 500 000元,行政支出——非财政拨款专项支出 2 500 000元。年末结转非财政拨款预算专项收入和专项支出。

财务会计不做账务处理。

同时,编制预算会计分录:

借:其他预算收入——非财政拨款专项资金收入 4 000 000
　　非同级财政拨款预算收入——专项资金收入 1 000 000
　　贷:非财政拨款结转——本年收支结转 5 000 000

借：非财政拨款结转——本年收支结转	3 000 000	
贷：行政支出——非财政拨款专项支出		1 500 000
行政支出——非同级财政拨款支出		1 500 000

【例 7-35】 2×19 年年末,某事业单位非财政拨款结转科目下的项目间接费用借方余额 510 000 元、年初余额调整贷方余额 23 000 元、缴回资金借方余额 610 000 元、本年收支结转贷方余额 2 610 000 元,年末冲销本科目明细科目。

财务会计不做账务处理。

同时,编制预算会计分录:

借：非财政拨款结转——本年收支结转	2 610 000	
非财政拨款结转——年初余额调整	23 000	
贷：非财政拨款结转——缴回资金		610 000
非财政拨款结转——项目间接费用		510 000
非财政拨款结转——累计结转		1 513 000

【例 7-36】 2×19 年年末,某事业单位财政科研经费已通过结题验收,结余资金 700 000 元,应由非财政拨款结转转入非财政拨款结余管理和核算。

财务会计不做账务处理

同时,编制预算会计分录:

借：非财政拨款结转——累计结转	700 000	
贷：非财政拨款结余——结转转入		700 000

4. 期末余额

本科目年末贷方余额,反映政府单位滚存的非同级财政拨款专项结转资金数额。

7.4.2　非财政拨款结余的核算

1. 核算内容

本科目核算政府单位历年滚存的非限定用途的非同级财政拨款结余资金,主要为非财政拨款结余扣除结余分配后滚存的金额。

2. 明细科目设置

本科目应当设置如下四个明细科目

(1)"年初余额调整"明细科目。本明细科目核算因发生会计差错更正、以前年度支出收回等原因,需要调整非财政拨款结余的金额。年末结账后,本明细科目应无余额。

(2)"项目间接费用或管理费"明细科目。本明细科目核算政府单位取得的科研项目预算收入中,按照规定计提的项目间接费用或管理费数额。年末结账后,本明细科目应无余额。

(3)"结转转入"明细科目。本明细科目核算按照规定留归政府单位使用,由政府单位统筹调配,纳入政府单位非财政拨款结余的非同级财政拨款专项剩余资金。年末结账后,本明细科目应无余额。

(4)"累计结余"明细科目。本明细科目核算政府单位历年滚存的非同级财政拨款、非专项结余资金。本明细科目年末贷方余额,反映单位非同级财政拨款滚存的非专项结余资金数额。

本科目还应当按照《政府收支分类科目》中"支出功能分类科目"的相关科目进行明细核算。

3. 主要的账务处理与列表说明

(1) 按照规定从科研项目预算收入中提取项目管理费或间接费时,借记"非财政拨款结转——项目间接费用或管理费"科目,贷记本科目(项目间接费用或管理费)。

(2) 有企业所得税缴纳义务的事业单位实际缴纳企业所得税时,按照缴纳金额,借记本科目(累计结余),贷记"资金结存——货币资金"科目。

【注意:行政单位不涉及(2)。】

(3) 因会计差错更正收到或支出非同级财政拨款货币资金,属于非财政拨款结余资金的,按照收到或支出的金额,借记或贷记"资金结存——货币资金"科目,贷记或借记本科目(年初余额调整)。

因收回以前年度支出等收到非同级财政拨款货币资金,属于非财政拨款结余资金的,按照收到的金额,借记"资金结存——货币资金"科目,贷记本科目(年初余额调整)。

(4) 年末,将留归本单位使用的非财政拨款专项(项目已完成)剩余资金转入本科目,借记"非财政拨款结转——累计结转"科目,贷记本科目(结转转入)。

(5) 年末冲销有关明细科目余额。将本科目(年初余额调整、项目间接费用或管理费、结转转入)余额结转入本科目(累计结余)。结转后,本科目除"累计结余"明细科目外,其他明细科目应无余额。

(6) 年末,事业单位将"非财政拨款结余分配"科目余额转入非财政拨款结余。"非财政拨款结余分配"科目为借方余额的,借记本科目(累计结余),贷记"非财政拨款结余分配"科目;"非财政拨款结余分配"科目为贷方余额的,借记"非财政拨款结余分配"科目,贷记本科目(累计结余)。

年末,行政单位将"其他结余"科目余额转入非财政拨款结余。"其他结余"科目为借方余额的,借记本科目(累计结余),贷记"其他结余"科目;"其他结余"科目为贷方余额的,借记"其他结余"科目,贷记本科目(累计结余)。

非财政拨款结余的主要账务处理如表 7-5 所示。

表 7-5　　　　　　　　　**非财政拨款结余的主要账务处理**

序号	业务内容	账务处理	
		财务会计	预算会计
1	按照规定从科研项目预算收入中提取项目管理费或间接费	【事业单位】 借:单位管理费用 　贷:预提费用——项目间接费用或管理费 【行政单位】 借:业务活动费用 　贷:预提费用——项目间接费用或管理费用	借:非财政拨款结转——项目间接费用或管理费 　贷:非财政拨款结余——项目间接费用或管理费
2	实际缴纳企业所得税	【事业单位】 借:其他应交税费——应交企业所得税 　贷:银行存款等 【行政单位】无	【事业单位】 借:非财政拨款结余——累计结余 　贷:资金结存——货币资金 【行政单位】无

预算结余 第 7 章

(续表)

序号	业务内容		账务处理	
			财务会计	预算会计
3	因购货退回、会计差错更正等发生以前年度调整事项	调整增加相关资产	借：银行存款等 　贷：以前年度盈余调整	借：资金结存——货币资金 　贷：非财政拨款结余——年初余额调整
		调整减少相关资产	借：以前年度盈余调整 　贷：银行存款等	借：非财政拨款结余——年初余额调整 　贷：资金结存——货币资金
4	将留归本单位使用的非财政拨款专项剩余资金转入非财政拨款结余		—	借：非财政拨款结转——累计结转 　贷：非财政拨款结余——结转转入
5	年末冲销本科目相关明细科目余额		—	借：非财政拨款结余——年初余额调整（该明细科目为贷方余额时） 　　　　　　——项目间接费用或管理费 　　　　　　——结转转入 　贷：非财政拨款结余——累计结转 借：非财政拨款结余——累计结转 　贷：非财政拨款结余——年初余额调整（该明细科目为借方余额时） 　　　　　　——缴回资金
6	年末结转	非财政拨款结余分配为贷方余额	—	【事业单位】 借：非财政拨款结余分配 　贷：非财政拨款结余——累计结转 【行政单位】 借：非财政拨款结余——累计结转 　贷：其他结余[该明细科目为借方余额时]
		非财政拨款结余分配为借方余额	—	【事业单位】 借：非财政拨款结余——累计结转 　贷：非财政拨款结余分配 【行政单位】 借：其他结余[该科目为贷方余额时] 　贷：非财政拨款结余——累计结转

【例 7-37】 2×19 年 7 月 6 日，某事业单位承担科技部重点研发计划项目资金到账，项目任务书批复间接费用预算 190 000 元，财务部门按照科研部门下达的科研项目入账通知和项目任务书提取间接费用。

财务会计分录如下：

借：单位管理费用——项目支出——其他商品服务和支出　　　　　　190 000
　　贷：预提费用——项目间接费用或管理费　　　　　　　　　　　　190 000

同时，编制预算会计分录：

借：非财政拨款结转——项目间接费用或管理费　　　　　　　　　　　　　　190 000
　　贷：非财政拨款结余——项目间接费用或管理费　　　　　　　　　　　　190 000

【例7-38】 2×19年1月1日，某事业单位对2×18年企业所得税进行汇算清缴，实际缴纳企业所得税160 000元。

财务会计分录如下：

借：其他应交税费——应交企业所得税　　　　　　　　　　　　　　　　　160 000
　　贷：银行存款——基本账户存款　　　　　　　　　　　　　　　　　　160 000

同时，编制预算会计分录：

借：非财政拨款结余——累计结余　　　　　　　　　　　　　　　　　　　160 000
　　贷：资金结存——货币资金——银行存款　　　　　　　　　　　　　　160 000

【例7-39】 2×18年11月，某事业单使用已通过结题验收的财政科研项目项目结余资金，支付版面费6 000元，2×18年11月该单位又支付了相同的一笔版面费6 000元，2×19年6月杂志社对账发现改单位重复支付版面费后，主动退回多付版面费6 000元，15日收到并入账。

财务会计分录如下：

借：银行存款——基本账户存款　　　　　　　　　　　　　　　　　　　　6 000
　　贷：以前年度盈余调整　　　　　　　　　　　　　　　　　　　　　　6 000

同时，编制预算会计分录：

借：资金结存——货币资金——银行存款　　　　　　　　　　　　　　　　6 000
　　贷：非财政拨款结余——年初余额调整　　　　　　　　　　　　　　　6 000

【例7-40】 2×19年，某事业单位财政科研经费已通过结题验收，结余资金360 000元，应由非财政拨款结转转入非财政拨款结余管理和核算。

财务会计不做分录。

同时，编制预算会计分录：

借：非财政拨款结转——累计结转　　　　　　　　　　　　　　　　　　　360 000
　　贷：非财政拨款结余——结转转入　　　　　　　　　　　　　　　　　360 000

【例7-41】 2×19年年末，某事业单非财政拨款结余科目下的项目间接费用或管理费贷方余额550 000元、年初余额调整贷方余额30 000元、结转转入贷方余额200 000元，年末冲销本科目明细科目

财务会计不做分录。

同时，编制预算会计分录：

借：非财政拨款结余——项目间接费用或管理费　　　　　　　　　　　　　550 000
　　　非财政拨款结余——年初余额调整　　　　　　　　　　　　　　　　30 000
　　　非财政拨款结余——结转转入　　　　　　　　　　　　　　　　　　200 000
　　贷：非财政拨款结余——累计结余　　　　　　　　　　　　　　　　　780 000

4. 期末余额

本科目年末贷方余额,反映单位非同级财政拨款结余资金的累计滚存数额。

7.4.3 专用结余的核算

1. 核算内容

"专用结余"科目核算事业单位按照规定从非财政拨款结余中提取的具有专门用途的资金的变动和滚存情况。

2. 明细科目设置

本科目应当按照专用结余的类别进行明细核算。

3. 主要账务处理与列表说明

根据有关规定从本年度非财政拨款结余或经营结余中提取基金的,按照提取金额,借记"非财政拨款结余分配"科目,贷记本科目。

根据规定使用从非财政拨款结余或经营结余中提取的专用基金时,按照使用金额,借记本科目,贷记"资金结存——货币资金"科目。

【注意:行政单位不涉及"专用结余"。】

专用结余的主要账务处理如表 7-6 所示。

表 7-6　　　　　　　　　　　专用结余的主要账务处理

序号	业务内容	账务处理	
		财务会计	预算会计
1	从预算收入中按照一定比例提取基金并计入费用	借:业务活动费用等 　贷:专用基金	—
2	从本年度非财政拨款结余中提取基金	借:本年盈余分配 　贷:专用基金	借:非财政拨款结余分配 　贷:专用结余
3	按照规定使用提取的专用基金	借:专用基金 　贷:银行存款等 使用专用基金购置固定资产、无形资产的 借:固定资产/无形资产 　贷:银行存款等 借:专用基金 　贷:累计盈余	使用从非财政拨款结余或经营结余中提取的基金 借:专用结余 　贷:资金结存——货币资金 使用从预算收入中提取并计入费用的基金 借:事业支出等 　贷:资金结存——货币资金

【例 7-42】 2×19 年年末,某科研所事业收入中横向课题收入 1 000 000 元,按照相关规定,提取科技成果转化基金,提取比例 5%。

财务会计分录如下:

借:业务活动费用——计提专用基金　　　　　　　　　　　　　　　　　　50 000
　　贷:专用基金——科技成果转化基金　　　　　　　　　　　　　　　　　　50 000

预算会计不做账务处理 **【例 7-43】** 2×19 年年末,某事业单位经营结余 720 000 元,其他结余 836 000 元,转入非财政拨款结余分配,按照 40% 计提职工福利基金,。

财务会计分录如下:

借：本年盈余分配　　　　　　　　　　　　　　　　　　　　　　　622 400
　　贷：专用基金——职工福利基金　　　　　　　　　　　　　　　　622 400

同时，编制预算会计分录：

借：非财政拨款结余分配　　　　　　　　　　　　　　　　　　　622 400
　　贷：专用结余——职工福利基金　　　　　　　　　　　　　　　　622 400

4. 期末余额

本科目年末贷方余额，反映政府单位从非同级财政拨款结余中提取的专用基金的累计滚存数额。

7.4.4　经营结余的核算

1. 核算内容

"经营结余"科目核算事业单位本年度经营活动收支相抵后余额弥补以前年度经营亏损后的余额。

2. 明细科目设置

本科目可以按照经营活动类别进行明细核算。

3. 主要的账务处理与列表说明

年末，将经营预算收入本年发生额转入本科目，借记"经营预算收入"科目，贷记本科目；将经营支出本年发生额转入本科目，借记本科目，贷记"经营支出"科目。

年末，完成上述结转后，如本科目为贷方余额，将本科目贷方余额转入"非财政拨款结余分配"科目，借记本科目，贷记"非财政拨款结余分配"科目；如本科目为借方余额，为经营亏损，不予结转。

【注意：行政单位不涉及"经营结余"。】

经营结余的主要账务处理如表 7-7 所示。

表 7-7　　　　　　　　　　　　**经营结余的主要账务处理**

序号	业务内容	账务处理	
		财务会计	预算会计
1	年末经营收支结转	—	借：经营预算收入 　　贷：经营结余 借：经营结余 　　贷：经营支出
2	年末转入结余分配	—	借：经营结余 　　贷：非财政拨款结余分配 年末结余在借方，则不予结转

【例 7-44】　2×19 年年末，某事业单位经营预算收入 6 000 000 元，经营支出 5 040 000 元，年末经营收支结转并进行分配。

财务会计不做账务处理

同时，编制预算会计分录：

借：经营预算收入　　　　　　　　　　　　　　　　　　　　　6 000 000
　　贷：经营结余　　　　　　　　　　　　　　　　　　　　　　6 000 000

借：经营结余	5 040 000
贷：经营支出	5 040 000
借：经营结余	960 000
贷：非财政拨款结余分配	960 000

4. 期末余额

年末结账后，本科目一般无余额；如为借方余额，反映事业单位累计发生的经营亏损。

7.4.5 其他结余的核算

1. 核算内容

"其他结余"本科目核算政府单位本年度除财政拨款收支、非同级财政拨款专项资金收支和经营收支以外各项收支相抵后的余额。

2. 明细科目设置

事业单位根据核算需要，设置明细科目。

3. 主要的账务处理与列表说明

年末，将事业预算收入、上级补助预算收入、附属单位上缴预算收入、非同级财政拨款预算收入、债务预算收入、其他预算收入本年发生额中非专项资金收入以及投资预算收益本年发生额转入本科目，借记"事业预算收入""上级补助预算收入""附属单位上缴预算收入""非同级财政拨款预算收入""债务预算收入""其他预算收入"科目下各非专项资金收入明细科目和"投资预算收益"科目，贷记本科目（"投资预算收益"科目本年发生额为借方净额时，借记本科目，贷"投资预算收益"科目）；将事业支出、其他支出本年发生额中的非同级财政、非专项资金支出，以及上缴上级支出、对附属单位补助支出、投资支出、债务还本支出本年发生额转入本科目，借记本科目，贷记"事业支出""其他支出"科目下各非同级财政、非专项资金支出明细科目和"上缴上级支出""对附属单位补助支出""投资支出""债务还本支出"科目。

年末，完成上述结转后，行政单位将本科目余额转入"非财政拨款结余——累计结余"科目；事业单位将本科目余额转入"非财政拨款结余分配"科目。当本科目为贷方余额时，借记本科目，贷记"非财政拨款结余——累计结余"或"非财政拨款结余分配"科目；当本科目为借方余额时，借记"非财政拨款结余——累计结余"或"非财政拨款结余分配"科目，贷记本科目。

其他结余的主要账务处理如表 7-8 所示。

表 7-8　　　　　　　　　　**其他结余的主要账务处理**

序号	业务内容	账务处理	
		财务会计	预算会计
1	结转预算收入（除财政拨款收入、非同级财政专项收入、经营收入以外）	—	【事业单位】 借：事业预算收入/非同级财政拨款预算收入/其他预算收入（非专项资金收入部分） 　　贷：其他结余 【行政单位】 借：非同级财政拨款预算收入/其他预算收入[非专项资金收入部分] 　　贷：其他结余

(续表)

序号	业务内容	账务处理	
		财务会计	预算会计
2	结转预算支出（除同级财政拨款支出、非同级财政专项支出、经营支出以外）	—	【事业单位】 借：其他结余 　　贷：事业支出/其他支出（非财政、非专项资金支出部分） 【行政单位】 借：其他结余 　　贷：其他支出/行政支出［非财政、非专项资金支出部分］
3	年末结转（其他结余为贷方余额）	—	【事业单位】 借：其他结余 　　贷：非财政拨款结余分配 【行政单位】 借：其他结余 　　贷：非财政拨款结余——累计结余
	年末结转（其他结余为借方余额）	—	【事业单位】 借：非财政拨款结余分配 　　贷：其他结余 【行政单位】 借：非财政拨款结余——累计结余 　　贷：其他结余

【例7-45】 2×19年年末，某事业单位其他预算收入890 000元（捐赠收入200 000元、利息收入70 000元、租金收入600 000元、其他收入20 000元），投资预算收益100 000元。其他支出13 000元（资产处置费用6 000元、其他费用7 000元）。年末其他预算收支结转及其他结余分配。

财务会计不做账务处理。

同时，编制预算会计分录：

借：经营预算收入——捐赠收入　　　　　　　　　　　　　　　200 000
　　经营预算收入——利息收入　　　　　　　　　　　　　　　 70 000
　　经营预算收入——租金收入　　　　　　　　　　　　　　　600 000
　　经营预算收入——其他收入　　　　　　　　　　　　　　　 20 000
　　投资预算收益　　　　　　　　　　　　　　　　　　　　　100 000
　　贷：其他结余　　　　　　　　　　　　　　　　　　　　　990 000

借：其他结余　　　　　　　　　　　　　　　　　　　　　　　 13 000
　　贷：其他支出——资产处置费用　　　　　　　　　　　　　 6 000
　　　　其他支出——其他　　　　　　　　　　　　　　　　　 7 000

借：其他结余　　　　　　　　　　　　　　　　　　　　　　　977 000
　　贷：非财政拨款结余分配　　　　　　　　　　　　　　　　977 000

【例 7-46】 2×19 年年末,某行政单位其他预算收入 6 250 000 元(捐赠收入 200 000 元、利息收入 10 000 元、租金收入 600 000 元、其他收入——非专项 40 000 元)。其他支出 13 000 元(资产处置费用 7 000 元、其他费用 6 000 元)。年末其他预算收支结转及其他结余分配。

财务会计不做账务处理。

同时,编制预算会计分录:

借:其他预算收入——捐赠收入	200 000	
其他预算收入——利息收入	10 000	
其他预算收入——租金收入	6000 000	
其他预算收入——其他收入——非专项	40 000	
贷:其他结余		6 250 000
借:其他结余	13 000	
贷:其他支出——资产处置费用		7 000
其他支出——其他费用		6 000
借:其他结余	6 237 000	
贷:非财政拨款结余——累计结余		6 237 000

4. 期末余额

年末结账后,本科目应无余额。

7.4.6 非财政拨款结余分配的核算

1. 核算内容

"非财政拨款结余分配"本科目核算事业单位本年度非财政拨款结余分配的情况和结果。

2. 明细科目设置

事业单位根据需要,设置明细科目。

3. 主要的账务处理与列表说明

年末,将"其他结余"科目余额转入本科目,当"其他结余"科目为贷方余额时,借记"其他结余"科目,贷记本科目;当"其他结余"科目为借方余额时,借记本科目,贷记"其他结余"科目。年末,将"经营结余"科目贷方余额转入本科目,借记"经营结余"科目,贷记本科目。

根据有关规定提取专用基金的,按照提取的金额,借记本科目,贷记"专用结余"科目。

年末,按照规定完成上述结转处理后,将本科目余额转入非财政拨款结余。当本科目为借方余额时,借记"非财政拨款结余——累计结余"科目,贷记本科目;当本科目为贷方余额时,借记本科目,贷记"非财政拨款结余——累计结余"科目。

【注意:行政单位不涉及"非财政拨款结余分配"。】

非财政拨款结余分配的主要账务处理如表 7-9 所示。

表 7-9　　　　　　　　　　非财政拨款结余分配的主要账务处理

序号	业务内容		账务处理	
			财务会计	预算会计
1	事业单位年末结余转入	其他结余为借方余额时	—	借：非财政拨款结余分配 　贷：其他结余
		其他结余为贷方余额时	—	借：其他结余 　贷：非财政拨款结余分配
		经营结余为贷方余额时	—	借：经营结余 　贷：非财政拨款结余分配
2	计提专用基金	从非财政拨款结余中提取	借：本年盈余分配 　贷：专用基金	借：非财政拨款结余分配 　贷：专用结余
3	事业单位转入非财政拨款结余	非财政拨款结余分配为贷方余额	—	借：非财政拨款结余分配 　贷：非财政拨款结余——累计结余
		非财政拨款结余分配为借方余额	—	借：非财政拨款结余——累计结余 　贷：非财政拨款结余分配

【例 7-47】 2×19 年年末，某事业单位经营结余 860 000 元、其他结余 622 000 元，转入非财政拨款结余分配。

财务会计不做账务处理。

同时，编制预算会计分录：

借：其他结余　　　　　　　　　　　　　　　　　　　　　　　　　622 000
　　经营结余　　　　　　　　　　　　　　　　　　　　　　　　　860 000
　　贷：非财政拨款结余分配　　　　　　　　　　　　　　　　　1 482 000

【例 7-48】 2×19 年年末，某事业单位非财政拨款结余 1 482 000 元，按照 40% 计提职工福利基金。

财务会计分录如下：

借：本年盈余分配　　　　　　　　　　　　　　　　　　　　　　　592 800
　　贷：专用基金——职工福利基金　　　　　　　　　　　　　　　592 800

同时，编制预算会计分录：

借：非财政拨款结余分配　　　　　　　　　　　　　　　　　　　　592 800
　　贷：专用结余——职工福利基金　　　　　　　　　　　　　　　592 800

【例 7-49】 2×19 年年末，某事业单位非财政拨款结余分配 1 482 000 元，提取专用结余 592 800 元后的余额转入非财政拨款结余——累计结余。

财务会计不做会计处理

同时，编制预算会计分录：

借：非财政拨款结余分配　　　　　　　　　　　　　　　　　　　　889 200
　　贷：非财政拨款结余——累计结余　　　　　　　　　　　　　　889 200

4. 期末余额

年末结账后，本科目应无余额。

重 要 概 念

预算结余　预算结存　财政拨款结转　财政拨款结余　非财政拨款结转　非财政拨款结余　专用结余　其他结余　非财政拨款结余分配

本 章 练 习

单选题

1. 事业单位经营结余会计科目中,关于账务处理的叙述正确的是(　　)。
   A. 年末,将经营预算收入本年发生额转入本科目,借记"经营预算收入"科目,贷记本科目;将经营支出本年发生额转入本科目,借记本科目,贷记"经营支出科目"
   B. 年末,完成上述结转后,如本科目为贷方余额,将本科目贷方余额转入"非财政拨款结余分配"科目,借记本科目,贷记"非财政拨款结余分配"科目;如本科目为借方余额,为经营亏损,也要结转
   C. 年末,将经营预算收入本年发生额转入本科目,借记"经营预算收入"科目,贷记本科目;将经营支出本年发生额转入本科目,借记本科目,贷记"预算支出"科目
   D. 年末,完成上述结转后,如本科目为贷方余额,将本科目贷方余额转入"非财政拨款结余分配"科目,借记本科目,贷记"非财政拨款结余"科目;如本科目为借方余额,为经营亏损,也要结转

2. 事业单位关于非财政拨款结转的明细科目叙述正确的是(　　)。
   A. "归集调入":本明细科目核算按照规定从其他单位调入财政拨款结转资金时,实际调增的额度数额或调入的资金数额。年末结账后,本明细科目借方余额
   B. "归集调出":本明细科目核算按照规定从其他单位调出财政拨款结转资金时,实际调减的额度数额或调出的资金数额。年末结账后,本明细科目应无余额
   C. "归集上缴":本明细科目核算按照规定上缴财政拨款结转资金时,实际核销的额度数额或上缴的资金数额,年末结账后,本明细科目贷方余额
   D. "单位内部调剂":本明细科目核算经财政部门批准对财政拨款结余资金改变用途,调整用于本单位其他未完成项目等的调整金额。年末结账后,本明细科目贷方余额

3. 行政单位关于财政拨款结转,下面叙述错误的是(　　)。
   A. 与财政拨款调拨业务相关的明细科目"归集调入":本明细科目核算按规定从其他单位调入财政拨款结转资金时,实际调增的额度数额或调入的资金数额。年末结账后,本明细科目应无余额
   B. 与财政拨款调拨业务相关的明细科目"归集调出":本明细科目核算按照规定向其他单位调出财政拨款结转资金时,实际调减的额度数额或调出的资金数额。年末结账后,本明细科目借方余额
   C. 与财政拨款调拨业务相关的明细科目"归集上缴":本明细科目核算按照规定上缴财政拨款结转资金时,实际核销的额度数额或上缴的资金数额。年末结账后,本明细科目应无余额
   D. 与会计差错更正、以前年度支出收回相关的明细科目"年初余额调整":本明细科目核算因发生会计差错更正、以前年度支出收回等原因,需要调整财政拨款结转的金额。年末结账后,本明细科目应无余额

4. 事业单位关于专用结余的明细科目叙述错误的是(　　)。
   A. 根据有关规定从本年度非财政拨款结余或经营结余中提取基金的,按照提取金额,借记"非财政拨款结余分配"科目,贷记本科目
   B. 根据规定使用从非财政拨款结余或经营结余中提取的专用基金时,按照使用金额,借记本科目,贷

记"资金结存——货币资金"科目

C. 本科目应当按照专用结余的类别进行明细核算

D. 本科目年末借方余额,反映单位从非同级财政拨款结余中提取的专用基金的累计滚存数额

5. 行政单位关于其他结余会计科目叙述错误的是( )。

A. 年末,将非同级财政拨款预算收入、其他预算收入本年发生额中的非专项资金收入本年发生额转入本科目,借记"非同级财政拨款预算收入""其他预算收入"科目下各非专项资金收入明细科目,贷记本科目

B. 将行政支出、其他支出本年发生额中的非同级财政、非专项资金支出,借记本科目,贷记"行政支出""其他支出"科目下各非同级财政、非专项资金支出明细科目

C. 本科目核算单位本年度除财政拨款收支、非同级财政专项资金收支和经营收支以外各项收支相抵后的余额

D. 年末,完成上述结转后,行政单位将本科目余额转入"财政拨款结余——累计结余"科目

多选题

1. 事业单位资金结存的核算中,本科目应当设置的明细科目包括( )。

   A. 零余额账户用款额度　　　　B. 货币资金
   C. 银行存款　　　　　　　　　D. 财政应返还额度

2. 事业单位财政拨款结转的核算中,本科目应当设置的明细科目包括( )。

   A. 零余额账户用款额度　　　　B. 单位内部调剂
   C. 年初余额调整　　　　　　　D. 归集上缴

3. 事业单位非财政拨款结转的核算中,本科目应当设置的明细科目包括( )。

   A. 年初余额调整　　　　　　　B. 项目间接费用或管理费
   C. 缴回资金　　　　　　　　　D. 累计结转

4. 事业单位非财政拨款结余的核算中,本科目应当设置的明细科目包括( )。

   A. 年初余额调整　　　　　　　B. 项目间接费用或管理费
   C. 结转转入　　　　　　　　　D. 累计结余

5. 事业单位关于专用结余,下列说法正确的有( )。

   A. 根据有关规定从本年度非财政拨款结余或经营结余中提取基金的,按照提取金额,借记"非财政拨款结余分配"科目,贷记本科目。

   B. 根据规定使用从非财政拨款结余或经营结余中提取的专用基金时,按照使用金额,借记本科目,贷记"资金结存——货币资金"科目。

   C. 根据有关规定从本年度非财政拨款结余或经营结余中提取基金的,按照提取金额,借记"非财政拨款结余"科目,贷记本科目。

   D. 根据规定使用从非财政拨款结余或经营结余中提取的专用基金时,按照使用金额,借记本科目,贷记"资金结存——银行存款"科目。

6. 行政单位资金结存科目核算行政单位纳入部门预算管理的资金流入、流出、调整和滚存等情况。本科目应当设置以下明细科目( )。

   A. 零余额账户用款额度　　　　B. 银行存款
   C. 货币资金　　　　　　　　　D. 财政应返还额度

7. 行政单位与财政拨款调拨业务相关的明细科目( )。

   A. 归集调入　　　　　　　　　B. 归集调出
   C. 归集上缴　　　　　　　　　D. 单位内部调剂

8. 行政单位财政拨款结余本科目核算单位取得的同级财政拨款项目支出结余资金的调整、结转和滚存情况。本科目应当设置以下明细科目( )。

A. 零余额账户用款额度　　　　　　　B. 年初余额调整
C. 归集上缴　　　　　　　　　　　　D. 单位内部调剂

9. 行政单位非财政拨款结转本科目核算单位除财政拨款收支、经营收支以外各非同级财政拨款专项资金的调整、结转和滚存情况。本科目应当设置以下明细科目（　　）。

A. 年初余额调整　　　　　　　　　　B. 缴回资金
C. 项目间接费用或管理费用　　　　　D. 本年收支结转

10. 行政单位非财政拨款结余本科目核算单位历年滚存的非限定用途的非同级财政拨款结余资金，主要为非财政拨款结余扣除结余分配后滚存的金额。本科目应当设置以下明细科目（　　）。

A. 年初余额调整　　　　　　　　　　B. 项目间接费用或管理费用
C. 结转转入　　　　　　　　　　　　D. 累计结余

判断题

1. 事业单位《基本准则》第二十三条规定："预算结余是指政府会计主体的预算年度内预算收入扣除预算支出后的资金余额，以及历年滚存的资金余额。"（　　）

2. 行政单位财政拨款结余核算单位取得的非同级财政拨款项目支出结余资金的调整、结转和滚存情况。（　　）

3. 事业单位财政拨款结转科目中的"年初余额调整"明细科目核算因发生会计差错更正、以前年度支出收回等原因，需要调整财政拨款结转的金额。年末结账后，本明细科目应无余额。（　　）

4. 事业单位财政拨款结余科目中"年初余额调整"明细科目因发生会计差错更正、以前年度支出收回等原因，需要调整财政拨款结余的金额。年末结账后，本科目借方余额。（　　）

5. 行政单位其他结余核算单位本年度除财政拨款收支、非同级财政专项资金收支和经营收支以外各项收支相抵后的余额。（　　）

简答题

1. 简述事业单位预算结余的概念及分类？
2. 简述事业单位财政拨款结余明细科目的设置？
3. 简述行政单位非财政拨款结余的核算内容和明细科目设置？

计算及账务处理题

1. 2×19年年末，某事业单位有关非财政拨款专项资金预算收入和非财政拨款专项资金支出科目的本年发生额如表7-9所示

表7-9　　　　　　**非财政拨款专项资金预算收支本年发生额表**　　　　　　单位：元

非财政拨款专项资金预算收入科目	本年贷方发生额	本年借方发生额
事业预算收入——专项资金收入	43 2000	
上级补助预算收入——专项资金收入	56 000	
附属单位上缴预算收入——专项资金收入	4 200	
非同级财政拨款预算收入——专项资金收入	78 000	
债务预算收入——专项资金收入	36 000	
其他预算收入——专项资金收入	8 300	
事业支出——非财政专项资金支出		202 000
其他支出——非财政专项资金支出		9 200
合计	614 500	211 200

根据表7-9，编制该事业单位的会计分录

2. 2×19 年年末,某事业单位经营预算收入 4 000 000 元,经营支出 3 040 000 元,年末经营收支结转并进行分配。编制该事业单位的会计分录。

3. 2×19 年年末,某行政单位财政拨款结转科目下的年初余额调整借方余额 2 200 元,归集上缴借方余额 101 000 元,本年收支结转贷方余额 600 000 元,年末冲销本科目明细科目。编制相关会计录。

4. 2×19 年年末,某行政单位其他预算收入——非财政拨款专项资金收入 3 300 000 元、非同级财政拨款预算收入——专项资金收入 2 100 000 元。行政支出——非同级财政拨款专项支出 1 520 000 元,行政支出——非财政拨款专项支出 2 500 000 元。年末结转非财政拨款预算专项收入和专项支出。编制相关会计分录。

第 8 章 政府决策报告和财务报告

- ➢ 内容提要
- ➢ 重点难点
- ➢ 学习目标
- ➢ 知识框架
- ➢ 8.1 年终清理结算与结账
- ➢ 8.2 政府决算报告
- ➢ 8.3 财政财务报告
- ➢ 8.4 附注
- ➢ 重要概念
- ➢ 本章练习

内容提要

本章主要讲解了单位年终清理与结账的主要内容;政府决算报告的概述及各类预算会计报表的编制;财政财务报告的概述及各类会计报表的编制;附注的概念、主要内容及会计报表重要项目的说明。

重点难点

本章重点为单位年终清理与结账,政府决算报告和财政财务报告的编制基础及各类会计报表的概念和编制说明,附注中会计报表重要项目的说明;难点为政府决算报告和财政财务报告中各类会计报表的编制。

学习目标

通过本章学习,学生应了解单位年终清理与结账;掌握政府决算报告和财政财务报告的构成、编制基础及各类会计报表的概念和编制说明;熟悉附注的主要内容和会计报表重要项目。

知识框架

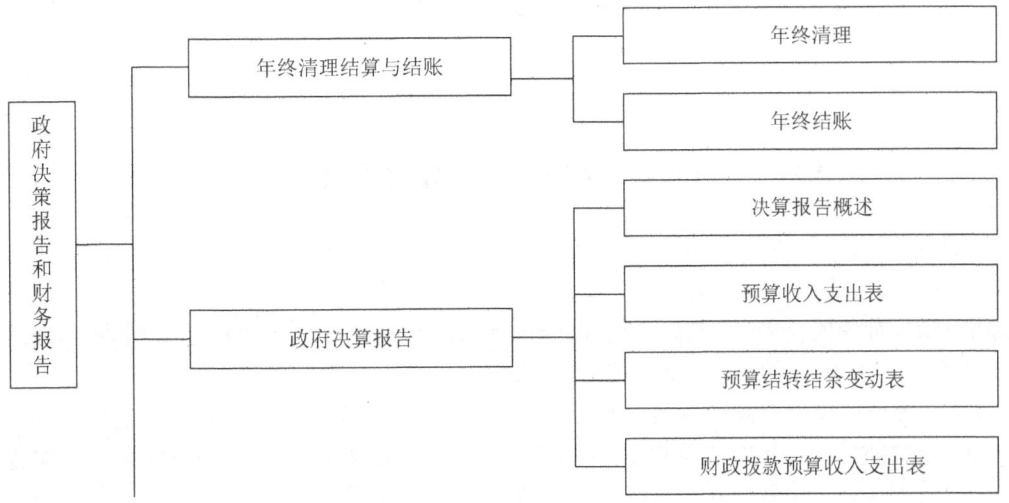

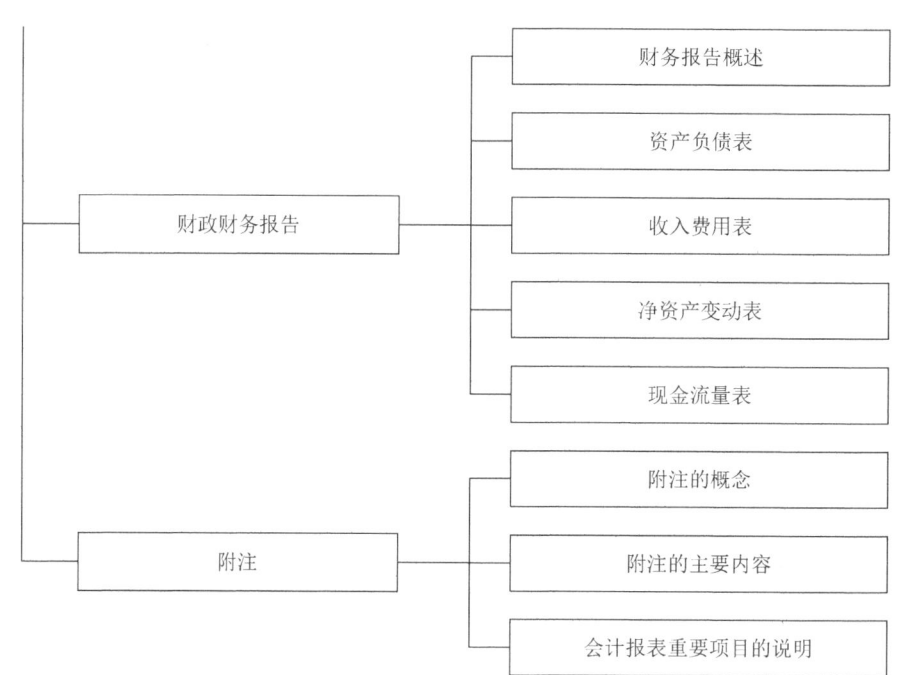

引入案例 泰兴市380家行政事业单位统一财务核算平台

经过3个月的试运行,从2019年1月1日起,泰兴市在全省率先统一财务核算平台,该市380家行政事业单位推行政府会计制度,以此全面提高行政事业单位会计信息质量,打造阳光财政、廉洁财政、高效财政。

统一核算平台与财政预算编审、国库集中支付、非税收缴管理等信息系统实行无缝衔接,实现财政资金从预算、执行、核算、决算全过程、全会计周期的一体化管理,对财政资金运行进行智能化、全过程监管,同时实现全市行政事业单位财政财务数据的集中存储,统一管理,信息共享,实时查询,从而形成全覆盖的财政资金监管体系,为建设廉洁机关、阳光财务提供健全的会计制度保障。

统一核算平台由该市财政局统一维护、统一管理,有效避免380个预算单位重复建设造成财政资金浪费,减少单位分散维护带来的不便,降低单位行政运行成本。统一核算平台实现账务处理自动化,自动生成凭证、记账、会计报表等,减轻了预算单位财务人员的工作量,提高了预算单位会计核算的准确性,为预算单位部门决算信息公开的准确性提供了有力保障。

请思考:单位需要编制的会计报表有哪些?

8.1 年终清理结算与结账

年终清理结算和结账,是单位编报年度决算的一个重要环节,也是保证单位决算报表数字准确、真实、完整的一项基础工作。单位在年度终了前,应根据财政部门或主管部门的决算编报要求,对各项收支、往来款项、货币资金和财产物资进行全面的年终清理结算,在此基础上办理年度结账,编报部门决算和财务报告。

年终,单位应根据财政部门或上级主管部门年终决算的要求,将本期内所发生的各项经济业务全部登记入账,并进行对账工作,包括账证核对、账账核对、账实核对,在保证账证相符、账账相符和账实相符的基础上办理年度结账,编制决算报表。

8.1.1 年终清理

1. 核对年度预算

我国实行"统一领导,分级管理"的财政预算管理体制,上下级财政之间、财政和部门预算之间、部门单位预算与所属单位预算之间存在着预算编制、预算执行以及决算的数字衔接关系。年终前应清理核对年度预算数(包括追加数、追减数、上划数、下划数)、应上缴下拨款数和合计各项拨款数、上缴下拨数,按照规定逐笔进行清理结算,该上拨的上拨,该缴回的缴回,保证决算准确。

2. 核对年度收支

凡属本年的各项收入都要入账,不能长期挂在往来账上;属于本年各项应缴国库的收入,要在年终前全部上缴国库;属于本年的各项支出,应按规定的支出渠道如实列支。实行成本费用核算的收支,要结合年终清理,认真审查核实,并把各项收益按规定转入有关收入账户。

3. 清理往来款项

各项预收、预付、应收、应付等往来款项,应分类清理,年终前尽量清理完毕。应当转作各项收入或各项支出的往来款项要及时转入各有关账户;对于各种委托代管业务,凡是业务已经结束的,要及时向委托单位清算结报。对于手续尚未完备的各项预收、预付、应收、应付和其他长期挂账的往来款项,要查明原因,采取措施,及时清理。

4. 盘点货币资金和各项财产物资

年度终了,库存现金的账面余额应同现金的实际库存数核对相符,如有现金盘盈亏要查明原因;银行存款账面余额要同银行对账单余额核对相符,编制银行存款余额调节表,查明未达账项的合理性;有价证券的账面数应与库存实有的有价证券核对相符。

对于单位的各种财产物资年终应全部入账,各单位配备专人对全部财产物资进行全面的清查盘点。将盘点的结果和账面数字进行核对,固定资产和材料的盘点结果和账面数如有差异,在年终结账前应查明原因,并按规定作出处理,调整账务,做到账账相符、账实相符。

5. 清理结算上下级之间的往来调剂资金

有些事业单位在事业活动过程中存在资金不足,可以由上级主管部门将集中的下级收入和自行组织的收入,安排补贴给资金不足的事业单位。这样就是系统内部上下级之间的一种资金往来。年终时,要清理核对上下级往来调剂资金。

8.1.2 年终结账

单位要在年终清理基础上进行年终结账。各个账户核对无误后,先办理12月份月结工作,结出各账户的本月合计数和全年累计数,再以此为基础进行年终结账工作。年终结账工作包括年终转账、结清旧账和记入新账。

1. 年终转账

单位在确认全年所有发生的经济业务已经全部登记入账,经核对无误后,首先计算出各账户借方、贷方的12月份发生额和全年累计数,结出12月末余额。然后,编制结账前的资产负债表。试算平衡后结转各收支账户年终余额,根据各收支账户12月31日的余额填制记账凭证,按年终冲转办法办理冲转结账。

2. 结清旧账

结清旧账是指将上述处理年终转账业务的凭证内容记入各有关账户后,结出各账户借方和贷方的"全年累计"及其余额,以结清旧账。

3. 记入新账

根据年终结账后各账户余额,编制年终决算的"资产负债表"和有关明细账户余额表,将表列各账户的余额数直接记入下一会计年度新建有关会计账簿的第一行余额栏内,并在摘要栏注明"上年结转"字样。

> **相关案例 8-1**
>
> **国有经营性文化事业单位转企改制**
>
> 为进一步深化文化体制改革,继续推进国有经营性文化事业单位转企改制,2018年12月18日,国务院办公厅发布《文化体制改革中经营性文化事业单位转制为企业的规定》,其中,关于国有文化资产管理的规定如下:
>
> 建立健全党委和政府监管国有文化资产的管理机构,完善党委和政府监管有机结合、宣传部门有效主导的管理模式,实现管人管事管资产管导向相统一,推动党政部门与其所属的文化企业进一步理顺关系,推动主管主办制度与出资人制度相衔接。
>
> 经营性文化事业单位转制为企业,要认真做好资产清查、资产评估、产权登记等基础工作,依法落实原有债权债务。国有文化企业公司章程制定和修改、注册资本增减、重组整合、破产解散、改制上市、国有产权转让、无偿划拨、组建集团、发行债券、法定代表人变更等重大变动事项,报同级国有文化资产管理机构审批,并按有关程序和规定办理。
>
> 国有文化企业依照相关规定定期报告财务状况、生产经营状况、国有资产保值增值状况和社会效益情况。加强国有文化企业社会效益和经济效益综合考核,探索建立国有资产保值增值考核与社会效益考核相结合的综合评价体系。
>
> 建立健全文化企业国有资本经营预算制度,通过国有资本金注入,优化国有资本配置,发挥国有资本引导作用,推进国有文化企业兼并重组、转型升级,促进文化产业布局优化。
>
> 推进国有文化资本授权经营,形成国有文化资本流动重组、布局调整的有效平台,优化资源配置,推动国有文化企业增强实力、活力、抗风险能力,更好地发挥控制力、影响力。

8.2 政府决算报告

8.2.1 决算报告概述

1. 决算报告的编制目标

《基本准则》第五条规定:"决算报告的目标是向决算报告使用者提供与政府预算执行情况有关的信息,综合反映政府会计主体预算收支的年度执行结果,有助于决算报告使用者进行监督和管理,并为编制后续年度预算提供参考和依据。"

2. 决算报告的使用者

《基本准则》第五条规定:"政府决算报告使用者包括各级人民代表大会及其常务委员会、各级政府及其有关部门、政府会计主体自身、社会公众和其他利益相关者。"

3. 决算报告的构成

单位预算会计报表,是根据日常核算资料,通过整理、汇总而编制的用以反映会计主体一定时期的财务状况和预算执行结果的书面文件,由会计报表和报表说明书组成。

其中,预算会计报表至少包括预算收入支出表、预算结转结余变动表和财政拨款预算收入支出表。

4. 决算报告的编制基础

预算会计报表的编制主要以收付实现制为基础,以单位预算会计核算生成的数据为准。

> **特别提示 8-1**
>
> **财务报表的编制基础**
>
> 与预算会计报表的编制基础不同,财务报表的编制主要以权责发生制为基础,以单位财务会计核算生成的数据为准。

5. 决算报告的编制要求

(1) 单位应当至少按照年度编制预算会计报表。

(2) 单位应当根据本制度规定编制真实、完整的预算会计报表,不得违反本制度规定随意改变预算会计报表的编制基础、编制依据、编制原则和方法,不得随意改变本制度规定的预算会计报表有关数据的会计口径。

(3) 预算会计报表应当根据登记完整、核对无误的账簿记录和其他有关资料编制,做到数字真实、计算准确、内容完整、编报及时。

(4) 预算会计报表应当由单位负责人和主管会计工作的负责人、会计机构负责人(会计主管人员)签名并盖章。

8.2.2 预算收入支出表

1. 预算收入支出表的概念

预算收入支出表是反映单位在某一会计年度内各项预算收入、预算支出和预算收支差额情况的报表。

预算收入支出表是单位会计报表的重要组成部分,可以提供一定时期单位预算收入总额及构成情况、预算支出总额及构成情况,以及预算收支差额的数额会计信息。单位应当定期编制预算收入支出表,披露单位在一定会计期间的预算情况。

2. 预算收入支出表的格式

预算收入支出表的格式参见表 8-1。

表 8-1   预算收入支出表   会政预 01 表

编制单位: 年   单位:元

项目	本年数	上年数
一、本年预算收入		
(一) 财政拨款预算收入		
其中:政府性基金收入		
(二) 事业预算收入		
(三) 上级补助预算收入		
(四) 附属单位上缴预算收入		

(续表)

项目	本年数	上年数
（五）经营预算收入		
（六）债务预算收入		
（七）非同级财政拨款预算收入		
（八）投资预算收益		
（九）其他预算收入		
其中：利息预算收入		
捐赠利息收入		
租金预算收入		
二、本年预算支出		
（一）行政支出		
（二）事业支出		
（三）经营支出		
（四）上缴上级支出		
（五）对附属单位补助支出		
（六）投资支出		
（七）债务还本支出		
（八）其他支出		
其中：利息支出		
捐赠支出		
三、本年预算收支差额		

3. 预算收入支出表的编制说明

本表"上年数"栏反映各项目上年度的实际发生数，应当根据上年度预算收入支出表中"本年数"栏内所列数字填列。如果本年度预算收入支出表规定项目的名称和内容同上年度不一致，应当对上年度预算收入支出表项目的名称和数字按照本年度的规定进行调整，将调整后金额填入本年度预算收入支出表的"上年数"栏。

本表"本年数"栏反映各项目的本年实际发生数，"本年数"栏各项目的内容和填列方法如下所示。

1）本年预算收入

"本年预算收入"项目，反映单位本年预算收入总额。本项目应当根据本表中"财政拨款预算收入""事业预算收入""上级补助预算收入""附属单位上缴预算收入""经营预算收入""债务预算收入""非同级财政拨款预算收入""投资预算收益""其他预算收入"项目金额的合计数填列。

（1）"财政拨款预算收入"项目，反映单位本年从同级政府财政部门取得的各类财政拨款。本项目应当根据"财政拨款预算收入"科目的本年发生额填列。

（2）"政府性基金收入"项目，反映单位本年取得的财政拨款收入中属于政府性基金预算拨款的金额。本项目应当根据"财政拨款预算收入"相关明细科目的本年发生额填列。

（3）"事业预算收入"项目,反映事业单位本年开展专业业务活动及其辅助活动取得的预算收入。本项目应当根据"事业预算收入"科目的本年发生额填列。

（4）"上级补助预算收入"项目,反映事业单位本年从主管部门和上级单位取得的非财政补助预算收入。本项目应当根据"上级补助预算收入"科目的本年发生额填列。

（5）"附属单位上缴预算收入"项目,反映事业单位本年收到的独立核算的附属单位按照有关规定上缴的预算收入。本项目应当根据"附属单位上缴预算收入"科目的本年发生额填列。

（6）"经营预算收入"项目,反映事业单位本年在专业业务活动及其辅助活动之外开展非独立核算经营活动取得的预算收入。本项目应当根据"经营预算收入"科目的本年发生额填列。

（7）"债务预算收入"项目,反映事业单位本年按照规定从金融机构等借入的、纳入部门预算管理的债务预算收入。本项目应当根据"债务预算收入"的本年发生额填列。

（8）"非同级财政拨款预算收入"项目,反映单位本年从非同级政府财政部门取得的财政拨款。本项目应当根据"非同级财政拨款预算收入"科目的本年发生额填列。

（9）"投资预算收益"项目,反映事业单位本年取得的按规定纳入单位预算管理的投资收益。本项目应当根据"投资预算收益"科目的本年发生额填列。

（10）"其他预算收入"项目,反映单位本年取得的除上述收入以外的纳入单位预算管理的各项预算收入。本项目应当根据"其他预算收入"科目的本年发生额填列。

（11）"利息预算收入"项目,反映单位本年取得的利息预算收入。本项目应当根据"其他预算收入"科目的明细记录分析填列。单位单设"利息预算收入"科目的,应当根据"利息预算收入"科目的本年发生额填列。

（12）"捐赠预算收入"项目,反映单位本年取得的捐赠预算收入。本项目应当根据"其他预算收入"科目明细账记录分析填列。单位单设"捐赠预算收入"科目的,应当根据"捐赠预算收入"科目的本年发生额填列。

（13）"租金预算收入"项目,反映单位本年取得的租金预算收入。本项目应当根据"其他预算收入"科目明细账记录分析填列。单位单设"租金预算收入"科目的,应当根据"租金预算收入"科目的本年发生额填列。

【注意:行政单位"本年预算收入"项目中不涉及"事业预算收入""上级补助预算收入""附属单位上缴预算收入""经营预算收入""债务预算收入"和"投资预算收益"项目。】

2）本年预算支出

"本年预算支出"项目,反映单位本年预算支出总额。本项目应当根据本表中"行政支出""事业支出""经营支出""上缴上级支出""对附属单位补助支出""投资支出""债务还本支出"和"其他支出"项目金额的合计数填列。

（1）"行政支出"项目,反映行政单位本年履行职责实际发生的支出。本项目应当根据"行政支出"科目的本年发生额填列。

（2）"事业支出"项目,反映事业单位本年开展专业业务活动及其辅助活动发生的支出。本项目应当根据"事业支出"科目的本年发生额填列。

（3）"经营支出"项目,反映事业单位本年在专业业务活动及其辅助活动之外开展非独立核算经营活动发生的支出。本项目应当根据"经营支出"科目的本年发生额填列。

(4)"上缴上级支出"项目,反映事业单位本年按照财政部门和主管部门的规定上缴上级单位的支出。本项目应当根据"上缴上级支出"科目的本年发生额填列。

(5)"对附属单位补助支出"项目,反映事业单位本年用财政拨款收入之外的收入对附属单位补助发生的支出。本项目应当根据"对附属单位补助支出"科目的本年发生额填列。

(6)"投资支出"项目,反映事业单位本年以货币资金对外投资发生的支出。本项目应当根据"投资支出"科目的本年发生额填列。

(7)"债务还本支出"项目,反映事业单位本年偿还自身承担的纳入预算管理的从金融机构举借的债务本金的支出。本项目应当根据"债务还本支出"科目的本年发生额填列。

(8)"其他支出"项目,反映单位本年除以上支出以外的各项支出。本项目应当根据"其他支出"科目的本年发生额填列。

(9)"利息支出"项目,反映单位本年发生的利息支出。本项目应当根据"其他支出"科目明细账记录分析填列。单位单设"利息支出"科目的,应当根据"利息支出"科目的本年发生额填列。

(10)"捐赠支出"项目,反映单位本年发生的捐赠支出。本项目应当根据"其他支出"科目明细账记录分析填列。单位单设"捐赠支出"科目的,应当根据"捐赠支出"科目的本年发生额填列。

【注意:行政单位"本年预算支出"项目中不涉及"事业支出""经营支出""上缴上级支出""对附属单位补助支出""投资支出"和"债务还本支出"项目;而事业单位"本年预算支出"项目中不涉及"行政支出"项目。】

3)本年预算收支差额

"本年预算收支差额"项目,反映单位本年各项预算收支相抵后的差额。本项目应当根据本表中"本期预算收入"项目金额减去"本期预算支出"项目金额后的金额填列;如相减后金额为负数,以"-"号填列。

8.2.3 预算结转结余变动表

1. 预算结转结余变动表的概念

预算结转结余变动表是反映单位在某一会计年度内预算结转结余的变动情况的报表。

预算结转结余变动表是单位会计报表的重要组成部分,可以提供一定时期单位预算结转结余各个组成项目金额的变动情况。单位应当定期编制预算结转结余变动表,披露单位在一定会计期间的预算结转结存状况。

2. 预算结转结余变动表的格式

预算结转结余变动表的格式参见表8-2。

表8-2　　　　　　　　　　预算结转结余变动表　　　　　　　　　　会政预02表
编制单位:　　　　　　　　　　　　年　　　　　　　　　　　　单位:元

项目	本年数	上年数
一、年初预算结转结余		
（一）财政拨款结转结余		
（二）其他资金结转结余		

(续表)

项目	本年数	上年数
二、年初余额调整(减少以"－"号填列)		
(一)财政拨款结转结余		
(二)其他资金结转结余		
三、本年变动余额(减少以"－"号填列)		
(一)财政拨款结转结余		
1.本年收支差额		
2.归集调入		
3.归集上缴或调出		
(二)其他资金结转结余		
1.本年收支差额		
2.缴回资金		
3.使用专用结余		
4.支付所得税		
四、年末预算结转结余		
(一)财政拨款结转结余		
1.财政拨款结转		
2.财政拨款结余		
(二)其他资金结转结余		
1.非财政拨款结转		
2.非财政拨款结余		
3.专用结余		
4.经营结余(如有余额,以"－"号填列)		

3. 预算结转结余变动表的编制说明

本表"上年数"栏反映各项目的上年实际发生数,应当根据上年度预算结转结余变动表中"本年数"栏内所列数字填列。如果本年度预算结转结余变动表规定的项目的名称和内容同上年度不一致,应当对上年度预算结转结余变动表项目的名称和数字按照本年度的规定进行调整,将调整后金额填入本年度预算结转结余变动表的"上年数"栏。

本表中"年末预算结转结余"项目金额等于"年初预算结转结余""年初余额调整""本年变动金额"三个项目的合计数。

本表"本年数"栏反映各项目的本年实际发生数,"本年数"栏各项目的内容和填列方法如下。

1) 年初预算结转结余

"年初预算结转结余"项目,反映单位本年预算结转结余的年初余额。本项目应当根据本项目下"财政拨款结转结余""其他资金结转结余"项目金额的合计数填列。

(1)"财政拨结转结余",项目反映单位本年财政拨款结转结余资金的年初余额。本项目应当根据"财政拨款结转""财政拨款结余"科目本年年初余额合计数填列。

(2)"其他资金结转结余"项目,反映单位本年其他资金结转结余的年初余额。本项目应当根据"非财政拨款结转""非财政拨款结余""专用结余""经营结余"科目本年年初余额的合计数填列。

2) 年初余额调整

"年初余额调整"项目,反映单位本年预算结转结余年初余额调整的金额。本项目应当根据本项目下"财政拨款结转结余""其他资金结转结余"项目金额的合计数填列。

(1)"财政拨款结转结余"项目,反映单位本年财政拨款结转结余资金的年初余额调整金额。本项目应当根据"财政拨款结转""财政拨款结余"科目下"年初余额调整"明细科目的本年发生额的合计数填列;如调整减少年初财政拨款结转结余,以"－"号填列。

(2)"其他资金结转结余"项目,反映单位本年其他资金结转结余的年初余额调整金额。本项目应当根据"非财政拨款结转""非财政拨款结余"科目下"年初余额调整"明细科目的本年发生额的合计数填列;如调整减少年初其他资金结转结余,以"－"号填列。

3) 本年变动金额

"本年变动金额"项目,反映单位本年预算结转结余变动的金额。本项目应当根据本项目下"财政拨款结转结余""其他资金结转结余"项目金额的合计数填列。

(1)"财政拨款结转结余"项目,反映单位本年财政拨款结转结余资金的变动。本项目应当根据本项目下"本年收支差额""归集调入""归集上缴或调出"项目金额的合计数填列。

"本年收支差额"项目,反映单位本年财政拨款资金收支相抵后的差额。本项目应当根据"财政拨款结转"科目下"本年收支结转"明细科目本年转入的预算收入与预算支出的差额填列;差额为负数的,以"－"号填列。

"归集调入"项目,反映单位本年按照规定从其他单位归集调入的财政拨款结转资金。本项目应当根据"财政拨款结转"科目下"归集调入"明细科目的本年发生额填列。

"归集上缴或调出"科目,反映单位本年按照规定上缴的财政拨款结转结余资金及按照规定向其他单位调出的财政拨款结转资金。本项目应当根据"财政拨款结转""财政拨款结余"科目下"归集调出"明细科目,以及"财政拨款结转"科目下"归集调出"明细科目本年发生额的合计数填列,以"－"号填列。

(2)"其他资金结转结余"项目,反映单位本年其他资金结转结余的变动。本项目应当根据本项目下"本年收支差额""缴回资金""使用专用结余""支付所得税"项目金额的合计数填列。

"本年收支差额"项目,反映单位本年除财政拨款外的其他资金收支相抵后的差额。本项目应当根据"非财政拨款结转"科目下"本年收支结转"明细科目、"其他结余"科目、"经营结余"科目本年转入的预算收入与预算支出的差额的合计数填列;如为负数,以"－"号填列。

"缴回资金"项目,反映单位本年按照规定缴回的非财政拨款结转资金。本项目应当根据"非财政拨款结转"科目下"缴回资金"明细科目本年发生额的合计数填列,以"－"号填列。

"使用专用结余"项目,反映本年事业单位根据规定使用从非财政拨款结余或经营结余中提取的专用基金的金额。本项目应当根据"专用结余"科目明细账中本年使用专用结余业务的发生额填列,以"－"号填列。

"支付所得税"项目,反映有企业所得税缴纳义务的事业单位本年实际缴纳的企业所得税金额。本项目应当根据"非财政拨款结余"明细账中本年实际缴纳企业所得税业务的发生额填列,以"-"号填列。

【注意:行政单位"本年变动金额"项目中,在"其他资金结转结余"项目下不涉及"使用专用结余"和"支付所得税"项目。】

4) 年末预算结转结余

"年末预算结转结余"项目,反映单位本年预算结转结余的年末余额。本项目应当根据本项目下"财政拨款结转结余""其他资金结转结余"项目金额的合计数填列。

(1)"财政拨款结转结余"项目,反映单位本年财政拨款结转结余的年末余额。本项目应当根据本项目下"财政拨款结转""财政拨款结余"项目金额的合计数填列。本项目下"财政拨款结转""财政拨款结余"项目,应当分别根据"财政拨款结转""财政拨款结余"科目的本年年末余额填列。

(2)"其他资金结转结余"项目,反映单位本年其他资金结转结余的年末余额。本项目应当根据本项目下"非财政拨款结转""非财政拨款结余""专用结余""经营结余"项目金额的合计数填列。本项目下"非财政拨款结转""非财政拨款结余""专用结余""经营结余"项目,应当分别根据"非财政拨款结转""非财政拨款结余""专用结余""经营结余"科目的本年年末余额填列。

【注意:行政单位"年末预算结转结余"项目中,在"其他资金结转结余"项目下不涉及"专用结余"和"经营结余"项目。】

8.2.4 财政拨款预算收入支出表

1. 财政拨款预算收入支出表的概念

财政拨款预算收入支出表是反映单位本年财政拨款预算资金收入、支出及相关变动的具体情况的报表。

财政拨款预算收入支出表是单位会计报表的重要组成部分,可以提供一定时期单位财政拨款收入支出各个组成项目金额的变动情况。单位应当定期编制财政拨款预算收入支出表,披露单位在一定会计期间的财政拨款收入支出的变动状况。

2. 财政拨款预算收入支出表的格式

财政拨款预算收入支出表的格式参见表8-3。

表8-3　　　　　　　　　　**财政拨款预算收入支出表**　　　　　　　　　会政预03表

编制单位:　　　　　　　　　　　　　年　　　　　　　　　　　　　单位:元

项目	年初财政拨款结转结余		调整年初财政拨款结转结余	本年归集调入	本年归集上缴或调出	单位内部调剂		本年财政拨款收入	本年财政拨款支出	年末财政拨款结转结余	
	结转	结余				结转	结余			结转	结余
一、一般公共预算财政拨款											
(一)基本支出											
1.人员经费											
2.日常公用经费											
(二)项目支出											

(续表)

项目	年初财政拨款结转结余		调整年初财政拨款结转结余	本年归集调入	本年归集上缴或调出	单位内部调剂		本年财政拨款收入	本年财政拨款支出	年末财政拨款结转结余	
	结转	结余				结转	结余			结转	结余
1.××项目											
2.××项目											
……											
二、政府性基金预算财政拨款											
（一）基本支出											
1.人员经费											
2.日常公用经费											
（二）项目支出											
1.××项目											
2.××项目											
……											
总计											

3. 财政拨款预算收入支出表的编制说明

本表"项目"栏内各项目，应当根据单位取得的财政拨款种类分项设置。其中，"项目支出"项目下，根据每个项目设置；单位取得除一般公共财政预算拨款和政府性基金预算拨款以外的其他财政拨款的，应当按照财政拨款种类增加相应的资金项目及其明细项目。

本表各栏及其对应项目的内容和填列方法如下：

（1）"年初财政拨款结转结余"栏中各项目，反映单位年初各项财政拨款结转结余的金额。各项目应当根据"财政拨款结转""财政拨款结余"及其明细科目的年初余额填列。本栏中各项目的数额应当与上年度财政拨款预算收入支出表中"年末财政拨款结转结余"栏中各项目的数额相等。

（2）"调整年初财政拨款结转结余"栏中各项目，反映单位对年初财政拨款结转结余的调整金额。各项目应当根据"财政拨款结转""财政拨款结余"科目下"年初余额调整"明细科目及其所属明细科目的本年发生额填列；如调整减少年初财政拨款结转结余，以"一"号填列。

（3）"本年归集调入"栏中各项目，反映单位本年按规定从其他单位调入的财政拨款结转资金金额。各项目应当根据"财政拨款结转"科目下"归集调入"明细科目及其所属明细科目的本年发生额填列。

（4）"本年归集上缴或调出"栏中各项目，反映单位本年按规定实际上缴的财政拨款结转结余资金，及按照规定向其他单位调出的财政拨款结转资金金额。各项目应当根据"财政拨款结转""财政拨款结余"科目下"归集上缴"科目和"财政拨款结转"科目下"归集调出"明细科目，及其所属明细科目的本年发生额填列，以"一"号填列。

（5）"单位内部调剂"栏中各项目，反映单位本年财政拨款结转结余资金在单位内部不同项目等之间的调剂金额。各项目应当根据"财政拨款结转"和"财政拨款结余"科目下的"单位内部调剂"明细科目及其所属明细科目的本年发生额填列;对单位内部调剂减少的财政拨款结余金额,以"-"号填列。

(6)"本年财政拨款收入"栏中各项目,反映单位本年从同级财政部门取得的各类财政预算拨款金额。各项目应当根据"财政拨款预算收入"科目及其所属明细科目的本年发生额填列。

(7)"本年财政拨款支出"栏中各项目,反映单位本年发生的财政拨款支出金额。各项目应当根据"行政支出""事业支出"等科目及其所属明细科目本年发生额中的财政拨款支出数的合计数填列。

(8)"年末财政拨款结转结余"栏中各项目,反映单位年末财政拨款结转结余的金额。各项目应当根据"财政拨款结转""财政拨款结余"科目及其所属明细科目的年末余额填列。

> **相关思考 8-1**
>
> **年终扎堆培训开会,只为"突击花钱"?**
>
> 随着各级财务制度更加规范、经费支出监督有力,年终"突击花钱"现象已有明显好转。但仍有一些单位在年底以密集培训、召开各种会议等形式"突击花钱",有的单位或部门甚至安排"重复培训""走过场参会"等,出现了"四风"隐性变异的新动向。
>
> 年初计划是"空谈",年底培训急花钱。从具体违规情形来看,有的事业单位在年初编报培训、会议经费预算时,不是从实际需要出发,而是尽量把相关活动安排得满,把相关经费预算得高。由于培训、会议计划是"虚"的,考虑到虚报预算需承担较大责任,以及"如不把今年核定的钱花完,就会影响来年财政的核发资金数量",相关单位于是在年底"突击花钱"。
>
> 年底扎堆培训开会危害极大,一是年底各单位干部职工除了业务工作以外,还要迎接各类检查,本来就很忙,以"突击花钱"为目的的培训、开会,只会给干部职工增忙添乱。二是"突击花钱"还存在隐蔽交易问题。例如,一些会议酒店可以许诺给相关单位"开发票抵消费"的服务,发票类型和金额都能按需求提供,容易滋生腐败问题。
>
> 请思考,如何警惕年终"突击花钱"变异?

8.3 财政财务报告

8.3.1 财务报告概述

1. 财务报告的编制目标

《基本准则》第五条规定:"财务报告的目标是向财务报告使用者提供与政府的财务状况、运行情况(含运行成本,下同)和现金流量等有关信息,反映政府会计主体公共受托责任履行情况,有助于财务报告使用者作出决策或者进行监督和管理。"

2. 财务报告的使用者

《基本准则》第五条规定:"政府财务报告使用者包括各级人民代表大会常务委员会、债权人、各级政府及其有关部门、政府会计主体自身和其他利益相关者。"

3. 财务报告的构成

财务报表由会计报表及其附注构成。

1) 会计报表

会计报表一般包括资产负债表、收入费用表和净资产变动表。单位可根据实际情况自行选择编制现金流量表。

(1) 资产负债表是反映政府会计主体在某一特定日期的财务状况的报表。

(2) 收入费用表是反映政府会计主体在一定会计期间运行情况的报表。

(3) 净资产变动表是反映政府会计主体在某一会计年度内净资产变动情况的报表。

(4) 现金流量表是反映政府会计主体在一定会计期间现金及现金等价物流入和流出情况的报表。

2) 附注

附注是对在资产负债表、收入费用表、现金流量表等报表中列示项目所做的进一步说明,以及对未能在这些报表中列示项目的说明。

4. 财务报告的编制基础

财务报表的编制主要以权责发生制为基础,以单位财务会计核算生成的数据为准。

5. 财务报告的编制要求

(1) 单位应当至少按照年度编制财务报表。

(2) 单位应当根据本制度规定编制真实、完整的财务报表,不得违反本制度规定随意改变财务报表的编制基础、编制依据、编制原则和方法,不得随意改变本制度规定的财务报表有关数据的会计口径。

(3) 财务报表应当根据登记完整、核对无误的账簿记录和其他有关资料编制,做到数字真实、计算准确、内容完整、编报及时。

(4) 财务报表应当由单位负责人和主管会计工作的负责人、会计机构负责人(会计主管人员)签名并盖章。

8.3.2 资产负债表

1. 资产负债表的概念

资产负债表是反映单位某一特定日期财务状况的报表。

资产负债表是会计报表的重要组成部分,可以提供反映会计期末单位占有或使用的资源、承担的债务和形成的净资产情况的会计信息。单位应当定期编制资产负债表,披露单位在会计期末的财务状况。

2. 资产负债表的格式

资产负债表的格式参见表8-4。

表8-4 资产负债表 会政财01表

编制单位: 年 月 日 单位:元

资产	期末余额	期初余额	负债和净资产	期末余额	期初余额
流动资产:			流动负债:		
货币资金			短期借款		
短期投资			应交增值税		

（续表）

资产	期末余额	期初余额	负债和净资产	期末余额	期初余额
财政应返还额度			其他应交税费		
应收票据			应缴财政款		
应收账款净额			应付职工薪酬		
预付账款			应付票据		
应收股利			应付账款		
应收利息			应付政府补贴款		
其他应收款净额			应付利息		
存货			预收账款		
待摊费用			其他应付款		
一年内到期的非流动资产			预提费用		
其他流动资产			一年内到期的非流动负债		
流动资产合计			其他流动负债		
非流动资产：			流动负债合计		
长期股权投资			非流动负债：		
长期债券投资			长期借款		
固定资产原值			长期应付款		
减：固定资产累计折旧			预计负债		
固定资产净值			其他非流动负债		
工程物资			非流动负债合计		
在建工程			受托代理负债		
无形资产原值			负债合计		
减：无形资产累计摊销					
无形资产净值					
研发支出					
公共基础设施原值					
减：公共基础设施累计折旧(摊销)					
公共基础设施净值					
政府储备物资					
文物文化资产					
保障性住房原值					
减：保障性住房累计折旧			净资产：		
保障性住房净值			累计盈余		
长期待摊费用			专用基金		
待处理财产损溢			权益法调整		

(续表)

资产	期末余额	期初余额	负债和净资产	期末余额	期初余额
其他非流动资产			无偿调拨净资产		
非流动资产合计			本期盈余		
受托代理资产			净资产合计		
资产总计			负债和净资产总计		

3. 资产负债表的编制说明

本表"年初余额"栏内各项数字,应当根据上年年末资产负债表"期末余额"栏内数字填列。如果本年度资产负债表规定的项目的名称和内容同上年度不一致,应当对上年年末资产负债表项目的名称和数字按照本年度的规定进行调整,将调整后数字填入本表"年初余额"栏内。如果本年度单位发生了因前期差错更正、会计政策变更等调整以前年度盈余的事项,还应当对"年初余额"栏中的有关项目金额进行相应调整。本表中"资产总计"项目期末(年初)余额应当与"负债和净资产总计"项目期末(年初)余额相等。

本表"期末余额"栏各项目的内容和填列方法如下。

1) 资产类项目

(1)"货币资金"项目,反映单位期末库存现金、银行存款、零余额账户用款额度、其他货币资金的合计数。本项目应当根据"库存现金""银行存款""零余额账户用款额度""其他货币资金"科目的期末余额的合计数填列;若单位存在通过"库存现金""银行存款"科目核算的受托代理资产还应当按照前述合计数扣减"库存现金""银行存款"科目下"受托代理资产"明细科目的期末余额后的金额填列。

(2)"短期投资"项目,反映事业单位期末持有的短期投资账面余额。本项目应当根据"短期投资"科目的期末余额填列。

(3)"财政应返还额度"项目,反映单位期末财政应返还额度的金额。本项目应当根据"财政应返还额度"科目的期末余额填列。

(4)"应收票据"项目,反映事业单位期末持有的应收票据的票面金额。本项目应当根据"应收票据"科目的期末余额填列。

(5)"应收账款净额"项目,反映单位期末尚未收回的应收账款减去已计提的坏账准备后的净额。本项目应当根据"应收账款"科目的期末余额,减去"坏账准备"科目中对应收账款计提的坏账准备的期末余额后的金额填列。

(6)"预付账款"项目,反映单位期末预付给商品或者劳务供应单位的款项。本项目应当根据"预付账款"科目的期末余额填列。

(7)"应收股利"项目,反映事业单位期末因股权投资而应收取的现金股利或应当分得的利润。本项目应当根据"应收股利"科目的期末余额填列。

(8)"应收利息"项目,反映事业单位期末因债券投资等而应收取的利息。事业单位购入的到期一次还本付息的长期债券投资持有期间应收的利息,不包括在本项目内。本项目应当根据"应收利息"科目的期末余额填列。

(9)"其他应收款净额"项目,反映单位期末尚未收回的其他应收款减去已计提的坏账准备后的净额。本项目应当根据"其他应收款"科目的期末余额减去"坏账准备"科目中对其他应收款计提的坏账准备的期末余额后的金额填列。

(10)"存货"项目,反映单位期末存储的存货的实际成本。本项目应当根据"在途物品""库存物品""加工物品"科目的期末余额的合计数填列。

(11)"待摊费用"项目,反映单位期末已经支出,但应当由本期和以后各期负担的分摊期在1年以内(含1年)的各项费用。本项目应当根据"待摊费用"科目的期末余额填列。

(12)"一年内到期的非流动资产"项目,反映单位期末非流动资产项目中将在1年内(含1年)到期的金额,如事业单位将在1年内(含1年)到期的长期债券投资金额。本项目应当根据"长期债券投资"等科目的明细科目的期末余额分析填列。

(13)"其他流动资产"项目,反映单位期末除本表中上述各项之外的其他流动资产的合计金额。本项目应当根据有关科目期末余额的合计数填列。

(14)"流动资产合计"项目,反映单位期末流动资产的合计数。本项目应当根据本表中"货币资金""短期投资""财政应返还额度""应收票据""应收账款净额""预付账款""应收股利""应收利息""其他应收账净额""存货""待摊费用""一年内到期的非流动资产""其他流动资产"项目金额的合计数填列。

(15)"长期股权投资"项目,反映事业单位期末持有的长期股权投资的账面余额。本项目应当根据"长期股权投资"科目的期末余额填列。

(16)"长期债券投资"项目,反映事业单位期末持有的长期债券投资的账面余额。本项目应当根据"长期债券投资"科目的期末余额减去其中将于1年内(含1年)到期的长期债券投资余额后的金额填列。

(17)"固定资产原值"项目,反映单位期末固定资产的原值。本项目应当根据"固定资产"科目的期末余额填列。

(18)"固定资产累计折旧"项目,反映单位期末固定资产已计提的累计折旧金额。本项目应当根据"固定资产累计折旧"科目的期末余额填列。

(19)"固定资产净值"项目,反映单位期末固定资产的账面价值。本项目应当根据"固定资产"科目期末余额减去"固定资产累计折旧"科目期末余额后的金额填列。

(20)"工程物资"项目,反映单位期末为在建工程准备的各种物资的实际成本。本项目应当根据"工程物资"科目的期末余额填列。

(21)"在建工程"项目,反映单位期末所有的建设项目工程的实际成本。本项目应当根据"在建工程"科目的期末余额填列。

(22)"无形资产原值"项目,反映单位期末无形资产的原值。本项目应当根据"无形资产"科目的期末余额填列。

(23)"无形资产累计摊销"项目,反映单位期末无形资产已计提的累计摊销金额。本项目应当根据"无形资产累计摊销"科目的期末余额填列。

(24)"无形资产净值"项目,反映单位期末无形资产的账面价值。本项目应当根据"无形资产"科目期末余额减去"无形资产累计摊销"科目期末余额后的金额填列。

(25)"研发支出"项目,反映单位期末正在进行的无形资产开发项目开发阶段发生的累计支出数。本项目应当根据"研发支出"科目的期末余额填列。

(26)"公共基础设施原值"项目,反映单位期末控制的公共基础设施的原值。本项目应当根据"公共基础设施"科目的期末余额填列。

(27)"公共基础设施累计折旧(摊销)"项目,反映单位期末控制的公共基础设施已计提的累计折旧和累计摊销金额。本项目应当根据"公共基础设施累计折旧(摊销)"科目的期末余额填列。

(28)"公共基础设施净值"项目,反映单位期末控制的公共基础设施的账面价值。本项目应当根据"公共基础设施"科目期末余额减去"公共基础设施累计折旧(摊销)"科目期末余额后的金额填列。

(29)"政府储备物资"项目,反映单位期末控制的政府储备物资的实际成本。本项目应当根据"政府储备物资"科目的期末余额填列。

(30)"文物文化资产"项目,反映单位期末控制的文物文化资产的成本。本项目应当根据"文物文化资产"科目的期末余额填列。

(31)"保障性住房原值"项目,反映单位期末控制的保障性住房的原值。本项目应当根据"保障性住房"科目的期末余额填列。

(32)"保障性住房累计折旧"项目,反映单位期末控制的保障性住房已计提的累计折旧金额。本项目应当根据"保障性住房累计折旧"科目的期末余额填列。

(33)"保障性住房净值"项目,反映单位期末控制的保障性住房的账面价值。本项目应当根据"保障性住房"科目期末余额减去"保障性住房累计折旧"科目期末余额后的金额填列。

(34)"长期待摊费用"项目,反映单位期末已经支出,但应由本期和以后各期负担的分摊期限在1年以上(不含1年)的各项费用。本项目应当根据"长期待摊费用"科目的期末余额填列。

(35)"待处理财产损溢"项目,反映单位期末尚未处理完毕的各种资产的净损失或净溢余。本项目应当根据"待处理财产损溢"科目的期末借方余额填列;如"待处理财产损溢"科目期末为贷方余额,以"-"号填列。

(36)"其他非流动资产"项目,反映单位期末除本表中上述各项之外的其他非流动资产的合计数。本项目应当根据有关科目的期末余额合计数填列。

(37)"非流动资产合计"项目,反映单位期末非流动资产的合计数。本项目应当根据本表中"长期股权投资""长期债券投资""固定资产净值""工程物资""在建工程""无形资产净值""研发支出""公共基础设施净值""政府储备物资""文物文化资产""保障性住房净值""长期待摊费用""待处理财产损溢""其他非流动资产"项目金额的合计数填列。

(38)"受托代理资产"项目,反映单位期末受托代理资产的价值。本项目应当根据"受托代理资产"科目的期末余额与"库存现金""银行存款"科目下"受托代理资产"明细科目的期末余额的合计数填列。

(39)"资产总计"项目,反映单位期末资产的合计数。本项目应当根据本表中"流动资产合计""非流动资产合计""受托代理资产"项目金额的合计数填列。

【注意:在资产类项目中,行政单位不涉及"短期投资""应收票据""应收股利""应收利息""长期股权投资"和"长期债券投资"项目。】

2)负债类项目

(1)"短期借款"项目,反映事业单位期末短期借款的余额。本项目应当根据"短期借款"科目的期末余额填列。

(2)"应交增值税"项目,反映单位期末应缴未缴的增值税税额。本项目应当根据"应交增值税"科目的期末余额填列;如"应交增值税"科目为借方余额,以"一"号填列。

(3)"其他应交税费"项目,反映单位期末应缴未缴的除增值税以外的税费金额。本项目应当根据"其他应交税费"科目的期末余额填列;如"其他应交税费"科目期末为借方余额,以"一"号填列。

(4)"应缴财政款"项目,反映单位期末应当上缴财政但尚未缴纳的款项。本项目应当根据"应缴财政款"科目的期末余额填列。

(5)"应付职工薪酬"项目,反映单位期末按有关规定应付给职工及为职工支付的各种薪酬。本项目应当根据"应付职工薪酬"科目的期末余额填列。

(6)"应付票据"项目,反映事业单位期末应付票据的金额。本项目应当根据"应付票据"科目的期末余额填列。

(7)"应付账款"项目,反映单位期末应当支付但尚未支付的偿还期限在1年以内(含1年)的应付账款的金额。本项目应当根据"应付账款"科目的期末余额填列。

(8)"应付政府补贴款"项目,反映负责发放政府补贴的行政单位期末按照规定应当支付给政府补贴接受者的各种政府补贴款余额。本项目应当根据"应付政府补贴款"科目的期末余额填列。

(9)"应付利息"项目,反映事业单位期末按照合同约定应支付的借款利息。事业单位到期一次还本付息的长期借款利息不包括在本项目内。本项目应当根据"应付利息"科目的期末余额填列。

(10)"预收账款"项目,反映事业单位期末预先收取但尚未确认收入和实际结算的款项余额。本项目应当根据"预收账款"科目的期末余额填列。

(11)"其他应付款"项目,反映单位期末其他各项偿还期限在1年内(含1年)的应付及暂收款项余额。本项目应当根据"其他应付款"科目的期末余额填列。

(12)"预提费用"项目,反映单位期末已预先提取的已经发生但尚未支付的各项费用。本项目应当根据"预提费用"科目的期末余额填列。

(13)"一年内到期的非流动负债"项目,反映单位期末将于1年内(含1年)偿还的非流动负债的余额。本项目应当根据"长期应付款""长期借款"等科目的明细科目的期末余额分析填列。

(14)"其他流动负债"项目,反映单位期末除本表中上述各项之外的其他流动负债的合计数。本项目应当根据有关科目的期末余额的合计数填列。

(15)"流动负债合计"项目,反映单位期末流动负债合计数。本项目应当根据本表"短期借款""应交增值税""其他应交税费""应缴财政款""应付职工薪酬""应付票据""应付账款""应付政府补贴款""应付利息""预收账款""其他应付款""预提费用""一年内到期的非流动负债""其他流动负债"项目金额的合计数填列。

(16)"长期借款"项目,反映事业单位期末长期借款的余额。本项目应当根据"长期借款"科目的期末余额减去其中将于1年内(含1年)到期的长期借款余额后的金额填列。

(17)"长期应付款"项目,反映单位期末长期应付款的余额。本项目应当根据"长期应付款"科目的期末余额减去其中将于1年内(含1年)到期的长期应付款余额后的金额填列。

（18）"预计负债"项目，反映单位期末已确认但尚未偿付的预计负债的余额。本项目应当根据"预计负债"科目的期末余额填列。

（19）"其他非流动负债"项目，反映单位期末除本表中上述各项之外的其他非流动负债的合计数。本项目应当根据有关科目的期末余额合计数填列。

（20）"非流动负债合计"项目，反映单位期末非流动负债合计数。本项目应当根据本表中"长期借款""长期应付款""预计负债""其他非流动负债"项目金额的合计数填列。

（21）"受托代理负债"项目，反映单位期末受托代理负债的金额。本项目应当根据"受托代理负债"科目的期末余额填列。

（22）"负债合计"项目，反映单位期末负债的合计数。本项目应当根据本表中"流动负债合计""非流动负债合计""受托代理负债"项目金额的合计数填列。

【注意：在负债类项目中，行政单位不涉及"短期借款""应付票据""应付利息""预收账款"和"长期借款"项目；事业单位则不涉及"应付政府补贴款"项目。】

3）净资产类项目

（1）"累计盈余"项目，反映单位期末未分配盈余（或未弥补亏损）以及无偿调拨净资产变动的累计数。本项目应当根据"累计盈余"科目的期末余额填列。

（2）"专用基金"项目，反映事业单位期末累计提取或设置但尚未使用的专用基金余额。本项目应当根据"专用基金"科目的期末余额填列。

（3）"权益法调整"项目，反映事业单位期末在被投资单位除净损益和利润分配以外的所有者权益变动中累积享有的份额。本项目应当根据"权益法调整"科目的期本余额填列。如"权益法调整"科目期末为借方余额，以"－"号填列。

（4）"无偿调拨净资产"项目，反映单位本年度截至报告期期末无偿调入的非现金资产价值扣减无偿调出的非现金资产价值后的净值。本项目仅在月度报表中列示，年度报表中不列示。月度报表中本项目应当根据"无偿调拨净资产"科目的期末余额填列；"无偿调拨净资产"科目期末为借方余额时，以"－"号填列。

（5）"本期盈余"项目，反映单位本年度截至报告期期末实现的累计盈余或亏损。本项目仅在月度报表中列示，年度报表中不列示。月度报表中本项目应当根据"本期盈余"科目的期末余额填列；"本期盈余"科目期末为借方余额时，以"－"号填列。

（6）"净资产合计"项目，反映单位期末净资产合计数。本项目应当根据本表中"累计盈余""专用基金""权益法调整""无偿调拨净资产"（月度报表）、"本期盈余"（月度报表）项目金额的合计数填列。

（7）"负债和净资产总计"项目，应当按照本表中"负债合计""净资产合计"项目金额的合计数填列。

【注意：在净资产类项目中，行政单位不涉及"专用基金"和"权益法调整"项目。】

相关案例8-2

我国政府占有大量社会净财富？

2018年12月26日，由国家金融与发展实验室、中国社会科学院经济研究所、中国社会科学出版社主办的《中国国家资产负债表2018》新书发布暨高层研讨会"在北京召开。数据资料显示，政府部门占有大量社会净财富，是中国与发达经济体的显著差异。

2016年,英、美政府净资产均为负,而日、德政府净资产占社会净财富比重均不足5%。中国独特的财富持有结构,既反映了现阶段政府主导经济发展的特点,也体现了公有制为主体的制度性特征。政府主导的经济赶超,积累了大量的政府性资产,这包括国有企业扩张和地方政府大量负债所形成的基础设施等资产;而公有制为主体,则使土地等重要资源为政府所有,也导致政府资产规模庞大。奉行公共财政(而非建设性财政)、土地私有化和国企占比很小,是西方发达经济体政府资产规模显著小于中国的主要体制因素。

2016年数据显示,中国社会净财富的73%归居民所有,剩余27%由政府持有。有两种不同方向上的力量影响居民和政府在净财富上的分配:一个是所有制多元化改革的不断推进,这会降低政府财富的占比;另一个是政府部门掌握的资产经历了较大程度的价值重估,尤其是2000年以来内大量国有企业上市,也增加了政府财富的占比。

从风险维度看,政府部门拥有大量净资产是国家能力的重要体现。从风险角度来看,政府掌握这么多资源,可以在经济不好的时候应对风险。但同时,由于政府掌握太多的资源,导致配置效率有所不足。未来可能在这方面应该要有所改变,国有企业股权是政府净资产的重要构成。鉴于国有企业股权也是政府净资产的重要构成,推进国有企业改革和僵尸国企的退出,应是优化配置政府资产的题中应有之义;长远看,中国需要盘活和重置政府存量资产,这包括,大幅减少政府对资源的直接配置,创新配置方式,更多引入市场机制和市场化手段,提高资源配置的效率和效益。

8.3.3 收入费用表

1. 收入费用表的概念

收入费用表是反映单位在某一会计期间内各项收入、费用和结转结余情况的会计报表。

收入费用表是单位会计报表的重要组成部分,可以提供一定时期单位收入总额及构成情况、费用总额及构成情况,以及盈余及其分配内容的会计信息。单位应当定期编制收入费用表,披露单位在一定会计期间的业务活动成果。

2. 收入费用表的格式

收入费用表的格式参见表8-5。

表8-5　　　　　　　　　　　　收入费用表　　　　　　　　　　　会政财02表

编制单位:　　　　　　　　　　　年　　月　　日　　　　　　　　　　　单位:元

项目	本月数	本年累计数
一、本期收入		
(一)财政拨款收入		
其中:政府性基金收入		
(二)事业收入		
(三)上级补助收入		
(四)附属单位上缴收入		
(五)经营收入		
(六)非同级财政拨款收入		
(七)投资收益		
(八)捐赠收入		
(九)利息收入		
(十)租金收入		

(续表)

项　　目	本月数	本年累计数
（十一）其他收入		
二、本期费用		
（一）业务活动费用		
（二）单位管理费用		
（三）经营费用		
（四）资产处置费用		
（五）上缴上级费用		
（六）对附属单位补助费用		
（七）所得税费用		
（八）其他费用		
三、本期盈余		

3. 收入费用表的编制说明

本表"本月数"栏反映各项目的本月实际发生数。编制年度收入费用表时，应当将本栏改为"本年数"，反映本年度各项目的实际发生数。

本表"本年累计数"栏反映各项目自年初至报告期期末的累计实际发生数。编制年度收入费用表时，应当将本栏改为"上年数"，反映上年度各项目的实际发生数，"上年数"栏应当根据上年年度收入费用表中"本年数"栏内所列数字填列。如果本年度收入费用表规定的项目的名称和内容同上年度不一致，应当对上年度收入费用表项目的名称和数字按照本年度的规定进行调整，将调整后的金额填入本年度收入费用表的"上年数"栏内。如果本年度单位发生了因前期差错更正、会计政策变更等调整以前年度盈余的事项，还应当对年度收入费用表中"上年数"栏中的有关项目金额进行相应调整。

本表"本月数"栏各项目的内容和填列方法如下。

1) 本期收入

"本期收入"项目，反映单位本期收入总额。本项目应当根据本表中"财政拨款收入""事业收入""上级补助收入""附属单位上缴收入""经营收入""非同级财政拨款收入""投资收益""捐赠收入""利息收入""租金收入""其他收入"项目金额的合计数填列。

（1）"财政拨款收入"项目，反映单位本期从同级政府财政部门取得的各类财政拨款。本项目应当根据"财政拨款收入"科目的本期发生额填列。

（2）"政府性基金收入"项目，反映单位本期取得的财政拨款收入中属于政府性基金预算拨款的金额。本项目应当根据"财政拨款收入"相关明细科目的本期发生额填列。

（3）"事业收入"项目，反映事业单位本期开展专业业务活动及其辅助活动实现的收入。本项目应当根据"事业收入"科目的本期发生额填列。

（4）"上级补助收入"项目，反映事业单位本期从主管部门和上级单位收到或应收的非财政拨款收入。本项目应当根据"上级补助收入"科目的本期发生额填列。

（5）"附属单位上缴收入"项目，反映事业单位本期收到或应收的独立核算的附属单位按照有关规定上缴的收入。本项目应当根据"附属单位上缴收入"科目的本期发生额填列。

(6)"经营收入"项目,反映事业单位本期在专业业务活动及其辅助活动之外开展非独立核算经营活动实现的收入。本项目应当根据"经营收入"科目的本期发生额填列。

(7)"非同级财政拨款收入"项目,反映单位本期从非同级政府财政部门取得的财政拨款,不包括事业单位因开展科研及其辅助活动从非同级财政部门取得的经费拨款。本项目应当根据"非同级财政拨款收入"科目的本期发生额填列。

(8)"投资收益"项目,反映事业单位本期股权投资和债券投资所实现的收益或发生的损失。本项目应当根据"投资收益"科目的本期发生额填列;如为投资净损失,以"一"号填列。

(9)"捐赠收入"项目,反映单位本期接受捐赠取得的收入。本项目应当根据"捐赠收入"科目的本期发生额填列。

(10)"利息收入"项目,反映单位本期取得的银行存款利息收入。本项目应当根据"利息收入"科目的本期发生额填列。

(11)"租金收入"项目,反映单位本期经批准利用国有资产出租取得并按规定纳入本单位预算管理的租金收入。本项目应当根据"租金收入"科目的本期发生额填列。

(12)"其他收入"项目,反映单位本期取得的除以上收入项目外的其他收入的总额。本项目应当根据"其他收入"科目的本期发生额填列。

【注意:行政单位"本期收入"项目中不涉及"事业收入""上级补助收入""附属单位上缴收入""经营收入"和"投资收益"项目。】

2)本期费用

"本期费用"项目,反映单位本期费用总额。本项目应当根据本表中"业务活动费用""单位管理费用""经营费用""资产处置费用""上缴上级费用""对附属单位补助费用""所得税费用"和"其他费用"项目金额的合计数填列。

(1)"业务活动费用"项目,反映单位本期为实现其职能目标,依法履职或开展专业业务活动及其辅助活动所发生的各项费用。本项目应当根据"业务活动费用"科目本期发生额填列。

(2)"单位管理费用"项目,反映事业单位本期本级行政及后勤管理部门开展管理活动发生的各项费用,以及由单位统一负担的离退休人员经费、工会经费、诉讼费、中介费等。本项目应当根据"单位管理费用"科目的本期发生额填列。

(3)"经营费用"项目,反映事业单位本期在专业业务活动及其辅助活动之外开展非独立核算经营活动发生的各项费用。本项目应当根据"经营费用"科目的本期发生额填列。

(4)"资产处置费用"项目,反映单位本期经批准处置资产时转销的资产价值以及在处置过程中发生的相关费用或者处置收入小于处置费用形成的净支出。本项目应当根据"资产处置费用"科目的本期发生额填列。

(5)"上缴上级费用"项目,反映事业单位按照规定上缴上级单位款项发生的费用。本项目应当根据"上缴上级费用"科目的本期发生额填列。

(6)"对附属单位补助费用"项目,反映事业单位用财政拨款收入之外的收入对附属单位补助发生的费用。本项目应当根据"对附属单位补助费用"科目的本期发生额填列。

(7)"所得税费用"项目,反映有企业所得税缴纳义务的事业单位本期计算应交纳的企业所得税。本项目应当根据"所得税费用"科目的本期发生额填列。

(8)"其他费用"项目,反映单位本期发生的除以上费用项目外的其他费用的总额。本项目应当根据"其他费用"科目的本期发生额填列。

【注意:行政单位"本期费用"项目中不涉及"单位管理费用""经营费用""上缴上级费用""对附属单位补助费用"和"所得税费用"项目。】

3)本期盈余

"本期盈余"项目,反映单位本期收入扣除本期费用后的净额。本项目应当根据本表中"本期收入"项目金额减去"本期费用"项目金额后的金额填列;如为负数,以"－"号填列。

8.3.4 净资产变动表

1. 净资产变动表的概念

净资产变动表是反映单位在某一会计年度内各项净资产变动情况的报表。

净资产变动表是单位会计报表的重要组成部分,可以提供一定时期单位净资产各个组成项目金额的变动情况。单位应当定期编制净资产变动表,披露单位在一定会计期间的资产结存状况。

2. 净资产变动表的格式

净资产变动表的格式参见表8-6。

表8-6 净资产变动表 会政财03表
编制单位: 年 单位:元

项目	本年数				上年数			
	累计盈余	专用基金	权益法调整	净资产合计	累计盈余	专用基金	权益法调整	净资产合计
一、上年年末余额								
二、以前年度盈余调整(减少以"－"号填列)		—	—			—	—	
三、本年年初余额								
四、本年变动金额(减少以"－"号填列)								
(一)本年盈余		—	—			—	—	
(二)无偿调拨净资产								
(三)归集调整预算结转结余								
(四)提取或设置专用基金			—				—	
其中:从预算收入中提取			—				—	
从预算结余中提取			—				—	
设置的专用基金	—		—		—		—	
(五)使用专用基金			—				—	
(六)权益法调整								
五、本年年末余额								

注:"—"标识单元格不需填列。

3. 净资产变动表的编制说明

本表"上年数"栏反映上年度各项目的实际变动数,应当根据上年度净资产变动表中"本年数"栏内所列数字填列。如果上年度净资产变动表规定的项目的名称和内容与本年度不一致,应对上年度净资产变动表项目的名称和数字按照本年度的规定进行调整,将调整后金额填入本年度净资产变动表"上年数"栏内。

本表"本年数"栏反映本年度各项目的实际变动教,"本年数"栏各项目的内容和填列方法如下:

(1)"上年年末余额"行,反映单位净资产各项目上年年末的余额。事业单位本行各项目应当根据"累计盈余""专用基金""权益法调整"科目上年年末余额填列;行政单位本行各项目应当根据"累计盈余"科目上年年末余额填列。

(2)"以前年度盈余调整"行,反映单位本年度调整以前年度盈余的事项对累计盈余进行调整的金额。本行"累计盈余"项目应当根据本年度"以前年度盈余调整"科目转入"累计盈余"科目的金额填列;如调整减少累计盈余,以"-"号填列。

(3)"本年年初余额"行,反映经过以前年度盈余调整后,单位净资产各项目的本年年初余额。事业单位本行"累计盈余""专用基金""权益法调整"项目应当根据其各自在"上年年末余额"和"以前年度盈余调整"行对应项目金额的合计数填列。行政单位本行"累计盈余"项目应当根据其在"上年年末余额"和"以前年度盈余调整"行对应项目金额的合计数填列。

(4)"本年变动金额"行,反映单位净资产各项目本年变动总金额。事业单位本行"累计盈余""专用基金""权益法调整"项目应当根据其各自在"本年盈余""无偿调拨净资产""归集调整预算结转结余""提取或设置专用基金""使用专用基金""权益法调整"行对应项目金额的合计数填列。行政单位本行"累计盈余"项目应当根据其在"本年盈余""无偿调拨净资产""归集调整预算结转结余"行对应项目金额的合计数填列。

(5)"本年盈余"行,反映单位本年发生的收入、费用对净资产的影响。本行"累计盈余"项目应当根据年末由"本期盈余"科目转入"本年盈余分配"科目的金额填列;如转入时借记"本年盈余分配"科目,则以"-"号填列。

(6)"无偿调拨净资产"行,反映单位本年无偿调入、调出非现金资产事项对净资产的影响。本行"累计盈余"项目应当根据年末由"无偿调拨净资产"科目转入"累计盈余"科目的金额填列;如转入时借记"累计盈余"科目,则以"-"号填列。

(7)"归集调整预算结转结余"行,反映单位本年财政拨款结转结余资金归集调入、归集上缴或调出,以及非财政拨款结转资金缴回对净资产的影响。本行"累计盈余"项目应当根据"累计盈余"科目明细账记录分析填列;如归集调整减少预算结转结余,则以"-"号填列。

(8)"提取或设置专用基金"行,反映单位本年提取或设置专用基金对净资产的影响。本行"累计盈余"项目应当根据"从预算结余中提取""累计盈余"项目的金额填列。本行"专用基金"项目应当根据"从预算收入中提取""从预算结余中提取""设置的专用基金"行"专用基金"项目金额的合计数填列。

"从预算收入中提取"行,反映单位本年从预算收入中提取专用基金对净资产的影响。本行"专用基金"项目应当通过对"专用基金"科目明细账记录的分析,根据本年按有关规定从预算收入中提取基金的金额填列。

"从预算结余中提取"行,反映单位本年根据有关规定从本年度非财政拨款结余或经营结余中提取专用基金对净资产的影响。本行"累计盈余""专用基金"项目应当通过对"专用基金"科目明细账记录的分析,根据本年按有关规定从本年度非财政拨款结余或经营结余中提取专用基金的金额填列;本行"累计盈余"项目以"—"号填列。

"设置的专用基金"行,反映单位本年根据有关规定设置的其他专用基金对净资产的影响。本行"专用基金"项目应当通过对"专用基金"科目明细账记录的分析,根据本年按有关规定设置的其他专用基金的金额填列。

(9)"使用专用基金"行,反映单位本年按规定使用专用基金对净资产的影响。本行"累计盈余""专用基金"项目应当通过对"专用基金"科目明细账记录的分析,根据本年按规定使用专用基金的金额填列;本行"专用基金"项目以"—"号填列。

(10)"权益法调整"行,反映单位本年按照被投资单位除净损益和利润分配以外的所有者权益变动份额而调整长期股权投资账面余额对净资产的影响。本行"权益法调整"项目应当根据"权益法调整"科目本年发生额填列;若本年净发生额为借方时,以"—"号填列。

(11)"本年年末余额"行,反映单位本年各净资产项目的年末余额。本行"累计盈余""专用基金""权益法调整"项目应当根据其各自在"本年年初余额""本年变动金额"行对应项目金额的合计数填列。

(12)本表各行"净资产合计"项目,事业单位应当根据所在行"累计盈余""专用基金""权益法调整"项目金额的合计数填列。行政单位应当根据所在行"累计盈余"项目金额的合计数填列。

【注意:行政单位不涉及"提取或设置专用基金""使用专用基金"和"权益法调整"。】

8.3.5 现金流量表

1. 现金流量表的概念

现金流量表是反映单位在某一会计年度内现金流入和流出情况的报表。

现金流量表是单位会计报表的重要组成部分,可以提供一定时期单位现金流入流出情况的会计信息。单位应当定期编制现金流量表,披露单位在一定会计期间的现金流入流出情况。

2. 现金流量表的格式

现金流量表的格式参见表8-7。

表8-7　　　　　　　　　　　　　现金流量表　　　　　　　　　　　　　会政财04表
编制单位:　　　　　　　　　　　　　　年　　　　　　　　　　　　　　单位:元

项目	本年金额	上年金额
一、日常活动产生的现金流量		
财政基本支出拨款收到的现金		
财政非资本性项目拨款收到的现金		
事业活动收到的除财政拨款以外的现金		
收到的其他与日常活动有关的现金		
日常活动的现金流入小计		
购买商品、接受劳务支付的现金		
支付给职工以及为职工支付的现金		
支付的各项税费		

(续表)

项目	本年金额	上年金额
支付的其他与日常活动有关的现金		
日常活动现金流出小计		
日常活动产生的现金流量净额		
二、投资活动产生的现金流量		
收回投资收到的现金		
取得投资收益收到的现金		
处置固定资产、无形资产、公共基础设施等收回的现金净额		
收到的其他与投资活动有关的现金		
投资活动的现金流入小计		
购建固定资产、无形资产、公共基础设施等支付的现金		
对外投资支付的现金		
上缴处置固定资产、无形资产、公共基础设施等净收入支付的现金		
支付的其他与投资活动有关的现金		
投资活动现金流出小计		
投资活动产生的现金流量净额		
三、筹资活动产生的现金流量		
财政资本性项目拨款收到的现金		
取得借款收到的现金		
收到的其他与筹资活动有关的现金		
筹资活动现金流入小计		
偿还债务支付的现金		
偿还利息支付的现金		
支付的其他与筹资活动有关的现金		
筹资活动现金流出小计		
筹资活动产生的现金流量净额		
四、汇率变动对现金的影响		
五、现金净增加额		

3. 现金流量表的编制说明

本表所指的现金是指单位的库存现金以及其他可以随时用于支付的款项,包括库存现金、可以随时用于支付的银行存款、其他货币资金、零余额账户用款额度、财政应返还额度,以及通过财政直接支付方式支付的款项。

现金流量表应当按照日常活动、投资活动、筹资活动的现金流量分别反映。本表所指的现金流量是指现金的流入和流出。本表"本年金额"栏反映各项目的本年实际发生数。本表"上年金额"栏反映各项目的上年实际发生数,应当根据上年现金流量表中"本年金额"栏内所列数字填列。单位应当采用直接法编制现金流量表,本表"本年金额"栏各项目的填列方

法如下:

1) 日常活动产生的现金流量

(1)"财政基本支出拨款收到的现金"项目,反映单位本年接受财政基本支出拨款取得的现金。本项目应当根据"零余额账户用款额度""财政拨款收入""银行存款"等科目及其所属明细科目的记录分析填列。

(2)"财政非资本性项目拨款收到的现金"项目,反映单位本年接受除用于购建固定资产、无形资产、公共基础设施等资本性项目以外的财政项目拨款取得的现金。本项目应当根据"银行存款""零余额账户用款额度""财政拨款收入"等科目及其所属明细科目的记录分析填列。

(3)"事业活动收到的除财政拨款以外的现金"项目,反映事业单位本年开展专业业务活动及其辅助活动取得的除财政拨款以外的现金。本项目应当根据"库存现金""银行存款""其他货币资金""应收账款""应收票据""预收账款"和"事业收入"等科目及其所属明细科目的记录分析填列。

【注意:行政单位不涉及"事业活动收到的除财政拨款以外的现金"项目。】

(4)"收到的其他与日常活动有关的现金"项目,反映单位本年收到的除以上项目之外的与日常活动有关的现金。本项目应当根据"库存现金""银行存款""其他货币资金""上级补助收入""附属单位上缴收入""经营收入""非同级财政拨款收入""捐赠收入""利息收入""租金收入""其他收入"等科目及其所属明细科目的记录分析填列。

【注意:行政单位不涉及"上级补助收入""附属单位上缴收入"和"经营收入"。】

(5)"日常活动的现金流入小计"项目,反映单位本年日常活动产生的现金流入的合计数。本项目应当根据本表中"财政基本支出拨款收到的现金""财政非资本性项目拨款收到的现金""事业活动收到的除财政拨款以外的现金""收到的其他与日常活动有关的现金"项目金额的合计数填列。

(6)"购买商品、接受劳务支付的现金"项目,反映单位本年在日常活动中用于购买商品、接受劳务支付的现金。本项目应当根据"库存现金""银行存款""财政拨款收入""零余额账户用款额度""预付账款""在途物品""库存物品""应付账款""应付票据""业务活动费用""单位管理费用""经营费用"等科目及其所属明细科目的记录分析填列。

【注意:行政单位不涉及"应付票据""单位管理费用"和"经营费用"。】

(7)"支付给职工以及为职工支付的现金"项目,反映单位本年支付给职工以及为职工支付的现金。本项目应当根据"库存现金""银行存款""零余额账户用款额度""财政拨款收入""应付职工薪酬""业务活动费用""单位管理费用""经营费用"等科目及其所属明细科目的记录分析填列。

【注意:行政单位不涉及"单位管理费用"和"经营费用"。】

(8)"支付的各项税费"项目,反映单位本年用于缴纳日常相关税费而支付的现金。本项目应当根据"库存现金""银行存款""零余额账户用款额度""应交增值税""其他应交税费""业务活动费用""单位管理费用""经营费用""所得税费用"等科目及其所属明细科目的记录分析填列。

【注意:行政单位不涉及"单位管理费用""经营费用"和"所得税费用"。】

(9)"支付的其他与日常活动有关的现金"项目,反映单位本年支付的除上述项目之外与日常活动有关的现金。本项目应当根据"库存现金""银行存款""零余额账户用款额度""财政拨款收入""其他应付款""业务活动费用""单位管理费用""经营费用""其他费用"等科目及其所属明细科目的记录分析填列。

【注意：行政单位不涉及"单位管理费用"和"经营费用"。】

（10）"日常活动的现金流出小计"项目，反映单位本年日常活动产生的现金流出的合计数。本项目应当根据本表中"购买商品、接受劳务支付的现金""支付给职工以及为职工支付的现金""支付的各项税费""支付的其他与日常活动有关的现金"项目金额的合计数填列。

（11）"日常活动产生的现金流量净额"项目，应当按照本表中"日常活动的现金流入小计"项目金额减去"日常活动的现金流出小计"项目金额后的金额填列；如为负数，以"－"号填列。

2）投资活动产生的现金流量

（1）"收回投资收到的现金"项目，反映事业单位本年出售、转让或者收回投资收到的现金。本项目应该根据"库存现金""银行存款""短期投资""长期股权投资""长期债券投资"等科目的记录分析填列。

（2）"取得投资收益收到的现金"项目，反映事业单位本年因对外投资而收到被投资单位分配的股利或利润，以及收到投资利息而取得的现金。本项目应当根据"库存现金""银行存款""应收股利""应收利息""投资收益"等科目的记录分析填列。

（3）"处置固定资产、无形资产、公共基础设施等收回的现金净额"项目，反映单位本年处置固定资产、无形资产、公共基础设施等非流动资产所取得的现金，减去为处置这些资产而支付的有关费用之后的净额。由于自然灾害所造成的固定资产等长期资产损失而收到的保险赔款收入，也在本项目反映。本项目应当根据"库存现金""银行存款""待处理财产损溢"等科目的记录分析填列。

（4）"收到的其他与投资活动有关的现金"项目，反映单位本年收到的除上述项目之外与投资活动有关的现金。对于金额较大的现金流入，应当单列项目反映。本项目应当根据"库存现金""银行存款"等有关科目的记录分析填列。

（5）"投资活动的现金流入小计"项目，反映单位本年投资活动产生的现金流入的合计数。本项目应当根据本表中"收回投资收到的现金""取得投资收益收到的现金""处置固定资产、无形资产、公共基础设施等收回的现金净额""收到的其他与投资活动有关的现金"项目金额的合计数填列。

（6）"购建固定资产、无形资产、公共基础设施等支付的现金"项目，反映单位本年购买和建造固定资产、无形资产、公共基础设施等非流动资产所支付的现金；融资租入固定资产支付的租赁费不在本项目反映，在筹资活动的现金流量中反映。本项目应当根据"库存现金""银行存款""固定资产""工程物资""在建工程""无形资产""研发支出""公共基础设施""保障性住房"等科目的记录分析填列。

（7）"对外投资支付的现金"项目，反映单位本年为取得短期投资、长期股权投资、长期债券投资而支付的现金。本项目应当根据"库存现金""银行存款""短期投资""长期股权投资""长期债券投资"等科目的记录分析填列。

（8）"上缴处置固定资产、无形资产、公共基础设施等净收入支付的现金"项目，反映本年单位将处置固定资产、无形资产、公共基础设施等非流动资产所收回的现金净额予以上缴财政所支付的现金。本项目应当根据"库存现金""银行存款""应缴财政款"等科目的记录分析填列。

(9)"支付的其他与投资活动有关的现金"项目,反映单位本年支付的除上述项目之外与投资活动有关的现金。对于金额较大的现金流出,应当单列项目反映。本项目应当根据"库存现金""银行存款"等有关科目的记录分析填列。

(10)"投资活动的现金流出小计"项目,反映单位本年投资活动产生的现金流出的合计数。本项目应当根据本表中"购建固定资产、无形资产、公共基础设施等支付的现金""对外投资支付的现金""上缴处置固定资产、无形资产、公共基础设施等净收入支付的现金""支付的其他与投资活动有关的现金"项目金额的合计数填列。

(11)"投资活动产生的现金流量净额"项目,应当按照本表中"投资活动的现金流入小计"项目金额减去"投资活动的现金流出小计"项目金额后的金额填列;如为负数,以"-"号填列。

【注意:行政单位投资活动产生的现金流量项目中,不涉及"收回投资收到的现金""取得投资收益收到的现金"和"对外投资支付的现金"项目。】

3)筹资活动产生的现金流量

(1)"财政资本性项目拨款收到的现金"项目,反映单位本年接受用于购建固定资产、无形资产、公共基础设施等资本性项目的财政项目拨款取得的现金。本项目应当根据"银行存款""零余额账户用款额度""财政拨款收入"等科目及其所属明细科目的记录分析填列。

(2)"取得借款收到的现金"项目,反映事业单位本年举借短期、长期借款所收到的现金。本项目应当根据"库存现金""银行存款""短期借款""长期借款"等科目记录分析填列。

(3)"收到的其他与筹资活动有关的现金"项目,反映单位本年收到的除上述项目之外与筹资活动有关的现金。对于金额较大的现金流入,应当单列项目反映。本项目应当根据"库存现金""银行存款"等有关科目的记录分析填列。

(4)"筹资活动的现金流入小计"项目,反映单位本年筹资活动产生的现金流入的合计数。本项目应当根据本表中"财政资本性项目拨款收到的现金""取得借款收到的现金""收到的其他与筹资活动有关的现金"项目金额的合计数填列。

(5)"偿还借款支付的现金"项目,反映事业单位本年偿还借款本金所支付的现金。本项目应当根据"库存现金""银行存款""短期借款""长期借款"等科目的记录分析填列。

(6)"偿付利息支付的现金"项目,反映事业单位本年支付的借款利息等。本项目应当根据"库存现金""银行存款""应付利息""长期借款"等科目的记录分析填列。

(7)"支付的其他与筹资活动有关的现金"项目,反映单位本年支付的除上述项目之外与筹资活动有关的现金,如融资租入固定资产所支付的租赁费。本项目应当根据"库存现金""银行存款""长期应付款"等科目的记录分析填列。

(8)"筹资活动的现金流出小计"项目,反映单位本年筹资活动产生的现金流出的合计数。本项目应当根据本表中"偿还借款支付的现金""偿付利息支付的现金""支付的其他与筹资活动有关的现金"项目金额的合计数填列。

(9)"筹资活动产生的现金流量净额"项目,应当按照本表中"筹资活动的现金流入小计"项目金额减去"筹资活动的现金流出小计"金额后的金额填列;如为负数,以"-"号填列。

(10)"汇率变动对现金的影响额"项目,反映单位本年外币现金流量折算为人民币时,所采用的现金流量发生日的汇率折算的人民币金额与外币现金流量净额按期末汇率折算的人民币金额之间的差额。

(11)"现金净增加额"项目,反映单位本年现金变动的净额。本项目应当根据本表中"日常活动产生的现金流量净额""投资活动产生的现金流量净额""筹资活动产生的现金流量净额"和"汇率变动对现金的影响额"项目金额的合计数填列;如为负数,以"－"号填列。

【注意:行政单位筹资活动产生的现金流量项目中,不涉及"取得借款收到的现金""偿还借款支付的现金"和"偿付利息支付的现金"项目。】

8.4 附注

8.4.1 附注的概念

附注是对在会计报表中列示的项目所作的进一步说明,以及对未能在会计报表中列示项目的说明。附注是财务报表的重要组成部分。凡对报表使用者的决策有重要影响的会计信息,不论本制度是否有明确规定,单位均应当充分披露。

8.4.2 附注的主要内容

1. 单位的基本情况

单位应当简要披露其基本情况,包括单位主要职能、主要业务活动、所在地、预算管理关系等。

2. 会计报表编制基础

(略)

3. 遵循政府会计准则、制度的声明

(略)

4. 重要会计政策和会计估计

单位应当采用与其业务特点相适应的具体会计政策,并充分披露报告期内采用的重要会计政策和会计估计。主要包括以下内容:

(1)会计期间。

(2)记账本位币。

(3)坏账准备的计提方法。

(4)存货类别、发出存货的计价方法、存货的盘存制度,以及低值易耗品和包装物的摊销方法。

(5)长期股权投资的核算方法。

【注意:行政单位不涉及。】

(6)固定资产分类、折旧方法、折旧年限和年折旧率;融资租入固定资产的计价和折旧方法。

(7)无形资产的计价方法;使用寿命有限的无形资产,其使用寿命估计情况;使用寿命不确定的无形资产,其使用寿命不确定的判断依据;单位内部研究开发项目划分研究阶段和开发阶段的具体标准。

(8) 公共基础设施的分类、折旧(摊销)方法、折旧(摊销)年限,以及其确定依据。

(9) 政府储备物资分类,以及确定其发出成本所采用的方法。

(10) 保障性住房的分类、折旧方法、折旧年限。

(11) 其他重要的会计政策和会计估计。

(12) 本期发生重要会计政策和会计估计变更的,变更的内容和原因、受其重要影响的报表项目名称和金额、相关审批程序,以及会计估计变更开始适用的时点。

8.4.3　会计报表重要项目的说明

单位应当按照资产负债表和收入费用表项目列示顺序,采用文字和数据描述相结合的方式披露重要项目的明细信息。报表重要项目的明细金额合计,应当与报表项目金额相衔接。报表重要项目说明应包括但不限于下列内容。

1. 货币资金

货币资金的披露格式参见表8-8。

表8-8　　　　　　　　　　　货币资金的披露格式　　　　　　　　　　　单位:元

项目	期末余额	年初余额
库存现金		
银行存款		
其他货币资金		
合计		

2. 应收账款

应收账款按照债务人类别披露的格式参见表8-9。

表8-9　　　　　　　　　　　应收账款的披露格式　　　　　　　　　　　单位:元

债务人类别	期末余额	年初余额
政府会计主体:		
部门内部单位		
单位1		
……		
部门外部单位		
单位1		
……		
其他		
单位1		
……		
合计		

注:(1)"部门内部单位"是指纳入单位所属部门财务报告合并范围的单位(下同)。

(2)有应收票据、预付账款、其他应收款的,可比照应收账款进行披露。

3. 存货

存货的披露格式参见表8-10。

表 8-10	存货的披露格式		单位：元
存货种类	期末余额		年初余额
1.			
……			
合计			

4. 其他流动资产

其他流动资产的披露格式参见表 8-11。

表 8-11	其他流动资产的披露格式		单位：元
项目	期末余额		年初余额
1.			
……			
合计			

注：有长期待摊费用、其他非流动资产的，可比照其他流动资产进行披露。

5. 长期投资

（1）长期债券投资的披露格式参见 8-12。

表 8-12	长期债券投资的披露格式			单位：元
债券发行主体	年初余额	本期增加额	本期减少额	期末余额
1.				
……				
合计				

注：有短期投资的，可比照长期债券投资进行披露。

（2）长期股权投资的披露格式参见 8-13。

表 8-13	长期股权投资的披露格式				单位：元
被投资单位	核算方法	年初余额	本期增加额	本期减少额	期末余额
1.					
……					
合计					

（3）当期发生的重大投资净损益项目、金额及原因。

【注意：行政单位不涉及长期投资项目。】

6. 固定资产

（1）固定资产的披露格式参见 8-14。

表 8-14	固定资产的披露格式			单位：元
项目	年初余额	本期增加额	本期减少额	期末余额
一、原值合计				
其中：房屋及构筑物				

（续表）

项目	年初余额	本期增加额	本期减少额	期末余额
通用设备				
专用设备				
文档和陈列品				
图书、档案				
家具、用具、装具及动植物				
二、累计折旧合计				
其中：房屋及构筑物				
通用设备				
专用设备				
家具、用具、装具				
三、账面价值合计				
其中：房屋及构筑物				
通用设备				
专用设备				
文档和陈列品				
图书、档案				
家具、用具、装具及动植物				

（2）已提足折旧的固定资产名称、数量等情况。
（3）出租、出借固定资产以及固定资产对外投资等情况。

7. 在建工程

在建工程的披露格式参见 8-15。

表 8-15　　　　　　　　　　**在建工程的披露格式**　　　　　　　　　　单位：元

项目	年初余额	本期增加额	本期减少额	期末余额
1.				
……				
合计				

8. 无形资产

（1）各类无形资产的披露格式参见 8-16。

表 8-16　　　　　　　　　　**无形资产的披露格式**　　　　　　　　　　单位：元

项目	年初余额	本期增加额	本期减少额	期末余额
一、原值合计				
1.				
……				
二、累计摊销合计				

(续表)

项目	年初余额	本期增加额	本期减少额	期末余额
1.				
……				
三、账面价值合计				
1.				
……				

(2) 计入当期损益的研发支出金额、确认为无形资产的研发支出金额。

(3) 无形资产出售、对外投资等处置情况。

9. 公共基础设施

(1) 公共基础设施的披露格式参见 8-17。

表 8-17　　　　　公共基础设施的披露格式　　　　　单位：元

项目	年初余额	本期增加额	本期减少额	期末余额
一、原值合计				
市政基础设施				
1.				
……				
交通基础设施				
1.				
……				
水利基础设施				
1.				
……				
其他				
……				
二、累计折旧合计				
市政基础设施				
1.				
……				
交通基础设施				
1.				
……				
水利基础设施				
1.				
……				
其他				
……				

(续表)

项目	年初余额	本期增加额	本期减少额	期末余额
三、账面价值合计				
市政基础设施				
1.				
……				
交通基础设施				
1.				
……				
水利基础设施				
1.				
……				
其他				
……				

（2）确认为公共基础设施的单独计价入账的土地使用权的账面余额、累计摊销额及其变动情况。

（3）已提取折旧继续使用的公共基础设施的名称、数量等。

10. 政府储备物资

政府储备物资的披露格式参见8-18。

表8-18　　　　　　　　　政府储备物资的披露格式　　　　　　　　　单位：元

物资类别	年初余额	本期增加额	本期减少额	期末余额
1.				
……				
合计				

注：如单位有因动用而发出需要收回或者预期可能收回、但期末尚未收回的政府储备物资，应当单独披露其期末账面余额。

11. 受托代理资产

受托代理资产的披露格式参见8-19。

表8-19　　　　　　　　　受托代理资产的披露格式　　　　　　　　　单位：元

项目	年初余额	本期增加额	本期减少额	期末余额
货币资金				
受托转赠资产				
受托储存保管物资				
罚没物资				
其他				
合计				

12. 应付账款

应付账款按照债权人类别披露的格式参见8-20。

表8-20　　　　　　　　　　　应付账款的披露格式　　　　　　　　　　　单位：元

债权人类别	期末余额	年初余额
政府会计主体：		
部门内部单位		
单位1		
……		
部门外部单位		
单位1		
……		
其他		
单位1		
……		
合计		

注：有应付票据、预收账款、其他应付款、长期应付款的，可比照应付账款进行披露。

13. 其他流动负债

其他流动负债的披露格式参见8-21。

表8-21　　　　　　　　　　　其他流动负债的披露格式　　　　　　　　　　　单位：元

项目	期末余额	年初余额
1.		
……		
合计		

注：有预计负债、其他非流动负债的，可以比照其他流动负债进行披露。

14. 长期借款

（1）长期借款按照债权人披露的格式参见8-22。

表8-22　　　　　　　　　　　长期借款的披露格式　　　　　　　　　　　单位：元

债权人	期末余额	年初余额
1.		
……		
合计		

注：有短期借款的，可以比照长期借款进行披露。

（2）单位有基建借款的，应当分基建项目披露长期借款年初数、本年变动数、年末数及到期期限。

【注意：行政单位不涉及长期借款项目。】

15. 事业收入

事业收入的披露格式参见8-23。

表8-23　　　　　　　　　　　　事业收入的披露格式　　　　　　　　　　　　单位:元

收入来源	本期发生额	上期发生额
来自财政专户管理资金		
本部门内部单位		
单位1		
……		
本部门以外同级政府单位		
单位1		
……		
其他		
单位1		
……		
合计		

【注意:行政单位不涉及事业收入项目。】

16. 非同级财政拨款收入

非同级财政拨款收入按收入来源的披露格式参见8-24。

表8-24　　　　　　　　　　非同级财政拨款收入的披露格式　　　　　　　　　　单位:元

收入来源	本期发生额	上期发生额
本部门以外同级政府单位		
单位1		
……		
本部门以外非同级政府单位		
单位1		
……		
合计		

17. 其他收入

其他收入的披露格式参见8-25。

表8-25　　　　　　　　　　　　其他收入的披露格式　　　　　　　　　　　　单位:元

收入来源	本期发生额	上期发生额
本部门内部单位		
单位1		
……		
本部门以外同级政府单位		
单位1		

(续表)

收入来源	本期发生额	上期发生额
……		
本部门以外非同级政府单位		
单位1		
……		
其他		
单位1		
……		
合计		

18. 业务活动费用

（1）按经济分类的披露格式参见8-26。

表8-26　　　　　　　　**业务活动费用按经济分类的披露格式**　　　　　　　　单位：元

收入来源	本期发生额	上期发生额
工资福利费用		
商品和服务费用		
对个人和家庭的补助费用		
对企业补助费用		
固定资产折旧费		
无形资产摊销费		
公共基础设施折旧（摊销）费		
保障性住房折旧费		
计提专用基金		
……		
合计		

注：有单位管理费用、经营费用的，可比照业务活动费用进行披露。

（2）按支付对象的披露格式参见8-27。

表8-27　　　　　　　　**业务活动费用按支付对象的披露格式**　　　　　　　　单位：元

支付对象	本期发生额	上期发生额
本部门内部单位		
单位1		
……		
本部门以外同级政府单位		
单位1		
……		
本部门以外非同级政府单位		
单位1		

(续表)

支付对象	本期发生额	上期发生额
……		
其他		
单位1		
……		
合计		

注:有单位管理费用、经营费用的,可比照业务活动费用进行披露。

19. 其他费用

其他费用的披露格式参见8-28。

表8-28　　　　　　　　　　**其他费用按经济分类的披露格式**　　　　　　　　单位:元

费用类别	本期发生额	上期发生额
利息费用		
坏账损失		
罚没支出		
……		
合计		

20. 本期费用

本期费用按经济分类的披露格式参见8-29。

表8-29　　　　　　　　　　**本期费用按经济分类的披露格式**　　　　　　　　单位:元

收入来源	本期发生额	上期发生额
工资福利费用		
商品和服务费用		
对个人和家庭的补助费用		
对企业补助费用		
固定资产折旧费		
无形资产摊销费		
公共基础设施折旧(摊销)费		
保障性住房折旧费		
计提专用基金		
所得税费用		
资产处置费用		
上缴上级费用		
对附属单位补助费用		
其他费用		
合计		

注:单位在按照本制度规定编制收入费用表的基础上,可以根据需要按照此表披露内容编制收入费用表。

21. 本年盈余与预算结余的差异情况说明

为了反映单位财务会计和预算会计因核算基础和核算范围不同所产生的本年盈余数与本年预算结余数之间的差异,单位应当按照重要性原则,对本年度发生的各类影响收入(预算收入)和费用(预算支出)的业务进行适度归并和分析,披露将年度预算收入支出表中"本年预算收支差额"调节为年度收入费用表中"本期盈余"的信息。有关披露格式参见8-30。

表8-30　　　　　　　　　　**本年盈余与预算结余差异的披露格式**　　　　　　　　　　单位:元

项目	金额
一、本年预算结余(本年预算收支差额)	
二、差异调节	
(一)重要事项的差异	
加:1.当期确认收入但没有确认为预算收入	
(1)应收款项、预收账款确认的收入	
(2)接受非货币性资产捐赠确认的收入	
2.当期确认为预算支出但没有确认为费用	
(1)支付应付款项、预付账款的支出	
(2)为取得存货、政府储备物资等计入物资成本的支出	
(3)为构建固定资产等的资本性支出	
(4)偿还借款本息支出	
减:1.当期确认为预算收入但没有确认为收入	
(1)收到应收款项、预收账款确认的预算收入	
(2)取得借款确认的预算收入	
2.当期确认为费用但没有确认为预算支出	
(1)发出存货、政府储备物资等确认的费用	
(2)计提的折旧费用和摊销费用	
(3)确认的资产处置费用(处置资产价值)	
(4)应付款项、预付账款确认的费用	
(二)其他事项差异	
三、本年盈余(本年收入与费用的差额)	

22. 其他重要事项说明

(1)资产负债表日存在的重要或有事项说明。没有重要或有事项的,也应说明。

(2)以名义金额计量的资产名称、数量等情况,以及以名义金额计量理由的说明。

(3)通过债务资金形成的固定资产、公共基础设施、保障性住房等资产的账面价值、使用情况、收益情况及与此相关的债务偿还情况等的说明。

(4)重要资产置换、无偿调入(出)、捐入(出)、报废、重大毁损等情况的说明。

(5)单位将单位内部独立核算单位的会计信息纳入本单位财务报表情况的说明。

(6) 政府会计具体准则中要求附注披露的其他内容。

(7) 有助于理解和分析单位财务报表需要说明的其他事项。

重 要 概 念

年终清理　年终结账　预算收入支出表　预算结转结余变动表　财政拨款预算收入支出表　资产负债表　收入费用表　净资产变动表　现金流量表　附注

本 章 练 习

单选题

1. 以下属于单位预算会计报表的是( )。
   A. 预算收入支出表　　　　　　　　B. 资产负债表
   C. 净资产变动表　　　　　　　　　D. 现金流量表

2. 以下属于单位财务会计报表的是( )。
   A. 资产负债表　　　　　　　　　　B. 预算收入支出表
   C. 预算结转结余变动表　　　　　　D. 财政拨款预算收入支出表

3. 反映单位在某一会计期间内净资产项目变动情况的报表是( )。
   A. 预算结转结余变动表　　　　　　B. 净资产变动表
   C. 资产负债表　　　　　　　　　　D. 财政拨款预算收入支出表

4. 在行政单位收入费用表中不包括的项目是( )。
   A. 财政拨款收入　　　　　　　　　B. 其他收入
   C. 业务活动费用　　　　　　　　　D. 行政支出

5. 下列各项中,反映事业单位本期为实现其职能目标,依法履职或开展专业业务活动及其辅助活动所发生的各项费用的是( )。
   A. 经营费用　　　　　　　　　　　B. 单位管理费用
   C. 业务活动费用　　　　　　　　　D. 事业支出

6. 下列各项中,反映行政单位本年履行职责实际发生的支出是( )。
   A. 业务活动费用　　　　　　　　　B. 行政支出
   C. 事业支出　　　　　　　　　　　D. 经营支出

7. 下列各项中,反映事业单位本期在专业业务活动及其辅助活动之外开展非独立核算经营活动所实现的收入的是( )。
   A. 事业收入　　　　　　　　　　　B. 财政拨款收入
   C. 经营收入　　　　　　　　　　　D. 上级补助收入

8. 下列各项中,反映单位本年财政拨款预算资金收入、支出及相关变动具体情况的报表是( )。
   A. 收入费用表　　　　　　　　　　B. 预算收入支出表
   C. 预算结转结余变动表　　　　　　D. 财政拨款预算收入支出表

9. 在收入费用表中,反映本期收入扣除本期费用后的净额的是( )。
   A. 本期盈余　　　　　　　　　　　B. 本年预算收支差额
   C. 本年盈余　　　　　　　　　　　D. 累计盈余

10. 单位年终结账工作不包括( )。
   A. 年终清理　　　　　　　　　　B. 年终转账
   C. 结清旧账　　　　　　　　　　D. 记入新账

多选题

1. 在编制资产负债表时,"货币资金"项目应当根据( )的期末余额的合计数填列。
   A. "库存现金"科目　　　　　　　B. "银行存款"科目
   C. "零余额账户用款额度"科目　　　D. "其他货币资金"科目
2. 在预算收入支出表中,列示的项目有( )。
   A. "本年预算收入"科目　　　　　B. "本年预算支出"科目
   C. "本年预算收支差额"科目　　　D. "本期盈余"科目
3. 下列说法正确的有( )。
   A. 行政单位在编制资产负债表时,应采用"资产＝负债＋净资产"的平衡等式
   B. 预算会计报表包括预算收入支出表、预算结转结余变动表和财政拨款预算收入支出表
   C. 财务报表由会计报表及其附注构成
   D. 会计报表一般包括资产负债表、收入费用表和净资产变动表
4. 现金流量表应当按照( )的现金流量分别反映。
   A. 日常活动　　　　　　　　　　B. 投资活动
   C. 筹资活动　　　　　　　　　　D. 利润分配活动
5. 在编制预算结转结余变动表时,"财政拨款结转结余"项目应当根据( )的金额的合计数填列。
   A. "本年收支差额"项目　　　　　B. "归集调入"项目
   C. "归集上缴或调出"项目　　　　D. "缴回资金"项目

判断题

1. 单位在编制资产负债表时,应当采用"资产＝负债＋所有者权益"的平衡等式。( )
2. 单位应当至少按照年度编制预算会计报表。( )
3. 单位预算会计报表的编制主要以权责发生制为基础。( )
4. 单位财务会计报表的编制主要以收付发生制为基础。( )
5. 政府财务报告使用者包括各级人民代表大会常务委员会、债权人、各级政府及其有关部门、政府会计主体自身和其他利益相关者。( )
6. 财政拨款预算收入支出表可以提供某一会计年度内财政拨款预算资金增减变动具体情况的信息。( )
7. "固定资产净值"项目,反映单位期末固定资产的账面价值。本项目应当根据"固定资产"科目期末余额减去"固定资产累计折旧"科目期末余额后的金额填列。( )
8. 现金流量表应当按照日常活动、投资活动、筹资活动的现金流量分别进行反映。( )
9. "应收账款净额"项目,反映单位期末尚未收回的应收账款减去已计提的坏账准备后的净额。本项目应当根据"应收账款"科目的期末余额,减去"坏账准备"科目中对应收账款计提的坏账准备的期末余额后的金额填列。( )
10. 行政单位的短期借款项目应当根据"短期借款"科目的期末余额填列。( )

简答题

1. 简述单位年终结账的主要内容?
2. 什么是会计报表附注?并简述单位会计报表附注的主要内容?

案例题

1. 某行政单位2×19年12月31日的部分资产、负债和净资产类账户余额如表8-31所示。据此编制该行政单位的资产负债表。

表 8-31　　　　　　　　　　　　　　　　科目余额表　　　　　　　　　　　　　　　　单位:元

资产	借方余额	负债和净资产	贷方余额
库存现金	2 000	应付账款	12 600
银行存款	580 000	其他应付款	130 000
财政应返还额度	90 000	累计盈余	324 964
预付账款	200	专用基金	138 140
存货	95 640	无偿调拨净资产	1 790 000
固定资产	5 733 000	本年盈余	312 936
固定资产累计折旧	—		
无形资产	160 000		
无形资产累计摊销	—		
政府储备物资	13 300		
合计	2 708 640	合计	2 708 640

2. 某事业单位 2×19 年预算收入、预算支出类会计科目如表 8-32 所示。据此编制该事业单位的预算收入支出表。

表 8-32　　　　　　　　　预算收入和预算支出本年发生额表　　　　　　　　　单位:元

预算收入类	本年数	预算支出类	本年数
财政拨款预算收入	10 000 000	事业支出	1 500 000
其中:政府性基金收入	1 500 000	经营支出	200 000
事业预算收入	6 000 000	上缴上级支出	1 000 000
上级补助预算收入	1 000 000	对附属单位补助支出	1 000 000
附属单位上缴预算收入	300 000	投资支出	50 000
经营预算收入	250 000	债务还本支出	60 000
债务预算收入	200 000	其他支出	30 000
非同级财政拨款预算收入	70 000	其中:利息支出	13 000
投资预算收益	65 000	捐赠支出	17 000
其他预算收入	70 000		
其中:利息预算收入	20 000		
捐赠预算收入	30 000		
租金预算收入	20 000		
预算收入合计	17 955 000	预算支出合计	3 870 000

模拟试题

政府会计模拟试题(一)

一、单选题(本大题共10小题,每小题1分,共10分)

1	2	3	4	5	6	7	8	9	10

1. 在政府与非营利组织会计中,占据主导地位的是( )。
   A. 财政总预算会计   B. 行政单位会计
   C. 事业单位会计   D. 民间非营利组织会计
2. 在财政总预算会计科目表中,不设置( )科目。
   A. 国库存款   B. 固定资产
   C. 国库现金管理存款   D. 在途款
3. 在财政总预算会计中,收到国库存款利息收入时,应贷记( )科目。
   A. 一般公共预算本级收入   B. 政府性基金预算本级收入
   C. 利息收入   D. 其他收入
4. 本级财政因财政体制等原因发生的与下级财政之间的债权债务关系,核算账户是( )。
   A. 与上级往来   B. 与下级往来
   C. 暂存款   D. 一般预算收入
5. 在财政体制结算中,某市财政应上交上级某省财政一般公共预算款项时,应贷记( )科目。
   A. 上解支出   B. 与下级往来
   C. 与上级往来   D. 一般公共预算本级支出
6. 年终转账时,"动用预算稳定调节基金"科目的贷方余额应转入( )科目。
   A. 专用基金结余   B. 一般公共预算结转结余
   C. 政府性基金预算结转结余 D. 国有资本经营预算结转结余
7. 年初,行政单位根据代理银行提供的额度恢复到账通知书作恢复额度时,应当贷记( )科目。
   A. 财政拨款收入   B. 财政应返还额度——财政直接支付
   C. 零余额账户用款额度   D. 财政应返还额度——财政授权支付
8. 年末,单位将"财政拨款收入"科目本期发生额转入( )科目。
   A. 财政拨款结转   B. 累计盈余

C. 以前年度盈余调整　　　　　　　D. 本期盈余
9. 事业单位在专业业务活动及其辅助活动之外开展非独立核算经营活动所取得的收入是( )。
　　A. 事业收入　　　　　　　　　　B. 经营收入
　　C. 上级补助收入　　　　　　　　D. 附属单位上缴收入
10. 下列关于事业单位的描述不正确的是( )。
　　A. 接受国家行政机关的领导　　　B. 不具有社会生产职能
　　C. 不以营利为目的　　　　　　　D. 具有国家管理职能

二、多选题(本大题共5小题,每小题1分,共5分)

1	2	3	4	5

1. 在我国,政府与非营利组织会计主要包括( )。
　　A. 财政总预算会计　　　　　　　B. 行政单位会计
　　C. 事业单位会计　　　　　　　　D. 民间非营利组织会计
2. 在财政总预算会计中,属于转移性收入的有( )。
　　A. 补助收入　　　　　　　　　　B. 上解收入
　　C. 一般公共预算本级收入　　　　D. 政府性基金预算本级收入
3. 行政事业单位会计核算应当具备的双重功能有( )。
　　A. 财务管理　　　　　　　　　　B. 管理会计
　　C. 财务会计　　　　　　　　　　D. 预算会计
4. 在政府与非营利组织会计中,年终结账工作的主要步骤有( )。
　　A. 年终清理　　　　　　　　　　B. 年终转账
　　C. 结清旧账　　　　　　　　　　D. 记入新账
5. 行政单位在计提固定资产折旧时,应编制会计分录( )。
　　A. 借：行政支出　　　　　　　　B. 贷：累计折旧
　　C. 借：业务活动费用　　　　　　D. 贷：固定资产累计折旧

三、判断题(本大题共10小题,每小题1分,共10分)

1	2	3	4	5	6	7	8	9	10

1. 在政府与非营利组织会计体系中,核算政府预算资金管理情况及其结果的专业会计是财政总预算会计。( )
2. 只能用暂时闲置的各项财政结余资金购买国家指定的政府债券。( )
3. 本级政府财政转贷给下级政府财政地方政府债券款项时,不必采用"双分录"会计记录方法。( )
4. 政府财政设置的用于弥补以后年度预算资金不足的储备资金是预算周转金。( )
5. 在财政总预算会计中,收入具有偿还性,且取得收入的目的是补偿支出。( )

6. 行政单位按照国家税法等有关规定应当缴纳的各种税费,应作为应缴财政款进行核算。
(　　)

7. 在行政事业单位会计中,财政拨款结转包括基本支出结转和项目支出结转,其中,基本支出结转的余额不应转入财政拨款结余。(　　)

8. 事业单位所需资金全部来源于财政补助。(　　)

9. 在行政事业单位会计中,对财务会计采用权责发生制,预算会计采用收付实现制。
(　　)

10. 事业单位的银行承兑汇票到期时,若单位无力支付票款,应按照应付票据的账面金额,借记"应付票据"科目,贷记"短期借款"科目。(　　)

四、简答题(本大题共 2 小题,第 1 小题 9 分,第 2 小题 6 分,共 15 分)

1. 什么是政府会计?政府会计信息质量要求有哪些?
2. 政府会计要素有哪些?

五、账务处理题(本大题共 4 小题:第 1 小题 16 分、第 2 小题 16 分、第 3 小题 18 分、第 4 小题 10 分、共 60 分)

1. 某省及其所属某市财政 2×18 年发生如下经济业务:

(1) 在财政体制结算中,该省财政计算应补助所属某市财政款项 154 000 元。

(2) 接(1),10 天后,该省财政通过国库单一账户向所属该市财政拨付补助款项 154 000 元。

(3) 在财政体制结算中,该省财政计算应由所属下级某市财政上解款项 97 000 元。

(4) 接(3),15 天后,该省财政收到所属该市财政上解款项 97 000 元。

要求:请根据上述资料,分别作出省市上下两级财政会计分录。

2. 某省财政 2×18 年发生如下经济业务:

(1) 根据国库现金管理的有关规定,将库款 250 000 元转存商业银行。

(2) 在库款报解整理期内收到属于上一年度的一般公共预算本级收入 53 000 元。

(3) 向所属下级某市财政转贷地方政府债券资金 660 000 元,用以公共设施建设。期末确认地方政府债券转贷款的应收利息共计 7 920 元。

(4) 年终,"补助收入"总账科目贷方余额为 958 000 元。其中,属于一般公共预算资金的补助收入共计 850 000 元;属于政府性基金预算资金的补助收入共计 108 000 元。年终转账时,根据不同资金性质分别转入对应的结转结余科目。

(5) 年终,发生一般公共预算结余 45 000 元,决定将其补充预算稳定调节基金。

要求:根据以上经济业务,为该省财政总预算会计编制有关的会计分录。

3. 某行政单位 2×18 年发生如下经济业务:

(1) 从单位零余额账户中提取现金 600 元,以备日常零星开支使用。

(2) 发生应付职工薪酬 421 500 元,其中,基本工资为 340 000 元,国家统一规定的津贴补贴为 36 300 元,社会保险费为 26 000 元,住房公积金为 19 200 元。

(3) 接(2),通过财政直接支付方式向单位职工支付薪酬共计 421 500 元。

(4) 年末,单位根据代理行提供的对账单,注销尚未使用的零余额账户用款额度 8 700 元。

(5) 年末，单位本年度财政授权支付预算指标数大于零余额账户用款额度下达数，差额为 2 060 元。

要求：根据以上经济业务，编制有关的会计分录。

4. 某事业单位 2×18 年发生下列经济业务：

(1) 收到代理银行转来的财政授权支付额度到账通知书，通知书中所列的财政授权支付额度为 37 000 元。

(2) 对业务活动中使用的固定资产计提折旧 105 000 元。

(3) 在开展经营活动中，通过银行存款账户购入一项不需要安装的固定资产，实际支付价款 6 500 元，暂不考虑增值税业务。

要求：请根据上述资料，编制有关的会计分录。

政府会计模拟试题(二)

得分 _____

一、单选题(本大题共10小题,每小题1分,共10分)

1	2	3	4	5	6	7	8	9	10

1. 下列选项中,不能体现政府与非营利组织会计特点的是(　　)。
   A. 统一性和广泛性　　　　　　　　B. 社会性和非营利性
   C. 确认基础单一性　　　　　　　　D. 会计核算内容及方法自成一体

2. 要求会计核算所提供的信息应当有助于信息使用者作出经济决策,属于(　　)。
   A. 真实性原则　　　　　　　　　　B. 相关性原则
   C. 可比性原则　　　　　　　　　　D. 及时性原则

3. 通过在途款的过渡,一般公共预算本级收入的增加归入了(　　),国库存款的增加归入了(　　)。
   A. 上一财政年度,上一财政年度　　　B. 上一财政年度,本财政年度
   C. 本财政年度,本财政年度　　　　　D. 下一财政年度,下一财政年度

4. 财政总预算会计在计算出财政体制结算中应由上级财政补助给本级财政的款项时,应当借记(　　)账户。
   A. 补助收入　　　　　　　　　　　B. 其他应付款
   C. 与上级往来　　　　　　　　　　D. 与下级往来

5. 年终转账时,"安排预算稳定调节基金"科目的借方余额应转入(　　)科目。
   A. 专用基金结余　　　　　　　　　B. 国有资本经营预算结转结余
   C. 政府性基金预算结转结余　　　　D. 一般公共预算结转结余

6. 在下列会计要素中,不属于行政事业单位财务会计要素的是(　　)。
   A. 资产　　　　　　　　　　　　　B. 收入
   C. 费用　　　　　　　　　　　　　D. 支出

7. 行政单位在收到财政授权支付到账通知书时,应根据通知书中所列金额借记(　　)科目。
   A. 零余额账户用款额度　　　　　　B. 银行存款
   C. 财政应返还额度　　　　　　　　D. 财政拨款收入

8. 年末,行政事业单位将"业务活动费用"科目本期发生额转入(　　)科目。
   A. 财政拨款结转　　　　　　　　　B. 累计盈余
   C. 本期盈余　　　　　　　　　　　D. 以前年度盈余调整

9. 事业单位开展专业业务活动及其辅助活动所取得的收入是(　　)。
   A. 经营收入　　　　　　　　　　　B. 事业收入

C. 上级补助收入 D. 附属单位上缴收入

10. 行政事业单位设置的用于核算单位取得的同级财政拨款结转资金的调整、结转和滚存情况的科目是( )。
   A. 财政拨款结转 B. 财政拨款结余
   C. 非财政拨款结转 D. 非财政拨款结余

二、多项选择题(本大题共5小题,每小题1分,共5分)

1	2	3	4	5

1. 在政府与非营利组织会计中,属于预算会计的有( )。
   A. 财政总预算会计 B. 行政单位会计
   C. 事业单位会计 D. 民间非营利组织会计

2. 下列关于政府与非营利组织会计收入的描述正确的有( )。
   A. 收入具有非偿还性 B. 取得收入的目的是补偿支出
   C. 收入的确认一般采用收付实现制 D. 部分经济业务或事项采用权责发生制

3. 在财政总预算会计中,基本预算收入包括( )。
   A. 一般公共预算本级收入 B. 政府性基金预算本级收入
   C. 国有资本经营预算本级收入 D. 补助收入

4. 在财政总预算会计中,年终时,"补助收入"账户的贷方余额可能转入的账户有( )。
   A. 一般公共预算结转结余 B. 政府性基金预算结转结余
   C. 国有资本经营预算结转结余 D. 专用基金结余

5. 下列关于事业单位的描述正确的有( )。
   A. 具有国家管理职能 B. 不具有社会生产职能
   C. 不以营利为目的 D. 所需资金全部来源于财政补助

三、判断题(本大题共10小题,每小题1分,共10分)

1	2	3	4	5	6	7	8	9	10

1. 在政府与非营利组织会计中,占据主导地位的是财政总预算会计。 ( )

2. 财政总预算会计核算政府财政实行国库现金管理业务而存放在商业银行的款项的是"国库存款"科目。 ( )

3. 购买政府债券的资金不能列作支出,应作为有价证券资产进行管理。 ( )

4. 政府财政设置的用于弥补以后年度预算资金不足的储备资金是预算稳定调节基金。
( )

5. 在行政事业单位会计中,对财务会计采用收付实现制,预算会计采用权责发生制。
( )

6. 在财政总预算会计中,不需要设置实物资产和库存现金科目。同样地,在行政事业单

位会计中也不需要设置。　　　　　　　　　　　　　　　　　　　　　(　　)

7. 年末,"资金结存"科目余额在借方,反映单位预算资金的累计滚存情况。(　　)

8. 在行政事业单位会计中,财政拨款结转包括基本支出结转和项目支出结转,其余额都应转入财政拨款结余。　　　　　　　　　　　　　　　　　　　　　(　　)

9. 事业单位不以营利为目的,不具有社会生产职能。　　　　　　　　　(　　)

10. 在行政事业单位会计中,对所有的经济业务都应该采用"平行记账"的方法。(　　)

四、简答题(本大题共2小题:第1小题6分、第2小题9分、共15分)

1. 政府会计的组成体系是什么?并简述各组成部分之间的关系是什么?
2. 行政事业单位会计采用的会计核算模式是什么?并具体说明。

五、账务处理题(本大题共4小题:第1小题16分、第2小题16分、第3小题14分、第4小题14分、共60分)

1. 某市及其所属某县财政2×18年发生如下经济业务,请分别作出市县上下两级财政会计分录。

(1) 在财政体制结算中,该市财政计算应由所属下级某县财政上解款项105 000元。

(2) 接(1),15天后,该市财政收到所属该县财政上解款项105 000元。

(3) 在财政体制结算中,该市财政计算应补助所属某县财政款项86 000元。

(4) 接(3),10天后,该市财政通过国库单一账户向所属该县财政拨付补助款项86 000元。

2. 某市财政2×18年发生如下经济业务:

(1) 根据国库现金管理的有关规定,将库款360 000元转存商业银行。

(2) 接(1),转存期满后,将国库现金管理存款收回国库,实际收到金额362 000元。

(3) 在库款报解整理期内收到属于上一年度的一般公共预算本级收入62 000元。

(4) 收到人民银行国库报来的一般公共预算收入日报表,当日收到一般公共预算本级收入7 906 000元,其中,"税收收入——增值税"4 415 000元,"税收收入——企业所得税"2 701 000元,"非税收入——罚没收入"790 000元。

(5) 发行一批6个月的地方政府一般债券,实际发行债券面值金额为700 000元,实际收到债券发行收入700 000元。

(6) 年终发生一般公共预算结转结余54 000元,决定将其补充预算周转金。

要求:根据以上经济业务,为该市财政总预算会计编制有关的会计分录。

3. 某行政单位2×18年发生如下经济业务:

(1) 在开展业务活动过程中通过财政直接支付方式购入一台不需要安装的固定资产,价款合计为12 000元。

(2) 通过财政授权支付方式支付水费、电费等办公费合计2 000元。

(3) 发生应付职工薪酬421 500元,其中,基本工资为340 000元,国家统一规定的津贴补贴为36 300元,社会保险费26 000元,住房公积金19 200元。

(4) 年末,单位本年度财政直接支付预算指标数大于当年财政直接支付实际支出数的差额为3 120元。

要求:根据以上经济业务,编制有关的会计分录。

4. 某事业单位 2×18 年发生下列经济业务：

（1）从单位零余额账户中提取现金 800 元，以备日常零星开支使用。

（2）收到上级单位拨入的一笔非财政补助资金 32 000 元，款项存入银行。

（3）对经营活动中使用的固定资产计提折旧 123 000 元。

（4）开展一项非独立核算的经营活动，取得收入 9 800 元，款项已存入银行。

要求：根据以上经济业务，编制有关的会计分录。

参考答案

政府会计模拟试题(一)

一、单项选择题(本大题共10小题、每小题1分、共10分)

1	2	3	4	5	6	7	8	9	10
A	B	A	B	C	B	D	D	B	D

二、多项选择题(本大题共5小题、每小题1分、共5分)

1	2	3	4	5
ABCD	AB	CD	BCD	CD

三、判断题(本大题共10小题、每小题1分、共10分)

1	2	3	4	5	6	7	8	9	10
√	√	×	×	×	×	√	×	√	√

四、简答题(本大题共2小题;第1小题9分、第2小题6分、共15分)

1.(9分)

(1) 根据国际会计准则委员会的规定,政府会计是指用于确认、计量、记录和报告政府和事业单位财务收支活动及其受托责任的履行情况的会计体系。 (3分)

(2) 政府会计信息质量要求:

① 可靠性; (1分)

② 全面性; (1分)

③ 相关性; (1分)

④ 可比性; (1分)

⑤ 可理解性; (1分)

⑥ 实质重于形式。 (1分)

2.(6分)

政府会计要素分别有政府预算会计要素和政府财务会计要素。 (2分)

其中,政府预算会计要素包括预算收入、预算支出与预算结余。 (2分)

政府财务会计要素包括资产、负债、净资产、收入和费用。 (2分)

五、账务处理题(本大题共4小题;第1小题16分、第2小题16分、第3小题18分、第4小题10分、共60分)

1.(16分)

省财政

借:补助支出 154 000(2分)

　　贷:与下级往来 154 000

市财政

借：与上级往来 154 000(2分)
　　贷：补助收入 154 000

(2)

省财政

借：与下级往来 154 000(2分)
　　贷：国库存款 154 000

市财政

借：国库存款 154 000(2分)
　　贷：与上级往来 154 000

(3)

省财政

借：与下级往来 97 000(2分)
　　贷：上解收入 97 000

市财政

借：上解支出 97 000(2分)
　　贷：与上级往来 97 000

(4)

省财政

借：国库存款 97 000(2分)
　　贷：与下级往来 97 000

市财政

借：与上级往来 97 000(2分)
　　贷：国库存款 97 000

2.(16分)

(1)

借：国库现金管理存款 250 000(2分)
　　贷：国库存款 250 000

(2)

在上年度账上

借：在途款 53 000(2分)
　　贷：一般公共预算本级收入 53 000

在新年度账上

借：国库存款 53 000(2分)
　　贷：在途款 53 000

(3)

① 向下级市财政转贷地方政府债券款项时

借：债务转贷支出 660 000(2分)
　　贷：国库存款 660 000

同时，

借：应收地方政府债券转贷款 660 000(2分)
　　贷：资产基金——应收地方政府债券转贷款 660 000

② 期末确认地方政府债券转贷款的应收利息时

借：应收地方政府债券转贷款 7 920(2分)
　　贷：资产基金——应收地方政府债券转贷款 7 920

(4)

借：补助收入 958 000(2分)
　　贷：一般公共预算结转结余 850 000
　　　　政府性基金预算结转结余 108 000

(5)

借：安排预算稳定调节基金 45 000(2分)
　　贷：预算稳定调节基金 45 000

3.(18分)

(1)

在财务会计中：

借：库存现金 600(2分)
　　贷：零余额账户用款额度 600

同时，在预算会计中：

借：资金结存——货币资金 600(2分)
　　贷：资金结存——零余额账户用款额度 600

(2)

借：业务活动费用 421 500(2分)
　　贷：应付职工薪酬——基本工资 340 000
　　　　　　　　　　——国家统一规定的津贴补贴 36 300
　　　　　　　　　　——社会保险费 26 000
　　　　　　　　　　——住房公积金 19 200

(3)

在财务会计中：

借：应付职工薪酬 421 500(2分)
　　贷：财政拨款收入 421 500

同时，在预算会计中：

借：行政支出 421 500(2分)
　　贷：财政拨款预算收入 421 500

405

(4)

在财务会计中:

借:财政应返还额度——财政授权支付   8 700(2分)
    贷:零余额账户用款额度   8 700

同时,在预算会计中:

借:资金结存——财政应返还额度   8 700(2分)
    贷:资金结存——零余额账户用款额度   8 700

(5)

在财务会计中:

借:财政应返还额度——财政授权支付   2 060(2分)
    贷:财政拨款收入   2 060

同时,在预算会计中:

借:资金结存——财政应返还额度   2 060(2分)
    贷:财政拨款预算收入   2 060

4.(10分)

(1)

在财务会计中:

借:零余额账户用款额度   37 000(2分)
    贷:财政拨款收入   37 000

同时,在预算会计中:

借:资金结存——零余额账户用款额度   37 000(2分)
    贷:财政拨款预算收入   37 000

(2)

借:业务活动费用   105 000(2分)
    贷:固定资产累计折旧   105 000

(3)

在财务会计中:

借:固定资产   6 500(2分)
    贷:银行存款   6 500

同时,在预算会计中:

借:经营支出   6 500(2分)
    贷:资金结存——货币资金   6 500

政府会计模拟试题(二)

一、单项选择题(本大题共 10 小题、每小题 1 分、共 10 分)

1	2	3	4	5	6	7	8	9	10
C	B	B	C	D	D	A	C	B	A

二、多项选择题(本大题共 5 小题、每小题 1 分、共 5 分)

1	2	3	4	5
ABC	ABCD	ABC	AB	BC

三、判断题(本大题共 10 小题、每小题 1 分、共 10 分)

1	2	3	4	5	6	7	8	9	10
√	×	√	√	×	×	√	×	√	√

四、简答题(本大题共 2 小题;第 1 小题 6 分、第 2 小题 9 分、共 15 分)

1.(6 分)

(1) 政府会计由财政总预算会计和行政事业单位会计组成。(2 分)

(2) 在政府会计各组成部分中,财政总预算会计和行政事业单位预算会计之间存在密切的关系。例如,财政部门向行政事业单位拨款时,财政总预算会计形成预算支出,行政事业单位会计形成预算收入。财政总预算会计、行政事业单位预算会计共同构筑了政府预算会计信息系统。行政事业单位财务会计相对独立,但与行政事业单位预算会计又相互衔接,两者在信息反映上需要调节相符。(4 分)

2.(9 分)

(1) 财务会计和预算会计适度分离并相互衔接的会计核算模式。(2 分)

(2) "适度分离"是指适度分离行政事业单位预算会计与财务会计功能,决算报告和财务报告功能,全面反映行政事业单位的预算执行信息和财务信息。(1 分)

主要体现在以下几个方面:一是"双功能",即在同一会计核算系统中实现财务会计和预算会计双重功能;二是"双基础",即财务会计采用权责发生制,预算会计采用收付实现制;三是"双报告",即通过财务会计核算形成财务报告,通过预算会计核算形成决算报告。(3 分)

(3) "相互衔接"是指在同一会计核算系统中,行政事业单位预算会计要素和相关财务会计要素相互协调,决算报告和财务报告相互补充,共同反映行政事业单位的预算执行信息和财务信息。主要体现在:一是对纳入部门预算管理的现金收支进行"平行记账";二是财务报表与预算会计报表之间存在勾稽关系。(3 分)

五、账务处理题(本大题共 4 小题;第 1 小题 16 分、第 2 小题 16 分、第 3 小题 14 分、第 4 小题 14 分、共 60 分)

1.(16 分)

(1)

市财政

借:与下级往来   105 000(2 分)
　　贷:上解收入   105 000

县财政

借:上解支出   105 000(2 分)
　　贷:与上级往来   105 000

(2)

市财政

借：国库存款 105 000(2分)
　　贷：与下级往来 105 000

县财政

借：与上级往来 105 000(2分)
　　贷：国库存款 105 000

(3)

市财政

借：补助支出 86 000(2分)
　　贷：与下级往来 86 000

县财政

借：与上级往来 86 000(2分)
　　贷：补助收入 86 000

(4)

市财政

借：与下级往来 86 000(2分)
　　贷：国库存款 86 000

县财政

借：国库存款 86 000(2分)
　　贷：与上级往来 86 000

2.(16分)

(1)

借：国库现金管理存款 360 000(2分)
　　贷：国库存款 360 000

(2)

借：国库存款 362 000(2分)
　　贷：国库现金管理存款 360 000
　　　　一般公共预算本级收入 2 000

(3)

在上年度账上

借：在途款 62 000(2分)
　　贷：一般公共预算本级收入 62 000

在新年度账上

借：国库存款 62 000(2分)
　　贷：在途款 62 000

(4)

借：国库存款	7 906 000（2分）
贷：一般公共预算本级收入	7 906 000

同时，在"一般公共预算本级收入"总账科目的贷方登记明细账如下：

税收收入——增值税	4 415 000
税收收入——企业所得税	2 701 000
非税收入——罚没收入	790 000

(5)

借：国库存款	700 000（2分）
贷：债务收入	700 000

同时，

借：待偿债净资产——应付短期政府债券	700 000（2分）
贷：应付短期政府债券	700 000

(6)

借：一般公共预算结转结余	54 000（2分）
贷：预算周转金	54 000

3.（14分）

(1)

在财务会计中：

借：固定资产	12 000（2分）
贷：财政拨款收入	12 000

同时，在预算会计中：

借：行政支出	12 000（2分）
贷：财政拨款预算收入	12 000

(2)

在财务会计中：

借：业务活动费用	2 000（2分）
贷：零余额账户用款额度	2 000

同时，在预算会计中：

借：行政支出	2 000（2分）
贷：资金结存——零余额账户用款额度	2 000

(3)

借：业务活动费用	421 500（2分）
贷：应付职工薪酬——基本工资	340 000
——国家统一规定的津贴补贴	36 300
——社会保险费	26 000
——住房公积金	19 200

(4)

在财务会计中：

借：财政应返还额度——财政直接支付   3 120(2分)
    贷：财政拨款收入   3 120

同时，在预算会计中：

借：资金结存——财政应返还额度   3 120(2分)
    贷：财政拨款预算收入   3 120

4.(14 分)

(1)

在财务会计中：

借：库存现金   800(2分)
    贷：零余额账户用款额度   800

同时，在预算会计中：

借：资金结存——货币资金   800(2分)
    贷：资金结存——零余额账户用款额度   800

(2)

在财务会计中：

借：银行存款   32 000(2分)
    贷：上级补助收入   32 000

同时，在预算会计中：

借：资金结存——货币资金   32 000(2分)
    贷：上级补助预算收入   32 000

(3)

借：经营费用   123 000(2分)
    贷：固定资产累计折旧   123 000

(4)

在财务会计中：

借：银行存款   9 800(2分)
    贷：经营收入   9 800

同时，在预算会计中：

借：资金结存——货币资金   9 800(2分)
    贷：经营预算收入   9 800

参 考 文 献

［1］张庆花,王彦.政府会计制度解读与操作实务指南[M].北京:中国财政经济出版社,2018.
［2］刘京平,尉敏.事业单位会计实务案例精讲[M].北京:中国财政经济出版社,2018.
［3］许娟,齐军.行政单位会计实务案例精讲[M].北京:中国财政经济出版社,2018.
［4］武月华,李卫超.政府会计准则与制度解读——行政事业单位会计核算实务[M].北京:人民邮电出版社,2019.
［5］赵建勇.政府与非营利组织会计(第4版)[M].中国人民大学出版社,2018.
［6］政府会计制度编审委员会.政府会计制度详解与实务[M].北京:人民邮电出版社,2018.